스물넷의 무모한 배낭여행자. 진짜 아시아를 말하다.

내 안에 아시아

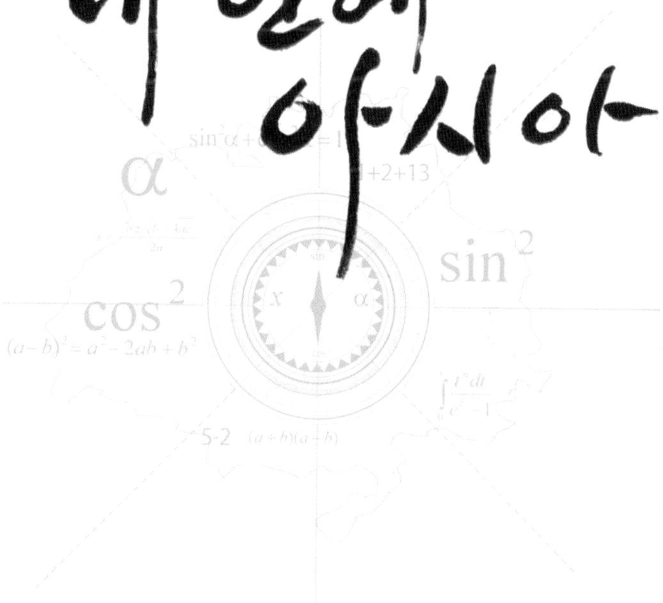

내 안에 아시아

초판 1쇄 발행 2012년 8월 16일

지은이 손제영
발행인 김재홍
편집기획 이현주, 이은주, 권다원
디자인 이현주
마케팅 이연실

발행처 도서출판 지식공감
등록번호 제396-2012-000018호
주소 경기도 고양시 일산동구 견달산로225번길 112
전화 031-901-9300
팩스 031-902-0089
홈페이지 www.bookdaum.com
전자우편 book@bookdaum.com

가격 15,000원
ISBN 978-89-97955-11-4 03910

갈증

또 다시 갈증을 느끼고 있다.
내 몸에 수분이 채 마르기도 전에.
여행 한 모금이 필요하다. 지금 이 순간.

prologue

'거긴 내가 갈 수 있는 곳이 아니야.'

'아니, 갈 수야 있겠지. 근데 다녀와서 내게 뭐가 남지?'

은연중에 나는 나 스스로를 단정지어버렸다. 대학생활에 염증을 느낄 때즈음 계획했던 인도배낭여행을 포기한 내게 위로했던 이야기다. 사는 대로 생각하며 스스로를 합리화 시킨다는 것이 얼마나 무서운지 그때는 몰랐다. 배낭여행을 포기했던 나는 방학동안 아르바이트를 통해 태어나 처음 돈도 만져보았고 동아리 활동에 열중하며 스스로를 만족시켜 나갔다. 충분히 만족한 줄 알았다. 배낭여행이라는 것이 자유를 만끽할 수 있다는 장점 이외엔 어떠한 좋은 구석도 생각지 못할 때니깐 더 그랬다. 친구들이 하나 둘 배낭여행을 계획하고 나가면 그들을 향해 '너 정말 멋있다.'란 말로 대신했다. 그게 제일 인간적이고 티 안나게 나의 속내를 감추며 칭찬할 수 있는 방법이라 여겼을지도 모른다.

그러나. 단 한번 불씨가 붙은 숯은 불이 꺼져도 오랜 기간 온기가 유지되기 마련이다. 치열하게 살아야 했던 대학생활의 입김과 한숨은 다시 숯에 불이 붙게 한 촉매제가 되었고, 꿈은 영글어져 10개월간의 장기여행을 계획하게 되었다. 아는 만큼 보인다고 했던가. 아직은 내공이 부족했던 새파란 나이에 무작정 세상을 접하기에 앞서 설렘보단 두려움이 더 컸다. 세상 풍파를 이미 겪어보고 다양한 경험이 토대가 되었더라면 더 알찬 여행이 될 수 있을 것이라 생각했지만, 스물넷의 나이에 순수하게 세상을 바라볼 수 있었던 사실도 분명 장점이었으리라 믿는다. 아시아와 남미로 떠났던 10개월의 여행 중 이번 책에서는 6개월간의 아시아 이야기를 담았다. 배낭하나에 모든 것을 의지한 채 여행했던 나의 방랑기를 지금부터 소개한다.

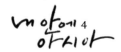

s o n j e y o u n g

1. 동남아시아

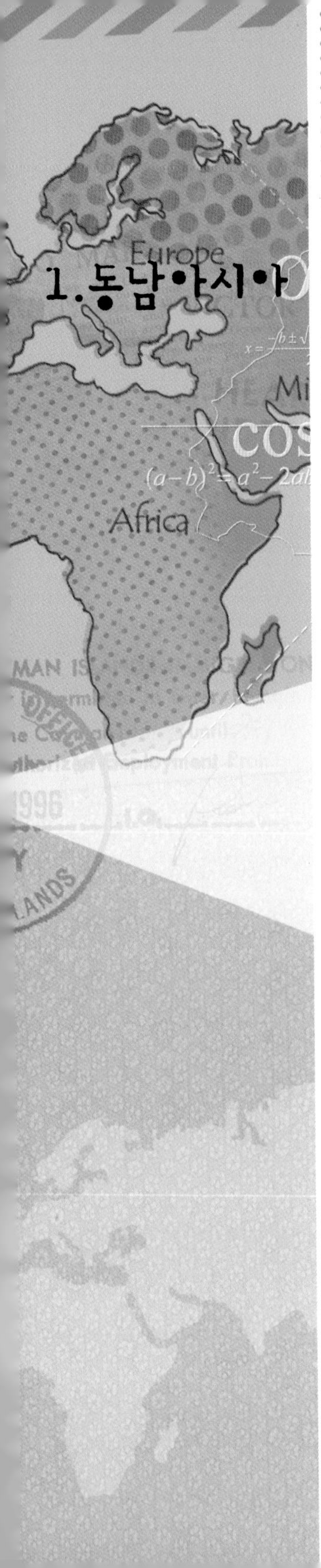

contents

프롤로그 4

태국 15

박수치지 않을 때 떠나라 17
본능적으로 19
잘못된 편견 20
방콕에서 방콕 찾기 24
에메랄드 빛깔의 바다 32

캄보디아 41

두 다리로 국경을 넘을 수 있다니! 43
과거와 현재, 뒤바뀐 운명 45
씨엠립을 벗어나야 캄보디아가 보인다 54
아시아판 아우슈비츠 수용소 58

베트남 63

최고의 인프라, 최저의 가격 65
호치민 스케치 68
블랙박스 구출작전 70
베트콩이 사는 세계 73
누가 그 순수함을 훔쳤을까? 75
공사가 필요한 문화의 도시 81
어차피 세상에 공짜는 없다 85

라오스 93

누가 라오스를 오지라 했던가? 95
인연 101
미친 여행자들의 요새 103
루앙프라방, 너는 내 마지막 기회 106
에피소드 111

태국 2번째 이야기 113
성(性)정체성의 대혼란 115
휴가와 맞바꾼 매춘부와의 거래 117
코드명 ; 바나나 셰이크 120

미얀마 125
왕따 당할 이유가 없는 왕따 127
별 다섯 개짜리 도시 132
붓다의 머리털을 찾아서 139
용기있는 한 청년의 고백 142
버고에 불어 닥친 한류열풍 146

말레이시아 153
에어아시아 타봤어요? 안 타봤으면 말을 하지 마요 155
글로벌 거지의 슬픈 노래 156
아는 만큼 보인다 161

2.남아시아

방글라데시 169
2050년 여행하기 171
연말특집 감동드라마 174
아빠가 간다 184
방글라데시 상위 1% 되기 195

네팔 203
네팔에 왔으면 당연히 안나푸르나로 가야 한다 205
마이클 조던, 보고 있나? 207
넌 꿈이 뭐니? 213
3천 미터짜리 언덕을 정복하다 218

인도 229
드디어 내가 왔다 인도야 231
인도 짝사랑 240

New York of India 247

스리랑카 253

모터사이클 다이어리 255
세상 모든 것은 예기치 못한 일들의 연속이다 259
쓰나미의 아픈 상처 263
대자연의 보고 스리랑카 265
공중도시 시기리야 272
목소리 큰 사람이 이기는 세상 275

3.중동

아랍 에미리트 283

오일파워는 나를 혼돈의 길로 안내했다 285
섹시한 두바이 291
기러기아빠 294

오만 299

요란한 환영 301
괜히 왔다 305
한국인은 삼 세 번 311
It's impossible 312
아랍에미리트 2번째 이야기 315
테러범으로 낙인찍히다 316
안 되는 게 없는 나라 322

레바논 331

중동의 파리 333
헤즈볼라와 레바논 338
지구 반대편 우리와 똑같은 나라 343
여행자의 기본적인 자세 349

시리아 357

입에 착 감기는 다마스커스 359

그들을 지탱하는 힘의 원천 364
동양여자를 향한 섬뜩한 대접 368
너는 거기에 꼭 가야만 해 371
누가 중동을 깡패라 말하는가? 373

요르단 377

히치하이킹 is 마인 379
나를 감춘 채 너를 맞으리 387
바다 이야기 391

이집트 397

이집트를 어떻게 가야 하나요? 399
오직 히치하이킹으로만 여행하기 400
니모는 보는 것이 아니라 찾는 것이다 403
다합의 전설 409
역사적 가치의 마지막 조건 410
허물 벗는 카이로 414

터키 423

여행의 조건 425
보이는 것이 전부가 아니다 427
터키음식 이야기 430
이타다키마스 닭볶음탕! 435
매력덩어리 이스탄불 441
그들은 언제나 손을 내밀고 있다 449
제2막을 위한 준비 450

근황토크 454

방콕에 무슨 일이 있었나? 454

에필로그 458

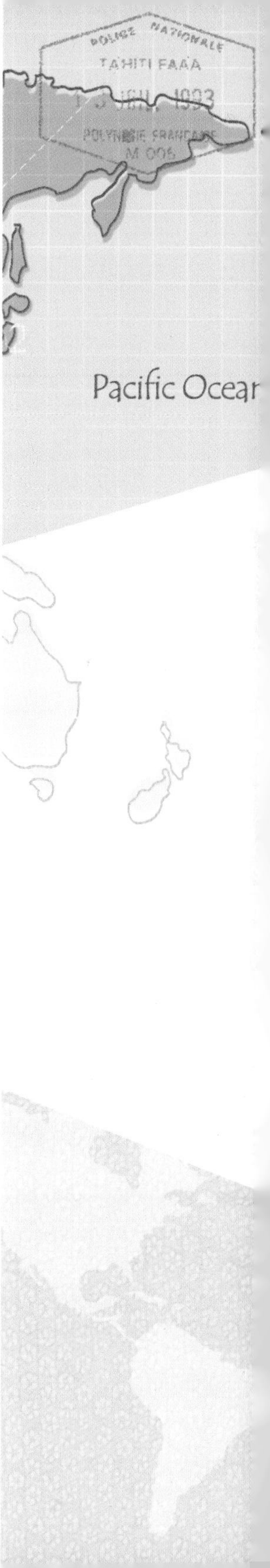

ISLANDS IMMIGRATION
Employment Prohibited
STAR
ENTRY
AIR MAIL

AIR PLAN

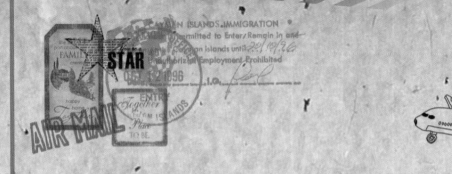

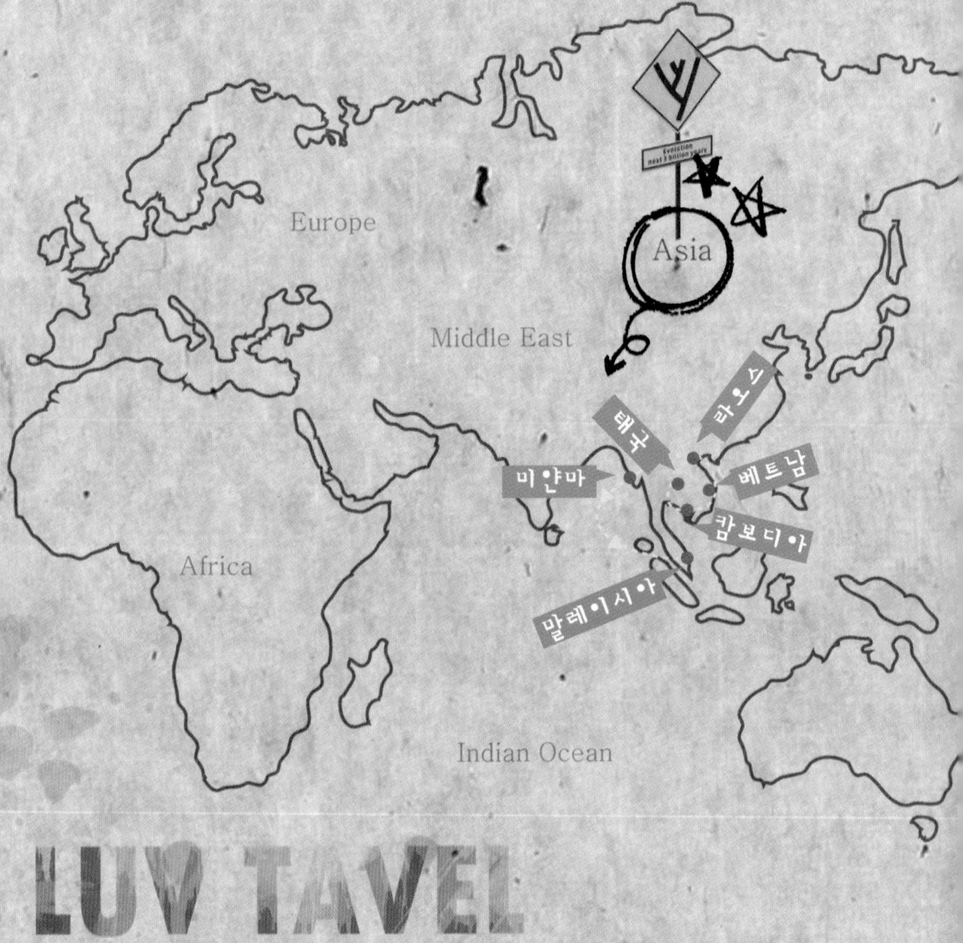

Europe
Asia
Middle East
라오스
태국
미얀마
베트남
캄보디아
말레이시아
Africa
Indian Ocean

I LUV TAVEL

동남아시아
South-East Asia

MY TRAVEL'S STORY STARTS FROM NOW ON.

01 태국

Thailand

결국 모국을 떠날 수 없는 사람은 편견에
가득 차 있는 것이다. -카를로 골도니-

박수치지 않을 때 떠나라

군대에 입대하기 전날에도 별다른 이벤트가 없었던 무뚝뚝한 경상도 아버지는 모처럼 아들에게 소주 한 잔을 권하셨다. 오랜 시간의 진통 끝에 결국 부모님은 애써 태연한척 아들의 출국에 박수를 쳐 주었지만 찝찝한 마음은 숨길 수가 없었나 보다. 급기야 아버지께선 혼잣말처럼 조용히 한마디 건네셨다.

"제영아, 지금이라도 다시 한 번 생각해 보면 안 되나? 유럽이랑 미주로만 다녀오면 차라리 맴이라도 편하겠다. 진짜로 내가 오늘 자고 일어나서 눈 뜨면 내년 8월이었음 좋겠데이. 닌 진짜로 아버지 마음을 절대 모른다. 니도 니 같은 자식 낳아봐야 그 심정 이해할끼다."

애당초 누군가에게 박수를 받으며 떠나고 싶은 마음은 없었다. 때문에 오랫동안 계획했던 일탈의 가장 큰 버팀목은 스스로에 대한 격려뿐이라 믿었다. 철없는 아들은 아버지의 심정을 결코 이해할 수 없었지만 부모님께서 그렇게 걱정하신 데는 다 이유가 있는 법이다. 비행기 몇 번 타 본적 없던 터라 스스로 체크인을 하는 것부터가 미션이었고, 당시 나는 가이드북의 지시가 없으면 밥도 먹지 말아야 할 수준이었다. 공항에 굴러다니는 수많은 캐리어 카트가 있음에도 보란 듯이 65리터 배낭을 어깨에 짊어지고 체크인카운터를 찾았다. 온몸으로 여유란 여유는 다 내뿜어도 결국 안내원의 도움 없이 혼자선 아무것도 할 수 없었던 울트라초짜. 내가 장기여행을 떠난다는 것은 시작부터 모순이었을까. 여행의 실감은 전혀 나질 않았다. 언제 돌아올지 모를 한국 땅을 하염없이 주시하는 내게 먼저 말동무가 된 이는 맞은편에 다소곳이 앉아있던 승무원이다.

"어머! 여행가시나 봐요? 좋으시겠어요!"

"네. 배낭여행 가요."

"얼마나 가시나요?"

"글쎄요……(귀국 날짜는 예상하고 있었지만 그 마저도 확실하진 못했다)."

"정말 좋으시겠어요! 너무 부럽네요!"

모름지기 뭐 눈에는 뭐만 보이고 뭐 귀에는 뭐만 들린다.

'모두들 내게 부럽다는 표현으로 얼버무렸는데 이 사람 또한 얼마나 나를 걱정스런 눈빛으로 바라볼까? 학생이기 때문에 상대적으로 시간적 여유가 있다는 비장의 면죄부를 밝혀버릴까? 너무 엉뚱한 대답인가…….'

효율적인 인생을 살기 위해 떠났다. 여러 가지 대안이 있었는데 오랜 시간 고심한 뒤 내린 결정이 여행이다. 여기서의 효율은 경제학원론 따위에서 말하는 효율과는 거리가 있다. 앞으로 보게 될 사물들과 만나게 될 사람들은 지금 이곳에서 벗어나지 않으면 영원히 놓쳐버릴 것이라 생각했다. 그러나 사람들은 1년 동안 휴학하는 내가 비효율적인 대학생이 될 수 있다며 우려했다. 좋은 취지로 아무리 포장하여도 여행을 떠나는 데는 엄청난 기회비용을 감당해야 했고, 가장 큰 스트레스는 내부로부터 시작되었다. 극한의 경쟁 속에서 불과 몇 개월 전까지 치열한 스펙전쟁을 했던 나는 여행이 완벽하게 사치라 여겼기 때문이다. 무슨 바람이 들어서 여행의 꿈이 영글었는지는 몰라도 여행을 가기 전에 가장 어려운 일은 자신을 정당하게 만들고 이를 당당하게 여겨야 했던 것이다. 꿈만 꾸던 세상을 보고 싶어 떠난 여행은 항상 현실을 더 비참하게 비춰냈으니 여행보다 더 어려웠던 것은 분명 여행을 준비

하는 과정이었다. 인생을 덜 살아도 좋으니까 오늘 밤이 지나면 10개월 후였으면 좋겠다던 아버지. 그리고 눈치 없이 부푼 심장을 안고 10개월간 꿈같은 여행을 떠날 채비를 마친 아들. 동상이몽이었지만 서로에겐 긴 꿈을 맞이할 준비를 이미 마친 상태였을지도 모르겠다. 불안과 걱정? 세찬 비행기의 이륙 소리는 모든 것을 자연스레 정리해 주었다. 다시 돌아올 수 없을 젊은 날의 꿈은 그때부터 시작했다.

본능적으로

왜 방콕을 첫 여행의 출발지로 정했는지는 아직도 모르겠다. 세계지도를 펼치고 첫 압정을 꼽을 때 본능적으로 방콕이 먼저 눈에 들어왔다. 해석해 보면 이유는 간단하다. 그저 한국과 가깝고 취항노선이 많다는 장점, 무엇보다 아시아권이라서 문화적 충격이 덜할 것이라는 생각에 무작정 끊었던 방콕행 비행기다. 착륙 1시간 전이 돼서야 가이드북을 펼쳐 숙소로 향하는 곳을 찾아볼 정도로 준비가 부족했던 나는 '여행자거리'라고 불리는 카오산 로드도 그때 처음 알았다.

공항에 내리자마자 몇 푼 안 되는 현금을 환전하고 공항버스를 이용하기 위해 밖을 나왔다. 입구에선 카오산 로드를 외치는 한 안내원이 버스에 타라고 재촉하고 있었다. 곧 출발한다는 말에 담배 한 대 태울 새도 없이 황급히 버스에 올라탄 나는 뭐가 어떻게 돌아가는지 감당이 되질 않았다. 시간이 지나면서 심리적 안정을 찾으니 비로소 방콕 시내가 눈에 들어오기 시작했다. 왼쪽차선으로 달리는 차량들과 1분마다 보이는 세븐일레븐 편의점 그리고 큰 거부감이 없던 동남아 특유의 냄새. 방콕은 난생처음인데도 낯설지 않은 포근함이 감돌았다. 40여 분을 달렸을까. 버스에서 내린 그곳은 완전히 또 다른 세계가 펼쳐진 곳이었다.

잘못된 편견

'세상에……!'

어떻게 이런 곳이 다 있나 싶었다. 현지인보다 더 많은 서양인들. 그리고 명동만큼 붐비는 사람들과 오색찬란한 네온사인에서 뿜어져 나오는 요란한 소음. 어디로 향해야 할지 도통 감이 잡히질 않았다. 아무 현지인을 잡고 물어물어 카오산 로드에 입성한 나는 그 많은 인파를 뚫고 게스트 하우스를 찾아 나섰다. 명동 한복판에서 집채만 한 배낭을 메고 걷는 것은 어색한 그림이지만 이곳 카오산에서는 지극히 자연스러운 현상이다. 간간히 눈에 들어오는 게스트 하우스를 찾아가 가격을 물어보니 보통 300바트(1만 2천 원)정도는 했었는데 솔직히 그때까지만 해도 부담스러운 금액이었다. 30여 분을 발품 팔아 어렵사리 구한 게스트 하우스는 카오산 로드의 끝자락에 위치해 있었고 음산한 분위기는 덤이었다. 요란한 소음이 게스트 하우스까지 진동하여도 찬밥 더운밥을 가릴 처지는 못 되었다.

"싸와디 까압~(안녕하세요)"

숙소 상태를 먼저 보고 결제를 하라며 여인은 따라오라는 손짓을 하였고 텅 빈 3층으로 안내했다. 난생 처음 보는 게스트 하우스. 달걀만한 백열등과 푹 꺼진 침대, 안전 틀이 날라 간 선풍기가 전부였으나 누울 수 있다는 점에 일단 만족해야 했다. 짧은 치마에 가슴골이 깊게 패인 티셔츠를 입은 그 여인은 시종일관 미소를 잃지 않으며 별것도 없는 방의 내부 시설을 꼼꼼히 설명해 주었다. 숙소 전체가 군부대 근처의 퇴폐업소를 연상케 하는 음침한 분위기가 감돌았고 무엇보다 게스트 하우스의 역할 자체에 의문이 들었다. 게다가 노출에 관대했던 묘령의 여인. 그녀는 곧 키를 건네주고 사라졌지만 내겐 알 수 없는 자괴감만이 남아 있었다.

'동남아는 돈이면 다 된다.'

여행을 떠나기 전 술자리에서 누군가가 해 준 말이다. 불만이 생겨도 달러를 들이밀면 모든 것이 해결된 결과물을 제시하고 상대적으로 물가가 저렴하니 부담도 없다고 했다. 그것이 물질적인 쾌락이든 혹은 육체적인 쾌락이든. 불행히도 태국을 맞이하기 전에 담고 있었던 고약한 논리 중 하나였다.

솔직히 말하자면 그 몇 초 안되는 찰나에 나는 지금 내 주머니에 있는 몇

카오산 로드의 풍경
Khaosan Road

폰을 그녀에게 들이밀면 방콕에서의 첫날이 심심치 않을 수도 있겠다는 생각이 들었던 게 사실이다. 아무도 존재하지 않는 큰 게스트 하우스와 아시아 최고의 환락도시인 방콕의 이미지가 보기 좋게 만들어 낸 뻔한 자극이라고 스스로 합리화를 시켜 보았다. 분명 타당한 이유는 못된다. 단순히 내면적으로 토해내지 못했던 잘못된 시각이리라. 청운의 꿈을 안고 좀 더 넓은 세상을 보고자 떠났던 나의 여행은 첫날부터 삐꺽거린 것일까. 스스로의 당찬 포부와는 별개로 24년간 고착되어 온 나의 문화적 정서는 완전히 다른 곳에 존재하고 있었다. 즉, 이들을 바라보는 편견부터 고치지 않는다면 석 달간의 동남아 여행이 곧 의미 없는 여행이 되리란 것은 너무나 자명해 보였다. 답답한 가슴을 환기시키고 싶어서 무작정 카오산 로드로 향했다.

카오산 로드는 새벽에도 활기가 넘쳤다. 발마사지 가게, 문신 가게, 줄줄이 늘어선 펍과 레스토랑. 두 발로 서 있는 사람들과 앉아 있는 사람들의 피부색은 멀리서도 확연히 차이 났지만 누구라도 할 것 없이 입가엔 미소가 있었다. 그중에서 가장 역동적인 곳은 단연 팟타이 포장마차였다. 태국음식을 대표하다시피 하는 볶음국수인 팟타이는 요리하는 과정부터가 자극적이다. 아주머니의 번개 같은 손놀림과 거부감 없는 달콤한 냄새, 철판을 긁어내는 맛있는 소리가 지나가는 관광객을 하나둘 잡아댔다. 과장을 조금 보태자면 음식이 입에 들어가기도 전에 귀에서 침이 질질 흘러내릴 정도였다. 25바트(1,000원)짜리 팟타이를 손에 든 나는 셔터가 닫힌 가게로 뛰어갔고 미친놈처럼 허겁지겁 정신없이 먹어댔다. 생각해보면 그렇게 처절한 이유도 없었는데 이런 나를 가엾게 보던 옆집 옷 가게 아주머니는 나를 불렀다. 그리고 이내 의자를 건네주며 편하게 먹으라며 손짓으로 설명했다. 서로 말이 통할 리 없어도 아주머니의 손짓은 충분한 소통의 도구가 되었다. 그러고선 한국에 대해 엄지를 세우며 간단한 한국어로 카오산의 입성을 환영해 주었다. 정신없이 시작해 버린 여행 첫날, 동남아시아인들을 똑같은 시각으로 바라봐야겠다는 생각을 가지자 그들도 내게 단순히 돈 많은 관광객이 아닌 같은 아시아인 친구로 대해주고 있었다.

「카오산 로드」는 존재 자체만으로도 내게 큰 충격이었다.
이렇게 많은 세계의 젊은이들이 배낭여행을 '보편적'으로
한다는 것을 그때 처음 알게 된 것이다.

방콕에서 방콕 찾기

그날 밤은 밤새 한숨도 잘 수가 없었다. 새벽 내내 그칠 줄 모르는 강한 비트는 점점 격렬하게 들려왔고 투숙객이 거의 없었던 게스트 하우스는 뜬눈으로 밤새우기 딱 좋은 환경이었다. 새벽 3시가 넘자 방문은 세차게 쾅쾅거렸는데 몇몇 취객들이 웅성거리는 소리가 들려왔다. 해프닝으로 끝났지만 순간 공포는 극한으로 치달았다. 겁 많은 나는 밤새 맥가이버 칼을 손에 쥔 채 긴장하며 자야 했다.

날이 밝자 일단 기분 나쁜 숙소부터 옮겨야겠다는 생각에 지갑만 들고 방을 나왔다. '아껴야 산다.'라는 나의 모토는 위험에 직면하자 본능적으로 안전을 갈망했다. 몇 분 걸어 나와 다시 찾은 카오산 로드의 오전은 어젯밤과는 또 다른 분위기의 여행자들로 가득했다. 사실 카오산 로드는 존재 자체만으로도 내게 큰 충격이었다. 이렇게 많은 세계의 젊은이들이 배낭여행을 '보편적'으로 한다는 것을 그때 처음 알게 된 것이다. 오랜 여행내공을 풍기는 낡은 배낭과 허름한 티셔츠 차림. 서양인들은 여행이 사치와 여유의 상징이라는 토속적인 정서에 'Fuck you'를 날리는 것 같았다. 사람들은 제각기 버스를 타기 위해 여행사를 서성거렸고 아무것도 모를 어린아이들도 작은 배낭을 메고 부모님 손에 이끌려 여행을 같이 하고 있었다. 모든 것이 새로웠다. 아침을 해결하고자 나는 편의점을 들러 샌드위치를 샀다. 억지스럽지만 샌드위치마저도 새로웠다. 샌드위치에 감도는 태국 특유의 진한 향신료 냄새. 먹다 남긴 향신료 샌드위치를 버려야 해서 쓰레기통을 찾아 배회하던 중 한 청년이 내게 다가왔다.

"어디로 가니? 나는 택시기사야. 저렴한 금액으로 목적지까지 데려다 줄게."

"괜찮아. 난 오늘 갈 곳이 한두 군데가 아니거든."

"네가 원하는 곳을 다 데려다 줄게. 게다가 여행정보를 얻을 수 있는 곳에 가서 무료로 방콕안내를 받을 수도 있지."

택시비가 비쌀 것이란 건 아무것도 모를 어린아이들도 알 테지만 속는 셈치고 가격을 물어보았다.

"오늘 하루 네가 원하는 목적지 다 데려야 줄 테니 100바트에 가자. 100바트!"

한화 4천 원이 채 안 되는 금액이었음에도 조금 망설여졌던 것이 사실이었다. 일단은 무시하고 지나갔다. 뜨겁게 내리쬐는 태양과 말동무도 없는 나 자신을 발견한 나는 몇 걸음도 채 못가서 다시 그를 불렀다.

"방콕 시내를 구경하고 싶어요."

엄청난 교통체증을 자랑하는 방콕은 시작부터 혼잡했다. 더군다나 향하는 목적지가 시내 중심가였기 때문에 가는 길은 한 시간이 넘게 소요되었다. 익히 상상했던 방콕의 이미지여서 그런지 짜증은 나질 않았다. 한참을 달리면서 기사 아저씨와 이런저런 이야기를 나누던 도중 그는 내게 근처의 양복점에 한 번만 들려달라고 간청했다. 물건을 사지 않아도 되며 관광객을 그리로 데리고만 가도 가솔린 쿠폰이 나오기 때문이란다. 게다가 그런 곳을 세 군데 정도 들려준다면 하루 종일 같이 돌아다닐 수도 있다는 이야기도 했었다. 혹시나 하는 마음에 방콕 근교에 위치한 도시를 당일치기로 가면 금액이 얼마나 소요 되냐고 물어보아도 그의 대답은 특이했다.

"그럼 기념품 가게랑 양복점 일곱 군데는 들려줘야 해."

이해하기 힘든 이 바닥의 시스템이었다.

KI-MET

하루 종일 시가지를 돌아다니면서 나는 그로부터 방콕에 대해 몰랐던 많을 것들을 들을 수 있었다. 눈앞에 보이는 모든 것이 신기했던 나로서는 길에 걸려 있는 사진 하나도 호기심을 유발하기에 충분했다. 유난히 많이 걸려 있는 한 남자의 사진과 노란색 국기. 심지어 모든 화폐마저도 새겨진 그 남성은 태국의 국왕 '라마 9세'란다. 국민들로부터 절대적인 지지를 받는 태국 국왕은 수상이 따로 존재하는 까닭으로 정치적인 영향력은 적은 편이다. 그러나 국민들로부터 많은 사랑을 받기에 모든 상점이나 길거리엔 그의 사진과 그를 상징하는 노란 국기가 흔하게 게시되어 있었다. 이 때문인지 태국을 떠난 뒤 오랜 시간이 흘러도 태국을 떠올렸을 때 가장 강렬하게 느껴지는 색채는 단연 노란색이다.

친절하면서도 말이 많았던 택시기사의 호의는 끝이 없었다. 정말이지 이 기세라면 100바트에 캄보디아까지 갈 기세였다. '사기를 당하지는 않을까?'란 의심이 조금씩 밀려왔고 밤새 한숨도 못 잤던 사실을 뒤늦게 자각하면서 나는 숙소로 돌아갈 것을 권했다. 방콕의 시내를 훑어 본 것에 만족하고 싶었다. 물론 돌아가는 것이 쉽지는 않았다. 오후는 러시아워라 시내로 진입하는 것도 혼잡하였는데 횡단보도를 건너는 중·고등학생들을 보자 실소가 터져 나왔다. 깍두기처럼 머리모양새를 한 그들. 단정하게 교복을 차려입고 일률적인 머리모양으로 병정처럼 하교하는 그들의 모습은 우리나라와 별반 다를 게 없어 보였다. 옛 생각에 절로 웃음이 나고 우리와 정서가 비슷한 아시아란 생각이 다시 한 번 환기되면서 태국인들이 더욱 친밀하게 느껴지고 있었다.

방콕의 첫인상은 사실 기대만큼 실망도 컸다. 사람들이 방콕을 너무 예쁘게만 포장하려는 것 같단 생각이 가장 먼저 들었다. 방문하기 전만 해도 방콕은 도시가 주는 역동적인 이미지에 이끌리는 곳이라 믿었다. 그러나 유명한 관광도시로서 가지고 있는 문화적 인프라의 완성도는 생각보다 빈약해 보였다. 관광지다 보니 영어통용도가 좋고 여행하는 데 어려움은 없었으나 초창기에 스스로가 생각했던 동남아의 테마는 분명 이런 게 아니었다. 다시 말해 모든 것이 급속도로 서구화 되어 있었다. 인위적인 관광 상품은 여행자에게 다양한 감동을 줄 요소가 부족했고 무엇보다 재미가 없었다. 방콕의 구석구석을 볼 겸해서 이튿날 나는 카오산을 벗어나 사원으로 발길을 옮겼다.

천천히 골목을 돌며 걸어가는 내게 어떤 남성이 내게 말을 걸었다.

"전 이곳을 관할하는 경찰입니다. 왕궁을 가시려고요?"

"아니요. 전 그냥 왓포라는 사원을 찾고 있어요."

그러면서 그는 내가 못 믿는 것 같은 눈치임을 알아차리고 신분증을 보여주면서 이야기를 이어나갔다.

"이것 좀 봐요. 전 경찰이에요. 왕궁과 사원은 지금 일시적으로 문을 닫아 오후 늦게 열린답니다. 그동안 제가 추천하는 보트투어를 하시는 게 유익할 겁니다. 투어를 마치면 바로 왕궁이 개장하는 시간이랑 일치하지요."

가짜 신분증. 인쇄소 장인의 아들인 나의 눈엔 허접하기 짝이 없는 신분증이었다. 실제로 왕궁 근처에 이런 사람이 많다고 들었는데 진짜로 만날 줄이야. 그는 나를 계속 쫓아와 신분증을 확인시키며 경찰이니 믿어 달라고 간청했지만 거짓말도 타이밍이 있는 법이다. 정신을 가다듬고 사원을 향했다. 사원에 있는 불상의 모습은 이제껏 한국에서 봐 온 불상과 형태는 비슷해도 그 모양새엔 미묘한 차이가 존재했다. 물론 가장 큰 차이는 사원이 제공하는 환경의 차이다. 절에 들어가면 마음이 편안해지는 한국의 사찰과는 달리 방콕의 사원은 대표적인 관광지여서 북새통에 숨을 쉴 수조차 없었고 축적된 칼로리는 땀과 함께 열심히 배출되는 듯했다. 관광객의 수많은 플래시 공격에도 불구하고 불경을 읊어대는 승려들은 이미 해탈의 경지에 이르고도 남았을 테다. 절은 절이되 절이라고 인정하기는 쉽지가 않았다.

방콕시내의 차이나타운.
카오산만큼이나 자극적인 곳이다.

매일 마음을 다잡고 가이드북의 안내에 따라 열심히 돌아다녀 보았지만 무엇이든지 생각했던 것 이하였다. 내가 잘 몰라서 그 진실한 매력이 보이지 않는 것일까. 태국관광청의 슬로건인 '어메이징 타일랜드'에선 어메이징한 더위만 안겨주고 있었다. 도대체 방콕은 어디를 가야 제대로 된 곳을 볼 수 있는지가 궁금했다. 딱히 감동적인 곳도 없었고 그렇다고 놀랄 만한 일들이 벌어지는 곳도 아니어서 고작 사흘이 지났음에도 지루한 감이 들었다. 시가지로 다시 이동하여 밤거리를 배회해 보고 여기저기 유명하다는 곳은 다 둘러보아도 마음만 급했다. 다른 문화를 경험해 보고자 해질녘엔 식사를 하기 위해 차이나타운으로 향해 보았다. 그곳에선 또 다른 청년이 내게 말을 걸었다.

"관광객이시죠? 저는 이 지역의 고등학교 선생님입니다. 차이나타운 가시는 것 같은데……. 거기 상당히 위험해요. 마피아들이 득실거리고 사람이 먹어선 안 될 음식들을 판매하지요. 그러지 말고 제가 안내하는 여행사에 가서 투어나 즐기시는 게 어때요?"

하나같이 왜들 이러나 싶었다. 편하게 무언가를 보려고 하려면 꼭 누군가는 말을 걸어서 여행사를 홍보하기에 바빴다. 괜히 마피아이야기를 들으니 차이나타운에 가기 꺼림칙한 기분만 들었고, 내 식욕을 반납하라며 그 선생님에게 항의라도 해야 할 것 같았다. 오히려 오기가 발동한 나는 꿋꿋이 차이나타운의 노점에서 사람이 먹어선 안 될 음식으로 배를 채운 뒤 카오산로드로 귀환했다.

차라리 카오산 로드가 편했다. 시끄러운 난장판일지라도 그 속에는 진짜 여행하는 기분을 느끼게 만드는 소재가 여기저기 존재했기 때문이다. 이곳에만 있으면 어디로든 갈 수 있을 것만 같았다. 여행사 간판에는 태국과 국경을 마주한 나라들로 직행하는 버스가 매일 출발한다는 안내문이 마음이 급한 나를 쉴 새 없이 유혹했다. 나는 오래 머무르지 않고 방콕을 벗어나기로 마음먹었다. 며칠째 쉬지 못한 내 두 발은 퉁퉁 부은 채로 나를 괴롭혔고 힘겹게 숙소에 돌아가 계단에서 담배 한 대를 겨우 태우고 있을 때였다. 그 와중에 누군가가 또 말을 걸어왔다. 피곤한 나는 신경이 곤두선 채로 고개를 치켜세웠다. 눈이 파란 그들은 짜증난 내 얼굴과는 대조적으로 상냥한 미소로 인사를 건네주었다.

"만나서 반가워! 난 스위스에서 온 야닉이고 여긴 내 아내인 죠앤나야. 어디서 왔어?"

"한국에서 왔어. 손이라고 해. 만나서 반가워."

"우리도 이 숙소에서 머물고 있거든. 보드카를 많이 사서 복도에서 조촐한 파티를 벌일 예정인데 같이 한 잔 하지 않을래?"

기분도 꿀꿀한 내게 알코올의 달콤한 유혹을 거절할 이유는 전혀 없었다. 그 자리에서 우린 자리를 깔았고 야닉은 몇몇 친구들을 더 불러 모으더니 가벼운 술자리가 자연스레 만들어졌다. 각국의 여행자들이 자리에 함께했고 서로의 담배를 음미하며 야닉 부부의 여행기를 듣는 것은 방콕에서 보내는 최고의 시간이 되고 있었다. 여행을 무려 반년 가까이 했던 그들의 여행기는

계속되었고 자정이 넘는 시간까지 우린 보드카를 몇 병을 비웠는지도 모를 만큼 많이 먹었다. 수중에 돈이 없었던 나는 보소가방에 있는 싸구려 한국 기념품을 주섬주섬 꺼내 보드카에 대한 답례로 그들에게 건넸다. 내게 유난히 친절했던 섹시한 스위스 여성인 스테파니는 선물을 받으면서 입이 귀에 걸리고야 말았다.

"오 마이 갓! 정말 고마워, 손. 키스해도 될까?"

동의의 표시로 살짝 눈웃음을 치자 그녀는 두 손으로 내 얼굴을 잡아 키스를 퍼부었다. 그 순간 나는 순진한 어린 양으로 빙의했다. 수십 명의 사람들이 들락날락 거리는 게스트 하우스 복도에서 그렇게 진한 키스를 선사받은 나는 온몸이 딱딱해 졌고 방콕을 떠나기 싫어지고 있었다.

'더 좋은 선물을 준비해 둘걸 그랬나.'

상상은 이성을 넘어선 상태였는데, 어색한 분위기를 환기시켜준 사람은 야닉이었다. 내일 그들은 꼬창이라는 섬으로 갈 예정이며 나와 함께 동행 할 것을 권했다. 여행 중 처음으로 만난 유럽인들과 의사소통이 되는 것만으로도 신기했지만 서로 영어가 짧아서 쉬운 단어를 쓰다 보니 더 이해하기도 편했다(모름지기 싸움도 조빱 싸움이 흥미로운 법이다. 물론 조빱 싸움보다 더 흥미롭고 고마웠던 것은 그들이 제안한 동행이었다). 우린 다음날 아침 일찍 로비에서 만나기로 하며 뿔뿔이 헤어졌다. 그리고 가장 핵심인물이었던 스테파니는 술이 떡이 된 채 중간에 합류한 다른 스위스남자의 품에 안겨 유유히 사라져 버렸다. 상상은 상상이고 현실은 현실인 게다. 망할 오리엔탈리즘!

에메랄드 빛깔의 바다

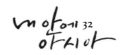

그날 밤은 첫날보다 더 잠들기 어려웠다. 저렴한 게스트 하우스의 방음 시설은 옆방 투숙객이 양말 벗는 소리가 다 들릴 만큼 형편없었는데 공교롭게도 옆방의 투숙객은 야닉과 죠앤나였다. 새벽 3시가 넘자 옆방에서 소리가 들렸다. 클럽에서 만취해서 온 죠앤나와 이를 기다리던 야닉은 부부싸움을 벌였고 그 신경전은 30분이 넘도록 이어졌다. 동서고금을 막론하고 마누라가 밤늦게 돌아다니는 걸 좋아하는 남편이 어디 있겠냐만 여자의 무기는 눈

เฟอร์รี่ เกาะช้าง
WELCOME TO KOH CHANG

물이라 했던가. 선제권은 야닉이 잡는 듯했으나 중반부에 치달으면서 죠앤나가 울음을 터뜨리며 전세는 역전되고 말았다. 그리고 둘은 새벽 4시까지 함께 울었다. 결국 새우잠으로 겨우 버틴 나는 아침 일찍 짐을 챙겨 야닉 부부를 만나러 갔다. 부부싸움의 여파는 아직도 가시질 않았는지 그들의 표정은 다소 어두워 보였고 이들과 동행하는 것이 과연 바람직한 것일까란 생각이 끊이질 않았다. 화기애애했던 전날 밤과 달리 침묵 속에서 버스 티켓을 구매한 뒤 야닉 부부와 다른 버스로 연결되어 그들을 뒤따라갔다. 그리고 5시간에 걸쳐 태국에서 두 번째로 크다는 꼬창 섬으로 이동할 수 있었다.

섬으로 진입하기 위해서는 페리를 타고 이동해야 했다. 내 버스가 야닉 부부의 버스보다 먼저 왔는지 알 길이 없어서 다음 페리까지 기다려 보았다. 그들은 나타나질 않았고 섬의 선착장에서 그들이 기다리고 있기를 바라며 이동했다. 하지만 막상 내린 선착장은 아수라장에 가까웠다. 썽태우라고 불리는 트럭택시는 자리수를 채우기 위해 관광객을 호객했다. 그 틈을 노린 관광객들은 서로서로 달려들어 일단 몸을 실었다. 인원수와 관계없이 목적지까지 동일한 요금을 받는 탓에 많이 탈수록 개인이 부담하는 금액은 적기 때문이다. 야닉 부부는 론리비치로 향할 거라는 정보만 알았는데 마침 한 배낭여행자가 호객을 대신했다. 지금 가고자 하는 곳이 론리비치인데 인원이 조금 부족하다며 뜻밖의 제안을 한 것이다. 운 좋게도 나는 그 택시를 타게 되었고 마지막으로 남아 있던 한 배낭여행자도 합승하여 정신없이 출발하였다. 포장이 잘 된 도로는 30여 분이나 줄기차게 달렸다. 해변에 도착하자 수많은 방갈로들이 즐비해 있었는데 가는 도중에 알았지만 우리의 행선지는 론리비치와는 완전히 반대편에 위치한 롱비치였음을 알 수 있었다. 어쩔 수 없었다. 평소 토익을 게을리 한 탓이다(어쩌면 야닉 부부를 피하고 싶었던 내가 행여나 꼬창에서 만나더라도 그럴싸한 변명거리가 하나 생긴 셈이라 스스로 위안이 되었다). 아늑하고 조용한 해변인 롱비치는 관광객이 거의 찾지 않은 꼬창의 명소란다. 대부분의 비치가 서쪽 해안에 위치하여 번화가를 이룬 반면, 동쪽해안은 물가도 상대적으로 저렴하고 파도 소리만 들릴정도로 고요했다. 난생처음 맞이한 에메랄드 빛깔의 바닷물은 수심이 깊어질수록 코발트색을 띄었고 파도가 치면 그 사이로 물고기가 헤엄치는 것이 보일만큼 투명했다. 나는 촌스러운 발언도 서슴지 않았다.

Muito Obrigado, Miguel

"와! 나 이런 색깔의 바다는 난생 처음 봐. 어메이징!"

익숙한 바다라는 듯이 다른 이들은 별다른 리액션이 없었지만 살면서 본 바다라고는 동해의 탁한 물만 봐 왔던 내게 이렇게 맑은 물은 적지 않은 충격이었다. 각자의 숙소로 찾아가는 도중 먼저 말을 건네준 사람은 뒤늦게 탑승했던 남자였다. 포르투갈 리스본에서 왔다는 그는 고맙게도 짐을 풀자마자 나부터 찾았다. 우리와 또 다른 프랑스 관광객들은 커플이라 말할 엄두가 안 나서 그랬을 수도 있다.

"태국 바다에 오면 스쿠터를 빌려서 돌아다니곤 하는데 같이 가지 않을래? 아, 난 미구엘이라고 해. 만나서 반가워."

"미안하지만 난 스쿠터를 탈 줄 몰라. 하지만 스쿠터를 대여하는 곳 까진 같이 가 줄게."

미구엘은 나와 동갑이어서 쉽게 친구가 될 수 있었다. 그는 비포장도로도 당당히 맨발로 이동하곤 했다. 그의 말에 따르면 어린 시절 해변에 살아서 맨발로 다니는 것이 습관처럼 굳어 버렸단다. 스쿠터 대여점이 어디인지도 모른 채 우린 무작정 오랜 시간을 걸었다. 산 중턱쯤 올라왔을 때 나는 놀랄 만한 광경을 마주하게 되었는데 눈앞에 펼쳐진 광경은 흡사 영화 '킹콩'의 배경이나 울창한 밀림으로 가득했다. 동남아의 식생은 이토록 장엄하고 놀라웠던가! '이국적이다'라는 표현은 이럴 때 쓰는 말 같았다. 그리고 이내 정신을 차리자 스쿠터 대여점을 가는 것이 무리라는 생각이 들었다. 게다가 미구엘의 발에는 피도 철철 흐르고 있었다. 그렇다고 내가 그에게 간디마냥 신발 한 짝을 당당히 건네줄 만큼 우린 친하지도 않았다. 나는 그의 발을 본 순간 나는 안 되겠다 싶어서 일단 지나가는 차량을 불러 세웠다. 손짓으로 스쿠터를 흉내를 내서 히치하이킹에 성공했고 스쿠터 한 대를 대여한 뒤 반대편 해안으로 긴 여정을 함께했다. 그리고 그는 내일 스쿠터 타는 법을 알려 줄 것이라는 제안을 해 주었다.

쾅쾅쾅! 어제 같이 롱비치로 왔던 잘생긴 프랑스 남자가 내 방문을 세차게 두드렸다.

"이봐, 스쿠터 빌리러 가지 않을래?"

"난 아직 준비가 안 됐어. 오후부터 탈 수 있을 거야 아마……."

말이 끝나기 무섭게 반대편 방갈로에서 나온 미구엘은 나를 불렀다. 스쿠터는 자전거와 똑같은 개념이라면서 천천히 액셀러레이터를 당겨 보라는 그의 말대로 천천히 시동을 걸었다. 스쿠터는 자연스럽게 주행하였고 나는 꽤 자신감이 생겨 곧장 스쿠터 대여점을 다시 찾았다.

시원한 바닷바람을 끼고 있는 해안선은 초보자마저도 속도감을 잊게 만들었다. 미구엘과 한 시간가량을 타며 시가지로 진입하여도 우린 속도를 늦출 생각을 하지 못했다. 자유를 만끽하며 세차게 달렸는데 그 순간 바로 우린 경찰에 잡히고야 말았다. 과속은 둘째 치고 일단 헬멧을 착용 안 한 대가로 1만 원에 해당하는 벌금을 부과하라니……. 난 오늘 처음 스쿠터를 배웠는데! 방콕에서 만난 허접한 경찰도 아닌 것 같았다. 게다가 살기어린 눈매와 큰 덩치는 도망갈 틈을 줄 것 같지 않았다. 때아닌 벌금폭탄으로 기분은 꿀꿀했지만 시간이 남아 어디로든 가야 했다. 어색한 질주 끝에 도착한 서쪽 해안의 끝자락은 수상 가옥과 맹그로브 나무들로 가득했고 우리는 눈앞의 고요한 바다를 바라보며 담배를 한 대씩 태웠다. 그리고 나는 습관처럼 꽁초를 바닥에 버렸다. 그 순간 미구엘은 꽁초를 주워서 본인의 주머니에 담았다. 그리고 겸연쩍은 미소를 띠며 내게 한마디 건넸다.

"합성물질이야 합성물질. 담배꽁초는 100년이 지나도 썩질 않지. 이렇게 버려둔다면 나중에 우리 자식들이 꼬창에 왔을 때 꽁초만 가득 남아있게 될 거야. 엄마같이 잔소리를 해서 미안하지만……."

당황한 나는 말없이 주위에 널브러진 꽁초 몇 개를 주머니에 주워 담았다. 미구엘은 두 손을 모으고 고맙다는 말을 태국어로 몇 번이고 내게 해 주었다. 미구엘은 같이 지내보면서 느꼈는데 배려심이 깊은 순박한 청년이었다. 현지인을 상대로도 보디랭귀지를 섞어가며 짧은 태국어를 열심히 구사하곤 했다. 그는 항상 여행 중에 간단한 대화는 현지어로 하는 것이 예의라는 생각을 가지고 있단다. 그가 강조하는 여행의 묘미는 어떤 곳을 가는가 보단 어떤 사람들을 만나느냐에 있었다.

숙소로 돌아오는 길에 몇 번이고 그가 생각났다. 우리가 너무나 쉽게 지나칠 수 있는 일이고 한국에 돌아가서 생각하면 너무나 하찮은 일이지만 미구엘의 말들은 생각할수록 감동으로 다가왔다. 그가 대단한 환경운동가 내지는 인권운동가는 결코 아닐 테다. 그저 여행을 함에 앞서서 어떠한 여행자든 발길 닿는 곳에 대한 매너와 배려는 필요가 아닌 필수라고 느끼게 해 준 그가 그저 고마웠다.

해가 뜨면 그와 함께 스쿠터로 해변을 질주하고 해가 중천에 있으면 수영을 한 뒤 해가 지면 태국풍의 카레인 마싸만과 함께 맥주를 마시는 일상은 며칠을 반복해도 지루할 틈이 없었다. 혼자가 아니었기에 가능한 일이다. 그렇지만 나는 캄보디아로 떠날 시간이 다가왔고 결국 미구엘과 마지막 식사를 가지게 되었다. 나는 여행 중 만나는 사람에게 줄 의미 있는 선물을 항상 가지고 다녔는데 헤어지기에 앞서 그에게 건네주었다. 복주머니에 담긴 작은 자개손거울. 모름지기 여행을 하며 변해가는 자신을 비춰볼 때 거울만큼 정직한 것도 없으리라. 그는 두 손을 모아 고마움을 표시했다.

"코쿤캅(고맙습니다)! 손, 포르투갈에 온다면 언제든 내가 가이드가 되어 줄게."

기약 없는 약속인 걸 진작 알고 있었으나 그에겐 알 수 없는 진정성이 묻어났다.

"물론이지. 유럽까지 가게 된다면 리스본부터 반드시 들려야지."

대부분의 가이드북에서 태국은 여행하기에 안전한 나라로 소개된다.
이유는 간단하다. 적어도 그들은 외부인을 먼저 존중하기 때문이다.

MY TRAVEL'S STORY STARTS FROM NOW ON.

02

캄보디아

BOURNEMOUTH
16.03.09
تأشيرة سياحية صالحة للدخول مصر لحاملها بالکامل
وغير ممصرح
TOURIST VISA NOT TO EXCEED
TWO WEEKS & NOT PERMITTED TO
TAKE UP ANY EMPLOYMENT

c a m b o d i a

아픈 시기가 지나면 사소한 고통 따위에 무뎌질 시기가 오기 마련이다.
캄보디아의 역사는 아픔이고 불행이다. 동남아 최빈국인 캄보디아.

어쩌면, 우리가 생각하는 것 보다 그들은 상처에 면역이 되어있을 수도 있다.

두 다리로 국경을 넘을 수 있다니!

차가운 해변의 새벽공기를 뚫으며 30킬로미터가 떨어진 번화가로 일찍 움직였다. 7시에 출발하는 캄보디아행 버스를 타기 위해서는 지체할 시간이 없었다. 대여했던 스쿠터를 아침에 반납을 하고 가야했는데 내 덩치만한 가방을 등에 메고 운전하기란 여간 어려운 일이 아니었다. 안개를 가르면서 차선을 따라 열심히 달리는 도중 전조등이 눈앞에서 점점 커지더니 차량 한 대가 내 정면으로 오고 있었다. 당황한 나는 아저씨를 물끄러미 쳐다보며 무언의 핀잔을 주었지만 이내 꼬리를 내릴 수밖에 없었다. 운전하던 아저씨는 내게 차선이 잘못된 것을 손짓하며 은은한 미소를 띠었다. 차선이 반대라는 사실은 여전히 해결이 안 된 숙제로 남은 것이다. 별것도 아닌 일에서 그렇게 서로 미소 지으며 기분 좋게 태국을 떠날 수 있어서 마냥 행복했다.

꼬창에서 태국-캄보디아 국경인 포이펫 국경까지는 4시간 정도가 소요된다. 분단국가인 우리나라의 특성상 육로 국경을 걷는다는 자체가 생소하게 다가온 내게 그곳은 존재만으로도 굉장한 구경거리였다. 모름지기 국경이라 하면 무장한 군인들과 불안한 치안을 생각하기 쉬운데 포이펫 국경은 재래시장만큼이나 활기가 넘쳤다. 캄보디아에서 넘어오는 이들과 태국에서 캄보디아로 이동하는 사람들. 모두가 한보따리 보자기를 손에 쥐고 다녔고 이렇게 자유롭게 다닐 수 있다는 것이 그저 부러울 따름이었다. 캄보디아는 입구부터 웅장했다. 대궐 같은 국경건물은 벌써부터 찬란했던 그들의 과거를 상기시켰고 입국비자에 당당하게 각인되어 있는 'Kingdom of Cambodia'란 명칭은 강인한 문화적 자존감을 느끼게 했다. 역사박물관에서나 볼 듯한 풍경의 캄보디아는 태국과 완전히 다른 분위기를 띠었는데 사람들의 생김새도 태국인과는 분명 차이가 있었다. 육로 국경을 접하고 있고 오래전부터 인도차이나 반도의 국가들은 전쟁과 침략을 통해 번성했으나 국가별로 다른 생김새를 뚜렷하게 유지하고 있다는 사실은 놀라울 따름인 것이다. 놀라운 것

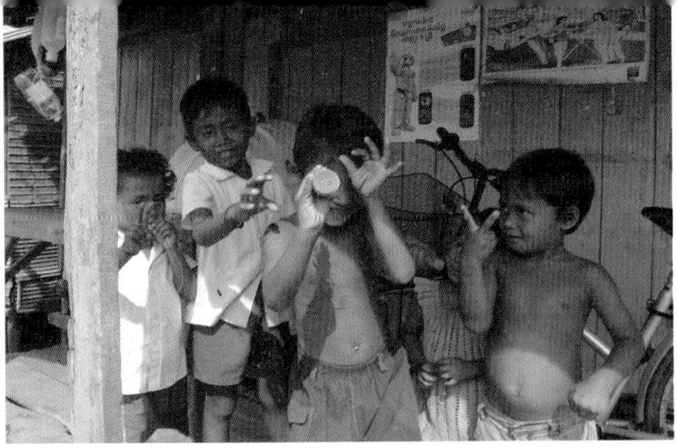

캄보디아 어린이들

은 이뿐만이 아니었다. 소달구지를 타고 하교하는 아이들, 모든 산봉우리마다 솟아있는 불탑 그리고 안개도 아닌 것이 그렇다고 매연도 아닌 뿌연 연기로 뒤덮인 캄보디아의 시골은 왠지 모르게 우리네 시골을 그대로 옮겨 박아 놓은 느낌이 들 정도였다.

과거와 현재, 뒤바뀐 운명

여행자들이 씨엠립을 찾는 이유는 간단하다. 아시아 최대의 유적인 앙코르와트를 보기 위함이다. 앙코르와트에서 약 10킬로미터 떨어진 씨엠립은 앙코르와트 관광의 거점 역할을 하여 카오산 로드와 같은 여행자거리를 형성해 있었다. 해가 지고 밤늦게 도착한 씨엠립에 내리자마자 뚝뚝(오토바이를 개조해서 만든 간이택시) 기사들은 하나같이 손님들은 자기 차량에 탑승시켰다. 모든 요금이 포함된 가격이니 사양 말라는 말과 함께. 원하는 숙소 가격대를 물어본 뚝뚝 아저씨는 열심히 시내를 질주하며 게스트 하우스에 방이 있는지를 확인했다. 다섯 군데 이상을 들러도 방이 없다는 이야기만 전해들은 나는 결국 아저씨의 푸념 섞인 대답을 듣게 되었다.

"손님. 죄송한데 성수기라서 아무리 찾아봐도 저렴한 가격대의 숙소는 존재하지 않아요. 가격이 비싼 곳만 자리가 있는데……."

오히려 아저씨에게 미안한 마음이 앞섰다. 하필 대머리 아저씨라 땀이 송골송골 뒤통수에 맺히는 것을 바라본 나는 도저히 거절 할 수가 없었다. 아무 곳이라도 좋으니 일단 가자고 했고 아저씨는 꽤 비싼 호텔로 나를 데려다 주었다. 하룻밤 가격이 무려 15달러. 굉장히 망설여지는 순간이었다. 에어컨과 욕실, TV에 조식 그리고 무료 인터넷까지 포함된 금액이라는 말에 울며 겨자 먹기로 방을 잡은 나는 아저씨에게 감사의 인사를 드렸다. 그런데 그 순간 아저씨는 내 방 입구까지 짐을 들어주더니 내일 뚝뚝을 타고 앙코르와트 투어를 하지 않겠냐고 말하는 것이 아닌가. 영어가 서툴러 '마이 프렌드' 만을 줄기차게 외치는 아저씨에게 미안하지만 가격이 비싸서 못하겠다고 단호히 거절하긴 어려웠다. 망설이는 내 모습을 본 아저씨는 간절히 두 손을 모으고 또 말을 건넸다.

동남아 어디서든 만날 수 있는 뚝뚝

"10달러. 10달러에 하루 종일 투어를 하면 안 될까요?"

땀이 삐질삐질 흘러내려 셔츠까지 범벅이 된 아저씨의 모습은 도저히 외면할 수 없는 상황이었고 누구라도 그 상황에선 마음이 흔들렸을 것이다. 태국인과 생김새가 다르다는(국가의 빈부와 어떠한 선입견을 배제한 채 순수한 시각으로 바라보아도) 캄보디아 사람들은 태국인들보다 눈매가 선했고 이목구비가 한국인에 더 가까워 그런지 그들의 말 한마디 한마디는 강한 설득력이 존재했다.

'1달러에 자전거를 빌려 타고 가면 되는데…….'

침대에 멍하니 누워 생각했다. 15달러짜리 호텔과 10달러의 뚝뚝 투어. 앙코르와트를 저렴하게 보기 위해 예습해 온 것들은 몹쓸 인심에 물거품이 되어버린 후였다. 신기한 건 동남아에 온지 일주일밖에 되지 않았지만 이미 모든 감각은 현지 물가의 기준으로 판단하고 있다는 것이다. 서울에서 4천원에 마실 수 있는 커피 한 잔 값이 여기서는 수십 번 고민 후에야 꺼낼 수 있는 금액이었다. 그러니 15달러짜리 침대의 매트리스가 아무리 편하다 한들 결코 편한 잠자리는 제공하기 어려웠다.

아침 일찍 앙코르와트로 가기 위해 약속했던 시각에 로비로 나갔다. 다행스럽게도 대머리 아저씨가 오지 않았다. 오히려 깜빡했으면 좋을 것 같았다. 인간은 오전에 이성적이기 때문에 더욱더 냉철한 상황판단을 할 수 있다고 생각했다. 지금 나타나지 않으면 나는 뒤도 안 돌아보고 자전거를 대여하러 갈 수 있을 것 같았다. 그때 한 젊은 청년이 나타났다.

"당신이 그 한국인이군. 아저씨가 바빠서 내가 대신 왔어."

뭔가 시작부터 꼬이는 불길한 예감. 수많은 여행자들이 자전거를 빌려 갓길을 달리고 있는 도로에서 세차게 뚝뚝으로 달려가는 그 순간이 얼마나 죄스러운지 모를 정도였다. 그동안 아낀 만큼의 합당한 사치라고 스스로에게 주문을 걸어도 보았다. 그리고 지금 지출하는 10달러는 술 먹고 집으로 돌아갈 때 쓰던 택시비 따위라고 거듭 최면을 걸었다.

이른 아침부터 관광객들로 붐빈 앙코르와트 입구엔 꾀죄죄한 어린이들이 저마다 물과 기념품들을 꺼내들며 구매를 강요하고 있었다. 몇몇 한국 관광회사의 버스에서 줄줄이 내리던 한국인들을 보자 반가운 마음에 눈인사를 건네려 했지만 그들은 달갑지 않은 모양 같았다. 그들을 뒤로 하고 다리

를 건너 사원 입구로 향해 보았다. 입구부터 웅장했던 앙코르와트는 사진에서 익히 봐 왔던 서탑문을 본 뒤에야 실감이 느껴졌다. 거대한 이 사원을 건립하기 위해서는 얼마나 강력한 왕권과 종교의 힘이 작용했을까? 앙코르와트에 대한 정보가 부족했던 나는 한국인 관광객을 대상으로 가이드를 하시는 분 옆에서 조용히 귀동냥을 구걸하고자 다가갔다. 때마침 가이드 아저씨는 벽화가 조각된 회랑을 설명하는 중이었다.

"보시는 바와 같이 당시 전쟁의 모습을 그린 벽화입니다. 회랑을 감상하신 뒤 신을 섬겼던 탑으로 안내하겠습니다. 탑으로 올라가는 계단은 굉장히 경사가 있는데 지금은 폐쇄되었어요. 너무 경사져서 과거엔 네 발로 올라가야만 했지요. 이 모든 것이 신에 대한 경외심을 상징하는 도구적 장치라고 해석할 수 있겠네요."

참으로 송구스럽게도 나는 관광객 무리와 같이 발걸음을 옮겨 다니며 적당한 눈치를 받기 전까지 천천히 그들과 함께 천 년 전의 사원을 감상했다. 흔히들 캄보디아는 불교국가로 인식되어 있다. 하지만 과거 앙코르 왕국이 힌두교를 국교로 채택했던 시기에 조각된 사원에는 힌두교의 색채가 강하게 풍겨 사원마다 서로 다른 테마와 매력이 있었다. 그 매력의 정점은 북부에 위치한 바욘사원인데 흔히들 말하는 앙코르의 미소를 볼 수 있는 곳이다. 온화한 바욘사원의 미소는 바라보는 이들도 절로 미소를 지을 만큼 아름다운 자태를 가지고 있었지만 곳곳에 소실된 유적들은 안타까움을 더했다. 타국의 침략으로 파괴된 유적들과 미약한 보존 상태, 여기저기서 풍기는 악취

는 정부의 소홀한 관리 때문일 것이라 짐작했다. 사실 동남아 최빈국인 캄보디아가 관광지로 각광받는 이유는 오직 앙코르와트 때문이다. 그럼에도 불구하고 그 수입의 대부분은 베트남 정부로 돌아간다는 사실을 뒤늦게 알게 되자 측은한 마음이 먼저 들었다. 국력이 약하여 그리고 자금이 부족하여 자신들이 그렇게 자랑하는 아시아 최고의 유적을 타인의 손에 맡긴다는 것은 얼마나 그들의 자존심에 상처를 주었을까? 현지 맥주마저도 앙코르와트의 문양을 새겨 넣어 '앙코르 비어'를 생산하는 그들은 억지로나마 앙코르와트가 캄보디아의 상징물임을 잊지 않기 위해 그런 것일까.

유적지에 완전히 매료되어 몇 군데를 보지도 못했는데 벌써 오후가 되어버렸을 때 뚝뚝 기사가 나를 불러 세웠다.

"이봐 친구, 더 갈 곳이 있어?"

"물론이지. 아직 보고 싶은 것들이 많은데?"

"좋아. 그렇다면 추가로 돈을 더 내야 해. 넌 너무 오래 봤어."

뭐 이런 말도 안 되는 경우가 다 있을까. 우리의 계약은 어디로 간 것인가. 오늘 하루 종일 대여한다는 그 약속은 어디로 가고……. 그러고 보니 그렇게 세세하게 계약을 한 것도 어제 그 대머리 아저씨였고 내 눈앞에 있는 이 얄팍한 청년은 5달러를 더 지불해라는 말만 몇 번이고 해댔다. 순간 화나 났지만 융통성 있게 이 일을 해결하고 싶었다.

"세 군데만 더 가자. 그리고 너 갈길 가. 난 알아서 집에 갈게."

앙코르와트 Angkor Wat
앙코르의 건축과 예술이 집대성된 유적지

황당해 하는 그는 그냥 5달러를 추가해서 남은 반나절도 다 구경하라고 설득하는 중이었다. 침착해야 했다. 일단 그에게 더 보고 싶었던 사원을 조목조목 집어가며 루트를 설명하고 합의를 보았다. 물론 사원을 다 보고 지치게 되면 추가로 돈을 더 내고 집으로 갈 수 있다는 말도 빼놓지 않았다. 합의 끝에 도달한 곳은 바욘사원과 그리 멀리 떨어져 있지 않은 스라스랑이었다. 왕실 가족의 목욕탕격인 스라스랑은 호수처럼 넓었고 목욕탕의 입구는 유럽에서나 볼 듯한 예술적인 조각들로 한껏 치장되어 고급스러움을 더했다. 게다가 외곽에 위치해 있으니 한적한 분위기는 덤이었다. 거대한 규모에 곳곳마다 놓치지 않았던 섬세한 조각들. 앙코르와트를 한마디로 설명하자면 섬세한 웅장함으로 표현할 수 있겠다. 왜 일주일짜리 티켓이 존재하는지도 이해하게 되었다. 앙코르와트를 하루에 보기란 불가능에 가까운 것 같았다. 게다가 앙코르와트는 실제 관광시간 만큼이나 현지 어린이들이랑 실랑이를 벌이는 시간을 소요해야 한다. 어떤 사원을 가더라도 1달러에 기념품을 사라는 아이들이 감상을 방해할 만큼 달라붙어 귀찮게 했기 때문이다. 아이들을 보면 가슴이 아프지만 주어진 시간에 사원을 감상하며 천 년 전의 왕국과 물아일체 되는 것은 상당한 자기최면이 필요했다. 늦은 오후에 그나마 도시와 가까운 사원으로 이동한 나는 뚝뚝 아저씨를 보내고야 말았다. 적반하장이라더니 청년은 오히려 퉁명스럽게 계산을 하며 잔돈을 거슬러 주었다.

"이봐. 너 어차피 지금 빈 뚝뚝 몰고 혼자 돌아가야 되잖아. 이왕 이렇게 된 거 딱 한 시간만 더 기다렸다가 같이 집에 가지 그래? 우린 친구잖아. 마이 프렌드!"

재수 없게 능글맞은 나의 태도가 싫은지 그는 5달러를 더 내란 말만 줄기차게 해 댔고 설득의 기미가 보이질 않자 유유히 사라져버렸다. 사원을 다 보고 나니 벌써 노을이 저물고 있었고 눈앞에 펼쳐진 황홀한 앙코르와트의 붉은 노을만큼 불안감이 엄습해왔다.

'이제 어떻게 돌아가야 하나.'

일단은 날이 더 어두워지기 전에 숙소로 가야 했다. 지도를 펼쳐 대략적인 축척을 따져보니 약 12킬로미터. 멀리와도 너무 멀리 온 모양이다. 하지만 전역한 지 얼마 되지 않은 나는 말도 안 되는 용기와 이론이 나를 지배하고 있었다.

'군장 메고 30킬로미터 행군을 하는데 9시간. 12킬로미터면 4시간. 게다가 군장이 없으니 넉넉잡아 3시간이면 도착을 하겠군. 난 대한민국 육군병장이야. 별거 아니야, 별거 아니야…….'

결국 말도 안 되는 이론은 곧 재앙을 불러일으켰다. 처음 한 시간은 가는 길에 파인애플을 사 먹을 만큼 여유가 넘쳤다. 파인애플을 들고 가는 도중에 냄새를 맡은 원숭이 한 마리가 따라왔고 하나를 던져주자 무언의 신호를 받은 동료들이 합류했다. 대여섯 마리의 원숭이는 내가 하나씩 던져주는 파일애플을 받아먹기 위해 일렬로 쭉 늘어져 길을 같이 걸었는데 그 모습이 우스웠는지 숙소로 돌아가던 관광객들은 뚝뚝을 멈춰 세워 내게 카메라 셔터를 눌러대기 바빴다. 이 상황에서 활짝 미소를 지으면 누군가 한명은 가는 길에 얻어 타고 가라고 말해 줄 것이라 생각했다. 아쉽게도 눈치 없는 그들은 격하게 손만 흔들며 사라졌다. 두 시간을 걷자 밤길이 무서워 이어폰을 꼽았고 세 시간을 걷자 발에 물집이 느껴졌다. 대한민국 육군병장은 현역 시절에나 가능한 일이다.

씨엠립에 도착하기까지 가장 간절히 원했던 것은 다름 아닌 맥주 한 캔이다. 앙코르 맥주 한 잔에 얼마나 행복했는지 지금도 생각하면 짜릿함이 밀려온다. 씨엠립의 중앙통은 밤이 되면 테이블을 깔고 노점 음식점거리로 변하는데 가격이 저렴하고 맛이 좋아 항상 사람들로 가득했다. 관광객을 유도하

기 위해 호객하는 어린 아이들. 그들의 입가에 달려 있는 미소는 호객을 위한 필수적인 옵션이었다. 모든 상점이, 그러니까 굳이 노점 음식점이 아니라 모든 곳에서 아이들은 그렇게 관광객을 호객했고 때로는 1달러를 요구하며 관광객들을 졸졸 쫓아다니기에 바빴다. 앙코르와트의 아이들처럼 말이다. 경제발전에 위기를 느낀 국가들이나 빈부격차가 심한 국가에서는 종종 교육의 중요성을 강조하며 국가적인 정책으로 실시한다. 때론 그 상황을 이해하지 못했다. 물론 교육은 중요하지만 어느 세월에 국가를 일으킬 것인지는 불확실하기 따름이라는 생각에서다. 그렇지만 씨엠립에서 장사를 하는 아이들과 그들의 부모들을 보면 우리 세대를 있게 해 준 한국의 부모님 세대와는 상당히 대조적이었다. 전쟁 이후 가난했던 시절, 자녀의 학자금을 마련하기 위해 허드렛일을 마다하지 않았던 장면은 근대사를 재현하는 드라마의 단골 손님이 아닌가. 아이러니하게도 교육의 중요성을 누구보다 강조했던 그들조차 고등교육을 못 받는 경우도 다반사였다. 한(限)의 민족인 우리에게 어쩌면 못 배운 고통은 가장 큰 한이었을 테고 자식의 교육에 관해서 만큼은 적극적이었다. 대학을 졸업한 이들의 공급과잉으로 불어 닥치는 실업난과 치열한 스펙전쟁. 어쩌면 이미 지식의 부를 쟁취한 사람들의 배부른 소리일 수도 있겠다. 씨엠립의 중앙통에서 아시아 최빈국인 캄보디아는 내게 의식의 변화가 절실한 국가로 비쳐지고 있었다.

씨엠립을 벗어나야 캄보디아가 보인다

12킬로미터의 장거리 행군은 발 전체에 500원짜리 동전만 한 물집을 남겼다. 바늘과 실로 밤새도록 진물을 뽑아내 보아도 여의치 않았다. 급기야 칼로 살집을 째버린 나는 발을 디딜 때마다 극심한 고통을 감수해야 했다. 단순히 몇 푼 아끼는 것이 능사가 아니란 걸 꽤 일찍이 깨달은 셈이다. 씨엠립에서의 마지막 날, 인근의 자전거 대여점에서 자전거를 빌린 나는 캄보디아 최대의 호수인 똔레삽 호수로 향했다. 씨엠립에서 약 15킬로미터 떨어진 똔레삽 호수로 가는 길은 완전히 시골 풍경이었고 오전임에도 일찍이 하교하는 학생들이 줄을 이었다. 같이 가는 그들 중 한 명에게 길을 물었다.

"똔레삽 호수로 가는 길이 이쪽으로 가는 게 맞아?"

"우리 집이 그쪽으로 가는 방향이에요. 저를 따라오시면 돼요."

"학교는 벌써 마친 거니?"

"네. 보통 11시에 마쳐요. 이제 집에 가서 숙제를 해야 돼요."

고등학생이라는 그들은 처음에는 어색해했지만 이내 몇몇 무리들이 함께 붙으면서 이방인인 내게 관심을 보였다. 국적이 어디며, 하는 일은 무엇인지 그리고 캄보디아 어디를 돌아다녔는지 등 지루할 틈이 없었다. 학생들은 내가 대학생이라는 것을 알고 난 뒤 상당히 부러워하는 눈치여서 자연스레 화제는 대학생활로 넘어갔다. 그들은 이제 곧 있으면 대학을 가야하는데 캄보디아의 등록금은 너무나 비싸 가기가 부담스럽단다. 캄보디아 주민들의 한 달 평균 수입이 우리 돈 5~6만 원 정도인 반면 등록금은 한 학기에 무려 약 30만 원. 그들의 생활상에 비하면 턱없이 높은 금액이다. 우리나라 대학의 등록금을 물어보는 그들에게 나는 차마 정확한 금액을 말하기 민망했다. 원하는 교육을 받기에 앞서 등록금을 먼저 생각하며 진학을 포기해야 하는 그들을 보면 안타깝기 그지없었기 때문이다. 소년의 집은 호수 근처의 수상가옥에 위치한 조그만 구멍가게였다. 관광객의 유동이 거의 없는 이곳에서 학기당 30만 원의 등록금을 어떻게 마련해야 할까. 소년은 손을 흔들며 배웅해 주었는데 왠지 모를 애처로움이 남았다.

15킬로미터를 막상 자전거로 이동해도 사타구니에 무리가 갈 만큼 꽤 먼 거리였다. 어제 걸어온 자체가 상식의 틀을 벗어난 행위란 걸 부정할 수 없

는 순간이다. 잠시 휴식을 취하는데 뒤따라오던 한 유럽인이 같이 멈췄다. 그리고선 무기에 가까운 덩치의 DSLR 카메라를 주섬주섬 꺼낸 그는 물웅덩이로 내려가 사람들의 모습을 하나둘 담았다. 좋은 인물사진은 곧 노골적인 작가의 행위를 반영하는 공식처럼 그는 대포 같은 렌즈를 인물에 조준하고 있었다. 그나마 다행인 건 사진을 찍히는 현지인들도 그리 불만 섞인 표정이 아니었다는 점이다. 시간이 지나자 오히려 포즈를 취해주는가 하면 잡은 물고기를 보여주며 자랑까지……. 소통이 부러웠던 나는 같이 따라 내려가 보았다. 몇 마디 대화가 오가는 도중 그는 이왕 수상가옥에 갈 것이면 사탕과 초콜릿을 준비해 가란다. 수상가옥에는 학교가 있는데 선생님께 양해를 구한 뒤 아이들에게 나눠주면 좋은 추억이 될 것이라며. 그러면서 그는 충고 같은 이야기를 하나 해 주었다.

"예전에 한 영국인이 캄보디아에 와서 아이들에게 사탕을 나눠주다가 달려드는 아이들을 감당하지 못하고 깔려 죽은 적이 있지. 여기서 교훈은 이왕 가져갈 거면 충분한 양을 가져가거나 아니면 아예 나눠주지 않거나 둘 중 하나를 선택해야 한다는 거야. 수상학교에는 학생들이 많지 않으니 압사당할 일은 없을 거야. 난 어제도 가서 나눠 주고 왔거든."

그의 조언에 따라 나는 외곽의 슈퍼마켓에서 깔려 죽지 않을 만큼의 적당한 사탕을 몇 봉지 사서 수상가옥으로 향했다. 200여개의 가구가 물 위에

동동 떠 있는 수상가옥의 모습은 수려한 장관이었다. 관광객을 대상으로 하는 유람선이 정기적으로 운행했지만 가격이 부담스러워 고민하던 찰나 한 소년이 다가왔다.

"보트투어 할 거면 내 개인 카누가 있는데 가이드를 해 줄게. 2달러에 어때?"

땡잡았다 싶어서 바로 배에 올라탄 나는 소년과 함께 천천히 노를 저어가며 똔레삽 호수의 수상가옥들을 구경하였다. 정말이지 없는 게 없는 수상가옥. 슈퍼마켓은 물론이고 엔진수리 가게, 과일가게 심지어 교회까지 모든 것이 갖추어져 있었다. 나는 학교에서 잠시 멈추었다. 이미 한국의 한 기업에서 봉사활동을 한 흔적들이 여기저기 보였고 학교의 벽화에는 캄보디아와 대한민국의 국기가 사이좋게 그려져 있었다. 초콜릿을 받은 학생들은 물론 좋아했고 압사는 기우였다. 똔레삽 호수는 평화로움만이 가득해서 카누가 물을 가르는 소리만 들려올 만큼 고요했다. 친절히 호수를 구경시켜 준 아이에게 고마움을 표시한 나는 다시 씨엠립으로 가기 위해 자전거에 몸을 실었다. 그 순간 저 멀리서 한 아주머니가 내게 물 한 잔을 먹고 가라며 불러 세웠다. 내리쬐는 태양을 가리키며 쉬었다 가라는 손짓. 생수를 건네주는 아주머니의 온화한 인심은 낯설지 않은 시골인심이었다. 하지만 캄보디아의 시골인심은 물 한 잔을 비우자마자 갓난아기의 분유 값으로 변질되었다. 나의 캄보디아 여행은 이렇듯 물가는 저렴해도 예기치 못한 지출이 조금씩 나가는 곳이었다.

씨엠립은 여행자들 사이에서 유명한 블랙홀이다. 영원히 질리지 않을 것 같은 앙코르와트 유적지. 저렴한 물가와 밤이 되면 북적이는 시장 그리고 다채로운 기념품 가게. 가난한 여행자들에게 최적의 인프라를 제공한 씨엠립을 떠나기란 쉽지 않은 결정이었지만 나는 캄보디아의 수도 프놈펜으로 향해야 했다. 여행 초창기의 여행자들이 그러하듯 아직은 가보고 싶은 곳들이 너무 많아 마음이 급했다. 그리고 여느 여행자들처럼 오늘 자고 일어나 내일 펼쳐질 하루가 기대되 잠 못 이루던 때였다.

아시아판 아우슈비츠 수용소

프놈펜은 수도 아니랄까 봐 심하게 북적거렸다. 뿌연 매연과 곳곳에 붙은 한국어로 된 건물임대 현수막. 한인들에게 부동산투기의 신세계로 각광받는 듯했다. 배낭의 무게를 감안하면 내가 이동할 수 있는 거리는 약 2~3킬로미터 정도가 최장거리였는데 때마침 지도를 펼쳐보니 정류장에서 얼마 멀지 않은 곳에 저렴한 숙소가 위치해 있었다. 조금 남부로 내려왔을 뿐인데도 태양은 피부를 갉아먹을 만큼 내리쬐고 있었고 숙소에 짐을 풀자마자 녹초가 되고 말았다. 밤이 되자 달궈진 숙소의 시멘트는 열기가 가득하여 방 안은 한증막이나 다름없었다. 결국 온도차를 이기지 못한 나는 감기에 시달려 몸조차 가누기 힘들었다. 한국에서 가져온 상비약을 먹어도 보았다. 몸은 이미 동남아의 환경에 적응이 되었는지 말을 듣지 않았다. 게다가 사거리에 위치한 숙소 탓에 새벽부터 움직이는 차량들의 경적소리는 단잠마저 허락하지 않았다. 여행은 무조건 짧은 시간에 최대한 많은 곳을 봐야 한다는 정서가 박혀 있었던 탓일까. 그때 당시는 만신창이가 된 몸을 이끌고라도 어디든 향하기 위해 미련함을 서슴지 않았다. 그리고 향하고자 한 곳은 대량학살로 유명해진 '킬링필드'. 그곳을 가고자 자전거를 빌렸다. 그렇지만 얼마 못 가 자전거 뒷바퀴는 펑크가 나 버렸고 작열하는 태양 덕에 이마는 살갗이 벗겨져 가벼운 화상까지 입었다. 게다가 극심한 교통체증은 방콕과는 비교 불가능할 정도였는데 경적소리는 마치 차량바퀴가 굴러가는 횟수만큼 들릴 정도였다. 간간히 보이는 고급 외제차량은 박을 테면 박아 보라는 듯 교양 없이 끼어들어서 난장판의 마지막 조각을 완성시켰다. 킬링필드로 가는 길 자체가 킬링필드였으니 혼자 가는 것은 아예 불가능해 보였다. 이쯤 되면 뭘 해도 안 되는 팔자인 거다. 결국 프놈펜에서 나는 이틀간 아무것도 하지 못하고 아침을 깨우는 세찬 경적소리.
프놈펜은 언제나 산만했다.

카페에서 신문과 잡지를 보며 시간을 때우는 것이 일상이 되어버렸다. 여행을 시작한지 보름 동안 매일이 휴일이라는 개념 아래 열심히 돌아다녔던 여행 초짜. 생각해 보면 탁자에 몸을 기대어 신문을 보는 것처럼 여유 있는 휴일은 처음이라 어색했다. 길게 잡은 여행기간인 만큼 밸런스의 조절이 얼마나 중요한지 나도 모르게 깨닫는 중이었다.

몸이 회복 될 때 즈음 나는 캄보디아의 아픈 역사를 가진 뚜얼슬랭 박물관으로 향했다. 가기 전까지 몰랐는데 캄보디아는 우리나라 보다 더한 역사적 아픔을 가진 국가였고 특히나 프놈펜은 아픈 역사의 상징이었다. 뚜얼슬랭 박물관은 현대에 와서 관광지로 개발이 되었으나 과거엔 폴란드의 아우슈비츠 수용소와 같이 고문으로 엄청난 숫자의 사람들이 죽어나간 곳이란다. 죽은 이들이 수용생활을 겪으며 찍힌 사진들이 감옥 곳곳에 걸려 있어 섬뜩함을 더했고 그들의 인터뷰 내용은 보는 것만으로도 잔혹했다. 대량학살의 종식 후엔 캄보디아 전체 인구 중 300만 명의 희생자를 냈다고 하니 그 변화는 무서울 만큼 심각했다. 그만큼 학살의 흔적은 뚜렷했다. 이를 지켜본 나는 캄보디아란 국가에 대해 측은함으로 도배되어 버렸다. 대부분의 나라들이 국가의 상징물처럼 여기는 왕궁 또한 신탁통치의 잔재로 전락해 있었는데, 캄보디아의 수도가 앙코르와트에서 프놈펜으로 천도한 것도 수백 년 전 태국의 침략에 의해서란다. 그들의 아픈 역사는 단지 근대사에 국한된 것이 아니었던 것이다.

캄보디아는 마지막까지 아수라장이었다. 세차게 빗줄기가 내려 홍수처럼 도로가 잠기는 와중에도 숙소 입구에는 뚝뚝 기사들이 벌떼처럼 달려들어 흥정을 하는가 하면 관광객들은 저마다 '노 땡큐'로 응대하며 피해 다니기 바빴다. 십년 뒤 다시 캄보디아를 방문하게 된다면 어떤 느낌일까. 공상과학 영화에서 제시하는 2020년은 날아다니는 자동차가 거리를 활보하는데 그때도 그들은 여전히 뚝뚝으로 도로를 한가득 채우고 경적소리에 하루를 시작하게 될까. 아무것도 할 수 없는 배낭여행자인 내게 캄보디아는 알면 알수록 아픔만이 더했고 그들의 희망적인 미래를 진심으로 소망하고 있었다.

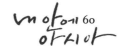

[INDEPENDENCE MONUMENT]

독립기념탑

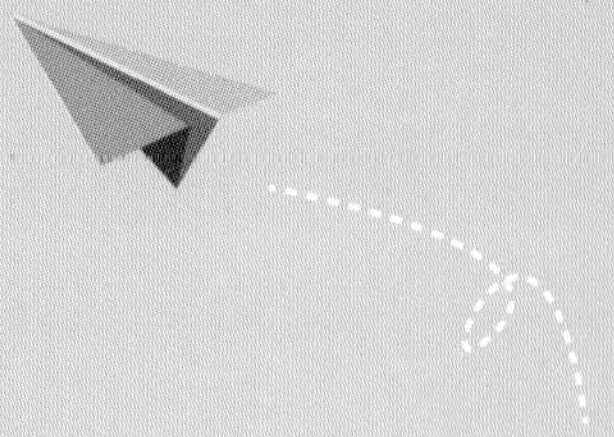

MY TRAVEL'S STORY STARTS FROM NOW ON.

03

베트남

Vietnam

베트남은 입국 전부터 죄를 짓고 들어가는 느낌이었다.
내가 뭘 잘못했을까?

최고의 인프라, 최저의 가격

단지 베트남으로 향하는 국경을 넘었을 뿐인데 지렁이문양의 글자들이 아닌 익숙한 영어로 된 간판이 눈에 들어왔다. 문맹률을 낮추기 위해 17세기 프랑스 선교사에 의해 알파벳으로 표기를 시작한 결과물이란다. 베트남 전통의상인 아오쟈이를 입은 여인들은 저마다 전통 모자를 쓰고 있었고 사람들의 생김새도 한국인과 비슷했다. 그러나 베트남은 입국부터 조금 겁이 나는 국가였다. 과거 베트남으로 이주했던 한인들의 추태와 한국 농촌마다 미혼현상을 방지하기 위해 베트남 여인을 데려오는 다문화 가정의 현실, 그리고 여행할 당시 막 터졌던 뉴스에 의하면 한국으로 시집 온 베트남 여인 한 명이 남편으로부터 피살당한 사건으로 떠들썩했기 때문이다. 그들은 한국인들을 극도로 꺼려하지는 않을까. 불안감이 엄습해왔다.

호치민의 입성이 실감난 것은 도로를 가득 메운 스쿠터 행렬로 부터다. 인구만큼이나 오토바이가 많다는 베트남은 헬멧마저도 패션의 코드가 되었는지 형형색색의 헬멧들이 줄을 이었다. 심한 매연 때문에 사람들은 다들 마스크 착용이 기본이며 자외선 노출을 최소화하기 위해 팔 토시를 차고 다니는 것은 옵션이었다. 스쿠터들 덕분에 호치민 시가지에 진입해서 꽤 오랜 시간 정체한 버스는 해가 지고 나서야 여행자거리인 데탐거리로 도착할 수 있었다. 다행이도 숙소의 평균가격은 싱글 룸 기준에 5달러를 상회하는 수준이었다. 에어컨과 개인욕실이 구비된 싱글 룸이 5달러면 가히 파격적인 가격이다. 어쩌면 동남아시아 국가 중 체감적으로 가장 물가가 저렴했던 국가인 베트남. 1달러로 할 수 있는 일들이 꽤 많았다. 여느 여행자거리가 그러하듯 상점들은 죄다 기념품 가게가 즐비했는데 몇몇 동양인들이 흥정하는 모습이 가장 먼저 눈에 들어왔다. 그들은 2달러에 판매되는 모자를 1달러로 깎기 위해 모든 칼로리를 쏟아 붓는 중이었다. 주인아주머니는 애써 웃으며 거절

했고 여행객들은 이에 대응하듯이 서로의 내공을 의식하며 흥정을 이어나갔다. 여행하다보면 흔히 마주하는 광경이지만 그때만큼은 느낌이 틀렸다. 1달러에 겨우 가격을 맞춰 준 아주머니의 인상은 그리 좋아보이진 않았기 때문일 것이다.

그놈의 '1달러'. 미국 화폐의 최소 단위다. 미국뿐만 아니라 대부분의 선진국 최소 단위다. 대게의 경우가 그러하듯이 나 또한 여행을 하면서 1달러 정도의 흥정은 쏠쏠한 재미였다고 부정하진 못하겠다. 하지만 1달러가 뭐기에 누군가의 기분까지 건드려야만 했을까? 무조건 깎아야 된다는 법은 스스로 여유가 있어서가 아니라 100달러로 생계를 유지하는 현지인들의 입장에선 다시 생각해 볼 문제라 여겼다. '말도 안 되는 금액을 제시하지 않는 이상 흥정을 하지 않으리.' 흥정을 못 하는 내게도 그럴듯한 변명거리가 생기고 말았다.

어쨌든 운 좋게도 베트남은 흥정이 필요 없을 만큼 괜찮은 인프라에 괜찮은 금액만을 제시하는 국가다. 괜찮은 인프라는 정확히 말하자면 여행자에게 아주 소소한 기쁨을 주는 것들을 말하는데 가령 ATM의 인출수수료 같은 것이 이에 해당한다. 베트남은 타국의 카드로 출금을 하여도 1달러의 수수료만 요구해서 소액출금에 대한 부담이 없었다. 하지만 출금할 당시 나는 베트남의 화폐단위에 놀라지 아니할 수 없었다. 1달러에 2만 동. 하룻밤 숙소의 금액을 물어보면 죄다 12만 동, 10만 동을 불렀고 너무 높은 금액에 헷갈려하는 외부인들에게 편의상 계산기로 가격을 제시하는 모습이 어디서든 보였다. 만약 면세점에서 괜찮은 양주 한 병이라도 살려고 하면 수백만 동은 지불해야 되는 것이다. 그들은 지하철보다 화폐개혁이 필요했다.

10만 동에 적당한 숙소를 발견한 나는 짐을 풀고 노점에서 첫 끼로 베트남쌀국수를 먹었다. 얼큰한 국물은 한국에 입점한 베트남쌀국수 체인점에서 제시하는 음식보다 더 한국적이었고 2천 원도 안하는 가격을 생각하면 먹는 내내 입과 지갑이 즐거웠다. 남은 여행기간 동안 매일을 이렇게만 먹을 수 있기를 간절히 바랬다. 베트남은 분명 여행하기에 천국 같은 곳이다. 방콕에서도 찾기 힘든 와이파이가 숙소마다 콸콸 터져 나왔고 잘 정돈된 수많은 여행사들은 제대로 된 정보를 제시하며 관광객을 유혹했다. 무비자 입국이 허락한 15일로는 택도 없어 보였다.

호치민 스케치

이튿날 근처의 여행사에서 무작정 스쿠터를 대여했다. 가장 정직한 시간개념을 가진 지하철과 뚝뚝 같은 근거리 교통수단이 존재 하지 않았기 때문인데 사실 로컬버스는 자신이 없었던 탓이다. 하지만 호치민에서 스쿠터를 대여한다는 것은 사실 굉장히 위험한 발상임을 미리 말해둔다. 수백 대의 스쿠터가 도로를 점령한 그곳에서 분명히 나는 왼쪽 깜빡이를 켜고 왼쪽으로 가려고 해도 사람들이 우르르 오른쪽으로 가게 되면 나도 그 무리에 휩쓸려 본의 아니게 오른쪽으로 가야 하는 불편한 진실. 바로 앞에 목적지가 있음에도 몇 번을 돌아가야 했는지 모른다. 놀라운 점은 사람들의 스쿠터에는 그 흔한 흠집 하나 없을 만큼 깨끗했다는 것이다. 한 뼘 남짓 아슬아슬한 안전거리를 유지하면서도 요리조리 잘도 피해가는 모습은 서커스를 보는 듯했다. 덕분에 호치민에서 며칠간 오토바이를 대여했던 나는 초보운전자임에도 불구하고 금세 스쿠터의 달인이 되고 말았다.

호치민에서 빼놓을 수 없는 것은 독립운동가 호치민과 전쟁의 잔재들이다. 때문에 대부분의 관광지는 전쟁기념관, 호치민박물관 혹은 땅굴견학투어 등으로 이루어진 것이 대부분이었다. 군대라는 조직의 호불호를 떠나 그곳을 방문하면 다소 숙연한 분위기에 모든 것을 잠시 잊게 된다. 베트남의 아픈 역사는 캄보디아의 그것과 많이 닮았지만 베트남인들은 전쟁의 상처보다 조국을 지키기 위해 노력했던 프라이드가 더욱 강해 보였다. 그러한 민족주의적 성향은 결국 자국의 강한 자부심을 가지게 된 현대의 베트남인들을 탄생시켰다고 하니 일리가 있는 말이다. 전쟁박물관은 대부분 전쟁 당시 사용했던 무기를 비롯하여 미군과 혈전을 벌이면서 기록된 사진들로 가득했다. 이곳만 보게 된다면 아마 모든 사람들이 미국이란 나라에 대해 세상에서 가장 사악한 국가로 정의내릴 수 있을 정도다. 사진에는 익숙했던 나의 부대 9사단의 선명한 로고가 보였는데 순간 복잡한 생각이 교차할 수밖에 없었다. 군대에서 익히 봤던 영상에선 월남전 참전 용사들이 당당한 영웅들로 추앙받았지만 이곳에서는 물음표가 따라다녀야 했다. 내가 방문했던 오전에는 현지 고등학생들의 견학으로 박물관 전체가 붐볐는데 그들의 눈에 비친 9사

단의 용사들은 평화수호의 목적도 결코 정당화되지 못했으리라. 적어도 그 때만큼은 귀가 따갑게 들었던 백마부대의 월남전 참전 이야기가 군 시설에 세뇌 당했던 의식과는 다른 입장으로 내게 다가오고 있었다.

전쟁박물관은 큰 기념품 숍을 가지고 있었고 판매되는 기념품들도 남성들의 호기심을 자극할 만한 물건들이 꽤 많았다. 탄피를 조합하여 만든 볼펜, 실제 전쟁 당시 사용된 미군들의 군번줄을 파는가 하면(이것이 진짜라면 굉장히 섬뜩한 기념품이다) 각종 군용품을 판매하고 있었다. 이러한 전쟁의 흔적은 비단 전쟁박물관에만 국한되지 않는다. 미술관을 가도 근대사의 아픈 전쟁의 상처를 회화로 표현한 작품들이 가득하여 먼발치서 작품들을 거시적으로 바라보면 온통 붉은 빛과 녹색 빛이 감돌았다. 정리를 하자면 호치민 즉, 사이공이라는 도시는 발길 닿는 곳마다 아픔이 묻어나는 동네였다.

블랙박스 구출작전

"아……."

탄성처럼 한숨이 터져 나왔다. 호치민으로 돌아오자 오랜만에 사진도 정리하고 여행기록을 남기기 위해 노트북을 꺼냈는데 액정은 완전히 망가진 상태였다. 아마도 장거리 버스를 타면서 큰 배낭에 노트북을 넣어둔 것이 화근인 것 같았다. 내 여행의 블랙박스와 같은 노트북이 없어진다는 것은 상상조차 할 수 없는 일. 평정심을 찾을 겸 일단 노트북 사건은 잊어버리고 나는 다시 데탐거리로 나왔다. 그때 한 한국인 청년과 마주하게 되었다. 구찌터널

투어(땅굴견학)를 알아보고자 하는 그는 내게 말을 걸었고 인상이 좋았던 그와 함께 같이 여행사를 찾아다니면서 자연스럽게 친해졌다. 나보다 형이었던 성원이 형은 인도차이나반도를 장기간 여행 중이었고 나와 다른 방향으로 돌아오는 길이라 내가 가야 할 곳들에 대한 정보를 세세하게 들을 수 있었다.

솔직히 말하자면 여행 초창기에 한국인의 만남 자체가 그리 달갑지만은 않았다. 아프리카 사막 한가운데서 같은 민족을 만난다면 얼마나 반갑겠냐만 모두가 알듯이 동남아 전역에 한국인들이 무수히 많기 때문에 그럴 수도 있다. 이와 같은 희소성의 문제도 분명 존재하겠으나 가장 큰 딜레마는 사실 한국인에 대한 이유 없는 부정일 것이다. 잠시 머리를 식히기 위해 주말여행으로 동남아 땅을 밟은 이들의 목적은 이국적인 정취를 최대한 느끼고 싶을 수도 있기 마련인데, 여기까지 와서 굳이 한국인을 마주해야 한다는 건 서로에게 의미가 퇴색 될 수 있으리라 믿었다. 때로는 이에 대응이라도 하듯 주말을 호사스럽게 놀러온 관광객들을 향해 나는 그들이 '나'와 다른 존재라고 선을 그을 때도 있었다. 식당에서 밥이 비싸면 아무렇지도 않게 그곳을 빠져나와야 했던 가난한 여행자. 이러한 행동거지를 정당화시키면서 가치를 합리화시키는 것은 배낭여행자가 가져야 할 기본이자 돈 많은 여행자들을 향해 던지는 같잖은 프라이드라 여겼다. 부정은 가끔 도를 지나쳐 길 위에서 만나는 모든 한국인에 대한 외면으로 확대되기도 하였으니 문제라면 문제다. 지극히 당연하게도, 여행을 어떻게 해야 바람직하게 한다는 정의는 세상에 존재하지 않는다. 돌이켜보면 당시의 나는 가난한 여행자였다기보다 순전히 어린 여행자였다. 그럼에도 불구하고 아주 자연스레 친해질 수 있었던 성원이 형. 한동안 한국사람 갈증을 느낀 내가 무의식적으로 느낀 필요한 존재였을 수도 있고, 그도 아니면 정말 너무 잘 맞았기에 특별한 의미를 부여하고 싶어서 그랬을 수도 있겠다.

여행사에 의하면 구찌터널은 반나절에 투어가 가능하단다. 달력을 확인한 후 주말을 피해 노트북을 먼저 수리하고 싶었던 나는 투어를 이틀 뒤에 하기로 한 뒤 이른 아침부터 발품을 팔러 다녔다. 스쿠터와 호치민 시내전도. 이것만 있으면 뭐가 돼도 될 것 같았다. 일단 가까운 전자제품 대리점에서 노트북을 보여주며 이야기했지만 중국산 제품인 내 노트북의 액정을 구하기란 쉽지 않아 보였다. 몇 군데를 더 돌아다니면서 수소문 끝에 소개받은 대리점들은 하나같이 못 고친다는 대답뿐. 진이 빠졌고 하루 종일 마신 매연은 식욕까지 앗아갔다. 네 번째 찾은 한 대리점의 직원은 간절한 나의 표정이 진심으로 와 닿았는지 여기저기 전화를 돌리다가 노트북 액정을 전문적으로 수리를 하는 가게를 소개시켜 주겠단다. 진짜 마지막이라는 생각에, 이번마저도 안 될 경우 인근의 가게에서 그냥 하나를 살 각오로 그곳을 찾았다. 넓은 호치민 시내에서 다소 외곽에 떨어진 곳이었지만 워낙에 호치민 시내를 돌아다니다 보니 지도를 보면서 찾아가는 것은 이제 일도 아닌 것 같았다. 어렵사리 찾은 수리점에서는 노트북의 상태를 보더니 금액만을 제시했다.

"100달러."

"동으로 계산해도 되나요?"

"200만 동."

시크한 아저씨는 월요일에 찾으러 오란 말을 남기고 영수증을 건네주었다. 차라리 다행이라 생각한 나는 날아갈 듯 기분이 좋았다. 노트북 하나를 고쳤을 뿐인데도 이제 해외에서도 뭐든 할 수 있다는 알 수 없는 자신감이 재차 나를 흥분시켰다. 해피엔딩의 마무리를 위해 스쿠터의 속력을 힘껏 높였다. 그리고 3분 만에 정차했다. 눈앞에 보이는 수백 대의 오토바이들. 호치민은 내게 로맨스를 허락하지 않았다. 게다가 저녁이 다가올수록 교통체증은 극에 달했다. 요 며칠 계속 되었던 찜통더위 때문일까 하늘에선 갑자기 천둥이 치더니 눈 깜짝할 새에 빗방울이 내리고 있었다. 그 수많은 스쿠터 행렬에선 누구라도 할 거 없이 우비를 꺼내더니만 형형색색의 우비로 완정무장하고 있었다. 빗방울이 조금씩 내리고 있어서 일찍 가면 데탐거리로 갈 것이라 생각했으나 사람들이 우비를 저마다 가지고 있는 데는 이유가 있었다. 비는 하늘에 구멍이 뚫린 것처럼 억수같이 쏟아졌고 얼마 지나지도 않아 바퀴가 물에 잠길 정도로 도시 전체가 빗물에 잠겼다. 스쿠터가 아무리 익숙해졌다고 한들 컴컴한 밤길에 차선도 안 보이는 도로는 분명 공포였다. 비는 금방 그칠 것 같지 않았고 행여나 전선이라도 끊어지는 날에는 길 위의 사람들 모두다 감전으로 죽을 수도 있다는 불안감이 나를 더 재촉했다. 더욱이 시속 30킬로미터 이상의 속도를 내려하면 빗방울은 피부에 따갑게 충돌하여 안 그래도 큰 얼굴을 벌겋게 달아오르게 하였으니 미칠 노릇이었다. 정말 그 순간만큼은 생사를 오가는 듯했다. 1시간 30분가량 주행 끝에 겨우 데탐거리로 돌아온 나는 하늘이 그렇게 애석할 수 없었다. 데탐거리가 보이는 순간 거짓말처럼 그쳐버린 빗방울. 우려했던 것과는 달리 베트남 사람들은 내게 친절하게 다가왔지만 날씨는 그렇지 못했다.

저녁에 성원이 형과 약속한 시간에 다시 만난 뒤 우리는 다시 데탐거리로 나섰다. 카오산 로드보다 규모는 작아도 비슷한 이미지의 데탐거리는 밤이 되면 더욱더 활기가 넘쳐난다. 어디를 가나 먹을 수 있는 맛있는 쌀국수뿐만 아니라 처음 도전해 보는 음식들도 하나같이 입에 맞았다. 몸과 마음이 살찌는 곳임에 틀림없었다. 성원이 형은 이미 동남아 여행 3개월째에 접어들었는데 데탐거리에서 무려 3명의 친구들을 만나는 행운을 누릴 수 있었다. 데탐거리가 좁아서 그럴 수도 있지만 이렇게 만나게 되는 형이 마냥 신기했다.

"저 친구는 라오스에서 만났어. 아까 본 친구는 치앙마이에서 봤는데 여기서 또 만나네."

그렇게 스쳐가는 인연들 속에서 성원이 형은 막 이곳에 도착한 독일인 친구와 반갑게 마주하였고 오지랖 덩어리인 나는 괜찮은 숙소를 안내하는 젠틀함을 선사했다. 가는 길이 다르면 쿨하게 헤어지고 또 인연이 닿으면 이렇게 반갑게 맞이하는 자연스러운 풍경들. 불가에서는 현시대에서 만나는 인연은 전생에서 수백 번은 스쳤을 인연으로 해석한다. 성원이 형이 전생에 독일인을 어떻게 수백 번 스쳤을지는 몰라도 아직 여행 중에 친구가 많이 생기지 않았던 나는 그가 마냥 부러웠다.

베트콩이 사는 세계

"얼마나 더 가야 하는 거야?"

구찌터널로 가기 위해선 2시간 정도 가야 했다. 하루 종일 버스를 타는 경험을 일찍이 했더라면 마을버스처럼 타고 갔을 텐데 안타깝게도 급한 성격이 고스란히 잔재해 있던 때다. 구찌터널은 베트남전 당시 베트남 군인들의 은신처 역할을 했던 비밀터널을 말하는 곳이다. 그곳에서 장기간 생활을 해

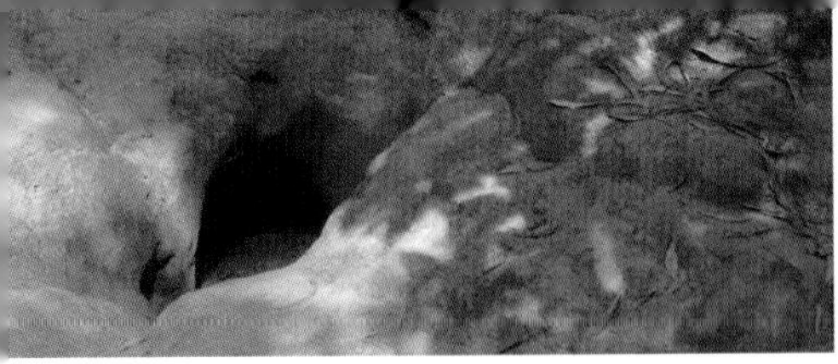

야 했던 그들은 개미굴마냥 땅굴 안에 각종 저장고는 물론 모든 시스템을 전쟁에 용이하도록 설계하였다. 터널 입구는 디오라마형식으로 당시 생활하던 이들의 생활상을 모형으로 보여주는가 하면 영상을 통해 참혹했던 전쟁의 상황을 묘사하기도 했다. 어떻게 생활했을까 궁금하기도 하고 한편으로는 그들의 생존력에 박수를 보낼 수밖에 없었다(무엇보다 가장 놀라운 점은 땅굴의 길이가 250킬로미터에 달한다는 점이다). 솔직히 터널을 처음 본 순간 사람이 들어갈 수 없으리라 생각했다. 그 좁은 곳에서 장기간 생활했을 만큼 강인한 정신력을 가진 그들이 전쟁에서 승리한 것은 어쩌면 당연한 결과물처럼 보였다. 사실 좁은 땅굴에서 생활하다는 것이 실제로 보지 않는 이상 믿기 어려울 정도다. 오소리 한 마리가 겨우 들어갈 만한 땅굴에서 음식을 해 먹었을 테고 잠도 자야 했을 것이다. 답답하고 탁한 흙먼지를 마셔 가면서까지 생존해야 했던 그들의 정신은 충분히 박수 받을 이유가 되었다. 그리고 한편으론 그런 생활을 해야 했던 그들이 진심으로 안타까웠다.

구찌터널의 안내를 소개받으면 마지막에 방문객들이 직접 체험해 보는 것으로 투어는 막을 내린다. 첫 번째는 약 30미터 길이의 터널을 직접 들어가는 것이다. 관광객을 위해 터널의 폭을 좀 더 넓게 개량했다지만 사실 그마저도 엄청 힘들어서 나오는 사람들은 모두 흙과 땀에 범벅이 되곤 했다. 또 다른 하나는 주요 국가들에서 생산한 소총을 가지고 사격해 보는 체험이다. FPS 게임에서나 볼 듯한 다양한 소총들은 관광객을 유혹했고 만만치 않은 추가금액에도 서양인들은 앞 다투어 총을 쏘려고 했다. 군대를 가지 않는 그들은 살인할 이유가 없는 이상 총을 쏠 일도 없을 테니 충분히 이해할 수 있는 대목이다. 물론 예비군 훈련이 4년씩이나 기다리고 있는 나는 그 아름다운 유혹을 이겨낼 수 있었다. 생전처음으로 일 년에 한 번씩 나를 부르는 국가가 고맙게만 느껴졌다.

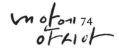

구찌터널을 다녀 온 그날 저녁은 특별한 약속이 기다리고 있었다. 성원이 형이 만났던 독일인 친구가 노을을 감상하기 위해 호텔전망대의 바에서 기다리겠단다. 노트북도 고치고 여러모로 기분이 좋아 럭셔리한 생활도 전혀 부담스럽지 않았다. 호치민 시내가 모두 내려다보이는 쉐라톤호텔 전망대에

서 바라보는 노을은 황홀함의 끝이었다. 좋은 사람들, 아름다운 전망 그리고 훌륭한 칵테일. 기본으로 1인당 칵테일 두 잔은 마셔야 한다는 업소의 규정은 분명 마음에 들지 않아도 술의 삼박자가 모두 갖추어 졌으니 사치가 가능했다. 다시 한 번 더 강조해 보건데 베트남은 뭐든지 기대이상으로 저렴하다. 이렇게 호사스런 사치가 부가세를 포함한 금액 1만 원이면 충분하기 때문이다.

누가 그 순수함을 훔쳤을까?

베트남은 유명한 해변이 두 곳 있다. 호화 리조트로 유명한 냐짱과 소박한 어촌마을로 유명한 무이네. 호치민의 수많은 인파에 치여 한적한 곳을 찾고 싶었던 나는 성원이 형과 작별을 한 뒤 무이네로 향했다. 약 4시간을 달려 도착한 무이네는 버스에서 내리자 바닷소리가 먼저 들릴 만큼 조용한 어촌이었다. 적당한 가격대의 숙소를 선택한 나는 짐을 풀고 와이파이의 비번보다 스쿠터를 먼저 찾았다. 친절한 주인아주머니는 무이네의 주요 관광 포인트를 자세하게 설명해 주었다. 찍어 준 관광 포인트만 무려 다섯 군데. 일몰이 빠른 베트남의 특성상 해가 지기 전에 어디든 가야겠다는 생각에 스쿠터를 몰고 근처의 만으로 향했다. 완만한 경사를 넘어서자 스쿠터는 나의 의지와 적당히 타협하여 알아서 멈췄다. 어메이징한 피싱빌리지가 눈앞에 들어왔기 때문이다. 사진으로도 본적 없고 누군가에게 들어본 적도 없는 피싱빌리지. 수십 척의 어선들이 정박하기 위해 떠 있는 그 모습은 가히 장관이었고 하루일과를 마친 아주머니들이 언덕을 올라오고 있었다. 전통모자 아래

무이네는 팔레트 위의 물감 같다. 볼거리가 많은 그곳은
어떤 색을 섞느냐에 따라 언제나 분위기를 달리한다.

얼굴의 밑 부분만 노출이 돼서 그런지 그녀들의 수다 속엔 웃음만이 강조되고 있을 만큼 모든 것이 평화로웠다.

그리고 다음 날. 새벽부터 분주하게 움직였다. 주인아주머니의 말로는 피싱빌리지의 진풍경은 이른 아침부터 시작한단다. 일출이 5시 정도임을 감안해야 해서 새벽부터 기상한 나는 칠흑 같은 어둠을 뚫고 피싱빌리지로 향했다. 점점 동이 트자 언덕 위에 주차를 한 뒤 일출을 바라보았는데 가게들은 하나둘 문을 열기 시작했고 식사 판매가 한창이었다. 현지인들의 틈에 끼여 쌀국수를 먹다보니 불현듯 이곳 베트남과 우리의 시차는 존재하지 않는다고 느낄 수 있었다. 표준시각에 의하면 2시간이 느린 베트남이지만 일출도 빠르고 사람들의 활동도 우리보다 2시간이 빨랐다. 이들의 시각에 맞추다보니 어느새 한국과의 시차는 의미가 없어지고 만 것이다.

식사 후 피싱빌리지를 좀 더 가까이 보기 위해 해안가로 향했다. 만선인 배에서 물고기를 실어 나르는 사람들, 싱싱한 생선을 경매하는 사람들, 좋은 가격에 물건을 사기 위해 흥정하는 사람들 그리고 이 와중에도 복권을 판매하는 사람들과 아침거리를 팔기 위해 소리치는 소년들. 모든 것에 에너지가 넘쳐났다. 관광객이라곤 나 하나밖에 없었지만 분명 어떤 관광객이 방문하더라도 좋은 기억을 남길 수 있는 곳이었다. 순박한 사람들은 관광객인 내게 사진을 찍어도 된다며 먼저 말을 건네주기도 하였고 가볍게 인사를 해 주며 지나가기도 했다. 멍하니 이곳의 풍경을 바라보는 일은 오랜만에 맞이한 소박한 행복이었다. 하지만 신기하게도 이곳에서 두 시간이 지나자 사람들은 하나둘 떠났고 그 많던 사람들은 언제 그랬냐는 듯 썰물처럼 빠져나가며 피싱빌리지는 다시 본래의 고요함을 되찾았다. 다시 도로로 나왔을 땐 저 멀리 흰 무리의 사람들이 자전거를 타며 개미떼처럼 이동하고 있었다. 전통의상인 아오자이를 교복으로 입고 등교하는 학생들이었다. 어디 하나 시선을 뗄 수 없었던 무이네 해변. 하루밖에 지나지 않았지만 벌써 마음에 쏙 드는 곳이 되어 버렸다.

거두절미하고 무이네의 하이라이트는 해안가에서 형성된 사구(砂丘)가 포인트다. 화이트샌듄과 레드샌듄이 이 지역을 대표하는 관광지인데 단순히 이것만을 보기 위해 찾는 관광객들도 적지 않다. 35킬로미터 떨어진 화이트샌듄은 고요하다 못해 오랜 시간 그곳에 있노라면 우울함마저 밀려오는 곳이

었다. 사방은 온통 하얀색 사구만이 존재하고 간혹 오아시스처럼 형성된 물웅덩이가 전부였다. 물론 현지인들은 이 아름다운 곳을 멀쩡하게 내버려 두진 않았다. 여기저기 새로 짓는 리조트 공사가 한창이었으며 머지않아 이곳도 사람들의 발길이 끊이지 않을 것이란 생각에 쉽사리 떠나기도 아쉬웠다. 반면 피싱빌리지와 멀리 떨어져 있지 않은 레드샌듄은 좀 더 관광지 분위기가 났는데 소년들은 플라스틱 판넬을 가져와서 샌드보드를 빌리라며 졸졸 따라다녔다. 아쉬웠던 점은 그 소년들이 학교를 가지도 않고 이 시간에 여기서 주차비를 받고 샌드보드를 대여하고 있다는 점이다. 합법적일 리가 없을 주차비를 받으면서 계속해서 돈을 더 요구하는 아이들. 주인 없는 이곳에서 나는 몇 푼 아까운 여행자이기보다 아이의 교육이 걱정되는 어른의 입장이었다. 샌듄을 떠나기 위해 주차비를 결제하려는데 마침 돈이 2,000동 부족했다. 아이들은 역정을 내면서 달려들었고 가지고 있는 달러라도 내놓으라며 유창한 영어로 나에게 쏘아붙였다. 큰 액수의 지폐만 있었던 나는 어쩔 수 없이 캄보디아 돈이라도 받겠냐며 제시했다. 그때 우두머리로 보이는 소년이 다가와 말했다.

hello.

Are you happy?

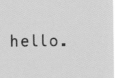

"그럼 네가 가진 담배라도 줘."
"무슨 소리야? 너흰 담배를 피기엔 너무 어리잖아."
말이 끝나기도 무섭게 그들은 내 주머니로 삐져나온 담배를 훔친 뒤 붉은 빛의 샌듄으로 도망가고 말았다. 관광지로 변모하면서 달러의 맛을 알아버린 그들은 순수함마저 잃어가고 있는 것일까. 캄보디아의 아이들처럼 이들에게도 꿈보다는 지금 받는 몇 푼의 달러가 더 소중하게 느껴져야 하는 것일까. 내게 가장 화려했던 장면들만 보여주었던 무이네는 마지막까지 화려한 곳이 되진 못했다.

공사가 필요한 문화의 도시

무이네에서 훼로 바로 가는 버스는 무려 하루가 걸릴 만큼 긴 여정이었다. 그래도 버스가 탈만했던 이유는 180도로 누울 수 있는 슬리핑버스였다는 점이었는데 에어컨도 시원하니 모든 것이 만족스러웠다. 몇 번을 자다 깨다를 반복하다 어느덧 냐짱에 도착하였고 기사아저씨는 미니버스로 갈아타라며 손짓하였다. 그 큰 버스에는 나와 젊은 유럽 여자만이 같이 있었고 우린 길을 물어 미니버스가 대기하는 곳으로 향했다. 사람이 가득 찬 미니버스 안에서는 이동하면서 간단한 대화가 오가는 중이었다. 서로를 소개하는 도중 누군가가 놀라면서 말을 건넸다.
"한국에서 왔다고? 남한에서 온 거 맞지? 어제 뉴스 봤어? 북한이 남한으로 미사일을 쐈다는데?"
"아니 처음 듣는 이야기야. 북한이 남한에게 도발하는 일은 간혹 있는 일이지 뭐."
대수롭지 않은 듯 이야기하긴 했어도 한국 소식이 무척이나 궁금했다. 사실 그동안 너무 한국 뉴스를 볼 기회가 없었던 터라 G20정상회의가 어떻게 진행이 되었는지, 광저우 아시안게임에서 한국이 좋은 성적을 거두었는지 확인할 길이 없었다. 그때 같이 이동했던 유럽 여성은 다소 흥분한 듯 계속해서 자신의 이야기를 늘어놓았다.
"정말 배고파 죽을 것 같네. 무슨 버스가 정차도 한 번 안하고 계속 달리는 거야! 무이네에서 여기까지 오면서 한 끼도 먹지 못했다고. 빨리 터미널로 가서 뭐라도 먹어야겠어!"

북한이 미사일을 쐈다는데 배고픈 것을 굳이 강조하는 그녀를 보니 어지간히 배가 고픈 모양이었다. 그러고 보니 나도 점심부터 한 끼도 안 먹은 상태였고 누가 뭐랄 것도 없이 터미널에 도착하자마자 바게트 빵과 치즈를 사기 위해 돌격했다. 캄보디아나 베트남 등에서 바게트는 다소 보편적인 음식에 속했는데 과거 프랑스의 통치하에 만들어진 잔재들이란다.

냐짱에서 환승한 버스는 곧장 훼로 갈 줄 알았건만 새벽에 또 다시 기사 아저씨가 모든 승객을 깨웠다. 그는 또 다시 다른 버스로 갈아타라 했다. 그는 내게 여행사 명함을 건네줬고 재촉하라는 말에 버스를 같이 탔던 이들과 인사도 못 나눈 채 헤어져야 했다.

훼는 과거의 왕조가 번성할 당시의 유적지가 아름다운 곳으로 알려져 있다. 여전히 베트남 특유의 풍경을 간직한 훼는 베트남에서도 손꼽힐 만큼 대도시로 성장하였는데 한적한 곳에서 온 나는 이런 활기가 반갑게 느껴졌다. 일반적으로 여행자거리에선 현지음식점을 찾기보다 서양음식점을 찾는 것이 더 수월하다. 많은 관광지가 백인들의 때가 묻는 것은 현대판 제국주의와 무엇이 다르겠는가. 식당에 가도 채식주의자를 위한 메뉴는 필수적으로 존재했고 무이네에서처럼 동네꼬마아이들도 교육에 의해서가 아닌 생계를 위해 영어를 배워가고 있었다. 그나마 다행스러웠던 점은 그래도 훼는 훼의 모습을 지키기 위한 흔적이 많이 남아 있었다는 것이다. 여행자거리를 조그만 벗어나면 보이는 훼의 전통식당이 그러했다. 훼는 훼 지방만의 독자적인 음식 문화가 발달할 정도로 역사가 깊고 대중들의 평이 좋은 곳이다. 과하게 기대했던 만큼 음식에 대한 실망이 크게 찾아올까 두려워도 기본적으로 베트남 음식에 실패하기란 북한이 미사일을 쏘는 행위만큼 가끔 있는 일이다. 예상대로 훼 지방의 음식은 어떠한 표현도 부족할 만큼 동남아를 여행하면서 먹은 음식 중 단연 최고였다. 더욱더 마음에 들었던 것은 호치민 같은 경우, 메뉴판을 제공할 때 외국인 메뉴판과 현지인 메뉴판은 서로 다른 가격을 제시하는 경우가 많았지만 훼는 그렇지 않았다는 점이다. 누구에게나 동일한 가격을 받는다는 것은 왠지 모르게 인간미가 있어 보이기 마련이다.

우리나라와 시차가 같은 베트남.
사람들의 생활은 언제나 2시간 빠르다.

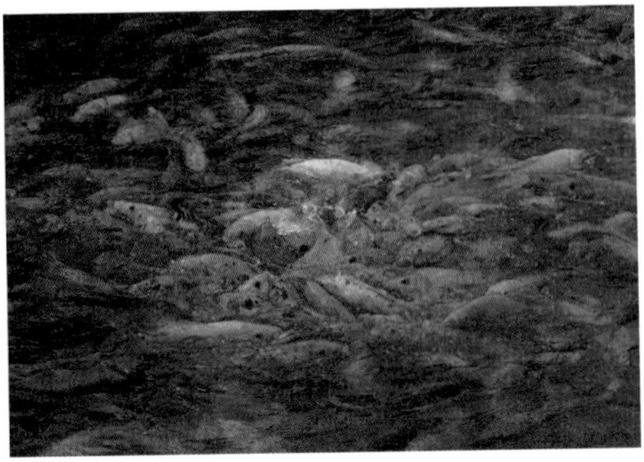

날이 밝고 기대했던 왕궁을 향했다. 왕궁은 시가지 한복판에 있어서 어디서든 볼 수 있을 만큼 입지적으로도 좋았고 웅장한 규모는 훼의 상징처럼 자리 잡고 있었다. 입구부터 거대했던 왕궁은 들어서자마자 왕이 업무를 집행했던 타이호와건물이 눈앞에 들어왔다. 커다란 LCD창에 비디오 상영을 통해 당시 상황을 자세히 제시하면서 왕궁의 관람은 시작부터 순조로운 듯했다. 근데 거기서 끝이었다. 왕궁 전체적으로 훼손된 곳이 너무 많았고 복원이 안 된 곳도 더러 있었다. 한창 복원작업을 하는 곳마다 공사 중이라 진입이 불가능했던 왕궁은 넓은 규모에 비해 갈 수 있는 곳이 제한적이라는 아쉬움을 남겼다. 앙코르와트와 같은 거대유적을 본 탓일까. 실망스러웠다.

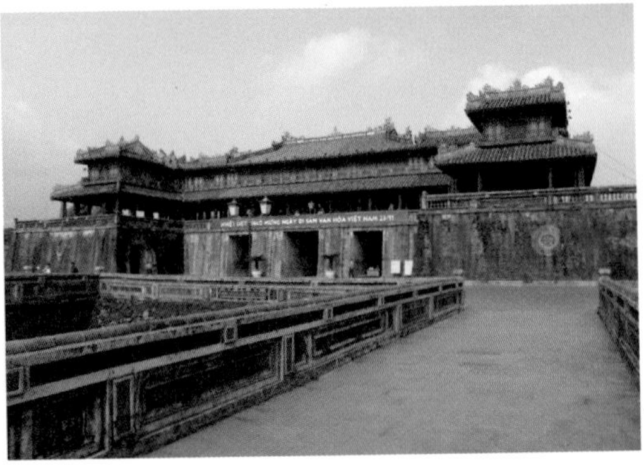

아쉬움을 뒤로 한 채 나는 왕궁 뒤편에 형성된 골목으로 발길을 옮겼다. 다큐멘터리에서나 보던 베트남인들의 생활상이 그대로 노출된 이곳은 왕궁보다 훨씬 볼거리가 많았다. 집집마다 행운의 상징으로 키우는 새들은 화려한 새장에 사육되며 문 앞에 걸려 있었고 사람들은 저마다 분주했다. 물건을 팔고자 다가오는 이도 없었고 그렇다고 돈을 요구하는 이들도 없었다. 그 중 자기 일에 가장 열정적인 곳으로 향해 보았다. 삼삼오오 모여서 무언가를 뚫어져라 쳐다보는 아이들. 가까이 다다가 그들이 보고 있는 것을 관찰하였는데 자기가 가져온 물고기로 투어(鬪漁)를 하는 중이었다. 어종에 따라 수컷들은 자신의 영역을 지키기 위해 서로를 공격하는 특성을 이용한 것이다. 아이들은 한 어장에 물고기를 풀어 놓고 그것을 지켜보며 함박웃음을 지었다. 달러뿐만 아니라 때로는 문명의 발달이 아이들의 순수함을 앗아가기도 한다. 문득 이들이 스타크래프트를 모르고 산다는 것이 다행이란 생각이 들었다. 그들의 순수한 놀이문화가 어찌나 보기 좋던지……. 사진으로 이리저리 담아보려 가까이 다가가 셔터소리를 내도 그들은 쳐다보지 않고 자신의 물고기에만 집중하고 있었다.

어차피 세상에 공짜는 없다

친구도 없고 그렇다고 동행하는 이도 없었던 나는 특별히 술을 마실 기회가 없어 항상 일찍 잠이 들었다. 새벽에 눈을 뜨면 으레 한적한 사찰을 찾았고 사찰 뒤에 위치한 아기자기한 농가를 방문하는 게 일상이 되어버렸다.

커피와 함께 아침을 시작하는 사람들의 일상은 베트남에서 흔히 볼 수 있는 광경이다. 베트남 전통커피는 1인용 찻잔에 간이드립을 설치해 내려 먹는 방법을 고수하는데 설탕을 많이 넣어 달게 만드는 것이 그 특징이다. 누군가가 카페에서 커피를 마시면서 기다리다 보면 동료들이 하나둘 모이게 되고 이야기꽃을 피우다 일터로 나가곤 했다. 그것을 말없이 지켜보던 내가 신기했는지 혹은 안쓰러웠는지 그들을 나를 불러 커피를 공짜로 대접해주는 일은 캄보디아에서 느낀 억지대접과 느낌부터 달랐다. 쓴 커피를 너무 많이 먹어서 일까 나는 노점에 위치한 쌀국수 가게를 들렀다. 500원짜리 얼큰한 국

수로 하루를 시작하는 내게 누군가가 와서 말을 걸었다.

"관광객인가 봐요? 제 이름은 투안입니다. 이곳 고등학교의 영어교사지요. 모처럼 외출을 했는데 마침 만나게 돼서 반가워요."

의심병이 알아서 발동했다. 여행하다보면 이런 사람이 한둘이 아니었으니깐.

"아, 네. 그러시군요. 전 제영이라고 해요. 손이라고 불러요."

"손. 쉬운 이름이네요. 저기 제가 잘 아는 카페가 있는데 국수를 먹고 디저트로 한 잔하고 가실래요? 당연히 제가 살 겁니다."

냉철함이 부족했던 나는 사양하지 못하고 그를 졸졸 따라가고야 말았다. 그는 뉴욕에서 3년간 거주하였고 부모님은 오래전부터 뉴욕에 정착중이란 이야기를 했다. 동남아 특유의 된소리가 거의 없는 그의 유창한 영어발음. 마음의 경계를 무너뜨린 이유 중 하나였다.

"당신 정말 흥미로운 친구군! 너의 여행이야기를 듣다보니 벌써 점심시간이 다 되어가. 여기 바로 뒤에 우리 집이 있는데 자네를 초대하고 싶어. 받아들일 수 있겠니?"

왠지 진짜 여행자가 된 것 같은 이 기분! 그토록 갈망하던 현지인들과의 소통! 어떠한 고민도 없이 나는 그의 집으로 향했고 흔들의자에서 잡지를 보던 그의 아내는 반갑게 나를 맞아 주었다. 투안 부부는 맥주를 좋아했다. 맥주를 마신 뒤 그의 아내는 집안 곳곳을 구경시켜 주었는데, 위층은 작은 사원으로 구성된 것이 눈길을 끌었다.

"이곳 주민들은 가끔 저희 집으로 와서 신께 기도를 드리곤 한답니다. 여기 의식 때 쓰이는 전통의상이 많아요. 괜찮으시다면 한번 입어보시는 것도 나쁘지 않을 것 같은데……."

특별한 경험에 반쯤 정신이 나간 나는 항상 가방에 들고 다녔던 기념품을 꺼내 답례를 하고 말았다. 몇 캔의 맥주와 안주거리라도 그들이 대접해 주는 자체에 감동을 받았고 친절한 아내에 대한 보답이었다. 보통 여행다큐를 봐도 이렇게 현지인들에게 초대를 받으면 고마움을 표하지 않는가! 시스템적인 룰이라고 생각했다. 선물을 받은 투안은 물론 좋아했고 조금은 부담스러운 눈빛으로 고민했다.

"아……. 보답으로 무엇을 해 줘야 하나. 손, 어떤 음식을 좋아해? 식사를 대접하도록 하지. 내가 뉴욕에서 3년간 있으면서 한 일을 알면 놀랄 거야. 이래봬도 난 레스토랑에서 근무했거든. 생선요리에 자신이 있는데 생선 좋아해?"

여행다큐의 주인공이라도 된 것 같은 나는 뿌듯함과 동시에 가족애까지 밀려왔다. 그는 실제로 요리를 굉장히 잘했다. 레스토랑의 음식처럼 입에 맞는 음식은 아니었지만 베트남의 가정식이라는데 그 의미가 있어서 나는 접시를 다 비운 것으로 나의 만족감을 표했다. 맥주를 두 캔 정도 더 한 뒤 국제버스의 출발시간이 다가오자 나는 그에게 작별을 건넸다. 이 고마움은 영영 잊지 못할 것이란 말과 함께 남세스런 포옹도 아낌없이 선사했다. 그때였다.

"아, 손. 음식 값은 30달러야. 먹었으면 돈을 내야지."

굉장히 애매해진 순간이었다. 안 줄 수도 없고 주자니 조금은 터무니없는 금액. 현지인의 초대는 보통 이런 것인가. 여행다큐는 PD와 현지인이 만들어 낸 연출에 불과한 것이란 말인가. 순간 너무나 당황한 나는 표정관리가 될 리 없었다.

"지금 수중에 달러라곤 20달러 밖에 없어. 아까 줬던 기념품으로 나머지를 대신하면 안 될까?"

"사실 우리에게 기념품은 중요치 않아. 요 앞에 조금만 가면 ATM이 있어. 기다리고 있을 테니 돈을 인출해 와."

20달러를 받아간 그를 뒤로 하고 나는 애써 웃음을 지으며 집을 빠져나왔다. 속으로 갖은 욕을 다 퍼부어도 돌아오겠다는 신뢰를 잃지 않기 위해선 불세출의 포커페이스가 돼야 했다. 뱉어서는 안 될 말들이 마구 떠올라도 결국 고요속의 외침이었다. 게다가 만취한 내가 뒤통수를 한 대 맞은 것 같은 이 상황에 스쿠터를 운전하는 자체도 위험했다. 양심에게 물었다.

'그래. 줄 만큼 줬어. 말이 20달러지 이 돈이면 베트남 어디서든 하루를 풍족하게 보낼 수 있는 금액이야. 더 지불하면 이건 사기에 가까워. 이제 곧 버스가 출발하니 그냥 빨리 베트남을 벗어나 버리자.'

잡생각에 정신없이 스쿠터를 몰고 가는 나의 헬멧 속은 술 냄새가 가득했고 운전은 제대로 될 리 없었다. 음주운전을 하면 용감해지는 것이 당연한지 나는 불법유턴을 하기 위해 중앙선에 걸쳐 호시탐탐 기회를 노리고 있던 때였다.

"쾅!!!"

뒤이어 달려오던 스쿠터는 속도를 줄이지 못해 내 스쿠터의 후방에 정면으로 충돌했고, 나는 훼의 중심가인 큰 도로에서 내동댕이쳐졌다. 비명을 지르며 도로에 고꾸라진 채 하늘을 바라봤다. 몸이 아프다는 것을 느끼려는 찰나에 들이박은 운전수가 유유히 사라지는 게 보였다. 저 사람을 잡는 게 먼저일까 내 몸이 성한지 확인하는 게 먼저일까 몇 초간 고민을 했다. 미련하게도 나는 도망갈 의지가 가장 컸다. 그리고 바보같이 스쿠터가 멀쩡하다는 걸 인지하고 잠시나마 행복해했다. 숙소에 도착하자마자 나는 가능한 빨리 라오스로 튀기 위해 군장을 싸듯 배낭을 정리했다. 충돌했던 탓에 순간순간 허리가 쑤셔왔지만 초인적인 힘은 고통마저 잃게 만들었다. 그때 마침 주인 아주머니가 나를 찾는 소리가 들렸다.

"손, 전화 왔어!"

'전화 올 곳이 없는데……. 설마 투안?!'

긴장한 채로 어렵게 수화기를 받았다. 다행이 여행사였다. 하지만 불행히도 곧 출발하기로 한 버스가 갑작스레 취소가 되면서 내일 오전으로 미루어졌단다. 그 말은 바꾸어 말하면 오늘 하루 이 숙소에서 나오지 말라는 말과 같았다. 이 좁은 훼 시내에서 투안이 마음만 먹으면 나를 찾는 일은 식은 죽 먹기일 테지만 돌아다니는 것 보단 훨씬 안전해 보였다. 10달러가 적은 돈 같아도 그들의 월급을 생각하면 반드시 받아 내야 가계에 도움이 되는 금액이기에 오늘 그가 나를 찾기 위해 시내 전체를 뒤지러 다녀도 이상할 것이 없었다. 행여나 물을 사러 밖을 나가도 투안의 빨간색 오토바이를 보면 자동으로 눈을 피했다. 이렇게 불안한 마음은 다음날 아침 라오스로 향하는 버스에 탑승하기 전까지 떨쳐내기 어려웠다.

만감이 교차했던 베트남. 국경을 넘기가 아쉬웠는지 버스에서 나는 아버지께 그날 있었던 일들을 하소연이라도 하듯 장문의 메시지를 적어 보냈다. 아버지의 대답은 짧고 강렬했다.

'이놈아, 세상에 공짜가 어딧노 ㅋㅋㅋ'

동남아시아를. . .

동남아시아를 그렇게까지 동정어린 눈빛으로 바라 볼 이유는 없었는데 나는 그들을 불행하다고 먼저 단정 지은 것 같다. '내 안에 있는 아시아'를 버리지 못해서 어쩌면 편견의 가면을 쓰고 그들을 바라봤기 때문일 것이다. 진정 그들을 똑같이 바라보려 한다면 내 속에 내재되어 있지 않은, 있는 그대로의 동남아시아를 받아들여야 하는 것일까? 내 안에 아시아를 버려야 진정 그들을 내 안에 담을 수 있는 것일까?

1
21

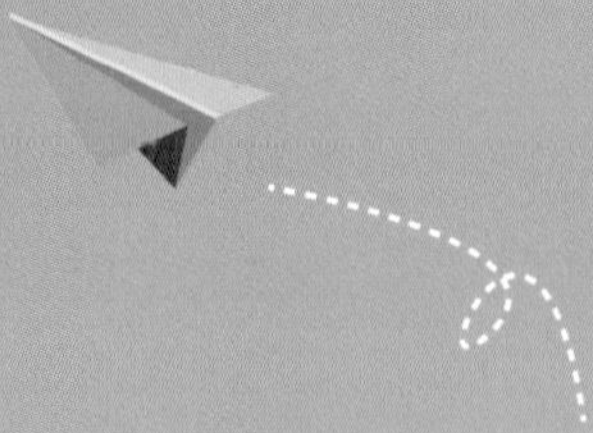

MY TRAVEL'S STORY STARTS FROM NOW ON.

04

라오스

Laos People's Democratic Republic

라오스를 여행하는 데 있어서 가장 필요한 준비물?
절제와 금욕이다.

누가 라오스를 오지라 했던가?

베트남은 호불호가 많이 갈리는 여행지다. 수도인 호치민은 죄다 군사시설이 가득하고 북쪽의 하노이는 시기를 잘 맞춰야 볼만하다고 한다. 물가는 저렴해도 여러모로 힘든 구석이 많은 것이다. 베트남을 반밖에 돌아보지 못한 나는 베트남을 쉽게 정의 내릴 수 없었다. 어떤 이들은 여행을 더 이상 하기 싫어질 때 가야할 나라로 베트남을 지목하고, 또 어떤 이들은 죽기 전에 꼭 가야할 나라로 베트남을 꼽는다. 베트남을 떠난 나는 죽기 전에 꼭 가야할 다른 나라로 향했다. 유네스코 선정 죽기 전에 가야할 나라 1위. 라오스다. 이름도 생소한 라오스는 출발부터 호기심덩어리였다. 훼에서 라오스의 수도 비엔티안으로 향하는 버스는 20시간이 걸렸지만 그마저도 미지의 세계로 진입하는 합당한 대가라 여겼다. 국토의 97%가 산지인 라오스. 덕분에 인접국가에 비하여 발전의 속도가 더디고 아직 고산족들이 전통문화를 고수하며 살아간다는 그곳은 여행 전부터 설레게 만들었던 곳이다. 워낙에 장거리를 달려야 하는 마당에 가는 도중 휴게소를 많이 들려야 했는데, 버스의 승객 대부분이 현지인들이라 그 무리에 섞여 함께 식사를 했다. 영어를 못하는 이들도 다가와 친근하게 대하는가 하면 이전까지 볼 수 없었던 그들의 호기심 어린 눈동자. 가지고 있던 전통발효주와 라오스담배를 권하는 사람들. 버스 승객에 관광객이 거의 없어서 그런 탓도 있지만 그들은 천성이 순박해 보였다. 소소한 것들에 웃음 지을 수 있게 만든 그들이 좋았다.

버스는 밤새 달려야 했고 새벽이 되었을 때 라오스의 수도 비엔티안에 도착했다며 버스기사가 외쳤다. 여행사는 분명 아침 6시 도착이라 했으나 생각보다 빨리 도착한 버스를 그땐 원망하지 않았다. 하지만 시계를 보니 새벽 3시. 빨라도 너무 빨리 도착해 버린 것이다. 문제는 숙소다. 영어가 거의 통하지 않았던 현지인들에게 아무리 지금 상황을 이야기하려 해도 통하지 않았고 나는 뚝뚝 아저씨를 붙잡아 일단 비엔티안 시내로 진입할 수밖에 없었다.

라오스의 새벽바람은 의외로 매서웠다. 시가지에 도착한 뒤 어떻게든 하루를 묵을 숙소를 찾아야 해서 나는 눈에 불을 켜고 비엔티안의 밤거리를 활보했다. 생각보다 깔끔하게 정비된 도로와 현대식 건축물들, 그리고 고급 호텔. 거대한 밀림일줄 알았던 라오스는 거기에 없었다. 대부분의 게스트 하우스는 이미 문을 닫은 상태였고 다소 값비싼 호텔만이 불이 켜져 있어서 자칫하면 밤을 꼴딱 새야 할 위기였다. 단 몇 시간의 안락을 위해 수십 달러를 지불할 용의는 당연히 없었다. 줄담배만 계속해서 펴댔다. 동이 트기까지는 약 2시간 이상이 남은 상황이었고 힘이 닿는 대로 문을 연 숙소를 알아보고자 배회하는데 멀리서 관광객으로 보이는 남자 셋이 보였다. 지푸라기라도 잡을 심정으로 다가가 말을 걸었다.

"지금 문을 연 게스트 하우스가 있을까?"

"아마 거의 없을 걸? 우리는 숙소가 서로 달라. 내 숙소는 싱글 룸인데 20달러 정도고 이 친구는 9달러야. 대신 도미토리지."

이 늦은 시간에 숙소를 찾은 것에 만족하려 해도 일단 가격이 너무 비쌌다. 게다가 왠지 모르게 이들은 관광객이란 인상보다는 갱에 가까운 이미지여서 더 불안했던 것도 사실이었다. 흑인, 백인, 메스티조의 재미있는 조합이었던 이 남자 셋은 덩치가 나보다 훨씬 컸다. UFC에서 금세라도 튀어나올 것 같은 그들의 팔뚝에는 알 수 없는 문신들이 가득했고 술에 만취해서 횡설수설하는 이야기를 제대로 알아들을 수도 없었다. 숙소가 급했던 나는 9달러의 도미토리를 쓴다는 남자를 따라갔다. 그는 주인아저씨를 불렀고 운좋게 한자리가 남은 도미토리로 들어갈 수 있었다. 아침에 눈을 뜬 뒤 나는 어제 그 메스티조 남자와 이야기를 나눴다. 아르헨티나 출신의 아이반이란 친구는 술을 깨니 생각보단 멀쩡한 놈이었다. 어제 그 친구들은 이곳 비엔티안에서 만난 술친구들이라며 저녁이 되면 만나게 된단다. 어쨌든 숙소도 나름 괜찮았고 충분한 휴식을 취했던 나는 다시 활동할 에너지가 생기는 것 같았다.

사람들이 대부분 오래 머물지 않는 도시 비엔티안에 오게 된 이유는 사실 인도비자 문제를 알아보기 위함이었다. 여행을 떠나기 전 나는 여행사에 의뢰하여 몇 군데의 비자를 사전에 발급받았는데 그것이 큰 실수였다. 얼마나 무지했는지 이 세상의 수많은 대사관들은 우리나라에만 있는 줄 알았던 것이다. 인도를 가기 위한 비자를 꼭 서울이 아닌 방콕에서 받을 수 있다는 생각 자체를 못했던 나는 아무 생각 없이 비자를 받아버렸고 여행기간을 생각해보니 이미 만료날짜가 다가오고 있었다. 인도비자는 생각보다 까다롭다. 몇 해 전 일어난 뭄바이 테러사건 이후 관광객에 대한 비자의 규정이 복잡해졌단다. 싱글비자의 연장이 불가능하다는 점과 인도에 출입을 한 번 할 경우 멀티비자가 아니고선 두 달간 재출입이 불가능하다는 점. 그리고 무엇보다 지금 가지고 있는 비자를 사용하지 못했을 때 다시 비자를 재발급 받기가 쉽지 않다는 점이 걸림돌로 작용했다. 해결하기 쉬울 것 같은 문제처럼 보여도 생각보다 굉장히 까다로워진 이유는 나의 세계일주 항공권의 조항도 무시할 수 없어서였다. 여러 군데의 항공사가 연합하여 할인해 준 항공권인 만큼 정해진 시간에 비행기를 타야 하는 조항을 최대한 준수해야 했다. 날짜를 계산한 결과 결국 인도에 머물 수 있는 시간은 단 일주일밖에 없었다. 하지만 인도에서 나가는 비행기는 만료일로부터 보름 뒤. 100% 사전준비와 정보가 부족했던 나의 불찰이었다. 큰 고민에 빠진 나는 어떻게든 갱신해보고자 비엔티안의 인도대사관을 무작정 찾았다.

"무슨 일로 오셨나요?"

"인도비자에 관련해서 직원과 상담을 하고 싶어서요."

"잠시만 기다리세요."

무슨 업무가 그리 많은지 나를 눈앞에 앉혀두고 직원은 한 시간 가까이 개인 업무를 하고 있었다. 가끔 커피도 마시고 전화도 하고 모든 것이 느릿느릿했던 대사관은 10분이 1시간 같았던 시간과 공간의 방이었다. 겨우 일을 마친 직원이 내게 다가와 이야기를 들었고 성의 없는 답변으로 대신했다.

"그것에 관련해서는 저희 소관이 아닌 것 같네요. 여기서 멀지 않은 곳에 한국대사관이 있으니 그리로 가서 도움을 받아보세요. 이상입니다."

더 이상 할 말이 없다는 그는 냉철하게 뒤돌아섰고 다시 전화기로 알 수 없는 외계어를 써가며 언성을 높였다. 허무하기 그지없었지만 일단은 한국대사관으로 향했다. 한국대사관은 우리의 국민성을 대변하듯 모든 수속처리가 인도대사관보다 10배는 빨랐다. 얼마 지나지 않아 나타난 한국대사관 직원에게 다시 사정을 설명했다.

"비행기 티켓이랑 한국에서 발급받은 인도비자를 보시면 아시겠지만 제 여

행일정이랑 안 맞는 부분도 있고 해서……. 인도비자를 연장하거나 혹은 새로 재발급 받을 방법이 없을까요?"

"글쎄요. 인도비자는 인도대사관 주관이지요. 비자문제는 워낙에 날카로운 문제다 보니 저희 측에서도 뭐라 확답 드리기 어렵군요. 다시 인도대사관으로 가시는 게 좋을 것 같습니다."

이제 조금씩 긴장이 밀려왔던 나는 행여나 뭐라도 잘못되지는 않을까 불안해지고 있었다. 인도대사관이 문을 닫는 시간을 고려한 나는 다시 인도대사관을 찾았다. 직원은 또다시 시큰둥한 반응을 보였고 나는 한국대사관의 이야기를 늘어놓았다. 그는 큰 한숨을 쉬더니만 상사를 불렀다. 대사관의 보스인 듯했다. 그는 내 여권을 확인하고 호통을 치듯이 말했다.

"No! No! No! 이미 발급받은 비자에 한해서는 방법이 없어요!"

"연장 할 수 있는 방법은요?"

"No!"

"새로 발급받을 수는 없나요?"

"No!"

"오 마이 갓. 다른 방법은 아예 없는 건가요?"

"No! No! No!"

불친절한 것인지 아니면 지극히 당연한 일을 바꾸려 달려들었던 내가 잘못인지 결국 쫓겨나듯 대사관에서 나온 나는 마음이 무거웠다. 현실을 좀 더 이성적으로 바라보았다. 뚜렷한 대안이 없으니 라오스 여행에 최선을 다하는 게 정답이라 믿었다. 그리고 불안한 마음은 감성적으로 달래보았다.

'한 달 뒤에 어떻게라도 되겠지 뭐……. 관광대국 인도가 관광객을 안 받으면 쓰나.'

그때 당시의 솔직한 심정이었다.

다시 비엔티안 시내로 진입할 땐 교통체증이 상당했다. 그런데 생각보다 조용했다. 베트남에서 만난 성원이 형 말로는 라오스를 한마디로 표현하면 '여유'란다. 사람들의 생활이 반 박자 느린 것이 이유라면 이유겠지만 러시아워에 경적소리 한번 내지 않는다는 것은 그들의 국민성에 여유가 넘치는 것을 의미했다.

숙소로 돌아오니 아이반은 잠에 막 일어난 듯했다. 요란한 레게머리와 근육질 팔뚝을 도배한 문신. 그는 전형적인 남미 색채를 가진 마초적인 남성처럼 보였다. 그러던 그가 실성한 사람처럼 갑자기 히죽거리며 가족자랑을 늘어놓았다.

"내겐 조카가 둘이나 있어. 사진을 보여줄까? 진짜 귀여워. 이건 홍콩 디즈니랜드에서 사온 레고야. 조카들이 분명 좋아할 거야."

해맑게 웃는 그에게서 순수함을 발견한 나는 그가 결코 험악한 청년이 아니라고 멋지게 단정지어버렸다.

"밤이 되면 어제 봤던 내 친구들이랑 같이 클럽에 갈 거야. 제영, 같이 가지 않을래?"

약속이라도 한 듯 밤이 되자 그의 친구들이 하나둘 숙소 앞으로 모였고 우린 일단 노점으로 향했다. 흑인친구와 백인친구는 둘 다 미국인이었는데 입에 욕이란 욕은 다 달고 다니는 전형적인 걸레마우스였다. 그들은 현재 돈을 벌기 위해 한국과 일본에서 영어강사로 일하고 있다니 환장할 노릇이다. 그들과 알딸딸하게 술을 먹은 뒤 자정이 넘어 비엔티안에 하나밖에 없다는 클럽으로 향했다.

"빌어먹을 독과점 클럽 같으니! 그 클럽에 있는 여자들의 30%는 외국인, 30%는 창녀 그리고 나머진 트렌스젠더들이야. 조심해야 해. 아! 트렌스젠더를 식별하는 방법을 알려줄게. 의심되면 팔을 쭉 펼쳐보라 그래. 180도 이상

꺾어지면 여자고 아니면 남자야."

그날 밤 나는 비엔티안의 클럽에서 다가와 술을 권하던 대부분의 라오스 여자들의 팔만 펼쳐보고 나왔던 것 같다. 그리고 클럽이 폐장되었을 땐 이미 새벽 3시가 넘어간 상태였다. 휴식이 간절해질 때 즈음, 흑인친구 엘이 자신의 숙소로 갈 것을 제안했다.

"잠깐 내 방에 가서 스모킹(Smoking) 하지 않을래?"

담배를 태우자는 이야긴가 싶어서 무작정 따라간 나는 다소 당황해야 했다. 생전 처음 보는 요상한 잎사귀를 담배종이에 둘둘 말던 엘은 한 모금을 들이마셨고 뒤이어 아이반이 한 모금을 뱉고 의자에 기댄 채 아무 말도 하지 않았다. 스모킹의 정체는 대마초였던 것이다. 매캐한 냄새가 방안을 가득 채울 때쯤 아이반이 물었다.

"제영, 너는 왜 안 피워?"

"아니야. 우리나라는 마약에 관해서는 법이 너무 엄격해. 그거 머리카락과 혈액에도 남는다면서? 너네 실컷 피워."

이렇게 좋은 분위기에서 같이 함께 할 수 없다는 것은 국가를 원망해야 할일까. 나의 경우는 그렇다 치더라도 흑인음악을 즐기기 위해 혹은 레게음악을 하기 위해 자메이카나 미국 본토에 나가 대마초 한 대 태운 뒤 구속되는 연예인들이 불쌍하게 느껴졌다. 상상을 해 보자. 영롱한 네온사인 아래 레게풍의 음악에 심취한 흑인이 동양인 래퍼에게 대마초 한 대를 건넨다. 자신이 피우던 그것을 쉐어한다는 것은 곧 '친구' 혹은 '동료'로 인정한다는 의미일 수도 있다. 즉, 모두 다 취해 있는 그 와중에 동양인 연예인은 자연스럽게 대마초를 한 대 태우면 좋을 상황이다. 그 순간 '미안해. 한국의 마약관련법은 워낙에 엄해서 너희들과 함께 할 수 없겠어. 너희들끼리 즐겨.'라고 말할 테지. 흑인들은 뭐 그런 나라가 다 있냐며 낄낄대더라도 구속당하지 않으려면 참고 또 참아야 한다. 마약법 위반으로 구속되는 연예인들의 뉴스를 접하면 도덕적으로 잘못됨을 인지하면서도 이해는 되는 것이 바로 이런 게 아닌가 싶다.

[라오스의 상징, 탓 루앙]

인연

이튿날 아이반은 또 다시 클럽을 갈 것을 권했지만 부끄럽지 않게 여행하고 싶었던 나는 그들과의 동행을 포기하고 말았다. 그들의 여행도 제3자가 보기엔 그다지 바람직하지도 못했다. 문득 아침에 아이반이 한 말이 기억이 났다.

“Fuck!!! 비엔티안에서 매일 술만 퍼 먹었더니 카메라에 사진이 5장밖에 없어. 하하하!”

다시 평온한 여행자로 돌아가고 싶은 마음이 굴뚝같아서였을까 나는 자전거를 빌려 비엔티안 시내를 좀 더 가까이 보기로 했다. 비엔티안은 한마디로 정갈했다. 잘 정비된 도로와 더불어 수도치곤 붐비지 않는 사람들. 이곳이 중심가라고 하기엔 믿기지 않을 정도였다. 혼잡할 것이라고 생각된 중앙시장도 마찬가지였다. 여행자들 입소문에 지루한 동네라고 낙인찍힌 비엔티안은 오히려 내게 잔잔한 매력이 넘치는 도시로 다가왔으니 싫어할 이유가 없었다. 비엔티안의 최대 관광지는 탓 루앙이라 불리는 황금사원인데 사원의 폐장시간이 빨라 서둘러 가야 했다. 폐장하기 1시간 전 급하게 입장한 뒤 천천히 탓 루앙 주변을 거닐고 있을 때였다. 누군가가 어깨를 툭 치면서 내게 말을 건넸다.

“저기, 혹시 저 기억하시겠어요? 우리 얼마 전에 무이네에서 호이안으로 가는 버스에서 같이 이동했었는데…….”

‘아! 그 배고픈 여자!’

이렇게 반가울 수가! 별다른 추억이 없었어도 이 한적한 비엔티안에서 그것도 폐장시간이 끝나가는 탓 루앙에서 그녀와 만나게 될 줄이야. 인연이라면 인연이다.

"애나라고 합니다. 독일 뮌헨에서 왔고요. 저도 혼자 여행을 다니는데 사원을 보고 나서 저녁이라도 함께 할까요?"

베트남에서는 다소 시크하게 느껴졌던 애나는 사실 굉장히 유쾌한 캐릭터를 가진 친구였다. 거의 처음 본 내게 자신의 속이야기를 다 터놓는가 하면 다음날 방비엥으로 함께 갈 것도 권했다. 애나는 능력 있는 변호사다. 당당하게 연봉을 공개한 애나는 벌어들이는 수입이 상당해서 꽤 씀씀이가 컸는데 비싼 저녁도 사주는 등 많은 호의를 베풀어 줘서 놀랐다. 아무리 돈이 많은 여행자라도 여행하는 도중에 더치페이는 불문율인 것을 감안하면 더 그러한 것이다. 나는 뭐라도 보답을 해야 할 것이라는 생각에 야시장을 안내한 뒤 그곳에 있는 사격게임을 선택했다.

"탕! 탕! 탕!"

완전히 쓰러진 과녁의 상품은 커다란 병맥주 두 병이었고 맥주를 좋아하는 애나는 나보다 더 기뻐하는 눈치였다. 그러고선 주위의 사람들에게 소리쳐 외쳤다.

"이 친구는 작년까지 군인이었대요!"

군인이었다는 사실이 이토록 자랑스러운 일일 줄이야……. 다시 한 번 국가에 감사했다.

미친 여행자들의 요새

방비엥에 대한 정보라곤 여행다큐에서나 봤던 스윙점프와 튜빙이 전부였다. 사실 알고 보면 그것이 전부인 동네이기도 하다. 천혜의 자연경관을 자랑하는 곳인 방비엥은 큰 강이 도시 외곽에 흐르고 있으며 강을 이용하여 발달한 관광 상품으로 각광받는 지역이다. 같이 방비엥으로 향했던 독일인 애나는 버스가 달라 늦게 도착하는 바람에 서로 다른 여행사에서 신청을 했고 다음날 튜빙을 하는 곳에서 다시 만날 수 있었다. 튜빙은 고무튜브를 타

고 종류석이 가득한 긴 동굴을 밧줄에 의지한 채 들어가는 이색적인 체험을 뜻한다. 이런 관광 상품은 분명 서양인들이 만들어 낸 결과물일 텐데 사실 튜빙보다 강에 위치한 펍이 더 충격적이었다. 동네 자체를 송두리째 바꿔버렸다고 해도 과언이 아닌 문화제국주의의 산물. 펍들은 커다란 스윙점프로 여행자를 유혹하고 있었다. 마루로 된 홀에서는 다프트 펑크의 일렉트로닉 사운드가 흘러나왔고 사람들은 열광했다. 저마다 손에는 맥주병과 압생트를 담아 둔 버켓이 들려 있었으며 정신줄은 조금 놓아주는 것이 에티켓처럼 보였다. 해가 중천에 떠 있음에도 멀쩡한 사람들 보다 맛이 간 사람들이 많았으니 적응을 못하는 건 당연했을 수도 있겠다. 어떤 여행자의 말처럼 완전히 미친 동네였다. 그래도 그 분위기가 싫진 않았다. 아니 오히려 마음에 들었다. 자칫하면 밋밋할 수 있는 라오스에 여행자들의 쉼터를 가미함으로써 액티비티를 놓치지 않는 이 곳 방비엥. 순수했던 라오스의 모습을 기대한 여행자들에겐 미안하지만 어찌됐든 내겐 굉장히 신선한 곳이었다.

하루가 저물고 나는 약속했던 시간에 애나를 만나러 갔다. 사교성이 좋은 애나는 오늘 투어를 하면서 친해진 친구가 있다며 내게 소개를 해 주었다.

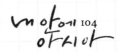

ONE MORE SHOT FOR US

덴마크에서 온 라스무스란 청년. 29세 개띠였다. 그 또한 애나만큼 유쾌한 여행자였는데 나의 국적을 알고 나서부턴 군대이야기를 쉴 새 없이 해달라며 졸라댔었다.

"북한이 보유한 미사일의 상당부분은 화학제품으로 구성되어 있지. 세균을 비롯한 각종 질병들 즉, 박테리아 덩어리야. 아, 그리고 충격적인 이야기를 해 줄까? 남한은 군인 월급이 한 달에 70달러야."

연신 재미있다는 반응을 보이던 라스무스는 수첩을 꺼내들더니 내 이야기를 하나도 놓치지 않으며 받아 적고 있었다. 직업이 기자인 그는 그것이 직업병이라나. 애나와 라스무스는 이전의 여행자들과는 확실히 틀렸다. 나를 주눅 들게 한 유창한 영어는 둘째 치고 일단 씀씀이에 통이 컸다. 계산에있어서 만큼은 정확해야 했지만 그래도 그들은 서로가 맥주를 사겠다고 말하는 기이한 행동도 보였다. 물론 나는 공짜를 마다하지 않았다. 군대이야기는 곧 기밀이니 기밀에 대한 누설을 맥주로 대신하며 스스로를 정당화시키고 있었다.

밤이 되자 방비엥 전체는 점점 더 미쳐갔다. 마약법에 관대하다는 라오스라 해도 이건 너무하다 싶었다. 파전골목에서 막걸리를 먹고 있으면 껌을 사라는 아주머니처럼 너무나 자연스럽게 바구니를 든 아주머니가 다가와 각종 마약을 판매하고 있었다. 심지어 대부분의 펍에서 마약성분이 가미된 음료를 암묵적으로 팔고 있다는 사실은 믿기 어려웠다. 특유의 대마초 냄새를 없애기 위해 펍의 구석마다 장작불이 활활 타오르고 있었고 흡연실처럼 대마초를 태우기 위해 사람들은 하나둘 그리로 몰렸다. 사람들은 저마다 풀린 눈동자를 달고 다녔으며 여기저기선 헛소리가 난무했다. 죽기 전에 꼭 가보라는 의미가 그곳에서 죽음을 맞이할 수도 있다는 소리로 재해석되고 있었다.

루앙프라방, 너는 내 마지막 기회

도대체 라오스를 어떻게 다시 봐야 할까? 루앙프라방을 마지막 라오스의 여행지로 삼은 내게 마지막 희망은 있을까? 노고단의 도로보다 더 굽이치는 라오스의 도로를 달리면 주위는 온통 산지인데 막상 내리고 보면 죄다 현대식 건축물이 대부분이었다. 물가도 그리 싸게 와 닿지 않았다. 와이파이가 숙소마다 터지는 것은 반가운 일이지만 숙박금액은 정당한 대가를 요구했다. 라오스를 몇 년 전에 여행했던 사람들의 말로는 그때 당시만 해도 막 건물이 올라가고 있었고 당시의 루앙프라방은 분명 시골 분위기가 물씬 풍기는 곳이라고 했었다. 반면 내가 도착한 루앙프라방은 아시아의 색체마저도 조금씩 잃어가는 곳으로 변모 중이었다. 루앙프라방에 도착하자마자 나와 라스무스는 같은 방을 나눠 썼고 애나는 싱글 룸을 잡았다. 남자들만의 대화는 공통적인지 라스무스는 침대에 누워 애나의 이야기를 꺼냈다.

"제영, 애나 어떻게 생각해?"

"글쎄. 애나는 진짜 쿨해. 아, 능력이 있어. 엄청난 매력이지."

"애나는 다리가 죽여. 내가 딱 좋아하는 스타일이야. 태국 넘어가기 전에 애나랑 잘 수 있을까? 나 진짜 급해."

개띠인 라스무스는 그날 밤 발정난 개처럼 완전히 제정신이 아닌 상태였다. 순수한 여행 동행자를 불건전하게 바라 본 하늘의 벌일까. 다음날 라스무스는 아침부터 심한 복통으로 자리에서 일어나지도 못했다. 우리 중 사실상의 리더였던 애나는 라스무스가 걱정이 되었는지 직접 약을 챙겨오는 정성을 보여주며 걱정했다. 라스무스는 마사지와 스파를 받으며 쉬겠다고 말했고, 나와 애나는 루앙프라방을 돌아보기로 결정했다. 어젯밤에 불야성처럼 반짝이던 야시장은 낮이 되면서 깨끗이 철거되어 한적한 거리로 변모했다. 애나는 동양의 문화에 관심이 많았다. 탁발승을 보고도 궁금한 것이 많아 불교신자인 내게 이것저것 물어보기 바빴다. 그녀의 말에 의하면 유럽인들이 이곳을 찾는 가장 큰 이유는 저렴한 물가뿐만 아니라 아시아 특유의 문화가 더욱 호기심을 자극하기 때문이란다(우리가 유럽에 대해 막연한 동경을 가진 것과 비슷하게 해석할 수 있겠다). 덕분에 내가 아는 지식 선에서 종교와 역사를 알려주는 것은 여행 중의 또 다른 기쁨이었다. 오후 늦게 애나와 다시 라스무스를 찾았을 때 그는 어디선가 대마초를 구입하여 제조 중이었다.

"라스무스 이건 또 어디서 난 거야?"

"여행사에서. 여행사는 뭐든지 해 주거든."

그때만 해도 이해가 안 갔던 라스무스. 범죄라는 이미지가 강했지만 시간이 지나면서 서양인들을 만나보면 대마초라는 어감이 강해서 그렇지 사실 유럽에서 흔하게 구해 피우는 독한 담배 같은 존재란다.

그날 밤은 화려한 식사를 하고자 했다. 애나와 라스무스는 꽤 고급식당으로 가서 주문을 했는데 주문한 음식이 제대로 나오질 않았다.

"난 볶음밥을 시킨 적이 없는데? 난 볶음국수를 시켰다고!"

"미안해요. 하지만 전 분명 볶음밥으로 들었어요."

당황한 직원은 다른 직원과 이야기를 하더니 다시 다가와 용감하게 말을 꺼냈다.

"그냥 먹어요."

화가 난 라스무스는 머리끝까지 열 받은 상태였고 우리의 파티는 재미날 리 없었다. 게다가 라스무스는 그 음식을 손에도 대지 않는 것이 아닌가. 배고픔에 자존심을 쉽게 버리는 내가 그 볶음밥으로 쉽게 눈이 갔다. 실제로 배고팠던 훈련병 시절 잔반수거를 하면서 훈련소 동기들과 남은 스파게티 면을 꾸역꾸역 입에 넣기도 했던 걸 생각하면 이건 자존심을 버리는 축에도 들지 못했다. 그래도 상대가 유럽인들이라서 자존심이 무너지면 안 될 것 같았

다. 어쩌면 속으로 이런 생각을 했는지도 모른다.

'서비스가 형편없으면 당연히 음식을 쳐다보지도 않지. 한국도 너네만큼 잘 사는 나라야! 아시아의 네 마리 용 몰라?'

그들과 함께 동행 하면서 이런 생각을 가끔 하곤 했었다. 아직 한국이 아시아국가 혹은 세계경제의 변방이라고 스스로 치부해버려서 그런 것일까. 괜한 자존심은 항상 쓸데없이 날카로웠다. 음식을 남긴 라스무스는 이내 속이 쓰리다며 애나와 작별인사를 대충 해 버리고 숙소로 돌아갔다. 자리를 옮겨 와인을 주문한 애나는 그간 남모르게 고민이 많았는지 취기가 올라오자 끝내 눈물을 보였다.

"제영, 사실 힘든 일이 생겼어. 여행을 하는 도중에 외할머니께서 돌아가셨거든. 부모님은 내게 돌아오라고 간청했지만 분명히 외할머니는 그걸 원치 않으셨을 거야. 지금 있는 이곳에서 나 스스로가 가장 행복한 게 최선이라고 다짐하고 있어. 그렇겠지?"

동방예의지국인 우리나라의 정서로 분명 이해하기 힘든 부분이다. 물론 정서적으로도 이해가 안 갔지만 무엇보다 중요한 건 속사포 랩을 쏘아대는 애나의 영어는 도무지 알아듣기 힘들었다는 것이다. 카운슬링에 최선을 다해야 했는데도 단지 아이컨텍에만 열중하며 딴 생각을 했다. 연로하신 할머니께서 아직 정정하신 것이 얼마나 고마운 일이지, 그리고 부모님께서 어디 한 곳 아픈 데 없다는 것이 너무 감사했다. 정말 그것만큼 소중한 것도 없었다.

애나는 점점 오열했다. 그러나 그 순간 얼마나 미안했는지 모른다. 표현의 한계란 것이 이토록 절망적일 수 없었다. 영어가 서툴러서 혹은 내뱉을 수

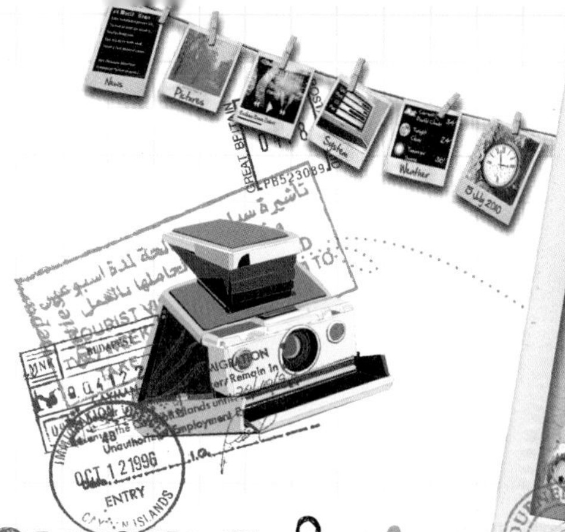

Jeyoung & Anna

있는 단어가 마땅치 않아서 침만 삼켜야 했던 나는 어떠한 위로도 할 수 없는 자신이 원망스러웠다. 잠시 후 울음을 그친 애나는 화제를 바꿔보려 애썼고 환기를 시키기 위해 야시장을 돌아볼 것을 제안했다. 아마 그녀는 비엔티안을 떠올리며 사격게임을 원했는지도 모르겠다. 야시장을 거닐다 보니 어느덧 애나의 숙소 앞까지 와버렸을 땐 알 수 없는 정적이 흘렀다. 작별인사를 나눌 시간이 온 것이다. 미안함만이 가득한데 하필 그날이 애나와의 마지막 날이었다.

"제영! 너랑 함께 여행을 하게 돼서 얼마나 기뻤는지 몰라. 오늘부터 한 달에 한 번씩 내게 두 팔다리가 멀쩡한지 혹은 여행을 잘 하고 있는지 꼭 메시지를 남겨! 진짜 약속 지켜야 해! 그리고 언제든 독일을 꼭 한 번 들려주길 바랄게. 널 위해 커다란 맥주를 준비해 놓을 테니깐!"

결국은 루앙프라방까지 왔지만 내가 앞서 상상해왔던 라오스의 모습은 찾지 못했다. 태국에서 만난 미구엘이 나중에 전화로 이야기를 해 주었는데, 내가 그려왔던 라오스의 모습은 남부나 북부의 시골마을에서 볼 수 있는 광경들이란다. 비엔티안, 방비엥, 루앙프라방 모두 관광지로 각광받으며 현대화가 급속도로 진행된 곳이라며……. 실제로 라오스에서 지출이 가장 심했었다. 물가도 방콕수준으로 비쌌고 씀씀이가 큰 사람들과 동행하다 보니 예기치 않은 지출이 들었던 것도 사실이다. 하지만 나는 라스무스와 계속해서 동

행하기로 마음먹었다. 결과적으로 '동행'이라는 것이 낯설었던 내게 라스무스는 최고의 동행자였다. 개띠와 토끼띠의 궁합이 환상적이란 것도 증명이 되었다. 솔직히 이성인 애나와의 동행은 자칫 신경 쓰게 될 문제가 생기기 마련이었는데 라스무스는 그저 편한 형 같았다. 우린 라스무스가 대마초를 구입한 여행사에서 태국으로 이동하는 보트티켓을 샀고 하루 종일 물길을 가로질러 갔다. 보트로 온종일 이동하는 것이 지루할 것이라 생각하겠지만 예상 밖으로 볼거리가 많았다. 라오스 소수민족의 마을을 멀리서 지켜보는 재미와 더불어 간간히 보이는 기암괴석. 이것만으로도 충분한 볼거리라 여겼는데 강의 상류에 다다랐을 땐 더욱 놀라운 것이 기다리고 있었다. 푸른 빛깔을 띤 메콩 강. 황토빛깔의 메콩 강 하류만 봐 온 내가 무의식적으로 동남아의 강은 모두 그러할 것이라 생각한 건 착각이었다. 푸른색의 강이 어찌나 반갑던지. 지리적인 차이가 물론 이유가 되겠지만 푸른 메콩 강은 라오스인들의 순박하고 순수한 모습을 그대로 투영하는 듯했다.

이틀을 열심히 달린 뒤 드디어 태국으로 들어가는 국경에 도착했다. 라오스의 국경과 태국의 국경은 한강 폭의 1/3도 안 될 만큼 좁아 서로를 자연스레 마주보며 양국의 국기가 펄럭이고 있었다. 첫 여행지였던 태국. 다시 그곳으로 돌아 갈 것을 생각하니 고향에 온 기분이 들 만큼 모든 것이 포근했다.

에피소드

라오스는 아쉬움이 컸다. 밀려오는 아쉬움에 시간만 허락한다면 좀 더 머물고 싶은 마음이 간절했다. 출국스탬프를 받기 위해 여권을 국경관리 직원에게 보여주고 기다리는데 갑자기 직원이 잠시 사무실로 들어오라며 조심스레 말을 꺼냈다. 영문도 모른 채 사무실에 끌려간 나는 무엇이 문제인지 그때까지 인지할 수 없었다.

"심각한 문제가 있네요. 라오스에 어떻게 입국하셨습니까? 기록이 보이질 않아서요."

"무슨 말씀이세요? 저는 라오바오 국경에서 분명히 열흘 전에 들어왔거든요?"

"직접 여권을 한번 보세요. 스탬프가 있는지 없는지."

몇 초간의 필름이 오만상 휘감기며 그때 당시의 기억이 생생하게 지나갔다. 기억을 더듬어 보면 라오바오 국경을 건너는 순간 나는 스탬프를 받기 위해 직원에게 여권을 건넸지만 직원은 내게 한국인은 비자가 필요 없으니 그냥 지나가라고 재촉했던 기억밖에 없었다. 내 불찰이 확실했으나 당황한 나는 일단 직원의 실수로 사건을 덮고 싶었다.

"국경직원이 그냥 가라고 스탬프를 찍어주지 않았다니까요!"

"직원과 오해가 있었나 보군요. 지금 라오바오 국경을 가서 다시 입국스탬프를 받아 오셔야 라오스를 나갈 수 있습니다. 심각한 문제예요."

적반하장. 지금 이 순간 호통을 쳐선 될 일이 아니란 것을 스스로 인지해가는 중이었다. 일단 꼬리부터 내렸다.

"좋아요. 해결방법은 없나요? 부탁드립니다."

"최소 100달러에서 최대 500달러의 벌금을 부과하셔야 해요."

말도 안 되는 금액. 변호사인 애나가 그 순간 엄마보다 더 보고 싶었다. 하지만 나는 그때 그들의 말이 진실이 아닐 수도 있다는 생각이 들었다. 벌금의 폭이 400달러나 차이가 난다는 말은 정확한 기준이 없을 수도 있는 말. 실랑이를 벌이는 도중 국경을 총괄하는 이가 왔고 다소 순종적인 나의 태도를 본 보스는 100달러를 부과하라고 말해주었다. 수백 달러가 들어있는 장지갑에서 10달러짜리 4장과 1달러짜리 8장을 기술적으로 꺼낸 나는 그들에

게 가진 돈의 전부가 이것뿐이라며 최대한 불쌍한 표정을 지었다. 나를 측은하게 보았는지 보스는 내게 40달러만을 받았고 시원스레 입국스탬프를 여권에 찍어줬다. 결국 규정된 벌금의 액수도 아니었던 것이다. 간사한 것이 사람의 천성인지 최대 500달러를 면했음에도 나는 40달러를 아까워하며 라스무스에게 불평만을 늘어놓았다.

"분명히 직원이 그냥 가랬다니깐. 40달러를 갈취당한 기분이야!"

"긍정적으로 생각해. 너 라오스가 아쉽다며. 마지막에 좋은 추억 남겼잖아. 어디 가서 이야기할 좋은 에피소드는 생긴 거네."

버스에서 조용히 책을 펼쳐보며 나긋하게 조언해 주는 그는 영락없이 형의 포스였다.

태국 2번째 이야기

라스무스 Rasmus

동행자 라스무스. 우리는 서로가 어떤 상황에 처하든 같은 길을 걸었다.

성(性) 정체성의 대혼란

대부분의 여행자는 국경에서 치앙마이로 가지만 우린 합의하에 치앙라이로 향했다. 치앙라이가 시시한 동네란 건 직감적으로 알았으나 둘 다 치앙마이 트레킹엔 관심이 없었던 이유가 가장 컸기 때문이다.

치앙라이는 조용한 도시였다. 마사지 숍만 늘어서 있었던 조용한 동네는 대도시라 한들 정말 할 게 아무것도 없어보였다. 실은 이곳에서 난 하루만 쉬었다가 방콕으로 이동할 예정이었고 라스무스는 저가항공을 예약했기 때문에 나보다 하루를 더 머물러야 했다. 라오스에서부터 성욕절제가 안 된 라스무스는 그날 매춘부를 숙소로 부를 예정이라며 귀띔했다. 충분한 논도 없고 내키지 않았던 나는 그에게 먼저 야간버스로 방콕에 가 있겠다고 말했다. 곧 있으면 국경일이 삼일 연속으로 몰려있어서 정해진 기간에 미얀마비자를 신청하지 않으면 한없이 연기 될 것 같아서다. 라스무스는 최대한 메트리스가 편한 숙소를 골라잡았고 근처의 바에서 맥주 한 잔을 권했다.

그때 당시는 태국의 북부지역이 유흥으로 유명한 지역인 줄 몰랐다. 언뜻 보기에도 외국인들이 많이 찾을 것 같은 요란한 바는 정신없을 만큼 심란했다. 미니스커트를 입은 섹시한 태국 미녀들은 포켓볼을 치고 있었고 자연스레 두 남자의 시선은 그리로 향했다. 용기있는 라스무스가 먼저 다가갔다. 라스무스는 본인이 맥주를 사겠다고 유혹했고 이내 가벼운 자리가 만들어졌다. 하지만 영어가 거의 통하지 않아서인지 미녀들은 맥주 한 병을 다 비우지도 못한 채 사라지고 말았다. 이윽고 라스무스가 말을 꺼냈다.

"쟤네들 알고 보니 남자였어."

"뭔 소리야? 말 같지도 않은 소리 할래?"

"태국은 레이디보이(트렌스젠더)가 가장 많은 곳 중 하나지. 너무 이상하게 생각하지 마. 태국은 레이디보이를 제3의 성으로 인정하는 분위기야."

"목소리도 여자고 허리도 잘록했어. 아, 그리고 아까 악수할 때 손 봤지? 그게 어떻게 남자 손이야?"

"말했잖아. 여기 레이디보이 천국이라고. 수술이 얼마나 잘 발달 되어 있는데. 여성호르몬을 투입시키면 다 저렇게 돼."

"아……. 라스무스, 오늘 창녀랑 자는 건 좋은데 부디 조심해야 해."

태어나 처음 맞이한 트렌스젠더다. 도저히 믿을 수 없었던 건 누가 봐도 여자라 할 만큼 아름다웠던 '놈'들이기에 충격은 가시질 않았다. 한국에서도 단 한 번 본 적 없는 트렌스젠더. 과거 1세대 트렌스젠더인 하리수 씨가 광고에서 목젖을 넘길 때만 해도 크게 와 닿지 않았다. 그런데 두 눈을 시퍼렇게 뜨고 있는 이 와중에 어떻게 이런 일이 벌어질 수 있을까? 도대체 라스무스는 어떻게 구별을 했을까? 나는 일단 그가 던진 말들을 농담으로 치부하려 했다. 충격 먹은 나의 반응이 오히려 재미있었는지 라스무스는 이야기를 계속했다.

"너 방콕으로 가면 팟퐁이라는 곳 한번 가 봐. 거긴 레이디보이들만 가득한 술집도 많지. 여기보다 더 큰 충격을 먹을 거야. 다시 강조하지만 그 사람들 여자라고 봐야 돼. 여자."

믿을 수가 없었다. 갑자기 찾아온 성정체성의 혼란은 나를 수없이 괴롭혔다. 밤 버스를 타고 오는 길에도 옆자리에 앉은 여자가 진짜 여자인지 아닌지를 구분하고 싶었다. 나는 인류가 창조된 뒤 가질 수 있는 수많은 고민 중에 가장 쓸데없는 고민을 하고 있었던 것이다. 저 사람이 여자인지 남자인지를 진지하게 고민하게 될 줄이야! 엄마 이외엔 그 누구도 의심할 수밖에 없었고 친한 이성친구들이라 할지라도 출산하지 않는 이상 믿을 수 없을 것만 같았다.

복잡한 심경이 정리되어 갈 때 즈음이었다. 문득 라스무스의 말도 일리는 있다고 생각이 들었다. 제3의 성에 대한 존중. 과거에 내 친구 중 한 명이 성정체성의 혼란으로 고심했던 기억이 떠오르고 만 것이다. 중학교 2학년 때 나의 짝꿍은 체육시간에 항상 화장실에 가서 옷을 갈아입었다(우리학교는 남중이었다). 이유는 남자치곤 가슴이 너무 컸고 허리는 너무 잘록했다. 당연히 친구들의 집중적인 놀림거리였고 그는 힘들어했다. 짝꿍은 가끔 고민을 털어 놓기도 했었다.

"병원에 갔는데 의사선생님이 남성호르몬보다 여성호르몬이 더 많이 분비된대."

매정한 나는 대수롭지 않은 일이라 여겼다. 아니 솔직히 놀려댔다. 제3의 성을 가지게 되는 이들도 그러한 아픔 속에서 성장했으리라. 이것 또한 엄밀히 따지면 개인의 선택이라기 보단 신이 내린 의무일 수도 있다는 생각이 들었다. 트젠스젠더. 이후 여행을 하는 동안 동남아에 그렇게 많은 트렌스젠더가 있을 줄 몰랐다. 장기간 동남아를 여행해야 했던 내게 라스무스는 어쩌면 일부러 이를 보여주고 싶었는지도 모른다.

휴가와 맞바꾼 매춘부와의 거래

돌아온 카오산 로드는 정확히 40일 만에 찾아온 곳이었지만 느낌은 사뭇 달랐다. 왠지 모르게 무언가 변해있는 느낌이 강했던 카오산 로드. 일단 나는 라스무스가 소개시켜준 여행사 사장인 미스터 타이란 남자를 찾았다. 미스터 타이를 찾아야 했던 이유는 단순했다. 환전문제 때문이다. 태국과 같은 국경을 쓰는 라오스이지만 라오스의 화폐는 태국 남부지방의 도시에서 환전이 되지 않는 것이었다. 방콕에서 크다는 은행은 다 둘러보아도 환전은 불가능했고 한 은행직원의 말은 내 가슴에 비수를 꼽았다.

"방콕 전역에서 라오스 돈을 환전하기란 불가능 하죠……."

한화로 10만 원이 넘는 금액인 라오스 화폐는 또 다른 골칫덩이가 되고 만 것이다. 그때 마지막 희망을 가지고 찾은 곳이 미스터 타이란 남자가 운영하는 여행사였다. 라스무스는 분명 이렇게 말했다.

"미스터 타이는 뭐든지 할 수 있어. 방콕의 예수님이지."

미스터 타이는 첫인상이 좋았다. 그는 라스무스의 소개를 받은 내게 호의를 베풀어 주었고 환전문제도 전화 한 통으로 해결했다. 물론 환율은 형편없었으나 방콕의 예수님은 한낱 종잇조각을 10만 원으로 바꾸는 기적을 보여주었다. 고마운 마음에 나는 라스무스를 기다리는 이틀 간 미스터 타이의 여행사를 줄곧 찾았다. 당장 대화할 누군가가 없었던 것도 이유였지만 적어도 그에게 상업적인 목적인 아닌 인간적인 친구로 다가가고 싶었다. 가끔 간식거리를 사가지고 가면 다음날은 그가 음료를 제공하기도 했다. 상부상조. 아시아적인 정서는 서구화로 물들어진 이곳 카오산 한가운데서도 일어나고 있었다. 그는 왼손의 손가락 네 개가 없다. 궁금해도 콤플렉스일 것 같아서 묻기가 어려웠다. 손가락이 없어서 그는 항상 왼손은 내려놓았고 사진을 찍을 때도 뒤로 가리곤 했었다. 궁금함을 못 이겨 겨우 말을 꺼내자 그는 의외로 순순히 대답했다.

"아, 내 왼쪽 손가락들? 난 예전에 방콕에서 갱으로 일한 적 있어. 조식은 꽤나 컸는데 난 더 이상 그 일을 하고 싶은 생각이 없었지. 조직을 나온 대가로 내 왼쪽 손가락 네 개를 잃은 거야."

믿거나 말거나이지만 그 사실이 진짜라면 섬뜩하면서도 안타까운 일이다. 아니 솔직히 그게 사실이 아니라도 현명한 선택을 한 그를 그렇게 믿고 싶었다.

"미스터 타이. 넌 왜 이렇게 열심히 일하는 거야? 보니깐 휴일도 없이 일하는 것 같은데 힘들진 않아?"

"큰 꿈이 있지! 이상적인 꿈! 지금은 하루에 4시간도 겨우 자면서 일하지만 언젠가 엄청난 돈을 모아 백만장자가 될 테야. 그리고 세계를 관광하며 여유 있는 삶을 살 거라고. 그리스와 이태리를 오가며 100달러 정도는 멋지게 팁으로 줄 수 있는 백만장자!"

그의 웃음에는 호탕함과 애절함이 복합적으로 묻어나 있었다. 관광대국의 한가운데서 관광업을 생업으로 한다는 것. 생각해보면 무시할 수 없는 일이다. 그들에겐 휴일도 없고 서비스정신으로 매일 아침을 무장해야 한다. 최고의 만족을 위해. 그리고 상대가 독한 배낭족들이라면 흥정에 지지 않을 언변까지! 그의 삶에 진심어린 응원을 하고 싶었다.

이튿날 나는 미얀마대사관에서 비자를 발급받았다. 대놓고 추가금액을 더 지불하면 빨리 비자가 나온다고 적혀있어서 추가로 돈을 더 주고 이틀 만에 받은 미얀마 비자였다. 이제 방콕에서 할 일을 마친 나는 라스무스를 만나 가까운 해변으로 이동하여 양껏 여유를 부리는 일만 남았었다. 노을이 지고 나서야 나는 북적이는 카오산 로드로 도착할 수 있었다. 멀리 보이는 미스터 타이의 여행사간판 아래 익숙한 백인청년이 담배를 태우고 있었다. 너무 반갑게 그와 인사했다.

"라스무스! 제시간에 도착했네. 숙소는 어디로 잡았어?"

"람부뜨리 거리에 하룻밤 5만 원짜리 방을 구했어. 정신이 없어서 그냥 잡았거든. 에어컨도 빵빵하고 방도 깨끗해."

"미친 거야?"

"손, 해야 할 이야기가 있어."

Good Luck! Mr. Thai.

말이 끝나기 무섭게 그의 두 눈에는 눈물이 밀려나오고 있었다. 동공이 매끈하게 눈물로 코팅되어 건드리기라도 하면 폭발하기 직전이었다. 그와 가까운 호프집의 구석에 자리를 잡았다. 맥주를 마시면서 담배 두 개비를 연속으로 태운 뒤 그는 어렵게 말을 꺼냈다.

"손. 내가 진짜 멍청한 짓을 했어. 결론부터 말하자면 그날 밤 치앙라이는 완전히 미친 동네였지. 밤이 되니 창녀들이 길거리에 떼거지로 나와서 호객했거든. 난 한 명을 골라서 방으로 데리고 들어갔어. 근데 문제는 섹스를 하다가 콘돔이 찢어져 버린 거야. 멍청하게도 난 그것도 모르고 사정이 끝난 후에 콘돔이 찢어진 걸 알 수 있었어. 멍청했어. 진짜 멍청했어. 이제 난 어쩌지?"

"일단 병원을 가야 되지 않을까?"

"내일 꼬사멧으로 가면 병원에 먼저 들릴 예정이야. 아까 전에 인근의 병원을 찾아가 봤지만 어차피 약을 먹어도 결과를 알기까지 두 달이 걸린데……."

해야 할 말이 없었다. 애나가 어렵게 내게 고민을 털어놓을 때와 같이 난 그에게 뭐라 설명을 해야 할지 몰랐었다. 이 상황에선 어떻게 해야 할까. 라스무스를 먼저 재우고 가까운 인터넷카페를 들려 태국의 매춘실태를 검색했다. HIV의 위험지대란다. 국민들 중에도 상당수가 에이즈로 시름하고 있는데 특히 매춘부의 경우 10%가 넘는다고 또렷하게 나와 있었다. 설마 그가 에이즈라도 걸리게 될까 봐 불안한 마음을 감출 수 없던 나는 늦은 밤 전지전능하신 아버지께 전화를 걸었다. 십여 년을 해군에 근무하시면서 서양인들의 정서를 잘 아는 아버지는 의외로 대수롭지 않다는 반응을 보였다.

"곰마들 원래 그칸다. 성병에 디게 민감하거든. 조금만 불안해도 약 먹고 검사받는 걸 당연하게 생각하다보이 그런기다. 크게 신경 안 써도 된다. 에이즈는 뭐 아무나 걸리나. 우야든동 니는 알아서 잘 처신하고 댕기래이. 똥인지 된장인지 무 봐야 아나?"

코드명 ; 바나나 셰이크

꼬사멧 섬에서 라스무스의 일과는 병원부터 시작했다. 매일 지출되는 독한 주사와 항생제 값만 해도 창녀에게 지불한 금액의 몇 배는 되었다. 오후에는 해먹(그물침대)에 누워 책을 읽고 가끔 기분전환을 위해 오토바이를 타곤 했다. 오토바이를 열심히 타면 어깨가 뻐근해 마사지가 생각날 법도 했지만 그는 완강하게 거부했다.

"이제 태국인 중 누군가가 내 몸을 만지는 것 자체가 싫어!"

게다가 독한 항생제는 알코올의 섭취를 금기시 하였기에 울적한 마음을 달래줄 무언가가 없다는 것은 분명 그에게 큰 스트레스였을 테다. 스트레스는 라스무스만 받았던 건 아니다. 무기력한 그 때문에 흥이 나질 않은 것은 둘째 치고 꼬사멧의 물가는 꼬창과는 비교할 수 없을 만큼 비쌌기 때문이다. 서양인들이 동성끼리 한 침대에서 잔다는 건 게이로 치부해 버릴 일인데도 라스무스가 용기를 내어 같이 쓰자고 했을 정도니 현지 물가는 상상하기 나름이다. 한번은 근처의 리조트 앞 해변에 누워 있는데 옆에서 선탠을 하던 여성이 말을 걸어온 적이 있었다.

"이 섬 너무 멋지지 않아?"

"물이 너무 맑아서 좋아. 하지만 야자수가 없어서 조금은 아쉬워. 여기 리조트에 묵어?"

"응. 근데 그냥 그래."

"하룻밤에 얼마정도 하니?"

"400."

"나도 400바트(1만 6천 원)나 주는데 여기가 훨씬 좋아 보이네. 이곳으로 옮겨야겠어!"

"뭔 소리야. 400달러야."

"……."

꼬사멧은 그런 곳이었다. 방콕과 가장 가까운 섬인지라 여행자들이 손쉽게 방문할 수 있는 해변이었고, 덕분에 호화리조트와 고급 레스토랑이 가득 메워져 있어서 높은 물가는 어쩔 수 없었다. 관광객의 발길이 많이 닿는 만큼 밤이 되면 방갈로 앞의 식당에선 어린아이들의 불쇼가 펼쳐졌다. 어둠속에서 그들은 불을 자유자재로 가지고 놀았지만 팁을 받으러 바구니를 들이미는 손에는 흉터가 가득했다. 어디서나 볼 수 있는 관광지의 명암이다.

시간이 약이라 했던가. 꼬사멧에서 방콕으로 돌아올 때 즈음 라스무스가 제 컨디션을 찾은 듯했다. 거의 마지막 날이라 아쉬운 감은 있었지만 해탈해버린 그가 오히려 보기 좋았다. 그가 공항으로 가기 몇 시간 전 이별 맥주라도 한 잔해야 될 분위기에서 그는 차선책인 바나나 셰이크를 시켰다.

"손. 이제 곧 돌아갈 시간이 다가와. 같이 여행하면서 내게 큰 도움이 되어준 건 절대 잊지 못할 거야. 솔직히 난 이번 여행에서 정말 많은 것들을 배웠어. 세상에서 가장 소중한 것이 무엇이며 진정 내가 사랑하는 사람이 누구인지도 깨닫게 되었지. 휴가는 비록 망쳤지만 잊을 수 없는 좋은 경험들이었어."

자신의 속내를 이렇게 바나나 셰이크 한 잔에 말할 수 있다는 것. 그것도 5살이나 많은 형이 동생에게 서슴지 않고 말한다는 것. 솔직히 이 자세가 너무 큰 감동이었다. 애나와 라스무스가 우리와 정서가 다른 유럽인이라서이기보다 자유로운 배낭여행자로 만나서 가능한 일이라고 믿고 싶었다. 한 두 살만 많아도 한국사회에선 동생에게 보여줘야 될 모습이 있고 아니 보여줘야 될 모습이 있다. 많은 사람들은 그것에 심한 집착을 한다. 그런 점에서 떠나기 전 라스무스가 본인의 진심이 담긴 말을 해 주었다는 건 내게 너무 고마운 선물이었다.

"그렇게 말해줘서 내가 더 고마워. 돌아가서 검사 잘 받고 꼭 나중에 결과를 말해줘. 사찰을 방문할 때마다 이제 너를 위한 기도를 꼭 할게!"

"두 달이나 걸린다는데 어떻게 너에게 소식을 알려주지? 아! 우리에겐 페이스북이 있네. 결과가 정상이면 네 담벼락에 '바나나 셰이크'를 남길게! 바나나 셰이크!"

수많은 여행자가 오고가는 카오산의 입구에서 나는 개띠 형아 라스무스와 누구보다 아쉬운 작별을 해야 했다.

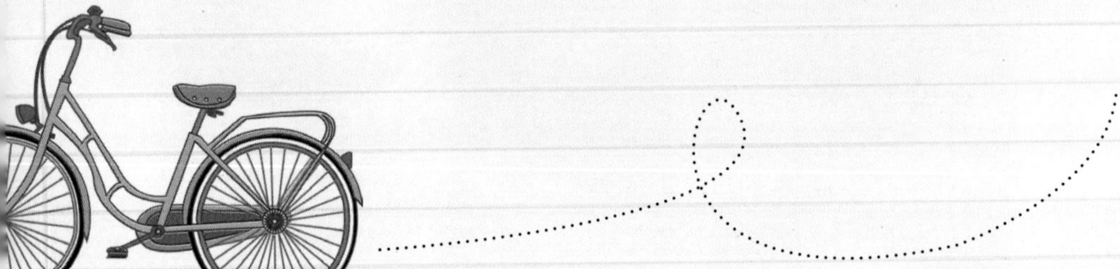

유럽인들은 통상적으로 일 년에 4주에서 6주 정도의 휴가를 받는다. 그래서 그 기간 동안 인도차이나 반도를 한 바퀴 도는 게 정석처럼 굳어져 버린 듯하다. 아시아의 서구화를 너무 나쁘게만 볼 필요는 없는 것 같다. 그대로 머물러 주기 바라는 것도 욕심일 테고 그들의 서구화 또한 그들 나름의 공생방법일 수도 있다.

I love Thailand

MY TRAVEL'S STORY STARTS FROM NOW ON.

05

미얀마

The Republic of the Union of Myanmar

Miss Asia! 미(美)얀마!

왕따 당할 이유가 없는 왕따

카오산은 수많은 여행자가 오고 간다. 헤어지면 언젠가 또 만나는 법. 그래도 확실한 것은 누군가와 함께 동행을 하다 혼자가 되었을 때 맞이해야 할 적응기는 반드시 필요하다는 것이다. 라스무스를 코펜하겐으로 떠나보내고 불과 몇 시간밖에 지나지 않았건만 어색했던 일상은 숨길 수 없었다. 당장 트윈베드 룸에서 싱글 룸을 알아봐야 했으며 식사를 할 때도 멋들어진 테라스가 아닌 구석자리가 먼저 눈에 들어왔다. 모든 것이 다시 변해가고 있었던 내게 달콤한 한 통의 메일이 날아왔다. 호치민에서 만났던 성원이 형이었다. 고맙게도 방콕에 홀로 있다는 내 소식을 듣고 바로 날아와 준 것이다. 단 하루밖에 보내진 못했지만 형은 가방에서 주섬주섬 무언가를 가득 꺼내어 남은 내 여행에 큰 응원을 해 주었다.

"이건 베트남 전통 커피. 이건 여행하다 남은 튜브고추장. 그리고 이건 하노이에서 산 모기약이야. 아, 그리고 담배 한 보루."

내 몸에 꼭 필요한 기호품들과 같은 민족으로부터의 진심어린 응원. 미지의 세계 미얀마를 가기엔 더할 나위 없이 완벽한 준비물이었다.

미얀마. 혹은 버마. 그 국가를 아는 사람들보다 모르는 사람이 더 많을 수도 있다. 실제로 다음 여정지가 미얀마라 하면 사람들은 미얀마가 어딘지 모르겠다는 사람이 많았다. 완벽하게 베일에 싸인 미얀마. 그곳이 어떤 매력이 있어서 티켓을 끊었는지 모르지만 분명 나를 이끄는 강력한 에너지가 존재했다.

입국심사대에서부터 미얀마는 미얀마다웠다. 국가의 어감에서 풍기는 제3세계 이미지는 외적으로 더 빛을 발했다. 여자들의 두 볼에는 노란 빛의 가루가 제각기 다른 문양으로 칠해져 있었고 남자들은 장치마를 둘러맨 채 공항을 활보했다. 너무 궁금해서 엄숙한 입국심사대의 여직원에게 얼굴에 칠

한 게 무엇인지 물어보는 실례를 범했다.

"미얀마 뷰티."

그녀는 빙긋이 웃으면서 짧은 대답과 함께 입국스탬프의 도장을 찍어주었다. 공항은 시내로 이동하기엔 조금 먼 거리였는데 이동하는 차창 밖의 풍경은 미얀마다운 미얀마 뷰티가 절로 흘렀다. 인도인, 중국인들과 공존하는 와중에도 미얀마 사람들은 더욱 빛이 났다. 너무 신비로운 매력을 지닌 인도인도 아닌 그렇다고 너무 신비롭지 않은 중국인 사이에서 적절한 미(美)를 가진 미얀마 사람들. 독특한 의상과 화장은 물론이며 뿌연 매연마저도 몽환적인 배경이 되었던 주황빛 도시. 사진작가들에게 가장 사랑받는 미지의 장소가 미얀마란 사실은 시작부터 거부할 수 없는 진실로 다가왔다. 미얀마의 물가는 싸지도 않고 그렇다고 비싸지도 않다. 몇 해 전 정부의 정책으로 인해 외국인이 지출할 숙박업소 및 유적지 입장료 등을 500% 인상했기 때문이다. 그래도 현지물가가 워낙에 저렴하여 숙박을 제외하곤 여행하기에 여전히 편한 국가임에는 틀림없다. 사실 골치 아픈 일은 환전에 있었다. ATM이 존재하지 않는 까닭에 충분히 달러를 확보하지 않으면 여행 자체가 불가능한

곳이다. 게다가 환전을 하기 위해 관광객에게 노골적으로 다가오는 인도인 브로커들은 사기를 치는 경우가 많아 항상 주의해야 한다. 믿을만한 환전상을 찾기란 쉽지 않은 일이었고 게스트 하우스 직원의 추천에 의해 일단 시장으로 향했다. 중앙시장 격인 보족시장으로 가는 길은 멀지 않았지만 카메라 셔터를 만지지 않고 열 걸음을 이동하기란 불가능에 가까웠다. 눈앞의 애정 어린 피사체들은 완전한 호기심 덩어리들이었으며 아시아에 이런 국가가 존재한다는 자체가 신기했다.

미얀마는 아시아의 대표적인 불교국가다. 국민의 대다수가 불교를 믿는 나라여서 승려들을 길에서 만나기란 쉬운 일이다. 불교국가답게 그들이 자랑하는 대표적인 유적군도 대부분 불교와 관련된 사찰이었다. 미얀마의 첫 여정지로 나는 양곤시내에 위치한 쉐더공 파고다로 이동하였다. 불탑을 의미하는 파고다는 멀리서도 높이 솟아오른 탑 때문에 쉽게 위치를 가늠할 수 있었다. 100미터 가까이 되는 큰 탑의 꼭대기는 근처에 마련된 망원경으로 봐야 했다. 쉐더공 파고다는 굉장했다. 엄청난 규모의 사원은 금빛으로 물들여 있었고 정교한 탑은 너무 높이 솟아있어 사진을 찍기 위해선 내가 누워야 했다. 그리고 결정타는 이 사원전체가 황금이라는 점. 그 높이가 정확히 96미터에 달하는데 꼭대기엔 주먹만 한 다이아몬드가 수십 개 박혀있단다. 처음엔 믿질 않았지만 누구에게 물어보아도 진실이었다.

"아니 진짜? 도금한 게 아니고 이거 전체가 황금이라고??"

"응. 진짜. 모든 게(Whole이라고 분명히 들었다) 황금이지."

세상에 쓸데없는 불가사의를 다 제쳐두고서라도 지금 당장 쉐더공 파고다를 등록해야 할 판이었다. 현지인과 열심히 대화를 나누는 도중 익숙한 음성이 들려 뒤를 돌아보았다. 단체로 이곳을 찾은 한국인 아주머니들. 정말 나만 이런 굉장한 유적지를 모르고 있었나 보다.

쉐더공 파고다를 떠나 조금 걸었다. 버스를 타긴 겁나고 택시를 타긴 비싸서 어느 정도 걸어간 뒤 택시를 타겠다는 절충안에 따라서다. 가는 길은 우연찮게 아웅산 수지의 자택이 위치한 도로였다. 아웅산 수지. 어쩌면 근대의 미얀마를 대표하는 인물이다. 사실 이곳 미얀마에 오기 전만 해도 그녀가 누군지도 몰랐고 관심 가질 이유도 없었다. 국민들의 지지를 받는 사회운동가 정도로 해석하면 되려나? 아무튼 중요한 건 그동안 감금되어 있던 그녀가 공교롭게도 이 시기에 석방이 되었다는 점이다. 다시 말해 현지인들이 폭동세력을 조직할 조짐이 보일 수 있고 이러한 운동은 곧 아무것도 모른 채 관광하는 여행자에게 불똥이 튈 수 있다는 말로 해석되었다. 그래서 당시 미얀마는 위기상황이라는 의견이 지배적이었다. 항상 미얀마는 그런 이미지다. 시간이 지나고 사람들에게 미얀마를 꼭 가보라고 추천하면 돌아오는 첫마디는 위험한 곳이 아니냐는 대답이 8할이었으니 말이다.

그렇다면 군사정부 아래의 제3세계 또래 대학생들은 어떤 이들일까? 궁금해졌다. 나의 다음 목적지는 자연스럽게 미얀마 최고의 캠퍼스 양곤국립대학으로 향하고 있었다. 가는 도중 결국 택시를 불러 세웠다. 기사아저씨는 영어를 잘했는데 양곤대학에 대한 이야기를 조심스레 꺼냈다.

"정부는 양곤대학의 학생들은 상당히 견제해요. 그래서 얼마 전부턴 캠퍼스를 분리해서 지방으로 이전시켰다니까요. 다 모아 두면 시위하는 일이 잦아서……. 지금 지나는 이 광장이 과거엔 항상 양곤대학생들로 가득 차곤 했지요."

시위라는 말에 덜컥 겁부터 났고 그가 남긴 말들의 뉘앙스는 강렬했다. 모르긴 몰라도 단 하나 확실히 알고 있었던 것은 미얀마에서 정부에 대한 언급과 비판을 함부로 했다간 쥐도 새도 모르게 잡혀간다는 점이다. 젊은 인텔리층이 국가를 상대로 반발을 하고 정부가 이들에게 강제적인 무력을 행사하는 데는 분명히 어떠한 문제의 골이 깊게 패여 있으리라. 간과할 수 없는 분위기였지만 막상 도착해 본 양곤대학은 때 아닌 축제분위기로 가득했다. 여자들은 짙은 화장에 평소엔 잘 입지도 않을 드레스로 한껏 멋을 냈다. 그날이 졸업식이란다. 운이 좋은 건지 혹은 나쁜 건지 볼거리는 풍성했어도 졸업식에 정신없는 그들을 불러 세워 캠퍼스 이야기를 할 수 없는 노릇이었다(낙후된 건물들에게 캠퍼스라는 이상적인 단어를 매치시키기도 어려울 정도였다). 캠퍼스를 둘러보는데 만족한 나는 잠시 도서관을 들렀다. 서대문형무소가 차라리 신식건물이라고 해도 믿을 정도의 구식 건물은 곧 쓰러질 위기에 처했지만 도서관은 학생들로 붐볐다. 도서관으로 출입을 하려하는데 한 남자가 신원을 확인했다. 원활한 소통이 되질 않자 이내 한 여성이 다가왔다.

"무슨 일로 오셨나요?"

"관광객입니다. 한국에서 온 대학생이고요. 도서관을 조금만 둘러보아도 될까요?"

"물론입니다. 대신 사진촬영은 안 돼요. 저희 대학에 대한 정보를 알고 싶다면 제가 가이드를 해 드리지요. 저는 이 도서관의 관장이랍니다."

뜻하지 않은 로또를 맞은 격이다.

"저희 대학은 1925년 식민시대 당시에 건립되었어요. 현재 양곤시내에는 공대와 미대를 중심으로 학부가 편성되어 있고요, 총 4개의 캠퍼스가 분리되어 있답니다. 학부과정, 석사과정은 2년씩 그리고 박사과정은 통상적으로 3년 정도가 소요되지요. 미얀마 최고의 엘리트를 배출하는 저희의 자랑입니다."

순간 방금 전 택시기사의 말이 사실일지도 모른다는 생각이 들었다.

"아! 캠퍼스가 분리된 이야기를 오는 길에 들었어요! 정부가 양곤대학 학생들을 견제하기 위해 분리했다는 것이 사실인가요?"

눈빛이 변한 도서관 관장은 딱딱한 어투로 목소리를 변조했다.

"누가 그런 소리를 하지요? 절대 그렇지 않습니다."

어디까지가 진실일까? 국가의 녹을 받는 공무원이라 말을 아낀 것일까. 양곤대학은 정문 밖을 나오기 전까지 찝찝한 마음을 지우기 어려웠다.

별 다섯 개짜리 도시

다음 행선지는 북부에 위치한 도시 버강이었다. 수백 개의 사원들로 가득하다던 버강. 출발 전부터 설렘이 가득했다. 아침 일찍 버스와 기차의 가격을 알아보기 위해 터미널로 나섰다. 이방인에게 유일한 말동무는 죄다 인도인 브로커 들이었다. 시도 때도 없이 환전을 요구하는 그들. 말이 너무 많은 그들을 상대하지 않기 위해 갖은 노력을 다해보았다.

"안녕 친구! 오늘 날씨가 참 좋아 그치? 넌 어디서 왔어?"

"북한에서 왔지(이러면 충분히 겁먹을 줄 알았다)."

"오~ 웰컴, 웰컴! 웰컴 투 미얀마~! 환전이 필요해?"

남북한의 개념이 모호한 그들에게 북한은 그리 큰 경계대상이 되지 못하는 것일까. 그들의 대화를 피하는 방법은 시간이 지나자 자연스레 습득이 되었다.

"안녕 친구! 미얀마에 온 걸 환영해. 다른 곳보다 훨씬 좋은 금액으로 환

myanmar

버강의 사원

전해 주지!"

"아, 아임, 노, 노 잉글리쉬! 노 잉글리쉬!"

'아휴, 이 자식은 도저히 안 되겠다'라고 그들의 표정에 드러났고 한심하다는 듯이 나를 돌아섰다. 그제서야 나는 여행의 꼼수들이 하나둘 생겨가고 있었다.

"40달러요?"

기차의 편도 비용은 충격적이었다. 외국인에게 5배 이상의 금액을 적용한 것이 기차에도 적용이 된 것일까. 차라리 비행기가 저렴해 보였다. 눈물을 머금고 찾아간 버스터미널에서 1만 5천 원 정도의 금액으로 겨우 티켓을 구입하였지만 이마저도 썩 만족스럽진 못했다. 12시간짜리 버스인데 출발은 오후 4시 한 편. 새벽 4시에 떨어진다면 난감해 질 수 있는 상황이었다. 어쩔 수 없이 당일 날 오후에 출발하는 버스에 올랐다. 비좁은 버스는 역시나 수입 된 중고차였고 가득 채운 승객을 태우고 굴러간다는 사실이 기적에 가까웠다. 문제는 새벽에 일어났다. 무더운 미얀마 날씨를 만만하게 본 나는 그날 밤 죽다 살아났다. 워낙에 오래 된 차량이다 보니 고장 난 에어컨은 세기조절이 안 돼 밤새 창문에 서리가 낄 정도로 찬 공기가 나왔다. 사람들은 준

비해 온 두꺼운 침낭을 꺼냈고 반팔차림의 나는 극한의 지옥을 맛봐야 했다. 게다가 새벽에 도착한 버강은 북부에 위치해 있다 보니 우리나라의 초겨울 날씨만큼이나 쌀쌀했다. 아무도 없는 새벽에 겨우 이동할 수 있었던 교통수단도 오직 마차뿐이었다. 그날 밤은 뭐가 어떻게 돌아가는지 알 수가 없었다.

이튿날 아침이 되자 정신이 들었다. 내 몸을 짓누르는 두꺼운 이불을 두 겹이나 던져내고 나서야 이곳의 추위를 실감할 수 있었다. 늦게나마 게스트 하우스의 주인은 나를 환영했고 버강의 입장료로 10달러를 받았다. 문화유적 도시로 분류된 몇몇 미얀마의 도시들은 외국인에게 받는 입장료를 게스트 하우스에서 대신해 주고 있었기 때문이다. 일단 숙소에서 안장이 편한 자전거를 대여했다. 1,500짯. 한화로 2천 원에 해당하는 금액이지만 본전이라도 뽑을 생각에 마음부터 급했다.

버강은 크게 올드 버강과 뉴 버강으로 나뉜다. 올드 버강은 말 그대로 과거의 버강의 모습을 성곽 안에 그대로 보존한 곳이다. 때문에 국가의 정책에 따라 올드 버강 내에는 그 흔한 카페 하나 입점이 불가능해서 천 년 전의 도시를 그대로 재현해 놓았다. 교통수단은 마차와 우차 그리고 간혹 보이는 오토바이가 전부였다. 택시도 분명 존재했지만 적어도 내 눈에 잘 띄지 않았다. '따각따각.' 말발굽 소리와 포장되지 않은 도로 위에 덩그러니 놓인 말의

배설물, 그것과 먼지가 뒤섞여 뿜어내는 시골냄새는 곧 타임머신을 타고 과거로 회귀한 기분이 들 정도였다. 사진으로 그리고 영상으로만 봤던 버강은 실제로 다가갔을 땐 그 놀라움이 극에 달했다. 너무 잘 온 것 같다고 스스로에게 몇 번이나 칭찬하면서 혼자 싱글벙글 웃어댔는지 모른다. 행여나 마차가 내 앞을 지나가기라도 한다면 뿌연 먼지가 내 눈앞을 가렸고 그 먼지 너머 솟아오른 불탑들은 또 다른 장관이었다. 별 다섯 개. 단연 최고였다. 앙코르와트처럼 분답지도 않은데다 사찰 하나하나가 결코 미적으로 뒤지지 않았다. 왜 여태 이런 곳이 방송을 통해 제대로 소개되지 않았을까? 지금 당장 여행을 접고 한국에 돌아가 미얀마를 홍보하고 싶을 정도였다. 제 아무리 사진기술이 늘었다 한들 그때 당시 내 눈앞에 보이는 수려한 장관을 담기란 절대 불가능한 일. 혼자 보기가 아깝다는 생각은 올드 버강에서 나를 지배하고 있었다.

올드 버강 내의 사원은 불교사원들이 대부분이었고 가끔 힌두교의 사원들도 존재했다. 중요한건 어디를 가더라도 특별한 사전준비가 필요치 않다는 점이다. 입구에 들어서려 하면 영어가 유창한 어린아이들이 달라붙어 조목조목 사원에 대해 설명을 덧붙여주었다. 그들이 바라는 건 단 하나다. 관람을 마치고 입구에 마련된 기념품 가게에서 물건을 보라는 것이다. 그러면서 꼭 안사도 되니 구경이라도 하라는 말은 빼놓지 않았다. 앙코르와트의 아이들보다 훨씬 더 인간미가 넘치는 시스템이다. 오히려 가이드를 친절하게 해준 이들에겐 고마움과 미안함이 교차하여 기념품을 사는 일도 많았다. 사원이 질리면 이곳 사람들이 거주하는 마을로 이동했고 그곳에선 수공예품을 제작하는 사람들과 함께했다. 렌즈에 부끄러워할 줄 알며 수줍은 미소는 서비스로 날려주는 순박함. 물건을 사라고 하진 않아도 자신들의 물건을 자랑할 줄은 알았다. 어찌 감동받지 아니할 수 있겠는가! 게다가 최대의 하이라이트는 일몰과 일출인데, 높은 빌딩만한 사원 꼭대기로 이동하여 일몰을 바

라보면 수백 개의 사원들이 태양에 반사되는 빛의 각도에 따라 일제히 색채를 달리하였다. 피곤한 몸을 이끌고 침대에 누워 아직 못 가본 사원이 수백 개나 남아 있다는 점은 매일 밤의 행복한 고민이 되어 버렸다. 좋은 것만을 보는 것도 여행자의 팔자일 텐데 버강에서 내 팔자는 이제껏 단 한 번도 경험하지 못한 추억들로 가득했다.

버강에서의 마지막 날, 목돈 8,000짯(1만 원)을 투자해 마차를 대여했다. 새벽부터 일출을 보기 위해 서둘러야 한다던 숙소주인은 빨리 마차에 탑승해라고 재촉했다. '따각따각.' 아무것도 보이지 않는 깊은 어둠을 헤치고 일출을 바라보기만을 기다리면 사원으로 이동했다. 사원 꼭대기에서도 아무것도 보이지 않은 채로 십여 분이 지났을까. 이글거리는 태양이 산등성이에서 끓어오르더니 버강 전체는 온통 주황색 빛으로 물들여졌다. 안개 빛 사이로 보이는 사원들은 그 끝을 가늠하기가 어려웠으며 때마침 떠오르는 열기구들은 보기 좋은 장관을 연출했다. 모든 것이 환상 같았다. 지금 내 눈앞에 보이는 것들이 결코 꿈은 아니겠지. 무심코 여행루트에 추가했던 미얀마. 미얀마에서도 특히 버강을 여행목적지로 계획하지 않았다면 얼마나 아쉬웠을까? 생각만 해도 아찔하다. 정말 아찔하다.

붓다의 머리털을 찾아서

"짜익티요에 있는 황금바위요? 그냥 인공적인 조형물에 불과한 거 같아요. 아무런 감동도 없고 그렇다고 특별한 역사도 존재하지 않는……. 이렇게 미리 말씀드려서 죄송하지만 저는 그랬어요."

다른 여행자의 카더라통신 만큼 무서운 말이 있을까? 다음 행선지가 짜익티요로 결심한 내게 다소 듣기 거북한 이야기였다. 양쪽 귀가 팔랑거려 지금이라도 선택을 바꾸고 싶었지만 짜익티요로 가고 싶은 이유는 단 하나였다. 부처님의 머리털을 봉인한 거대한 황금바위사원과 미얀마인들이 최고의 불교성지로 꼽는다는 것. 이 때문에 나는 버강과 아쉬운 작별을 해야 했다. 직접 경험해 보지 않는다면 언제까지 여행자들의 풍문에만 귀 기울일 것 같은 마음도 커서 난 나의 선택에 확고한 고집으로 무장했다.

버스는 예정대로 하루 한 편 오후 4시에 출발했고 정확히 새벽 4시에 양곤의 버스터미널로 도착했다. 6시에 출발할 짜익티요행 버스를 기다리기 위해 따뜻한 차로 몸을 녹이며 독한 담배를 계속해서 뿜어댔다. 피곤한 여정에도 회복제는 주위로부터 쉽게 찾을 수 있었다. 천 원짜리 국수를 말아주

며 농담 섞인 말로 재미있게 해 주는 아주머니들, 물 건너 온 담배는 어떤 맛이냐고 하나 바꿔 피자며 익살스런 표정으로 유혹하는 아저씨들. 사람에게 꼬리가 존재했다면 이곳 미얀마사람들은 분명 친근한 강아지처럼 항상 돌돌 말려있었을 테다.

미얀마의 이동수단에 있어서 시설은 매번 형편없었지만 엄수하는 시간만큼은 KTX수준이었다. 정해진 시각에 짜익티요에 내리자 이미 호객을 하는 게스트 하우스 직원들이 저렴한 가격에 흥정을 했고 꽤 괜찮은 가격에 숙소로 이동할 수 있었다. 점심을 먹고 지금 황금바위로 이동해도 늦지 않단다. 주인의 말에 순순히 나는 황금바위로 향하는 버스정류소로 이동했다. 문제는 버스였다. 2.5톤 트럭에 조밀하게 놓여 진 간의 의자. 아무리 폭을 좁게 앉아도 두 무릎은 앞사람의 엉덩이를 찔렀다. 게다가 48명의 승객이 가득 찰 때까지 버스는 떠날 생각을 하지 않았으니 앉아있는 것이 곧 수행이었다. 덩치가 큰 나는 숨도 제대로 못 쉴 것 같았지만 성지를 향해 달려가는 사람들은 출발과 동시에 환호성을 질러댔다. 롤러코스터 같은 길을 마주하게 되면 기사아저씨는 서비스차원에서 더욱 세차게 밟아대는 듯했고, 사람들은 두 손을 높이 들어 올리며 연신 비명을 질렀다. 성지로 입장하기에 앞선 거룩한 환영이었다. 버스는 20분을 달렸다. 불편한 자세는 그대로 굳어버려 두 다리는 심하게 저렸지만 부처님의 머리털을 보기 위해선 또 다른 관문이 존재했다. 정류장에서 사원이 위치한 꼭대기까지 한 시간은 족히 걸어야 한다는 점이다. 눈앞이 막막했다. 돈 많은 중국인들은 인력거에 의지하여 올라가고 있었으니 그 느낌은 사뭇 대조적이었다. 이곳이 마음에 들지 않는다고 말했던 여행자가 나이가 좀 있었던 것을 감안하면 시작부터 분명 스트레스를 받았기 때문일 것이다.

'이 고생을 하고 올라갔을 때 별거 없으면 나중에 두고 보자.'

솔직한 심정이었다. 산 중턱까지 올라왔을 때만 해도 구름에 가려 보이질 않던 황금바위사원은 시간이 지나가 서서히 그 위용을 드러냈다. 꼭대기에

도착했을 땐 이미 사람들로 가득했다. 사원에는 금세라도 굴러 떨어질 것 같은 큰 바위가 금종이로 덕지덕지 붙어져 있었는데 그 크기가 웬만한 건물만큼이나 컸다. 사원 안으로 남성의 출입은 가능하였기에 직접 가서 손으로 만져보았다. 매끈한 촉감은 오랜 전부터 사람들의 손길이 닿았음이 분명했다. 물론 꼭대기에 보관되어 있다는 부처님의 머리털은 물론 볼 수 없었으나 그 설화만으로 큰 의미를 부여했다. 역사는 만들어가는 것이라고 했던가. 지금도 사람들의 발길이 끊이지 않는 황금바위사원은 그야말로 역사의 진행형이었다.

용기있는 한 청년의 고백

당일치기가 가능했던 짜익티요의 황금바위사원은 충분한 감동을 주었지만 여러모로 아쉬움이 컸다. 그래도 멀리서 여기까지 왔는데 사원만 보고가기엔 왠지 모를 공허함이 있어서다. 사원에서 출발한 버스는 해가 지고서야 도착을 했다. 식사를 하기 위해 근처의 식당을 들렸는데 그날따라 그렇게 한식이 그리울 수 없어 비장의 무기인 고추장을 꺼내 들었다. 식당주인은 카레와 맨밥에 고추장을 양껏 뿌려먹는 내가 신기했는지 고추장을 봐도 되냐면서 이리저리 훑어보곤 맛보기까지 했다. 고추장의 맛이 어떠냐고 묻자 그녀는 영어가 서툴다며 영어를 잘하는 친구를 소개시켜 주겠단다. 식사를 마친 후 미얀마 전통차를 거의 다 마실 때쯤 식당 안으로 한 젊은 청년이 들어왔다.

"반가워, 아웅산이라고 해. 여기 식당 주인은 우리 누나야."

"아웅산? 익숙한 이름이네! 아웅산 수지를 알아."

"내가 내 이름을 자랑스럽게 생각하는 이유기도 하지. 여기 사람들은 모두 그녀를 좋아하거든."

영어가 유창했던 아웅산은 호텔 종업원을 그만두고 현재 청소년을 대상으로 하는 영어공부방을 운영한다고 했다. 그러면서 그는 교사직은 일시적으로 하는 것이며 다시 호텔로 취업하기 위해 알아보는 중이란다.

"호텔에서 일하면 수입이 괜찮은가 봐?"

용기있는 한 청년의 고백

"한 달에 60달러는 받지. 우리 누나처럼 식당을 경영하면 보통 한 달 수입이 40달러인데 호텔은 그보다 편하게 일하고 돈도 많이 벌어서 구하기 어려운 직업 중 하나야."

수입이야기는 적잖은 충격이었다. 서민들의 월 평균 수입이 우리 돈 5만 원이라니. 양곤에서 버강으로 가는 현지인 버스비가 1만 원이었는데 그렇다면 그들의 수입의 1/5에 해당하는 큰 지출이었다. 그는 계속해서 이야기를 해주었다.

"양곤대학처럼 좋은 대학을 나오면 훨씬 많이 받지. 연봉이 1,500달러(약 200백만 원)나 되거든. 그들은 선택받은 이들이야."

"양곤대학에 대해 궁금한 게 많은데 물어봐도 될까? 정부가 그들을 경계한다면서?"

'아차! 현지인들을 상대로 정부의 이야기를 해서는 안 되는데!'

나는 다급하게 사과했지만 그는 대수롭지 않은 듯 웃어넘겼다.

"아니야. 미안해 할 것 없어. 모든 미얀마국민들은 우리정부를 싫어해. 우린 버마사람들로 불리길 원하지, 미얀마사람들로 불리길 원하지 않아. 저기 보이는 국기 보이지? 2달 전에 바뀐 미얀마의 국기야. 사람들은 저걸 진짜

싫어해. 국기도 정부도 정부에서 일하는 사람들도……."

"이렇게 다 내게 말해주어도 되는 거야?"

"특별한 손님이니깐."

그는 오토바이 콘솔박스에서 작은 병을 꺼내들더니 쌀과 고추로 빚은 미얀마의 전통주라며 오늘 저녁 술친구가 되어주길 희망했다. 영어선생님인 아웅산은 그간 영어를 쓸 일이 없어 꽤나 입이 근질근질했나 보다.

"솔직히 이야기하자면 미얀마의 미래는 어두워. 국경지대는 여전히 보수적이고 정부는 인접국가와 상황을 더 나쁘게 만들지. 북한과 중국처럼 강력한 군사정권은 빈부격차를 해마다 가중시키니 서민들의 생활상은 말이 아니야. 물가는 치솟을 만큼 치솟았거든. 가장 큰 문제는 대학을 졸업한 이들이 그들의 능력을 발휘할 수 있는 곳이 적다는 거야. 저기 사진에 학사모를 쓴 사람도 우리 누나야. 일자리를 구하기가 쉽지 않아."

솔직해도 너무나 솔직한 그의 이야기. 수첩에 받아 적다가 언제 어디서 조용히 잡혀가도 이상할 것 없었지만 나는 그의 한탄을 하나도 놓칠 수가 없었다. 실제로 그의 말은 틀린 게 없었다. 미얀마 지도를 관심 있게 보고 있노라면 인접한 국가에 놀라움을 금치 못한다. 서쪽으로는 인도와 방글라데시,

북으로는 중국, 동쪽으론 라오스와 태국까지. 정부가 마음만 먹고 국경을 연다면 동남아시아의 새로운 관광거점이 될 자격이 충분했다(미얀마는 육로이동이 불가능한 국가다). 더 이상 사람들에게 미얀마가 베일에 싸인 도시로 전락하지 않을 수 있고, 미얀마를 칭찬한다면 위험을 걱정하는 대답보단 '거기 정말 가고 싶다'는 말을 들을 수 있을 텐데 말이다. 대학이란 최고의 교육시설에서 공부한 뒤 시골에서 식당을 경영하고 호텔에서 벨보이로 취업하는 게 꿈이 되어버린 아웅산 남매는 짠한 기억으로 남게 되었다.

버고에 불어 닥친 한류열풍

짜익티요를 떠나는 버스시간이 조금 여유 있어 다음날 아침 아웅산의 공부방을 찾았다. 부스스한 머리로 아침을 맞아 준 그는 전통차로 환대해 주었다. 그에게 고마움을 표하고자 소박한 기념품을 챙겨 준 나는 마지막 여정지인 버고로 향했다.

사실 버고는 계획에 없던 도시다. 짜익티요의 일정이 당일치기로 가능한 줄 몰랐고 양곤을 여유 있게 돌아볼 작정으로 이틀 정도의 시간을 비워놓은 터였다. 그때 게스트 하우스의 주인장이 강력하게 추천한 곳이 바로 버고다. 게다가 떠날 때 그는 버고에 게스트 하우스를 운영하는 사촌이 있다며 작은 명함을 건네주었는데 글귀가 아련했다.

'Please help them(제발 그들을 도와주세요).'

버고는 짜익티요에서 불과 1시간 남짓 거리의 가까운 동네였다. 버스에서 내리자 약속된 게스트 하우스 직원이 나를 맞았고 시내 중심가에 위치한 숙소로 이동하였다. 시골이었지만 숙소는 정갈했다. 주인장은 대뜸 투어를 할 것을 권했다.

"버고를 둘러보는 최고의 방법은 오토바이 기사와 함께 돌아다니는 거죠. 실제로 거리에 나서면 호객하려는 기사들이 바글거려요. 저희 숙소에서 합리적인 가격 4,000짯(5천 원)에 모실게요. 9시간 정도 투어가 진행될 텐데 사람들의 추천글을 보세요. 마침 최근에 한국인이 남기고 간 추천글도 보이네요."

확실히 이성적인 가격이었다. 그렇지만 미얀마에서 돈을 거의 다 써버린 내게 남은 돈의 금액을 계산하는 것은 굉장히 신중해야 했는데, 그때는 뭔가에 홀렸는지 무작정 투어를 신청하고 말았다. 짐을 풀고 밖에 나와서야 나는 내가 잘못된 선택을 했음을 직감적으로 깨달았다. 시내에서만 바라봐도 모두 보이는 불탑들과 사원들. 그냥 도보로 걸어 다녀도 아무런 문제가 없을 만큼 버고는 아담한 도시였다. 시장에서 탄나카를 몇 개 구입한 나는(노란 분칠인 탄나카를 얼굴에 바르고 다니면 사람들의 대접이 좋았다) 숙소로 돌아와 투어를 취소하려 했다. 그때 기사아저씨는 다가와 진심 어리게 호소하는 것이 아닌가.

"이봐요. 미얀마에 오면 미얀마 법을 따라야죠. 처음 뱉은 말은 따라줘야 합니다. 괜히 이러는 게 아니에요. 우리 미얀마 사람들은 한국인을 좋아해요. 밤만 되면 한국드라마를 본다니까요? 이영재, 송혜교, 준서~."

보는 봐와 같이 전혀 설득력이 없었다. 5천 원이 뭐가 그리 대수라고. 간절한 그를 보니 취소할 마음은 쏙 들어가 버렸고 다음날 이른 아침부터 그와 함께 투어가 시작되었다.

사실 투어라 하기도 민망했다. 그냥 볼품없는 오토바이 뒷좌석에 앉아서 사원을 방문하는 프로그램인 것이다. 양곤의 거대한 쉐더공 파고다와 버강에서 수백 개의 사원을 이미 본 내게 버고의 작은 사원들은 큰 흥밋거리가 되지 못했다. 지루해 하는 내 모습을 눈치껏 알아차린 걸까. 그는 이제 재미있는 일만 남았다며 어디론가 이동했다.

그가 안내한 곳은 미얀마의 전통담배인 모쩨를 만드는 수공예 공장이란다. 그는 서툰 영어로 연신 '레이디'를 외쳤는데, 그곳에 도착하고서야 그 의미를 알 수 있었다. 가내수공업으로 이뤄진 담배공장엔 젊은 아가씨들이 가득했다. 굉장히 민망한 이야기지만 그곳에서 나는 한류열풍의 주역이 되었다. 내가 자기소개를 하면 가이드 아저씨가 번역을 해 주었는데 한국에서 왔다는 첫마디에 공장 안은 비명으로 도배되었다. 그리고 간간히 한국어가 여기저기서 튀어 나왔다.

"감사합니다!"

"사랑해요!"

영화배우로 빙의한 나는 반응이 좋은 그녀들의 곁을 떠나기 싫었다. 아니 반대다. 앉아있는 내게 수줍게 다가온 아가씨들은 이것저것 물어보는데 줄

을 설 정도였으니……. 그저 한국드라마 때문에 한국 사람의 대접이 이렇게 바뀔 것이란 건 상상도 못했는데 역시나 문화의 파급력은 굉장했다. 거지꼴인 내게도 한류스타 대접을 해 주었으니 말이다. 대화는 끝날 줄 몰랐고 서툰 한국어를 직접 써서 통한다는 걸 신기해 한 그녀들은 깔깔거리며 즐거워했다. 직접 담배를 말아줘서 한 대 펴보라며 주기도 하였고 독한 담배연기로 슬랩스틱 코미디가 알아서 나오면 공장 안은 아수라장이 되곤 했다. 2010년 12월 23일의 오후는 내가 우주 대스타였던 것이다. 나는 가이드 아저씨에게 귓속말로 나긋이 말을 전했다.

"저기요. 투어 이 시간 이후로 취소할게요. 남을 일정을 여기서 보내고 숙소로 갑시다."

아저씨는 흔쾌히 동의했고 그녀들이 퇴근하는 시간까지 꽤 유쾌한 시간을 보냈다. 맹목적으로 여자가 좋아서 그랬던 건 아니다. 담배공장 아가씨들의 순박함이 얼마나 보기 좋았는지 모른다. 어설픈 한국 민요로 그들에게 마지막 선물을 한 나는 떠날 시간이 다가오고 있었다. 반나절이었지만 정들었던 그들은 눈물을 글썽였다. 농담일지라도 그녀들 중 한명은 닭똥 같은 눈물을 흘리며 한국으로 같이 가자고 졸라대기도 했으니 말이다. 순박한 사람들 같으니라고……. 미얀마보다 작은 나라 대한민국에 이토록 관심을 가져 준 그들에게 여전히 진심어린 감사를 표한다.

담배공장 아가씨들과 그리고, 한류

미얀마는 내게 그토록 갈망해왔던 동남아시아의 모습을 충분히 보여주었다. 동남아를 처음 여행했을 땐 그저 이곳이 남자 혼자 여행하기에 '절제'가 필요한 곳이리라 여겼다. 그리고 때론 낙후된 그들의 생활상을 보며 아니꼬운 시선으로 바라 본 적도 있었다. 동남아 여행에서 내가 가장 크게 느꼈던 것은 시선의 편식이다. 사람들은 동남아를 여행하면서 실망할 때 으레 '이러니깐 못 살지'라고 생각한다. 주관적인 판단은 여행자의 몫일지라도 특정인을 통해 그 나라의 사람들을 객관화 시키는 것은 얼마나 무서운 일인가? 반대의 경우는 더 무섭다. 한국인을 유난히 좋아하는 그들에게 비춰진 한국 여행자들 모두에겐 어느 정도의 의무와 책임이 있는 것이리라.

그러나 아무리 낙후되었다고 한들 사람들은 지속적으로 동남아 땅을 밟는다. 물가가 싸고 한국과 그다지 멀지도 않고 게다가 천혜의 자연경관을 지니고 있다는 것이 지배적인 이유일 것이다. 그러나 동남아를 하루라도 빨리 여행을 해야 하는 이유는 지금 보는 그들의 삶이 과도기에 놓여있기 때문이 아닐까? 우리 사회가 더 이상 아날로그적인 모습을 볼 수 없듯이 10년 후 동남아는 어떻게 변모할까? 천연의 모습을 잃어버릴 수도 있다는 불안함에 지금의 동남아가 소중하게 다가오는 것이라 믿는다.

양곤

미얀마(버마)

세계 젊은이들이 꾸준히 찾고있는 여행지인 미얀마는 닫혀 있고
내성적이지만 속은 의외로 고혹하다.

미얀마 사람들. [Myanmar]

MY TRAVEL'S STORY STARTS FROM NOW ON.

06

말레이시아

Malaysia

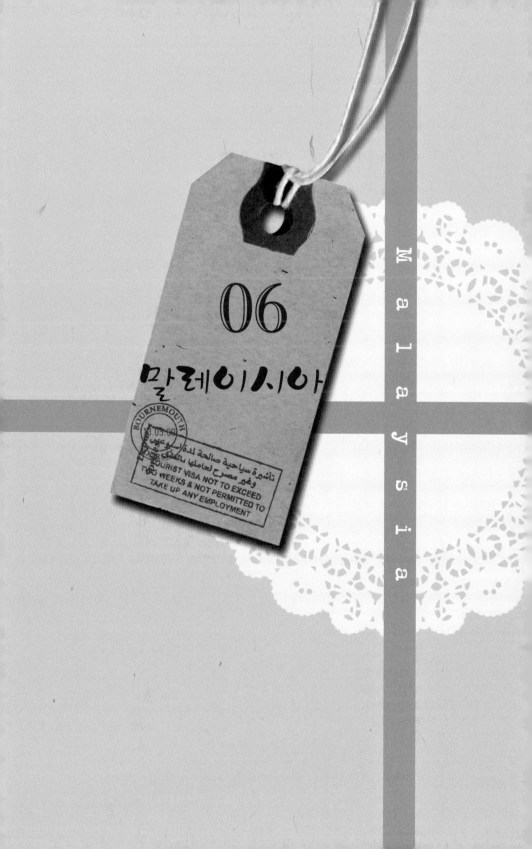

한 여름의 크리스마스...?

Now Everyone Can Fly

에어아시아 타봤어요? 안 타봤으면 말을 하지 마요

미얀마는 운 좋게 저가항공사인 에어아시아가 취항한다. 일반 항공료의 반값에서 크게는 1/3 밖에 안 하는 가격을 제시하니 나 같은 여행자에게 매력덩어리인 셈이다. 버고에서 바로 양곤공항으로 이동한 나는 체크인 후 처음으로 저가항공기에 탑승했다. 그때까지만 해도 왜 저가항공사인지 인지하지 못했다. 비행기 전면에 떡하니 붙어있는 에어아시아의 슬로건.

'이제 누구든지 비행기를 탈 수 있습니다.'

그 말이 얼마나 무서운 말인지는 탑승한지 5분도 채 안 되어 알 수 있었다. 99%가 현지인이었던 당시의 항공기 승객들은 이륙 전부터 죄다 전화걸기에 바빴다. 미얀마어는 하나도 못 알아들었지만 그들이 무슨 말을 하는지는 대충 짐작이 갔다.

'어~ 나 지금 말레이시아로 가. 비행기 탔어. 곧 이륙할 거야!!'

승무원들은 일그러진 표정으로 정숙을 요구했고 시트를 젖히지 말라고 아무리 강조해도 뒤돌아서면 시트는 자동으로 젖혀졌다. 보는 내가 다 민망할 정도였다. 이륙할 땐 더 가관이었다. 이륙과 동시에 모두들 일어나서 창밖을 주시하며 핸드폰 카메라로 찍어댔고 이런 이들을 말리길 포기한 승무원들은 먼발치서 팔짱을 낀 채 한숨만 내쉬었다. 태어나서 승무원이 불쌍하다고 느끼긴 처음이었다.

하이라이트는 착륙 1시간 전. 승무원들이 출입국카드를 건네주었을 때다. 전 좌석의 승객들은 서로서로 눈치를 살피더니 그중 용기있는 한 남성이 여권과 펜을 내게 건네주며 대신 써 달라고 부탁했다. 촛불과 촛불이 불씨를 옮겨가듯 그 파급효과는 기하학적이었고 나는 착륙하기까지 20명 가까이 대신 출입국카드를 작성해 준 것 같다. 크리스마스이브인데 쿠알라룸푸르의 입성은 꽤나 요란했다.

글로벌 거지의 슬픈 노래

양곤은 수도치고 화려하지 않은 도시여서 이륙했을 당시 내려다보이는 밤 풍경은 촛불들을 보는 것처럼 소박했다. 반대로 2시간 뒤 도착한 쿠알라룸푸르는 도시 전체가 금빛으로 물들여져 있어 메트로폴리탄임을 일깨워 주었다. 사실 쿠알라룸푸르는 예정에 없던 불시착이나 다름없었다. 에어아시아 항공편이 취항하는 노선은 단 두 곳 방콕과 쿠알라룸푸르였는데 다시 방콕으로 돌아간다는 것은 내키지 않았기 때문이다. 덕분에 아무런 정보 없이 불시착한 쿠알라룸푸르에서 나는 완전히 스스로 모든 것을 계획해야 했다. 말레이시아는 도착 전만 해도 낙후된 국가로 생각했으나 막상 도착한 그곳은 별천지가 따로 없었다. 도시에는 모노레일이 달리고 있었고 촌스런 네온사인이 아닌 LED간판이 여기저기서 빛이 났다. 수많은 마천루와 함께 최신 스타일로 멋을 낸 젊은이들. 미얀마 전통바지에 머리도 감지 않은 나는 누가 봐도 이곳과 어울리지 않는 행색이었다. 급한 대로 ATM을 먼저 찾았다. 은행별로 쭉 늘어선 ATM에서 순순히 돈을 뽑아내야 했지만 그들은 죄다 내 카드를 뱉어냈다. 진짜 거지가 된 것이다. 달러도 거의 소진하여 주머니에 있는 돈은 단돈 10달러. 먹는 일은 둘째 치고 당장 잘 곳부터 계산하기 어려웠다. 게다가 크리스마스이브. 신도시인데다가 인류최대의 축제기간에 게스트 하우스의 가격은 상상을 초월했다. 내일 돈을 꼭 주겠다는 간절한 설득이 먹힌 숙소는 새벽이 되어서야 발견할 수 있었다.

말레이시아의 방문은 단 한가지의 목적만이 존재했다. 방글라데시로 가는 비행기를 타자는 것. 그리고 방글라데시로 굳이 가야만 했던 이유는 지난 1년 동안 후원해온 나의 수양딸을 만나기 위해서다. 적어도 방콕보단 아이의 선물을 사기 좋을 것 같다는 생각도 물론 있었다. 때문에 나는 크리스마스 기간을 아이의 장난감을 사는데 정신을 집중해야 했다. 20시간 정도를 거지로 지낸 뒤서야 근처의 편의점 ATM은 나의 카드를 허락했다.

"트르르르르륵."

돈을 세는 소리가 이토록 명쾌한 소리일 줄이야. 옆에 누군가라도 있었더라면 하이파이브라도 하고 싶었다. 일단 가지고 있는 현금으로 에어아시아 사무실을 찾았다. 크리스마스 당일에 문을 열었다는 건 기적이나 다름없었으니 티켓의 가격이 중요하진 않았다. 튀어버릴 대로 튀어 오른 저가항공의 티켓 값은 그냥 일반항공과 별 차이가 없었는데도 말이다. 모름지기 군입대와 비행기티켓 예약은 빠르면 빠를수록 좋다는 데 왜 진작 예약하지 않았을까. 아무튼 손에 쥔 방글라데시행 편도 비행기티켓은 적잖은 기쁨이었다. 이제 아이의 선물만을 사면되는 것이다. 아이의 이름은 마이문나다. 하루에 네 끼는 꼬박 챙겨 먹는 내게 후원의 시작과 동시에 주위의 친구들은 천생연분이라고 말한 기억이 난다(경상도 사투리를 상기시키면 이해하기 쉽다). 올해로 8살이 된 그 아이는 이제 막 학교를 다니기 시작했는데 어떤 선물이 그 아이에게 유익할지 시작부터 고민이 되었다. 쿠알라룸푸르 시내는 백화점이 꽤 많았고 게다가 크리스마스 기간이라 아이들의 장난감은 거리에 쏟아져 나온 상태였다. 처음엔 책가방이나 정서발달

에 도움이 되는 유익한 물건을 사고자 했지만 친구들의 반응은 달랐다.

"여자아이는 무조건 바비인형이지!"

"태어나서 바비인형을 본 적도 없을 텐데 그걸 사줘서 뭐해?"

"생각해 봐. 한 번도 가져본 적 없으니깐 더 가지고 싶어 하지 않을까?"

바비인형. 그놈의 바비인형이 뭔지 정말 크리스마스 전부를 바비인형을 사는데 할애했다. 태어나 바비인형을 만져본 적도 없는 내가 충격을 받은 건 바비인형의 가격과 너무나 많은 종류였다. 큰 백화점이라도 들리면 벽면은 수백 가지의 바비가 저다마 다른 스타일로 장식되어 있었다. 인형 하나 선택하는 것이 뭐 그렇게 어려운 일이라고 생각하겠지만 그 때 만큼은 신중했다. 결국 평소 연락도 잘 안하던 후배에게 문자를 보냈다.

'어렸을 때 어떤 바비인형 만지고 놀았어?'

'옷이 많은 게 짱이지! 바비의 생명은 옷을 바꿔 입히는 거야.'

그런 말을 들어도 막상 바비를 보면 별별 생각이 다 들었다. 가상 아바타가 될 바비인형에게 수십 벌의 옷이 추가 된 제품을 사준다면 괜한 낭비벽이 생겨 없는 형편에 된장녀가 되진 않을까? 가슴에 반짝반짝 불이 들어오는 바비는 청소년기에 접어들면서 인체에 대해 오해만을 남기게 하진 않을까? 오

히려 다양한 바비 종류는 혼란을 가중시키는 중이었다. 프리미엄 딱지가 붙인 한정판은 누가 봐도 구매욕구가 샘솟았지만 높은 가격에 이성을 찾아야 했다. 프리미엄분유를 사주고 싶어도 일반분유를 사줄 수밖에 없는 서민 부모들의 마음은 이런 것이리라. 온갖 고심 끝에 크리스마스 날 바비인형의 구매는 결국 실패로 끝이 났다.

다음날도 그 다음날도 머릿속은 바비인형으로 가득했다. 다인종이 빚어낸 문화의 집중판인 말레이시아 관광은 안중에도 없었다. 어서 크리스마스 세일이 끝나기 전에 바비를 사야했고 어떤 바비가 마이문나의 마음에 쏙 들지 고민이었다. 한국과 일본기업이 합작으로 만들어 낸 쿠알라룸푸르의 상징 페트로나스 타워는 내겐 그저 바비인형을 사야 될 거대한 백화점 그 이상 그 이하도 아니었다. 3일에 걸쳐 결국 오랜 고심 끝에(직원의 추천과 실제 바비를 사본 경험이 있는 아이엄마의 관찰력을 종합하여) 바비인형을 선택했을 땐 진이 다 빠진 상태였다. 계산대에서도 확신이 서질 않아 다시 바비가 진열된 매장으로 수없이 발길을 돌렸다. 신용카드로 결제를 하는 순간까지도 고심이 되었지만 영수증이 손에 쥐어지자 매장의 직원이 오히려 기뻐하는 눈치였다. 태어나서 처음 사보는 아이의 선물. 북받쳐 오르는 무언가를 감추기 위해 화장실로 달려갔

'삼일 간 정말 어렵게 고른 내 선물을 아이가 정말 좋아할까?'

다. 변기에 앉아 얼마나 많은 눈물을 쏟아냈는지 모른다.

사실 나는 부모의 사랑을 원없이 받고 자란 외동아들이다. 내가 아주 어릴 적에 먼 친척으로부터 사기를 당한 아버지께선 재산을 통째로 날려 유년 시절의 내 기억의 시작은 작은 월세 단칸방부터 시작한다. 그래도 자식사랑에 끝이 없었던 아버지는 크리스마스가 다가오면 항상 두 손 가득 선물을 사 들고 오셨다. 어려운 형편임에도 아버지는 일 년에 한 번씩 산타가 되어주곤 했다. 정확히 기억하는 첫 장난감은 권투를 하는 무선조종 로봇이다. 산타 아버지께선 리모컨으로 조작법을 알려주며 내게 마음에 드는지 몇 번이고 물었지만 철없는 아들은 선물을 완강히 거부한 채 펑펑 울었다(분명하진 않은데 나는 그때 당시 만화영화에 나오던 값비싼 변신로봇을 가지고 싶었던 것으로 기억한다). 고집 센 외동아들은 선물로 받은 장난감을 쳐다보지도 않았고 나중에 큰 집으로 이사를 갈 때 창고에서 발견되었다. 고스란히 포장이 된 채……. 그때 당시 울었던 이가 비단 나뿐이었을까. 크리스마스만큼은 특별한 선물을 사주라고 가계에서 목돈을 꺼내 준 어머니와 하나밖에 없는 자식이 즐거워할 모습을 상상하며 선물을 부지런히 골랐을 아버지도 같이 울었을 테다. 아들에게 비싼 로봇을 처음 사보는 아버지도 직원들에게 물어보고 옆집 아저씨들에게 유행하는 장난감이 무엇인지 분명 물어보았을 텐데……. 불효자식은 뒤늦게 서야 아버지의 심정을 이해할 수 있었고 그 슬픔은 페트로나스타워의 화장실에 갇힌 나를 하염없이 괴롭혔다. 두 눈이 퉁퉁 부어 어디로 나갈 수도 없었다.

'삼일 간 정말 어렵게 고른 내 선물을 아이가 정말 좋아할까?'

아이의 반응도 궁금했고 무엇보다 한 아버지의 심정을 간접적으로 느끼게 된 나는 부모님께 너무 죄송했다고 뼈저리게 뉘우치고 있었다.

아는 만큼 보인다

말레이시아를 좀 더 자세히 보고 싶은 마음은 단 하루를 남기고 강렬하게 밀려왔다. 관심을 가지고 지금까지 머물렀던 말레이시아를 보고 있노라면 독특한 광경이 줄을 이었다. 동남아 최대의 무슬림국가인 말레이시아. 여인들은 저마다 히잡을 쓰고 다녔지만 스커트와 스키니진을 입는 것을 마다하

지 않았다. 일반적인 무슬림국가의 이미지와는 또 다른 광경이다. 여행을 마치고 복학해서 난 무슬림에 대한 많은 궁금증을 해결하기 위해 이슬람의 문화에 대한 수업을 수강했었다. 그때가 되어서야 과거의 기억들이 하나 둘 정리가 되었는데, 동남아에 최초로 전파된 무슬림은 말레이시아에서부터 시작한단다. 말레이시아에서 무슬림은 다양한 이주민들을 융합하는 도구적인 장치가 되었고 자국민들이 부당한 정치세력에 대항하게 만드는 구심적 역할을 하며 발전해 왔다. 때문에 여러 인종이 혼합하는 와중에 발전된 이슬람교는 중동과는 또 다른 형태로 발전되어 그 결과 좀 더 자유로운 형식의 종교로 재탄생 되었다. 히잡착용과 돼지의 금식은 강요하진 않을지라도 그들은 중동의 무슬림과 따로 해석하지 않는다. 무슬림은 무슬림이되 이슬람교만이 종교가 아님을 순순히 받아들이는 말레이시아인들은 독자적으로 불교, 힌두교 심지어 기독교에 이르기까지 다양한 종교를 수용할 줄 알았으며 그러한 흔적은 이곳 쿠알라룸푸르에 고스란히 드러났다. 단 하루밖에 시간이 없었음에도 나는 이슬람 모스크를 방문하지 않고 힌두사원을 방문하기로 마음먹었다.

부파동굴. 가이드북이 없던 내가 밤을 꼬박 새워가며 검색해 낸 곳은 쿠알라룸푸르를 대표하는 힌두사원인 부파동굴이다. 힌두교에 대해 아는 것이

라곤 시바와 가네샤밖에 없지만 무슬림국가 속에서 꽃피운 힌두교의 역사를 보고 싶은 마음이 컸다. 전철의 종착역에 위치한 동굴은 관광객들로 붐볐고 원숭이 떼는 동굴사원과 적당히 어울렸다. 완전히 다른 복장을 착용하며 그들이 힌두교도라는 것을 알리는 사람들은 무슬림국가인 말레이시아에서 아무런 문제없이 살아가는 듯 했다. 실제로 그곳에는 히잡을 쓴 여인들도 관광차 많이 들리던 곳이다. 문화적 수용과 혼합을 기반으로 한 말레이시아는 단지 종교만이 아니었다. 길거리에 파는 음식도 그 진실을 알면 다양한 문화가 한데 혼합된 결과물이었다. 외부인에게 거부감 따윈 전혀 없었고 이곳을 이렇게 짧은 시간에 아쉬워하며 떠난다는 사실이 안타까울 따름이었다. 방문한 국가들 중 가장 짧은 시간을 체류했던 말레이시아. 목적은 달성했지만 알면 알수록 매력이 넘쳤기에 떠나기가 쉽지 않았다. 그래도 대충은, 아주 대충은 이곳이 어떤 곳이라고 누구에게 말할 수는 있을 것 같다. 그도 아니라면 나중에 쇼핑을 목적으로 쿠알라룸푸르를 방문한다면 결코 당황하지 않으리라. 적어도 시내 구석구석에 백화점의 위치는 영원히 잊어버리지 않을 테니 말이다.

여행은 그대에게 적어도 세 가지 유익함을 가져다 줄 것이다.
하나는 타향에 대한 지식이고, 다른 하나는 고향에 대한 애착이며,
마지막 하나는 그대 자신에 대한 발견이다. -브하그완-

필름이 감기 듯, 시간은 흐르고,
나의 발걸음은 방글라데시로 향하고 있었다.

AIR MAIL
STAR
OCT. 12 1996
CAYMAN ISLANDS IMMIGRATION
Unauthorized Employment Prohibited
ENTRY
AIR PIAN
Europe
Asia
Middle East
Africa
Indian Ocean
네팔
인도
방글라데시
스리랑카
I LUV TAVEL

남아시아
South Asia

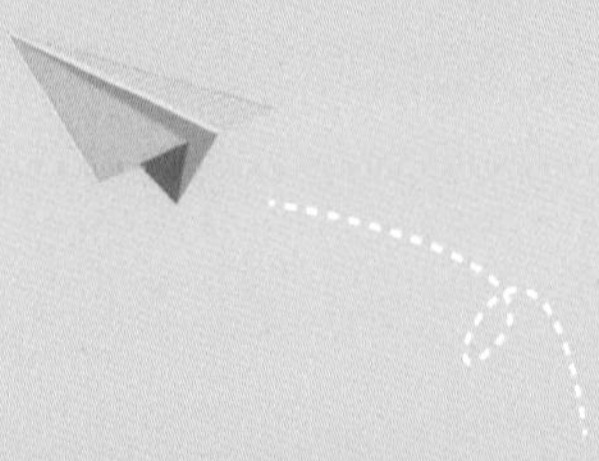

MY TRAVEL'S STORY STARTS FROM NOW ON.

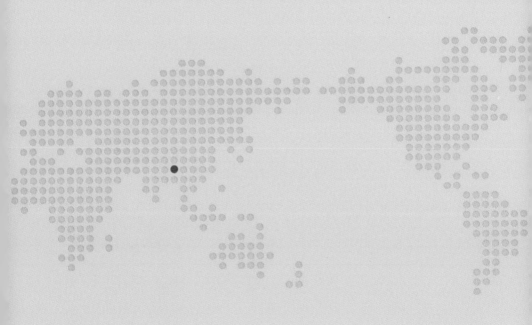

07 방글라데시

Bangladesh

사람들은 아직 관광객의 발길이 닿지 않는 곳을 진짜 여행지라고 말한다.

2050년 여행하기

말라리아 약의 바람직한 복용방법은 말라리아 위험지대인 국가에 가기 하루 전부터 복용을 해야 한다는 거다. 웬만해선 그 지독한 약을 결코 먹을 일이 없을 것 같았다. 실제로 대부분의 여행자들도 그냥 걸리고 난 뒤 치료받는 방법을 권했다. 그렇지만 엄습하는 불안감을 어찌 그냥 지켜만 보겠는가. 한 알을 꺼내 삼킨 뒤 채 몇 시간이 지나지 않아 독한 약기운은 온몸으로 퍼졌고, 말레이시아를 어떻게 떠났는지 기억도 나지 않을 만큼 복통에 호소해야 했다.

방글라데시까지의 비행은 생각보다 그리 길지 않았다. 영화 한편도 제대로 다 못 봤을 때 즈음 뿌연 상공 위에서 기장은 방글라데시로 곧 도착함을 알렸다. 아직도 잊을 수 없던 방글라데시의 수도 다카의 하늘. 온통 노란 빛이 물든 뿌연 하늘에 착륙이라도 제대로 할 수 있을까 걱정이 될 정도였다. 공항은 소박해도 있을 건 다 있었다. 여느 때처럼 ATM으로 달려가 한화로 15만 원 가까이를 출금했다(물가가 얼마나 싼지는 서서히 설명하겠다. 미리 말해두지만 방글라데시에 열흘간 머물면서 이 돈을 다 소화하지 못했다). 공항 입구를 빠져 나왔을 땐 시선을 어디에다 둬야 될지 모를 정도로 산만하고 분다웠다. 공항을 통과하는 낡은 기차엔 미어터지는 사람들이 난간에 겨우 매달려 이동하고 있었고 수많은 오토릭샤(뚝뚝이랑 매 한가지로 색깔만 다르다) 기사들은 진을 치고 있었다. 게다가 누구를 기다리는지 수백 명의 사람들은 공항과 외곽을 분리시키는 철조망을 쥔 채 게이트로 빠져나오는 사람들을 일제히 주시하고 있었다. 얼굴이 검어도 눈동자의 흰자는 컸다. 게다가 한국을 기준으로 서쪽으로 이동할수록 사람들의 눈도 커지기 마련. 껌뻑이는 그들의 눈동자는 호기심어리다기 보단 공포스러울 정도로 동양인인 내게 알 수 없는 시선을 보내고 있었다. 기차를 타서 시내로 진입하려 했는데 엄두가 나질 않았다. 버스를 탈까 했지만 양손 가득 아이들의 선물과 큰 배낭을 짊어진 내게 이동은 무리였다. 하는 수 없이 오랜 흥정 끝에 오토릭샤를 타고 다카의 시내로 진입할 수 있었다.

다카는 아수라장이었다. 수백 대의 녹색 오토릭샤들은 양보란 개념이 없었다. 오토릭샤만 있으면 다행일 텐데 일반적인 릭샤와 자가용, 그리고 스쿠터까지 인류가 발명한 교통수단 전부가 다카의 거리를 활보했으니 원활할 리 없었다. 차선의 개념은 오랜 전부터 사라진 듯했고 간간히 보이는 맨홀과 미니 싱크홀을 피하는 것이 더 중요해 보였다. 프라이팬만 한 오토릭샤의 앞바퀴는 푹 꺼진 구덩이에 박히자 오도가도 못 했다. 그런 이를 도와주기는커녕 사방에서는 경적소리로 잔소리를 대신했다. 틈만 나면 끼어드려는 오토릭샤와 릭샤는 당연히 속도차이를 좁힐 수 없어 힘없는 릭샤와의 충돌은 예정된 각본이었다. 릭샤의 발통이 날아가고 릭샤아저씨는 성질을 내면서 오토릭샤 기사에게 뛰어갔지만 잽싼 오토릭샤는 도망가면 끝이었다. 이러한 광경을 바라보는 일도 정신적으로 피곤한 일이었고 무엇보다 내 신체가 심한 거부반응을 보였다. 대량으로 흡입해야 하는 검은 매연 때문에 기침을 쉴 새 없이 콜록거렸으며 고막은 반쯤 떨어져 나간 상태였다. 엄청난 교통체증을 뚫고 약 한 시간 반이 지나서야 다카의 시가지로 진입할 수 있었다. 단돈 4천 원을 지불하고 지옥을 경험한 꼴이다. 정말이지 다카를 한마디로 표현한다면 2050년, 인류가 멸망한 뒤 폐허가 되어버린 공상과학영화의 배경이 딱이다. 황무지 같은 중심가와 잿빛 도시……. 다카는 직접 경험하지 않는다면 A4용지 10장을 써내려도 묘사가 불가능한 동네인 거다.

카이로 게스트 하우스. 거의 유일한 방글라데시 가이드북인 론리 플래닛에 따라 어렵게 찾은 곳이었다. 하룻밤에 300다카(5천 원) 정도 하는 금액이었는데 생각했던 것보다 숙소 값은 비싼 편이었다. 선택의 여지가 없어 순순히 체크인을 하려는 내게 주인장은 괜히 설명을 덧붙였다.

"방글라데시의 물가가 2년 동안 거의 2배 가까이 올라서 그래요. 원래는 가이드북에 소개된 것처럼 받았는데……."

물가는 2배가 올랐다지만 짐을 풀고 거리로 나오면 비싸다고 느껴지는 건 단 하나도 없었다. 생수는 1리터에 150원. 식당에서 카레에 밥을 시키면 1천 원이 안 되었다. 관광객의 발길이 거의 없는 까닭에 이방인을 호구로 만들 생각은 추호도 없어 보였다. 오히려 그들의 환영은 무서울 정도로 격했다. 어떤 표현이 적당할지 모르겠는데 다카시내의 모든 현지인의 눈동자는 나만

보고 있었다고 해도 거짓이 아니었다. 식당을 가서 밥을 먹어도 전부다 내게 집중적인 시선을 보냈다. 물론 영어를 할 줄 아는 이들은 그냥 넘어가는 법이 없었다. 단 두 시간의 외출에 명함을 세 개나 챙겨 받았고 빵과 음료를 한 가득 대접받았으니 그들의 격한 친절에 대한 설명이 더 필요 없을 듯하다.

연말특집 감동드라마

아이를 만나러 왔으니 가장 먼저 후원업체의 사무실을 먼저 들려야 했다. 국내엔 한비야 씨가 홍보하는 월드비전을 비롯하여 수많은 아동후원단체들이 있는데 내가 가입한 곳은 '플랜'이다. 다카 한 가운데서 주소만을 들고 플랜방글라데시 사무실로 찾아가는 길이 만만한 미션은 아니었다. 전날 아수라장인 도로를 생각하면 시작부터 겁이 났다. 하지만 친절한 방글라데시 사람들이 이를 그냥 지나칠 수는 없는 일. 그들은 시가지로 가는 방법을 친절히 안내해 주며 '본두'라 불리는 미니버스를 타라며 안내해 주었다. 본두는 문짝이 날아간 중고 미니버스에 사람들을 가득 태운 교통수단이다. 과거 버스 안내양이 존재하듯이 이곳 방글라데시에서는 나이를 불문한 사람들이 저마다 문짝에 매달려 사람들을 호객했다.

"굴산! 굴산!"

내가 가야 할 곳이었다. 억지로 현지인들의 틈에 끼여 탄 버스에서는 사람들이 저마다 자리를 내어 주기도 했는데 나이 지긋한 분들도 융숭한 대접에 동참하니 몸 둘 바를 몰랐다. 문제는 언제 어디서 서냐는 것이다. 지도를 뚫어져라 보면서 사무실의 위치를 찾는 내게 뒷자리에 앉은 젠틀한 승객이 내게 말을 걸었다. 드라마의 시작은 여기서부터 시작된다.

"실례지만 제가 영어를 할 줄 아는데 도와 드릴까요?"

"플랜이라는 사무실을 찾아가야 해요. 굴산에 위치해 있다는데……."

주소와 지도를 같이 보던 그는 빙긋이 웃으면서 답했다.

"제가 가는 사무실 옆이네요! 가는 길에 제가 안내해 줄게요."

일이 술술 풀렸다. 그러면서 그는 본두에서 내리는 법도 친절히 설명해 주

었다. 본두는 꽤나 위험한 교통수단이다. 급한 기사아저씨들은 제대로 정차해서 손님을 내려주는 법이 거의 없었다. 속도를 줄일 때 해당 정차 역에서 내리는 승객들이 문밖으로 폴짝 뛰어 내리는 식이다. 몹쓸 관성의 법칙을 무시하면 도로에 내동댕이쳐지는 일은 다반사다. 젠틀맨은 내게 관성의 법칙을 설명하며 왼발을 먼저 디딘 뒤 오른발로 무게중심을 분리하라는 설명을 해주며 시험을 보였다. '탁탁.' 처음이지만 안전하게 착지한 나는 민망하게도 버스안의 승객들로부터 갈채를 받았다.

정류장에는 출근하는 사람들을 태우기 위한 릭샤들이 줄을 이었다. 젠틀맨은 릭샤를 하나 대절하더니 내게 자리를 안내했고 플랜사무실 바로 앞까지 데려다 주었다.

"너무 고맙습니다. 릭샤 값은 제가 낼게요."

끝끝내 사양하는 그는 돈을 받길 거부했다.

"아니에요. 방글라데시에 무슨 목적으로 오신지 모르겠지만 정말 환영합니다. 제 이름은 아미르 소헬이에요. 이 사무실에서 멀리 떨어지지 않은 곳에서 근무하지요. 사무실에서 할 일이 끝나면 한번 들리시지 그래요. 커피라도 한 잔 대접하고 싶습니다."

동남아를 여행하면서 수없이 현지인들의 달콤한 말에 유혹당하고 바가지 대금을 청구했던 나지만 그에게서만큼은 진심이 느껴졌다.

"꼭 들리겠습니다."

그러면서 그는 주소가 적힌 명함을 건네주며 의미심장한 말을 건넸다.

"방글라데시 사람들은 모두가 당신을 도우려 할 겁니다."

플랜사무실은 생각보다 경비가 삼엄했다. 몇 가지 신원확인을 마친 뒤 나타난 담당매니저는 멀리서 찾아온 나를 극진히 환영해 주었다. 1월 1일에 출발할 장거리버스를 예약하면서 그는 내게 숙소로 보낼 픽업택시까지 완벽하게 준비해 주겠단다. 완전히 낯선 나라에서 불편할 것이 하나도 없는 완벽한 시스템에 감사하다는 말을 몇 번이나 했는지 모른다.

사무실을 나와 진짜 아미르를 찾아 나섰다. 불과 5분도 안 되는 거리에 위치한 그의 회사는 의류를 수출하는 중소기업이었다. 친절이 가득 찬 사무실의 직원들은 환영해 주었고 굴산에 올 때마다 들려달라고 했다. 아이를 만나러 이곳에 왔다는 사연을 들은 그는 바쁜 시간을 쪼개서 방글라데시어의 과외선생님을 자처했는데 배려에 감동받는 순간들이었다(벵골어로 사랑한다는 말 '아미 투바케 발로바시'를 아이에게 해주기 위해 될 때까지 연습했다). 전날까지 봐왔던 다카가 황폐화된 도시라 했지만 굴산은 그 느낌이 사뭇 달랐다. 우리나라의 여의도와 같이 금융의 중심지인 굴산은 비교적 잘 정돈된 이미지였고 고학력의 사람들이 많아서 영어통용도도 우수했다. 사거리 한복판에서 영문으로 된 가이드북을 펼치고 채 1분이 되지 않으면 사람들이 다가와 길을 안내해 주는 곳 방글라데시. 역시나 숙소로 돌아가는 길에도 릭샤와 버스를 공짜로 얻어 타는 행운을 마주할 수 있었다. 이 얼마나 행복한 순간들인가! 아미르의 말대로 모두가 이방인인 나를 도우려 했다.

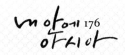

공짜 릭샤와 공짜 버스 덕택에 숙소로 돌아온 나는 근처에 위치한 다카대학을 찾았다. 단순히 길을 물어봤을 뿐인데 다카대학 앞까지 직접 데려다 준 친절한 방글라데시 청년들의 이야기는 진부할 것 같으니 더 이상 설명하지 않겠다. 다카대학은 최고의 국립대인 만큼 규모가 컸다. 이곳 또한 무슬림 국가여서 캠퍼스의 분위기는 어떨지 궁금하기도 하고 긴장도 되었는데,

막상 들어간 대학교의 풍경은 우리나라의 여느 대학과 별반 다르지 않았다. 잔디위에서 기타를 연주하는 청년들. 동아리처럼 삼삼오오 모여 토론하는 학생들. 랩탑으로 수업내용을 서로에게 설명해주는 정다운 캠퍼스 커플. 오래된 역사를 자랑하는 대학건물의 복도를 지나가는데 마침 한 무리의 남학생들이 내게 오라는 손짓을 보냈다. 남학생만 스무 명 가까이 모여 있는 그 집단은 누가 보아도 공대생으로 보였다. 리더 격인 한 명이 내게 말을 걸었다.

"우리 대학에서 공부하는 유학생이니?"

"아니, 방글라데시를 여행하는 중이야. 만나서 반가워. 손이라고 해. 한국에서 왔어."

"코리아??? 만나서 반가워. 팔베지라고 해. 여기 와서 앉아."

그들은 크리켓동아리의 회원들이자 이제 막 입학한 새내기였다. 처음 보는 크리켓 라켓. 우리나라에 야구와 축구가 있다면 방글라데시는 크리켓이 그에 비견될 만큼 큰 영향력을 가지는 스포츠란다. 더군다나 한 달 뒤 방글라데시에서 크리켓월드컵이 열린다니 전 국민이 크리켓에 열광하고 있는 건 당연한 현상이었다. 방글라데시에서 내로라 하는 인재들답게 그들은 영어가 상당히 유창했고 국제문제에도 관심이 많았다. 특히 그들이 코리아에 관심을 가진 결정적인 이유는 한창 이슈가 되던 북한문제에 관한 것이었다.

"미사일 도발을 두고 하는 말이구나. 물론 가슴 아픈 일이지만 그런 문제는 한국에서 빈번하게 일어나기 마련이야. 아직까지 우린 휴전중이거든. 같은 민족임에도 난 한 번도 북한사람을 본 적이 없지. 요새는 김정일이 후계자를 찾는 중이라서 더 곤란한 상황이야. 최근에 일어난 도발도 그런 이유라고 보면 돼."

연평도 도발 이후 궁금해 하는 외국인들에게 녹음기처럼 줄줄 외워댔던 연습의 결과 때문인지 최고의 엘리트들인 그들 앞에서 내 스피치는 너무나 자연스러워 나의 글로벌틱함에 스스로 매료되고 있었다.

"한국에 대해서 좀 더 알고 싶어. 전통 민요라던가 혹은 무술 같은 것도! 아, 태권도를 들어 본 적 있는데 보여주면 안 될까?"

철장 속의 원숭이가 되어 가는 기분이었지만 그 자리에서 거부하기도 힘들 일이었다. 아리랑을 부르고 있노라면 그들은 각자 핸드폰을 꺼내 동영상을 촬영하곤 했다(유투브에라도 올라올까봐 두려워 그들과 헤어지고 나서 몇 번이나 유투브에 아리랑을 검색하기도 했다). 게다가 태권도를 보여 달라는 어려운 부탁. 공인 3단인 나시만 이미 오래 전부터 태권도 띠를 매는 법 조차 까먹었는데 그들 앞에서 발차기를 하기란 쉬운 일이 아니었다.

"거기 너 책이 있으면 하나만 들고 있어줘. 발차기를 보여줄게."

이미 캠퍼스에 기타 치던 학생, 랩탑으로 공부하던 커플들까지 모조리 이곳을 집중하고 있어서 부담감은 만 배로 달했다.

"딱!"

유일하게 할 줄 아는 뒤돌려차기는 멋들어지게 성공했고 성공한 나도 의아스러웠다. 어서 빨리 평정심을 찾아야 했다. 물론 크리켓동아리 학생들은 열광의 도가니가 되었다.

"맙소사! 넌 진짜 재키 찬(성룡)같아! 엄청 강해 보이는데? 놀라워, 진짜 놀라워!!"

"이봐, 놀라워할 것 하나도 없어. 우리의 주적은 북한이기 때문에 남한의 남자들은 모두가 군대를 가서 태권도를 연마하지. 난 전역한지 얼마 되지 않아서 아직 기술이 녹슬지 않았을 뿐이야. 북한 놈들 때려잡으려면 이 정돈 기본이거든!"

손발이 오그라드는 발언임에도 불구하고 당당한 나의 모습에 그들은 오히려 환장했다.

"손, 넌 정말 최고야. 우린 오늘 백화점도 가고 저녁식사도 할 건데 같이 놀지 않을래? 너랑 좋은 친구가 되고 싶어!"

공대생들이라 안타까웠지만 그들은 진정 나를 거부감 없이 방글라데시의 모든 것을 잘 안내해 주었고 덕분에 자정이 되어가는 시간까지 쉬지 않고 놀 수 있었다.

친구가 한 가득 생겨버린 나는 12월 31일이 외롭지 않았다. 플랜사무실에 버스티켓을 수령하러 가는 김에 아미르를 만났을 땐 그가 저녁을 초대했고(아미르는 82년생 개띠다. 부정할 수 없는 운명의 장난이다) 어제 만난 크리켓동아리의 리더 팔베지는 점심식사를 초대했다. 베트남에서 머리를 굴려가면서 억지 초대를 했던 투안과는 확실히 느낌부터가 다른 초대였다. 팔베지는 오전 일찍 카이로 게스트 하우스로 데리러 왔고 어머니와 전화를 하더니 내게 물었다.

"손, 우리 엄마가 너 뭐 좋아하는지 묻는데? 소고기 좋아해?"

"응. 뭐든 가리지 않아. 소고기 물론 좋지."

그냥 내뱉은 말이었다. 뒤늦게야 알았지만 방글라데시의 서민들도 소고기는 귀한 음식이라 자주 먹는 음식이 아니란 걸 알았을 땐 오히려 미안함이 들었다. 팔베지의 집은 다카의 외곽에 위치해 있었다. 오랜 시간에 걸려 팔베지의 집으로 들어갔을 때 어머니는 진심으로 나를 환영했다. 그리곤 무슬림의 교리에 따라 그들은 집안에 마련된 예배당에서 간단한 기도를 한 뒤 식사를 마련해 주었다. 정말 산더미같이 쌓아 놓은 소고기카레는 분명 내가 다 먹어야 할 할당량이었다. 문제는 방글라데시에 도착하면서 고질적으로 앓던 물갈이였다. 끙끙 앓는 속을 움켜쥐며 음식을 먹어야 했다. 남기면 행여 예의에 어긋날까봐 얼마나 고생스럽게 먹었는지 모른다. 소고기카레는 물론 환상적인 맛이었으나 결국 남길 수밖에 없었는데 우리가 남긴 음식으로 안방 한편에서 조용히 식사를 하시던 팔베지의 어머님은 흡사 한국의 어머니 같은 느낌이 들어 눈시울이 붉어졌다. 훌륭한 식사를 마치고 숙소로 돌아가려는데 어머님은 문 뒤에서 홀로 눈물을 훔치고 있었다. 실수라도 한 걸까? 정작 눈물을 흘려야 될 사람은 따로 있는데……. 팔베지에게 자초지종을 조용히 물어보았다.

"어머니께서 내 또래의 자식 같은 아이가 힘들게 혼자 세계 방방곡곡을 여행할 거라는 생각을 하니 걱정이 밀려온대……. 차마 말은 못하시고 우시는 거야."

'아…….'

세상의 모든 어머니들의 마음이 다 그런 것일까. 울지 마시라고 또 걱정하지 마시라고 어머니의 두 손을 꼭 붙잡고 작별 인사를 했지만 나오는 발걸음이 무거웠다. 현관문을 나서는데 어머니는 커다란 봉투를 꺼내들며 가지고 가란다. 무엇인지 궁금해서 팔베지에게 물었다.

"너의 다음 여정지인 네팔은 추운 곳이라면서? 어제 어머니께서 시장에서 사온 긴 티셔츠야. 분명 필요가 있을 거야."

"고마워. 정말 고마워. 언제 이런 걸 다……."

그들의 정성이 너무 고마웠다. 오토릭샤를 타고 돌아가는 것을 먼발치서 지켜보는 내내 어머니는 옷깃으로 눈물을 닦아 냈고 그런 어머니를 보고 있노라면 차마 발길이 떨어지질 않았다. 세상에 아직도 이런 민족이 존재 할 수 있다니.

'우린 고작 단 몇 시간 봤을 뿐인데…….'

빡빡한 시가지를 질주하는 오토릭샤 안에서 나는 정말 뜨겁게 눈물을 흘릴 수밖에 없었다. 집에 계시는 어머니가 생각나서 더 슬픔이 북받쳤다. 짧은 시간일지라도 무한한 정을 선물해 준 팔베지가족은 결코 잊지 못할 것이다.

숙소에 도착하고 소화를 시킬 시간이 필요했지만 그럴 여유 따윈 없었다. 저녁을 초대받은 아미르의 집을 찾아가기 위해 또 다시 준비해야 했다. 설사를 뽑아내려고 몇 번 화장실을 옮겨 다닌 뒤 겨우 찾아간 아미르의 집은 다카와 어울리지 않을 만큼 고급스런 고층아파트였다. 아미르의 가족은 입구까지 나와 나를 반겨주었는데 그들은 정말 방글라데시 1%의 사람들 같았다. 아미르와 그의 아내 타니아는 둘 다 다카대학에서 MBA를 수료했으며 아버지는 꽤나 안정적인 공장을 운영하는 집안이다. 집안의 인테리어만 봐도 그들의 생활수준을 알 수 있었는데 같이 사는 가족들이 하나같이 최고의 대학에서 수학하는 이들이라 하니 드라마의 한 장면이라 해도 과언이 아닐 것이다. 식사는 시작 전부터 불안했다. 이미 뱃속은 소화가 덜 된 소고기카레로 가득했기 때문이다. 다행히 식사는 간단했다. 멋지게 한 그릇을 비우고 최고라고 엄지를 세웠는데 그게 전체요리란다.

"정말 잘 먹었어요 타니아. 이렇게 맛있는 음식은 정말 오랜만이네요."

"당신은 아직 더 먹어야만(Must) 해요."

뒤이어 닭고기, 소고기, 생선까지 코스별로 줄줄이 나오는 음식들. 타니아 혼자 손수 반나절 간 준비했다고는 믿을 수 없을 만큼의 양에 기겁했다. 남길 수도 없고 손이 안가면 실례를 범하는 것 같았다. 먹고 죽자는 생각으로 꾸역꾸역 먹어댔다. 손님과의 식사는 배를 채우는 것만이 목적이 아닐 터. 대가족과 함께하는 자리에서 건전한 유머와 위트는 기본이니 한국과 방글라데시에 대한 이야기를 어떤 식으로 깔끔하게 이어나갈지도 생각해야 했다. 머리는 두 개라도 모자랐고 위는 네 개라도 모자랐다. 집안의 최고 어르신인 아미르의 아버지께서 재미있는 이야기를 해 주시겠단다.

"얼마 전 세계적인 경제잡지에서 평가했을 때 다카가 세계에서 두 번째로 더러운 도시래요. 이런 걸로 2등을 하다니! 더러운 다카에 와서 고생이 많지요?"

어떠한 대답으로 받아쳐야 온 가족이 같이 웃을 수 있을까. 방글라데시 귀족의 입에 맞는 소재를 떠올리다 불현듯 뭔가가 스쳐갔다.

"저도 재미난 이야기가 있어요. 한국은 더러운 걸로 세계 2위는 아니지만 다른 것으로 세계 2위지요. 뭔지 알아요?"

"글쎄요? 그게 뭘까요?"

"청소년 자살률이랍니다! 하하하"

호기심 어리던 귀족들의 눈빛은 순식간에 바뀌었다. 몇 초간 정적이 흐르고 아미르가 억지스런 웃음으로 무마하려 했다. 교양 있는 집안에서 내가 나오는 대로 말을 뱉어버린 최후의 결과물이었다.

식사는 마쳤어도 소화해야 될 스케줄이 남아 있었다. 아미르는 나를 친척들에게 소개를 해 주고 싶다고 했다. 그러면서 그는 놀라운 사람을 만나게 될 것이란다. 그를 따라 릭샤를 타고 30여 분을 달렸을까. 12시가 가까워 오자 새해를 맞이하는 축제의 움직임이 여기저기서 일어나고 있었다. 술을 못 먹는 무슬림 사람들. 그들이 어떻게 흥겨울 수 있을까 싶어도 술 없이도 가능한 일들은 세상에 많았다. 길거리에 음악을 틀고 막춤을 추는 사람들도

죄송합니다.

다음번에는 적절한 유머를 준비해 갈게요.

분명 맨 정신이었지만 술의 힘을 빌리지 않으니 더 진정성이 있어보였고 차와 함께 수다를 떨며 한 해를 마무리하는 사람들도 생각보다 이상하지 않았다. 그들의 연말은 아무런 사고도 나지 않을 만큼 은은하면서도 충분히 흥겨움이 넘쳤다. 어쩌면 예언자 마호메트는 이 세상에 일어나는 모든 사건 사고들이 술을 먹음으로 인해 발생하는 일들이라고 일찍이 예언했었는지도 모른다. 수백 년 전 그가 예언했던 행복한 방글라데시는 아마 이런 모습 그대로였을 것이다.

아미르는 자신의 사촌형 집으로 향했다. 무클이라는 남성. 현관으로 조심스레 들어서자 그는 한국어로 유창하게 인사를 건넸다.

"오, 한국인이시네요! 한국 어디서 살아요? 전 인천에서 9년간 일했어요."

"반가워요. 한국어를 굉장히 잘하시네요!"

"아직 안 까먹었어요. 저는 한국이 여전히 그리워요. 특히 한국은 딸기가 제일 맛있어요. 여긴 그런 게 없거든요."

그는 오랜 시간 묵혀두었을 사진첩을 꺼내왔다. 지금의 무클아저씨가 젊은 시절 청춘을 몸 바쳤던 사진. 20대의 전부를 인천에서 보냈단다. 나와 같은 나이에 내가 이토록 호화롭게 여행을 하는 동안 아저씨는 공장에서 쓴소리를 들어가며 일을 해야 했다니……. 뭐라 할 말이 없었다. 사진을 같이 지켜보는 도중 아저씨가 한 사진을 가리켰다.

"이 사람이 우리 본부장님. 기억난다, 기억나요. 되게 무서웠어요. '이 자식아, 이 새끼야, 빨리빨리 해.'"

지금은 다 지난 일이라며 웃어넘기는 무클아저씨. 하루에 무려 12시간의 노동을 견뎌야 했다지만 그는 그저 좋은 추억으로 기억해 줘서 너무 고맙고 또 미안했다. 아미르의 가족들로부터 감동을 받은 것은 이 뿐만 아니었다. 무클아저씨를 비롯한 수많은 친척들은 영어를 잘 못했는데도 억지로나마 영어로 대화를 하고 있었다는 점이다. 답답해서 그냥 벵골어를 쓰라고 이야기해 줬음에도 그들은 끝내 영어만을 고집했다. 쓰는 이유는 단 하나다. 벵골어를 못 알아듣는 날 위해서다. 버벅거리면서 서로 잘 통하지도 않는 영어를 쓴다는 것이 상상이 가는가? 한국인들이 바로 앞에 외국인 친구를 두고서 잘 안 통하는 영어를 버벅거리며 쓴다면 서로 민망해서 웃다가 치울 일이다. 그들이 영어를 받아들이는 자세는 단순히 벵골어가 안 통할 경우 쓰는 두 번째 언어라는 개념과 손님을 위한 에티켓 그 두 가지뿐이었다. 우리나라처럼 지식의 상징이 되어 버린 토익과 토플의 개념과 확실히 다른 그들의 영어. 생각해 보면 우리나라에서 영어를 쓴다는 건 참으로 고역스러운 일이다. 초등학교 때부터 10년 넘게 배워 온 영어라 할지라도 지하철에서 당당하게 구사하려면 적어도 유학파의 신분은 되어야 한다. 누구든 부정하기 어려울 것이다. 보는 눈이 너무 많고 스스로가 그 눈을 너무 의식하기 때문일 것이다. 영어를 지식의 도구가 아닌 소통의 도구로 사용하는 그들은 진정 영어교육이 가진 본래의 목적을 잘 알고 있는 것 같았다.

자정이 넘어가 새해가 밝아왔다. 아미르는 마지막까지 나의 숙소로 릭샤를 태워주었다. 그렇게 듣기 싫던 시내의 경적소리도 새해를 알리는 축제로 생각하면 기분이 좋았다. 정말 축제 때문인지 도로에는 또 하나의 새로운 교통수단이 늘었다. 코끼리가 거리를 활보했고 여기저기 쏘아 올리는 폭죽들이 불을 반짝였다. 숙소 앞에서 아미르는 나를 꼭 안아주면서 작별인사를 했다.

"내가 5분만 일찍 본두를 탔다면 너같이 좋은 친구를 만나지 못했을 텐데. 알라 신에게 감사해. 너 덕분에 정말 특별한 연말파티였어. 죽을 때까지 평생 잊지 못할 기억이 될 거야."

"연말에 혼자 보내야 될 나를 초대해 줘서 오히려 고마워 아미르. 영원히 잊지 못할 거야."

지금 생각하면 남세스럽지만 두 사나이는 릭샤에서 뜨거운 포옹과 함께 뜨거운 눈물로 이별해야 했다. 정말 그가 고마웠다.

아빠가 간다

1월 1일. 새해가 밝았다. 아침의 거리는 어젯밤의 축제로 원래 더러운 거리가 더 더러워졌다. 늦지 않게 예약된 버스를 타고 마이문나가 사는 시골마을인 사이디푸르로 이동했다. 8시간 가까이 걸려 도착한 사이디푸르는 우리나라로 따지면 읍이나 면정도의 작은 규모의 마을이다. 이곳 역시 릭샤가 가득했는데 사람들의 호기심은 다카보다 더했다. 다소 노골적으로 내 앞에 다

「무클아저씨가 청춘을 바친 한국은
여전히 아름다운 곳으로 기억되고 있다.」

가와 얼굴을 뚫어져라 쳐다보는 이들, 릭샤를 타고 가는 와중에도 쉴 새 없이 하얀 이빨을 보이는 소녀들. 심심치 않아서 일단 마중을 나오겠다는 담당자를 기다려보았다. 해질녘이 다 되어가도 그가 나타날 기미가 보이지 않자 본능적으로 가까운 숙소를 찾으려 했지만 시골마을인 사이디푸르에 게스트하우스 따위는 존재할리 없었다. 그래도 이곳은 방글라데시. 역시나 영어를 구사하는 젊은 청년이 저 멀리서 다가와 무슨 문제가 있냐며 혹시 찾으시는 곳이 어디냐며 적극적으로 나를 도왔다. 그의 안내에 따라 공짜로 릭샤를 얻어 탄 나는 플랜사무실로 도착할 수 있었다. 담당매니저는 날짜를 착각했던 것이다.

사이디푸르는 추운 동네였다. 팔베지의 말에 의하면 방글라데시는 6가지의 기후가 있단다. 봄·여름·가을·겨울의 개념이 뿌리 깊이 박혀있는 내게 나머지 두 계절은 어떤 식으로 이해해야 될지 몰랐지만 확실한건 가장 추운 계절에 속하는 것이 지금 이 시기일 것이리라 생각했다. 입에서는 몇 개월째 구경하지 못했던 입김이 새어나왔고 여기저기서 따뜻한 짜이(차)를 찾는 사람들이 많았다. 마이문나를 만나는 날이 다음날이어서 이른 오전부터 사이디푸르의 풍경을 담아보고자 시장으로 향했다. 그러나 오래 있을 곳은 못 되었다. 여기저기서 나를 환영하는 사람들은 무조건적으로 가게에 불러 차를 대접했고 언어가 통하지 않아도 내가 머무는 가게에는 소문을 들은 사람들이 모여들었다. 그들의 핸드폰 카메라로 서른 장 이상의 사진을 같이 찍었고 달달한 차는 너무 많이 먹어 점심생각이 사라질 정도였으니……. 경험해 보지 못한 대접은 여행초보인 내게 너무 과분했다. 시장은 함부로 갈 곳은 못 된다는 판단아래 숙소로 돌아가는 길이었다. 어떤 이가 무작정 나의 손목을 잡고 어디로 이끌었다.

"&#%&*#@#$@#~!"

무슨 말인지 하나도 못 알아들은 나는 겁이 났다. 그가 안내해 준 곳은 다름 아닌 학교. 국내에서도 본 적이 있는 '라이온스 클럽'의 로고가 선명하게 걸린 학교였다. 구경이라도 할까 싶어서 운동장에 발을 들이자 저 멀리 정장을 입은 남성들이 마치 약속이라도 한 듯 마중을 나오고 있었다.

"안녕하세요! 이곳의 영어선생님입니다. 어디서 오셨나요?"

"한국에서 온 여행자입니다. 이곳에 후원하는 아동이 있어서 만나러 왔어요."

"실례가 되지 않는다면 저희 학교를 구경시켜 드리고 싶습니다."

"그렇지만 지금 한창 수업 중일 텐데요. 교권을 침해하는 일이 아닐까요?"

"멀리서 온 손님에게 저희 학교를 보여주고 싶습니다. 제발……."

사양을 못한 나는 선생님들의 손에 이끌려 교실을 찾았다. 라이온스 클럽의 후원 아래 초등학교부터 대학교까지 한데 모여 있는 학교는 그 규모가 제법 컸다. 무작정 수업시간에 찾아 들어가면 학생들은 일제히 일어나서 인사를 하였고 수업 중이던 교사는 분필을 내려놓고 교실과 수업내용을 설명했다. 교육감이라도 된 기분이었다. 초등학교부터 대학교에 이르기까지 수십 군데의 교실을 방문하고 지칠 법도 했지만 직접 그들의 생활상을 지켜보는 것도 흥미가 있었다. 마지막으로 찾은 대학은 나의 또래학생들이 가득했는데, 뒤늦게 찾아온 교장선생님은 한국의 대학생을 대표해서 이곳 학생들에게 조언을 해 줄 것을 부탁했다.

'아뿔싸……. 무슨 말을 해야 되지?'

"음, 음! 안녕하세요. 한국에서 온 손이라고 합니다. 여러분과 비슷한 나이의 대학생이에요. 아시아를 여행하고 있는 여행자이지요. 글쎄요, 저는 대학생이란 신분이 축복받은 신분이라고 생각합니다. 뭐든지 할 수 있거든요. 학업도 중요하지만 무엇보다 다양한 경험을 스스로가 계획한 만큼 얻을 수 있으니까요. 실제로 한국의 대학생들은 공부뿐만 아니라 경험에 많은 가치를 두고 있어요. 방글라데시에 오기 전에 몇몇 국가들을 앞서 방문했답니다. 방글라데시가 그들과 다른 점은 어디서든 느낄 수 있는 에너지가 있다는 것이지요. 발전할 수 있는 에너지요! 여러분이 그 에너지라 생각합니다. 부디 꼭 방글라데시를 이끌어갈 멋진 청년이 되어 주세요!"

Jamuna

Holcim

우레와 같은 기립박수가 이어졌다. 진부한 말만 내뱉은 나는 얼굴이 벌겋게 달아올랐고 교장선생님은 진심으로 감동하는 눈치였다. 모든 강연의 정석대로 질의응답시간을 가졌다. 몇몇 질문이 오가더니 용기있는 청년은 내게 이메일을 물었는데 그런 그에게 나의 여행자명함을 건네줬다.

"한국의 대학문화를 비롯해 궁금한 모든 것들이 있으면 언제든 연락주세요. 친절하게 답변해 드릴게요."

민망하면서도 꽤나 멋들어진 강연을 마친 나는 전 교직원의 배웅을 받으며 멋지게 학교를 떠났다. 진짜 모든 것이 방글라데시이기에 가능한 일들이다.

이튿날이 되었다. 방글라데시의 겨울은 눈만 오지 않았지 아침은 꽤 쌀쌀했다. 두꺼운 패딩을 겹쳐 입고 마을 어귀를 서성거리자 나의 담당자인 마티아스가 차를 몰고 다가왔다.

"마이문나를 보러 갈 시간입니다."

정말 마이문나를 볼 수 있을까? 아이가 사는 환경은 어떤 곳일까? 여러 가지 생각은 이미 머릿속에 꽉 차 있었다. 그날 사이디푸르의 아침은 가시거리가 거의 없다고 봐도 무방할 만큼 안개가 자욱했다. 아이를 만나러가는 신비로움이 배가 되고 있었다.

"이런 안개는 올해 들어 처음이군요."

"그럴 수밖에요. 오늘이 1월 3일인데……."

썰렁한 농담이 오가며 20분가량을 달리자 안개 너머로 익숙한 로고가 보였다.

"이쪽 지역을 관할하는 플랜사무실입니다. 여기서 직원들과 간단한 이야기를 한 뒤에 이동하도록 하지요."

생각보다 직원들은 많았고 기대이상으로 나를 환영했다. 꽃다발을 전해주는가 하면 일제히 돌아가면서 자기소개를 마친 뒤 플랜이 주력하는 사업에 대해 프레젠테이션이 이어졌다. 복지사업과 의료 활동 등의 사업들은 언뜻 보기에도 유익해 보였지만 귀에 들어오질 않았다. 1분이라도 빨리 마이문나를 보고 싶은 마음이 굴뚝같아서다. 이런 내 눈치를 알아차렸는지 담당자는 발표를 마치자마자 나와 함께 아이가 사는 곳으로 안내했다. 먼저 말을 걸지도 않았지만 마티아스는 내게 마이문나에 대한 칭찬을 이어나갔다.

"마이문나는 정말 착한 아이에요."

자욱한 안개와 쌀쌀한 날씨를 뚫고 얼마 안 가 시골냄새가 가득한 곳에 우뚝하니 솟은 한 낡은 집이 눈에 들어왔다. 본능적으로 도착했음을 알아차렸고 심장은 요동쳤다. 마티아스가 말을 건넸다.

"마이문나의 집입니다. 먼저 들어가 보세요."

심호흡을 가다듬고 긴장하며 걸어갔다. 저 멀리서 푸른 담장너머로 꽃다발을 든 소녀가 살포시 고개를 내밀었다. 두 눈이 마주치자 아이는 이내 아장아장 걸어 나와 자기 덩치만한 꽃다발을 내게 건넸다. 수줍음을 타던 그 아이는 내 눈을 똑바로 쳐다보지 못한 채 가냘픈 목소리로 조심스레 입을 열었다.

"땡큐. 미스터 손……."

아이가 먼저 내게 건넨 첫마디. '감사합니다.' 오히려 건강하게 그리고 사진보다 더 예쁘게 잘 자라준 그 아이가 더 고마웠다. 흘러내리는 눈물 때문에 아이의 얼굴이 보이질 않았다. 마이문나는 고사리 같은 손으로 내게 울지 말라는 시늉을 했다. 마이문나와 나는 말없이 그렇게 서로를 응시했다. 피부색이 다른 나를 행여나 경계해서 울음을 터뜨리진 않을까 걱정이 많았지만 오히려 아이는 가벼운 미소를 머금고 있었고 세상 누구보다 예쁜 아이는 한없이 밝았다. 마이문나의 손에 이끌려 집의 마당으로 들어서자 분위기는 180도 달라졌다. 그곳의 집은 마이문나의 가정뿐만 아니라 몇 세대의 가구가 한데 어울려 살고 있었는데 모두들 내게 박수로 맞이해 주었다. 한상 차린 다과를 마음껏 먹으라는 마이문나의 어머니, 유쾌한 웃음으로 나를 환영한 마이문나의 아버지 그리고 마이문나를 쏙 닮은 형제들. 이렇게 직접 만나 뵐 수 있다는 자체가 꿈만 같은 시간들이었다.

"마이문나에 대해서 궁금한 게 없나요?"

마티아스가 물었다.

"넌 커서 뭐가 되고 싶니?"

"의사요. 의사가 되어 아픈 사람들을 치료해 주고 싶어요."

"좋아하는 과목이 뭐야?"

"영어요. 영어가 제일 재미있어요. 영어로 된 동요를 준비했어요. 불러드릴게요."

"Twinkle Twinkle Little Star~"

너무나 명랑했던 마이문나는 그렇게 내 무릎에 앉아 속삭이듯 노래를 불러주었고 그에 대한 답례로 아이의 장난감을 건네주었다.

"진짜 가지고 싶었던 건데!"

아이가 기뻐해서 더 기뻤다. 마이문나의 세 형제들과 부모님에게 선물을

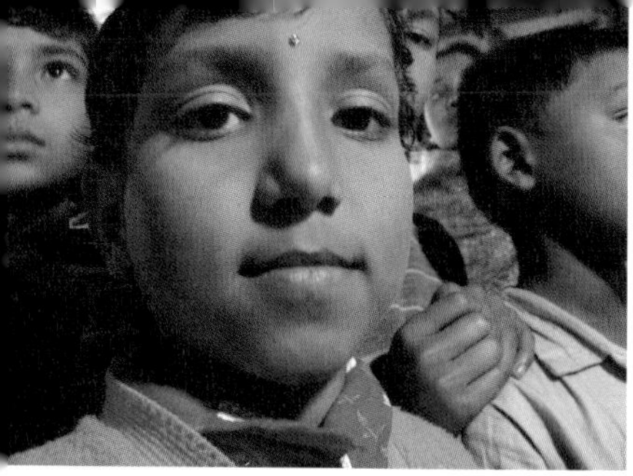

「건강하게 자라줘서 고마워,
마이문나.」

건네주고 마을사람들에겐 스프레이로 눈을 선물했다. 태어나서 단 한 번도 본 적이 없었을 눈송이. 비록 인위적인 스프레이에 불과했지만 사람들의 눈은 호기심 어렸고 신기한 듯 입에 넣어보는 이들도 있었다. 작은 마당이 어느새 축제분위기처럼 무르익을 즈음 나는 마이무나와 함께 플랜가족들의 사업을 차례로 보는 시간을 가졌다. 사실 마티아스에게 내가 한 달에 보내는 돈에서 얼마의 현금이 마이문나의 손에 쥐어 쥐냐고 물었을 때 마티아스는 대답을 애매하게 했었다. 분명 할당되는 금액은 있으나 마을 전체의 복지를 위해 투자되는 금액이 많기 때문이란다. 다시 말해 마을의 어린이들 중 누구는 후원을 받고 누구는 후원을 못 받는 경우는 없었다. 결국 후원받는 사람들은 플랜이라는 공동체 아래 하나의 커뮤니티로 보호받고 있는 셈이다. 그곳에는 의료사업을 비롯하여 제법 많은 숫자의 유치원시설이 존재했다. 조기교육을 받은 이들은 인근의 학교에서도 혜택을 받으면서 학교를 다니고 졸업을 하고도 스스로의 꿈을 마음껏 펼칠 기회를 가질 수 있다는 사실에 감사했다. 선생님이 되고 싶은 아이는 선생님이 될 수 있고, 의사가 되고 싶은 아이는 의사의 꿈을 가질 수 있다는 당연한 논리가 얼마나 다행스러웠는지 모른다. 어쩌면 마이문나를 만나기 전에 상상했던 마을의 모습은 다큐에서나 볼 듯한 빈민가가 아닐까 걱정했었다. 행여나 안 좋은 환경과 억압하는 가계의 경제가 아이의 소중한 꿈마저 무너뜨리진 않을지 걱정이 되었는데 직접 그 현실을 마주했을 땐 너무나 다행스러웠다. 눈에 보이는 모든 것이 기대이상이었다.

마을에서의 잔치는 오후 늦게까지 계속되었다. 마이문나와 손을 잡고 이곳저곳을 돌아다닐 때 마티아스가 물었다.

"후원자님은 어떤 이유로 마이문나를 후원하게 되었나요?"

"글쎄요. 하루 종일 인터넷을 하다가 정말 우연히 이런 프로그램이 있다는 걸 알게 되었어요. 솔직히 말하자면 다른 단체였는데 홈페이지에 선명하게 보이던 아이들의 눈빛을 지금도 잊을 수가 없어요. 후원을 해야겠다고 바로 마음먹었죠."

"마이문나가 성인이 될 때까지 꼭 꾸준한 후원을 부탁드려요. 사실 후원을 하는 것에 있어서 가장 위험한 것은 후원을 하다 그만두는 겁니다. 보통 마을에 속해 있는 아이들의 밸런스를 맞추기 위해 한 가정에 한 명만 후원을 하고 있거든요. 그러니 만약 후원자님이 마이문나의 후원을 끊게 되면 마이문나의 순번은 가장 밑으로 내려가요. 아이에게 상처도 되고 아이가 앞으로 후원을 받을지 안 받을지도 불투명해지죠."

[আমি তোমায় ভালোবাসি = I love you]

그의 말은 전적으로 동의할 수밖에 없었다. 실제로 마을에는 후원을 받다가 후원이 끊긴 아이도 더러 있었고 후원은 받지만 어떠한 서신이 교류되지 않는 탓에 후원자의 국가도 모르는 아이들도 많았기 때문이다.

"아무쪼록 미스터 손은 학생인 신분에서 이렇게 후원을 해 주신다는 건 저희로써도 뜻 깊게 생각합니다. 어려운줄 알고 있어요. 오늘 마을을 직접 방문해 주셔서 너무 감사합니다. 마지막으로 마이문나의 가족들과 작별을 해야 해요."

벌써 작별이라니. 하루가 이렇게 짧은 줄 알았다면 1시간이라도 일찍 나오자고 마티아스에게 재촉했을 텐데……. 나는 마이문나 어머니의 두 손을 꼬옥 붙잡았다.

"마이문나가 훌륭한 의사가 될 수 있게 부탁드릴게요. 마이문나가 의대를 가게 된다면 혹은 유학을 원한다면 플랜이 아닌 다른 방법을 통해서라도 돕고 싶어요. 저도 그때는 돈을 벌 나이가 되니까요."

"고맙습니다. 정말 고맙습니다."

어머니는 눈시울을 붉히며 고맙다는 말만을 계속했다. 이윽고 마이문나에게 작별을 건네야 했다.

"마이문나. 매년 겨울 기회가 되면 널 보러 올게. 절대 꿈을 버려선 안 된다. 그리고 영어를 좋아한다고 그러니깐 내년에는 우리 통역 없이 영어로 대화할 수 있었으면 좋겠어."

마티아스의 통역을 열심히 들은 마이문나는 고개를 끄덕이더니 의외로 당돌한 대답을 했다.

"그럼 아저씨도 벵골어 공부해 오기에요!"

"물론. 아미 투바케 발로바시 마이문나."

행복지수 세계 1위 국가로 잘 알려진 방글라데시. 그저 그들이 행복해 지는 것이 1위가 아닌 그곳을 찾는 모든 이들을 행복하게 만드는데도 1위인 나라가 방글라데시였다.

방글라데시 상위 1% 되기

며칠 간 정들었던 플랜식구들은 연착되는 기차가 오기까지 나를 기다려주었다. 새벽이 되어서야 기차를 탄 뒤 밤새 달려 다카에 도착했을 땐 아버지로부터 한통의 메시지가 온 상태였다.

'아버지 친구랑 같이 일한 사람 중에 다카에서 사업하는 방글라데시 사람이 있다카네. 연락해 봐라.'

이런 기회는 마다하면 안 된다. 게스트 하우스로 도착하자마자 나는 전화기를 빌려 달리라는 아저씨에게 전화를 걸었다.

"아, 손제영 씨. 안 그래도 한국으로부터 사장님에게 이야기 들었습니다. 괜찮으시다면 점심 때 국밥이라도 한 그릇 하지요. 언제가 괜찮으세요?"

유창해도 너무 유창한 달리아저씨의 한국어는 고향사람과 통화하는 듯한 착각을 불러일으켰다.

"저 지금 막 다카에 도착했어요. 점심 때 괜찮으세요?"

"1시까지 한국대사관 앞으로 가겠습니다."

국밥이라니. 국밥이라는 단어가 방글라데시에서 어울리는 단어는 분명 아니다. 여행을 시작하고 단 한 번도 한국음식을 접하지 못한 내가 한국음식

INTERNATIONAL CONFERENCE
Microbiology of Food, Health and Environment: Problems and Prospects in Developing Countries
ছাত্র-শিক্ষক কেন্দ্র
Teacher-Student Center
ঢাকা বিশ্ববিদ্যালয়
Dhaka University
NO SMOKING ZONE
প্রতিষ্ঠার
১যুগ
পূর্তিতে
সংগ্রামী
অভিবাদন
পিসিপি
বাংলাদেশ ছা

이라는 말에 이성을 잃어가고 있었다. 한국대사관에서 달리아저씨를 기다렸다. 밀당이라도 하듯 아저씨는 오지 않았는데 약 1시간이 지나서야 검은색 도요타 세단에서 달리아저씨가 인사를 건넸다.

"늦어서 죄송합니다. 갑자기 일이 생겨서……. 여기 굴산에 괜찮은 한국식당 몇 군데 있는데 일단 식사부터 하지요."

정말 한국식당을 간다는 것일까. 김치라는 걸 원없이 먹어도 되는 걸까. 20년간 한국의 발효음식에 적응되어 있던 내 오감은 김치를 떠올리자마자 아드레날린이 솟구치고 있었다. 입은 삐에로처럼 귀에 걸려 히죽거렸고 뭐가 그리 좋은지 입안에선 아밀라제가 갈 곳을 못 찾으며 사방으로 배회하고 있었다. 코리아나 식당. 김치찌개 한 그릇이 내 숙박비를 웃돌 만큼 고가의 음식이었지만 먹을 수 있을 때 원없이 먹을 작정이었다. 삐에로는 김치를 보고 웃지. 먹는 내내 달리아저씨에게 민망하리만큼 실실 웃으며 김치를 먹었다. 행복이란 게 이런 것일까 싶었다.

"지금 묶는 숙소가 어디에요?"

"카이로 게스트 하우스라고……. 300다카 정도 하는 곳이에요."

"그런 데가 있기는 해요? 시설은 안 봐도 뻔하겠네요. 마침 제가 안 쓰는 숙소에 침대가 하나 남아요. 요 며칠간 거기서 머물도록 해요. 김치도 많고 쌀도 한국 쌀이에요."

염치고 나발이고 '김치'라는 단어는 모든 것을 제압했다.

"정말 그래도 될까요?"

"이따가 짐정리 하시면 저녁에 기사를 보내도록 하겠습니다."

달리아저씨는 한국에서 유학을 마치고 아시아전역을 상대로 사업을 하시는 분이다. 아미르처럼 고층 아파트를 몇 채 가지고 있었고 도요타의 고급 세단도 2대나 가지고 있을 만큼 풍족한 삶을 사시는 분이었다. 방글라데시의 이미지와는 전혀 어울리지 않는 호사스런 생활의 시작은 여기서 부터였다.

매일 식사의 메뉴는 달랐다. 한식을 연마한 가정부는 아침엔 조기구이 점심은 간장게장 저녁은 삼계탕으로 내 입을 감동시켰다. 영화를 다운받을 수 있을 만큼의 빠른 와이파이는 물론이고 기사를 둔 덕에 원하는 곳은 멋들어지게 이동할 수 있었다. 퍼지라면 퍼지고 싶었다. 게다가 워낙에 바쁜 달리아

저씨는 집 열쇠만 건네주었고 거처가 따로 있었던 까닭에 자유로움까지 더해주었다. 모든 것은 환경에 따라 달리 보이는 것인지 고층 아파트에서 바라보는 다카의 야경은 의외로 운치가 있었다. 고행길이 시작될 네팔과 인도의 여행에 앞서 신이 내린 귀한 보너스라 생각했다.

네팔로 가기 전 날, 달리아저씨는 점심식사를 권했다. 차를 타고 이동하는 길은 고층아파트에서 보던 운치 있는 다카의 모습과는 달랐다. 현실로 돌아온 것이다.

"아휴 이놈의 교통체증. 시내를 벗어나는 데 몇 시간이 걸리는지 몰라요. 이게 다 릭샤때문이에요. 방글라데시에 릭샤를 다 치워버리던지 해야지 이거."

"그래도 서민들에겐 좋은 교통수단이 되던데요?"

"솔직히 릭샤로 갈 수 있는 거리는 다 걸어서도 이동할 수 있어요. 이곳에 릭샤는 문제가 많아요. 개인소유가 아니거든요. 한국의 버스회사처럼 한 업체에서 대량의 릭샤를 보유하고 기사를 고용하는 식이지요. 방글라데시 전역에 8만 8천 명의 릭샤회사 사장님이 있어요. 그들이 10대씩만 보유하고 있다고 해도 88만 대에요. 엄청난 숫자죠?"

"지하철이 생기면 좋을 텐데……."

"20년이 지나도 못 생길걸요?"

아저씨와 점심식사를 마친 뒤 나는 홀로 아미르의 사무실을 찾을 계획이었다. 작별인사를 하기 위해 나는 굴산의 백화점을 들렀다. 학사모를 쓴 작은 곰 인형. 주인은 아미르의 딸이다. 아미르는 몇 달 전에 눈에 넣어도 안 아플 딸아이를 얻었고 흔히 말하는 딸밖에 모르는 딸바보다. 때문에 내가 마이문나를 만나러 가는 것에 진심어린 축하를 해 줬던 것을 기억한다. 곰 인형을 사들고 조용히 그의 사무실로 찾아갔다. 이내 황급히 아미르가 달려왔다.

"미스터 손. 다시 다카에 왔군! 다시 찾아와 줘서 너무 고마워!"

"내일이면 네팔로 출국을 하거든. 전해줄 게 있어서 왔어. 이 인형 너의 딸 수하에게 줬으면 해. 학사모를 쓴 인형처럼 이 담에 똑똑한 사람이 되길 누구보다 간절히 기원할게."

마음 약한 아미르는 또 다시 눈이 발갛게 달아올랐다.

"그리고 이거. 내 방글라데시 가이드북이랑 다카의 시내지도야. 이걸 맡겨줘."

"이건 갑자기 왜?"

"다시 방글라데시를 찾게 된다면 너부터 찾겠다는 뜻이야. 난 방글라데시에서 이 가이드북 없이는 한 발자국도 이동하기 힘들거든. 보관해 줄 수 있지?"

"고마워, 미스터 손. 정말 고마워. 다시 다카를 찾으면 다음부터 우리 집에서 자야 해. 정말 꼭 와야 해. 유 머스트!"

가장 흥미로운 여행지는 관광객의 발길이 닿지 않은 곳이라고 사람들은 말한다. 실제로 그러했다. 때 묻지 않은 순박한 방글라데시 사람들. 물론 아시아 최빈국의 이미지는 강했다. 1억 6천만 명의 인구는 정부가 가진 골치 아픈 문제이며 교통문제와 환경문제는 상상을 초월했다. 인구의 90% 가까이가 안전벨트의 착용을 모를 만큼 문화의식은 형편없었고 사람들은 '고맙다'라는 말이 결핍되어 있었다(아미르나 팔베지와 같이 고맙다는 말을 많이 하는 이들은 생각보다 드물다. 그들의 언어습관으로 이해하면 편하다). 그래도 그들이 행복해 할 수 있는 것은 천성이 순박한 그들의 심성 때문일 테다. 누군가에게 도움을 주길 좋아하는 그들의 진심어린 정성을 오지랖으로 치부해 버릴 순 없다. 누구라도 방글라데시를 방문한다면 좋은 추억과 잔잔한 감동을 가지고 돌아가리라. 스스로에게 수없이 다짐했다. 이번의 방문이 결코 마지막이 아닐 것이라고. 그리고 다시 오게 된다면 가족이든 친구든 꼭 데리고 와서 이 환상적인 사람들을 반드시 만나게 하리라고. 혼자만이 느끼기엔 너무나 아까운 나라, 방글라데시다.

আমি তোমায় ভালোবাসি

마이문나
mymuna

군 시절 늦가을에 훈련을 받을 때였다. 황량한 벌판은 새벽이 되자 소스라치게 추웠다. 보초를 나간 나는 추위에 떨어야 했고 나의 후임병도 분명 추위에 떨고 있었지만 춥다고 차마 말은 못하던 그런 시절이었다. 추위를 이겨보고자 우의를 꺼내 후임병과 같이 덮고 등을 마주 댄 채 경계근무를 섰다. 나와 후임병의 등은 약 10센티미터의 간격을 두고 있었지만 그 사이로 그의 온기가 느껴졌다. 어쩌면 후임병도 나의 온기 때문에 춥지 않게 2시간을 버텼을 것이다.

봉사는 곧 나눔이고 그 속에서 시너지효과를 누린다. 어차피 따뜻한 온기를 가진 사람은 매서운 칼바람 속에서도 반드시 내 뿜어야 할 온기가 항상 존재한다. 그 온기를 타인에게 써도 되고 안 써도 그만이겠지만 그 온기를 나눌 줄 안다면 서로가 더 따뜻해 질 수 있는 방법을 찾은 것이라 믿는다.

MY TRAVEL'S STORY STARTS FROM NOW ON.

08
네팔

Nepal, The Federal Democratic Republic of Nepal

잔디 깎는 그는 자신의 삶의 터전과 약간의 돈을 벌고, 그는 그의 가족들을 위해 좋은 희망을 만들 것이다. 그가 죽은 후, 기억될 것이다. 가난 속에서도 드높은 이상을 실현하기 위해 풀 베는 사람의 삶, 비록 내가 부자라고 해도 그처럼 많은 것을 달성하지 못한다. - Bhanu Bhakta Acharya (네팔 시인)

네팔에 왔으면 당연히 안나푸르나로 가야 한다

방글라데시 다카에서 네팔의 카트만두까지는 비행기로 불과 1시간 30분 거리였고 국제선치고 가격도 저렴했다. 네팔로 넘어가는 길에 상공에서 바라보는 히말라야의 절경은 놓치기 아깝다는 달리아저씨의 말처럼 흰 산봉우리는 눈부셨다. 굵직굵직한 산봉우리를 건너가 착륙한 카트만두에는 삼각형의 네팔 국기가 펄럭이고 있었으며 꽤 많은 한국인들이 진을 치고 있었다. 대학생 청년봉사단, 산악회 회원들은 단체복을 입고 기념촬영에 바빴다. 네팔의 산악 트레킹이 유명하다고 익히 들었지만 이토록 각광받는 곳일 줄이야. 어색해 질까봐 일부러 한국 사람을 피해 줄을 섰다. 입국심사대의 긴 줄은 줄어들 생각을 안했는데 바로 앞에 대기하던 인도사람이 말을 걸었다.

"여행 왔어요?"

분명 또박또박한 한국어였다.

"한국말 하시네요?"

"저 한국인이에요. 인도에서 귀화했어요."

"반가워요. 전 네팔 방문이 처음이에요."

순간 이때다 싶었다. 골치 아픈 인도비자의 문제를 물어보고 싶었다. 다행히 대기하는 줄이 워낙에 길어 그 긴 스토리를 줄줄 설명하기에 충분했다. 아저씨는 대수롭지 않다는 반응을 보였다.

"제가 델리출신이거든요. 한 20년 살았어요. 거기 한국유학생 몇 명인 줄 알아요? 대충 4천 명 정도 있어요. 그 사람들 멀쩡하게 비자 받고 체류하는 사람 잘 없어요. 아웃 하는 공항마다 다르긴 해도 웬만해서는 뭐라 안 그래요. 물론 비자 만료일 지나고 오랫동안 체류하면 벌금은 내야 되는데 얼마 안 내도 돼요. 외국인 등록소에 뒷돈주고 비자 갱신하는 값이나 그냥 공항에서 벌금 내는 값이나 그 돈이 그 돈이에요."

"진짜 고맙습니다. 진짜!"

확실한 정보를 얻은 것 같아서 날아갈 것 같았다. 마음 편히 히말라야의 절경을 감상하며 사치스럽게 여유를 부려도 이상할 게 없었다. 네팔의 첫 입국은 코가 에베레스트만한 한국인으로부터 모든 것이 기대와 설렘으로 변하는 순간이었다.

솔직히 네팔의 수도 카트만두는 체류할 생각이 없었다. 단지 다음날 포카라로 바로 직행하기 위한 거점 도시일 뿐이었다. 카트만두만 머물러도 의미 있다는 사람들의 평은 많았으나 네팔에 온 이상 하루라도 빨리 산을 맞이하지 않으면 안 될 것 같았다. 막상 네팔에 오고 나니 포카라 이외에는 전혀 눈에 들어오지 않았던 것이다. 사실 카트만두와 내가 궁합이 맞았다면 계획은 언제든지 변경되었겠지만 도시가 주는 분위기는 조금 달랐다. 황폐한 도시는 겨울이라 쌀쌀했고 여행자거리인 타멜거리는 등산용품점으로 빼곡했다. 더군다나 간간히 퍼지는 마리화나의 향기는 도시 전체를 매울 만큼 독했다. 마리화나(대마초)라는 게 모름지기 그 지독한 향을 한번이라도 맡고나면 절대 잊을 수 없기 때문이다. 라스무스가 한 말이 기억났다.

'대마초 안 피울 요량이면 네팔을 특히 조심해. 네팔은 지천에 널린 게 마약이야. 이곳 라오스보다 훨씬 더 심하지. 문제는 뭔 줄 알아? 경찰이 보고도 크게 터치를 하지 않고 가격도 저렴해. 나 같은 사람에겐 천국이겠지만 넌 유혹당하지 않게 조심해. 경고하는 거야.'

나중에 알게 된 사실이지만 마리화나란 것이 이곳에선 워낙 흔했다. 강한 일광을 받아야 성장이 가능한 마리화나는 고산지대인 네팔에서 자라기에 가장 최적화된 환경이었고 덕분에 생산량도 많단다. 이 때문에 가끔 힌두교의 의식 때는 마리화나를 밥에 말아먹으며 모두가 취하는 의식도 있다고 들었다. 초장부터 겁나는 곳이었다.

이튿날 새벽부터 분주해야 했다. 포카라로 출발하는 버스는 이른 아침부터 시작되었고 정류장 근처에서 사람들은 따뜻한 차로 추위를 녹이고 있었다. 내가 탄 버스에는 중국인들이 상당히 많았다. 특유의 성조 섞인 발음은 자동으로 이어폰을 꼽게 만들었다. 아마도 인접국이다 보니 육로이동이 가능해서 그 수가 많으리라 생각했다. 버스는 세차게 질주했고 구불구불한 산길엔 안전담벼락 하나 없었는데도 기사아저씨는 아무렇지 않게 거친 운전을 계속했다. 행여나 이렇게 운전하다 버스가 추락하는 일이 벌어질까 겁이 날 정도였으니……. 그때였다. 설마 했는데 말도 안 되는 일이 벌어지고 말았다. 나는 내 두 눈을 의심했다. 앞의 버스가 사라지고 만 것이다. 순간 차는 정차했고 사람들은 공포에 떨면서 버스에서 웅성거렸다. 불행인지 다행인지 산길에 굴러 떨어진 버스는 5미터 정도 밖에 구르지 않았고 버스는 한 바퀴를 굴러 전복된 상태였다. 사람들은 누구라도 할 것 없이 버스 밖으로 나가서 상황을 살폈다. 논두렁에 고꾸라진 버스 밑에서 몇몇 사람들이 머리에 피를 흘린 채 나오고 있었다. 고통을 호소하는 아주머니는 아이를 안고 울부짖었다. 아수라장이 따로 없었다. 응급키트가 큰 배낭에 실려 있는데 가져오면 시간이 많이 지체 될까? 아니면 이곳에 사람이 다치면 도대체 어떻게 구조가 될까? 별별 생각이 다 드는 와중에 버스기사는 지금 출발해야 한다며 승객들을 재촉했다. 사람들의 처절한 눈빛을 뒤로 하고 겨우 버스에 올라타려 했다. 그때다. 같은 버스에서 내려 삼삼오오 모여 있는 중국인들. 일제히 망원렌즈를 꺼내 사진을 찍는 중국인들. 충격과 공포였다. 이 상황에서 찍은 사진을 서로에게 보여주며 미소를 짓는 그들을 본 순간 몇 초간 얼어붙었다. 이내 화가 났다. 렌즈를 빼앗아 다 부셔버리고 그 파편을 식도에 넣어버리고 싶었다.

버스에 올라탔다. 오락가락한 통신사 수신이 겨우 잡히자 잘 지내냐는 메시지가 친구로부터 와 있었다.

'바로 앞의 버스가 굴렀어. 다행이 크게 다친 사람은 없는데 무서워.'

친구는 믿질 않았다. 그리고 나는 버스를 타고 오는 내내 내 앞에서 웅성이던 중국인들을 사람이라 믿질 않았다.

마이클 조던, 보고 있나?

앙코르와트 덕분에 씨엠립이 존재하듯이 포카라도 안나푸르나 덕분에 존재하는 곳이다. 수려한 안나푸르나의 절경과 한적한 호수는 지상낙원을 조성하였고 서늘한 날씨 덕분에 부족한 게 없었다. 노을이 지면 장엄한 설산은 분홍빛을 띠며 포카라 시내를 내려다 봤고 밤이 되면 오색찬란한 불빛들이 여행자 거리를 밝히면서 분위기가 무르익곤 했다. 이러한 이유때문인지 사람들은 포카라에서 굳이 트레킹을 하지 않아도 머물기 좋다고 이야기했던 것 같다. 물가도 저렴했고 세계 각국의 여행자들이 밀집하다 보니 음식도 다양했다. 그러나 나는 지상낙원 포카라보다 몇 배는 더 감동적일 안나푸르나 산맥을 트레킹 하고자 발품을 팔러 나가야 했다.

안나푸르나를 트레킹 하기 위해선 여행사를 끼고 퍼밋을 받는 방법이 있고 스스로 찾아가서 모든 것을 해결 하는 방법이 있는데 대행을 해도 가격의 큰 차이가 없었다. 일단 아무런 정보가 없었기에 본능적으로 한국인을 찾았다. 때마침 여행사에서 버스를 예매하던 두 남성이 눈에 들어왔다. 여행을 하다 보니 얼굴에 철판을 까는 건 항상 있는 일이었다.

"저기, 실례지만 한국분이시죠?"

"네, 맞아요. 무슨 일이세요?"

"트레킹 정보를 좀 얻을 수 있을까 하고요. 아는 게 하나도 없거든요."

"저흰 일주일 동안 ABC(안나푸르나 베이스 캠프)에 다녀왔어요. 진짜 죽을 뻔 했어요. 일단 정말 추워요. 힘들기도 하고요. 포터 없이 갔는데 초행길이면 차라리 포터를 쓰세요. 산 위는 심각하게 추워서 솔직히 추천하기 힘드네요."

"아, 그 정도에요?"

"지금이 트레킹시즌이 아닌 건 아시죠? 그래도 트레킹 하시려면 푼힐 한번 다녀오시지 그래요? ABC만큼이나 인기 있는 구간인데 길도 어렵지 않고 그래서 사람들 많이 가거든요. ABC보다 오히려 더 좋다는 사람도 더러 있고요. 참, 패러글라이딩 하셨어요?"

"패러글라이딩이요?"

"포카라에서 진짜 유명한데……. 여유 되시면 한번 그것도 알아보세요. 그럼 이만."

ABC는 무엇이며 포터는 또 무엇인가. 게다가 전혀 생각에 없었던 패러글라이딩이라니. 순간 복잡해진 나는 그 여행사에서 패러글라이딩의 설명을 들을 수 있었다. 간혹 예능프로그램에서 등장했던 패러글라이딩. 낙하산에 의지한 채 자유로이 상공을 뚫는 그 모습은 사진 한 장으로 충분히 매료되었다. 나는 트레킹보다 패러글라이딩이 먼저라는 생각이 의무적으로 들었다.

패러글라이딩은 여행사별로 제시하는 금액이 엄청나게 차이가 났다. 최대

20달러 가까이 차이가 나던 탓에 포카라 전 지역에 위치한 여행사란 여행사는 죄다 뒤졌다. 최저가에 부킹을 한 뒤 다음날에 속을 비운 채로 준비를 마쳤다. 네팔은 특이하게 토요일이 휴일이라 더욱 한적했고 곧 이어 여행사 차량의 픽업으로 산 위를 달렸다. 1천 미터의 산 중턱에서 시작한다는 패러글라이딩은 솔직히 겁이 났다. 믿을 만한 안전장치 하나 없이 파일럿 한 명에 의지한 채 내 소중한 몸뚱이를 맡겨야 하다니. 지금 아니면 언제 해 보랴는 생각에 끝까지 마음을 다잡았다. 다행히 파일럿은 긴장을 풀어주기에 적합한 유머 넘치는 사람이었다.

"뛰어 라면 뛰고 걸으라면 걸으세요. 단, 무릎을 꿇으면 위험합니다. 지금 바로 갈까요?"

정말 순식간에 몇 발 디디지도 않았는데 낙하산이 활짝 펼쳐졌고 이내 포카라의 상공으로 낙하산이 날아올랐다.

"으악!"

비명과 동시에 본능적으로 발밑을 바라보았다. 두 발은 하늘 높이 떠서 공중을 걷고 있었다. 에어 워크의 창시자 마이클 조던 형님이 자유투라인에서 덩크를 꽂을 때 이런 느낌이었을 테지? 붕붕 나는 내 모습이 신기했다. 아니 오묘했다. 두 발 아래는 독수리가 원을 그리며 날고 있었고 때론 구름을 뚫고 지나가기도 했다. 뒤로는 안나푸르나의 산맥, 앞으로는 포카라의 호수가 눈에 들어왔다. 천혜의 맑은 공기 덕택에 어지럽지도 않았다. 하늘을 난다는 인류의 오랜 소망이 이렇게 낙하산 하나로 가능할 줄이야! 패러글라이딩은 안했으면 큰일 날 뻔한 경험이었다.

나의 파일럿은 네팔인이었지만 같은 지점에 착륙한 파일럿 중엔 한국인 파일럿도 더러 있었다. 내가 한국인임을 알아차리고 한 아저씨가 내게 점심식사를 함께 할 것을 권했다. 맛있는 네팔음식을 소개해 주겠단다. 아저씨를 따라 간 곳은 현지인들이 즐겨 찾은 네팔식 음식점이었다. 메뉴를 볼 줄 모르는 나는 파일럿 아저씨에게 모든 것을 맡겼다. 패러글라이딩 파일럿은 나의 몸뚱이뿐만 아니라 내 혀도 책임지고 있었다.

"음식 드시면 깜작 놀랄 거예요. 여기 저랑 같이 온 한국인들 100%가 음식이 입에 맞았거든요."

익숙한 디자인. 그것은 만두였다. 그리고 곧이어 칼국수와 수제비가 줄줄

이 나왔다.

“만두처럼 생겼죠? 네팔 전통 음식인 모모입니다. 이건 뗌뚝. 이건 뚝바. 우리나라 칼국수랑 똑같은 맛을 내요. 한국음식이 그리우면 이걸로 대신하죠.”

“정말 맛있네요.”라고 말은 했지만 간사한 나의 혀는 불과 며칠 전까지 길들어진 조기구기와 간장게장 덕분에 이미 오염된 상태였다. 한식에 대한 처절함이 묻어나질 않아 큰 감흥 또한 없었다. 그래도 확실했던 건 한국의 칼국수와 네팔의 칼국수를 눈을 가린 채 먹는다면 구분하기 힘들었으리란 것이다.

파일럿 아저씨는 이곳에서 오랜 기간 체류를 했기에 트레킹 정보도 많이 흘려주었는데 지금 이 시기라면 푼힐을 가라며 강력하게 추천했다. 게다가 초행길이고 며칠 가지 않는다면 포터를 데리고 가라는 말도 빼놓지 않았다.

“포터를 짐꾼이라 생각하지 말고 산을 같이 가는 친구라 여기고 한번 데리고 다녀 봐요. 물론 전적으로 본인 선택이겠지만 저 같은 경우 말동무 없이 산에 가면 외롭더라고요.”

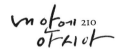

일리가 있는 말이다. 포터를 고용하면 보통 10달러 전후의 금액이 든다 하여도 돈이 뭐가 그리 대수이랴. 방향은 이미 푼힐로 맞추어 지고 있었고 포터는 다시 한 번 고민해야 할 거리가 되었다.

그날 밤 파일럿 아저씨는 괜찮은 친구를 소개시켜 주겠다며 나를 데리고 갔다. 어떤 장사속도 보이질 않았기에 그냥 믿고 따랐다. 진짜 괜찮은 친구가 있다며 입에 침이 마르도록 칭찬한 네팔청년이 있었기 때문이다.

"그 친구 여기선 대학도 나와서 굉장히 똑똑해요. 그리고 심성이 얼마나 착한지 몰라요. 같이 다녀온 사람들은 죄다 감동했지요. 그 친구에겐 100달러를 맡겨놔도 안심이 될 정도니까요."

귀는 팔랑거렸고 이내 모자를 푹 눌러 쓴 네팔청년이 내게 인사를 했다. 아저씨는 끝까지 사람을 보고 별로라는 생각이 들면 같이 동행하지 않아도 된다며 강조하는 중이었다.

"안녕하세요. 디팍이라고 합니다."

선한 눈매를 가진 네팔청년. 별다른 이유가 없다면 그와 동행하고 싶었다.

마른하늘을 달려~♪

넌 꿈이 뭐니?

"지금 올라가는 푼힐은 몇 미터야?"

"3천 미터가 조금 더 넘어. 아름다운 곳이지."

한반도에서 가장 높은 산이 백두산 2천 7백 미터. 언뜻 보기에도 더 험해 보이는 산들을 보면 가늠할 수 없는 높이였다. 제 아무리 포카라의 지대가 높다 한들 인간의 힘으로 2천 미터 이상을 올라가야 하는 셈이다. 산이랑 친하지 않았던 나는 걱정이 앞섰다.

"그 산에 오르면 고산병 같은 건 없지?"

"이 봐 친구. 우리가 가는 곳은 푼힐이야. Hill. 언덕이란 뜻이지. 여기 네팔에는 죄다 산이라서 5천 미터 이하로는 산이라는 명칭을 붙이지 않아. '히말'의 뜻이 뭐냐면 눈이란 뜻이야. 보통 눈이 쌓이려면 5천 미터는 넘어야 돼. 그래서 히말라야가 붙어진 거고 네팔에선 산의 기준이 되는 거지."

나는 정말 가벼운 언덕을 오르는 것에 불과했다.

"디팍, 그럼 넌 얼마나 올라가 봤어?"

"6천 5백 미터? 많이 힘들었지. 5천 미터 위로는 기압도 낮아서 올라가는데 평소보다 두세 배의 힘이 들거든. 위험하기도 하고……."

네팔에 온 김에 객기로 안나푸르나의 정상을 정복해 버리겠다고 친구들에게 헛소리를 해댄 건 완벽한 실수였다. 아무나 할 수 있는 일이 아니란 걸 인정하는 순간이었다.

안나푸르나 트레킹의 시작은 나야풀이란 마을에서부터 시작된다. 그곳에서 또 다른 입산 허가를 받고 서서히 산을 올랐다. 디팍의 말로는 첫날이 가장 고된 코스란다. 첫날인 만큼 에너지가 넘쳤는데 사실 지칠 틈이 없었다. 산은 어딜 가도 똑같은지 고요하고 적막했다. 히말라야의 눈이 녹아 만든 천연하천은 에메랄드의 빛깔을 띠며 산줄기를 타고 내렸고 바닥에는 쓰레기 한 톨 없을 만큼 자연 그대로의 모습을 간직했다. 인간은 어찌 보면 탐욕의 동물이다. 전 세계의 깨끗한 곳만 그리고 오염되지 않은 곳만 골라 다니다 보니 웬만해서는 다 관광지로 개발되어 버렸는데 이곳은 여전히 맑았다. 언젠가 내 아들, 딸이 안나푸르나를 밟게 된다면 많이 오염되어 있겠지만 지금 이 순간 이런 자연환경을 마주한다는 것이 행복이자 영광이었다. 그리고 더

할 나위 없이 좋았던 점은 파일럿 아저씨의 말대로 산을 오르는데 말동무가 있다는 것이다. 영어를 곧 잘했던 디팍은 쉬지 않고 안나푸르나에 대해서 설명해 주곤 했었다.

"네팔 산지에는 100여 개가 넘는 고산족이 거주하고 있어. 다 산에서 태어나 산에서 죽는 사람들이야. 5천 미터 밑에는 학교도 있고 레스토랑도 있지."

"언어가 다 달라?"

"물론. 조금씩 다른데 어떤 민족은 아예 대화가 안 되기도 해."

네팔과 산은 떼려야 뗄 수 없는 관계다. 실제로 네팔을 상징하는 것 중 하나가 고르카 군인임을 익히 알고 있었다. 고르카 군인은 영국의 식민지 시대에 산에서 전투하는 것이 특화된 군인을 일컫는데 그 전투력이 상당했단다. 지금도 네팔사람들의 최고의 영광은 고르카 군인으로 선발되어 영국용병으로 파견되는 것이라며 설명하는 그의 어조는 무척이나 자랑스러워 보였다. 말이 무섭게 치마를 입은 두 소녀가 내 앞을 잽싸게 올라갔다. 나는 힘들어 죽겠는데 소녀들은 웃으면서 산을 놀이터삼아 아무렇지도 않게 다람쥐처럼 산을 올랐다. 그리고 곧이어 그들은 자취를 감췄다. 산과 하나가 된 사람들에게 이곳은 우리가 바라보는 시각만큼 살기에 어려운 곳이 아닐 수도 있다.

산을 어느 정도 올라가자 산길 전역에서 구수한 시골냄새가 퍼졌다. 산지에서 유일한 운송수단인 당나귀의 똥이 그 근원지였다. 똥을 피해 걷고 절경도 감사해야 되고 디팍과 이야기도 해야 되다 보니 체력이 고갈되고 있었는데 흥분된 어조로 디팍이 말했다.

"이제부터 어려운 코스의 시작이야. 울레리까지만 가면 되. 힘들면 언제든 롯지에서 쉴 테니깐 지치면 꼭 말해줘."

산을 밥 먹듯이 오르는 디팍이 어렵다면 어려운 거다. 정말 산길의 경사는 심각하리만큼 가파르게 형성되어 있었고 한 발 한 발 내딛기가 어려웠다. 2시간을 아무 생각하지 않고 열심히 올랐을까. 트레킹이란 것이 원래 이렇게 힘든 줄 그제야 깨달았다. 본인의 페이스에 산을 맞춰야 함이 바람직하지만 디팍이 제시한 코스는 정말 두 발 달린 사람이 걷는 최소한의 난이도여서 부정하기도 힘들었다. 생각해보면 한국에서 내가 감행한 최근의 등산은 에스컬레이터가 없는 지하철 계단이 전부였다. 체력적으로 문제가 있는 것이 포터 없이 혼자 사색을 즐기길 원하는 등산객에게도 네팔은 안성맞춤이다.
산 중턱마다 수많은 숙소와 식당이 즐비해 있다.

확실했다. 정신 못 차릴 만큼 지쳐있을 때 디팍은 오늘 우리가 쉬고 갈 포인트에 왔음을 알렸고 괜찮은 롯지에서 묶을 수 있었다.

'4일이나 남았다니…….'

그날 밤 나는 산이 나랑 맞는지 않는지를 스스로에게 수차례 되물었다.

이튿날 온몸이 뻐근했다. 그런 나를 본 디팍은 걱정마라는 눈빛으로 나를 안심시키고 있었다.

"손, 오늘은 고레파니까지만 이동할거야. 그곳에서 푼힐은 아주 가깝지. 코스는 어제만큼 힘들지 않을 테니 걱정 안 해도 돼."

그가 굳이 그런 말을 하지 않아도 오늘은 진정으로 산을 느끼려 했었다. 가슴 속에서 무언가가 끓어오르질 않는다면 인위적으로나마 최면을 걸고 싶었다.

'나는 느껴야 해. 대자연과 물아일체가 되리……. 물아일체!'

둘째 날의 코스는 약속대로 완만했고 디팍은 좋은 말동무가 되어 산책하듯이 트레킹을 하고 있을 때였다. 깎아질 듯한 절벽 아래로 수십 마리의 까마귀 떼가 눈에 들어왔다.

"네팔인들은 죽으면 조장을 한다는데 사실이야?"

"물론이지. 이곳의 자연환경과 종교적인 요소들이 결합된 풍습이야. 예전에 한 영국인이 조장하는 장면을 카메라에 담다가 현지인들로부터 조장당한 적이 있어. 혐오스러워 보여도 이곳 사람들에게 조장은 신성한 풍습이지."

'죄다 영국인이 문제구만.'(그렇다고 영국인에게 악감정이 존재하는 건 아니다)

"디팍. 카스트제도가 네팔에도 있어?"

"법적으로 효력이 없어졌다고 해도 우리들에겐 뿌리나 다름없어. 아직까지 결혼할 땐 중요한 요소가 되곤 해."

"네가 어떤 계급에 속해 있는지 물어봐도 돼?"

"브라만."

그의 말로는 최근에는 브라만의 수가 줄어들고 있단다. 카스트제도는 크게 4가지로 분류된다. 브라만, 크샤트리아, 바이샤, 수드라. 재미있는 사실은 브라만과 크샤트리아가 혼인을 하게 되면 부모와 별거를 해야 하고 자식은 크샤트리아가 되는 것이다. 좀비에게 물리면 같이 좀비가 되듯이 카스트

제도는 전염병이나 다름이 없어 보였다. 물론 디팍은 카스트제도에 대해 크게 개의치 않는 모습이었다. 파일럿 아저씨가 말했듯 디팍은 머리가 총명하고 영어도 꽤 잘하는 청년이었다. 대학을 졸업하고서도 왜 몸을 혹사시키는 포터를 자처하며 돈을 벌어야 할까? 행여나 아픈 곳을 찌르지는 않을까 걱정이 되어 조심스레 물었다.

"넌 왜 이 고생을 하니? 넌 대학까지 마쳤잖아."

"취업하기도 힘들지만 취업해도 돈이 안 되거든. 대학을 나와도 제대로 된 연봉을 받을 수 없어서 우린 다른 쪽으로 눈을 돌리지. 난 한국에 갈 거야. 생산직에 일하면서 돈을 벌고 싶어. 한국어 자격증도 얼마 전에 땄어. 신청은 했는데 언제 발표가 날지 몰라."

그렇다. 우리가 흔히 아는 외국인 노동자가 그에겐 꿈인 것이었다.

"왜 진작 말하지 않았어?"

"사실 한국어를 거의 못 해. 여기서 보는 한국어 시험은 굉장히 기초수준이거든. 수백 명의 젊은 네팔청년들이 한국으로 가서 일하길 꿈꿔. 적어도 여기서 버는 돈의 열 배는 받을 수 있으니깐. 사실 네팔에서 돈을 많이 벌고 안 벌고의 기준은 월 150달러가 기준이야. 특히나 포카라처럼 물가가 비싼 곳에선 생활하기 힘들 정도지. 매달 수백 명의 네팔 청년들이 한국으로 노동자 신청을 해. 물론 그중에는 석·박사출신도 많아. 나는 부자가 되고 싶은 마음은 없는데 한국에서 열심히 일한다면 고향에서 부모님이랑 같이 살 정도의 작은 집 하나는 구할 수 있을 거야. 그게 내 꿈이야."

그의 소박한 꿈은 오히려 나를 절망시켰다. 자신이 배운 전공과 상관없이 한국으로 가서 일을 하고 싶다던 그의 이야기. 환경이 꿈을 억압하는 현실은 아시아 어디서든 그러했지만 실제로 경험하면 믿기 힘들 정도였다. 게다가 기약 없이 선발될 날짜만 기다려야 하는 그 현실은 참담하기까지 했다.

3천 미터짜리 언덕을 정복하다

두 남자의 수다는 무리 없이 목적지에 다다르게 했다. 한국의 산과 조금 다른 점을 꼽으라면 산 넘어 산에 만년설이 가득 하다는 점과 오가는 행인들이 '나마스떼'라고 인사하는 정도. 이국적이지 않은 풍경이 오히려 나를 더 매료시켰다. 고레파니는 해발 3천 미터에 위치해 있었다. 전날보다 1천 미터만 올라왔을 뿐인데도 기온은 급격하게 떨어졌고 디팍은 저녁마다 모닥불을 지피는 따뜻한 숙소로 나를 안내했다. 트레킹 시즌이 아니라 사람이 거의 없던 터에 혼자 이곳을 왔더라면 지독하게 고독했으리라. 디팍은 모닥불을 지피며 다음날의 산행을 나긋하게 설명해 주었다.

"여기서부터 내일 올라갈 푼힐은 1시간 거리 밖에 안 돼. 일출을 보기 위해선 일찍 자 두는 게 좋아."

산소 탓인지 기분 탓인지 산행을 마친 뒤면 10시간의 숙면을 취했고 다음날 아침 랜턴 하나에 의지한 채 푼힐을 향해 올랐다. 다들 어디에 있었는지 꽤 많은 사람들이 하나둘 모였고 이윽고 정상에 다가서자 사람들이 가득 있었다. 추위를 녹이고자 따뜻한 커피를 마시면서 안나푸르나의 산맥을 바라

보는 기쁨이란! 동이 점점 트자 설산은 벌겋게 달아올라 잊지 못할 풍경을 선사했다. 사람들이 사흘을 고생해서 오르는 이유가 여기에 있는 것인가. 이런 풍경은 제아무리 카메라로 장난을 쳐도 그 본연의 모습을 담아내기 힘들다. 두 눈으로 영원히 잊지 않기 위해 눈앞의 산맥을 5백 번도 더 바라보았다.

"이제 하산하는 거지?"

"두 가지 코스가 있어. 원래 계획했던 간드룩으로 가는 거랑 타토파니로 가는 법이 있지. 보통 사람들은 간드룩으로 많이 가는데 네가 많이 지쳐보여서……. 타토파니로 가는 길은 지금부터 쭉 내리막길만 있거든."

내리막길! 더 이상 고민할 이유가 없었다. 우리의 행선지는 타토파니가 되었고 진정한 트레킹의 시작을 알렸다.

"이봐 디팍. 왜 진작 말해주지 않았어? 이런 걸 트레킹이라 하는 거야!"

내리막길만 눈앞에 끝없이 펼쳐진 곳. 보기만 해도 가슴이 방방 뛰었다. 게다가 간간히 마을을 지나치면 관광객의 발길이 그나마 덜해 현지 사람들의 생활상도 볼 수 있었다. 때마침 작은 장이 열리는 곳을 지나칠 때였다. 마당 한 가득 널 부러진 소머리들이 눈에 들어왔다.

"디팍, 힌두교에서는 소를 잡아먹지 않는다고 그랬잖아."

"자세히 봐봐. 저건 버팔로야. 버팔로는 사람들이 즐겨먹지. 버팔로의 뿔이 악마의 뿔을 닮았다고 해서 그런 거야. 소랑은 완전히 별개라고. 버팔로는 생각보다 맛이 없어. 굉장히 질겨. 포카라로 돌아가면 경험 삼아 버팔로 스테이크를 먹어봐."

나중에 정말 그의 말대로 경험삼아 먹었는데 차라리 생고무를 먹는 게 씹기 편했다. 이가 약하신 분들은 도전도 하지 말라는 말을 꼭 하고 싶다.

터벅터벅. 하루 종일 비탈길을 내려오자 귓가에 발소리가 박혀버린 것 같았다. 처음에는 마냥 기분이 좋았지만 산행에 있어서 내리막길을 내려오는 것이 훨씬 더 힘들다는 것을 그때 처음 알았다. 온몸에 피로가 쌓여갔고 다음 목적지까지 갈려면 많은 길을 걸어야 했다. 한국어로 말하기를 줄곧 꺼린 디팍이 용기가 붙었는지 나의 상태를 한 번씩 한국어로 묻곤 했다.

"쉬었다 갈래요?"

어디서 배웠는지 모를 근본 없는 한국어. 그에게 절대 여자와 단둘이 술을 마신 뒤 함부로 쓰지 마라며 충고를 해주던 때였다. 잠시 휴식을 취하고자 롯지에 앉아 담배를 태우는 데 디팍이 기다란 장대를 들고 왔다. 배시시 웃는 그는 장대를 이용해 무언가를 채집했다. 그러고선 양손 가득 오렌지를 들고 왔다.

"실컷 먹어 둬. 오렌지는 지천에 널렸어."

유난히 높은 당도를 자랑한 네팔의 오렌지. 그때부터 나의 피로회복제는 지천에 널린 오렌지가 대신 해 주곤 했다.

산의 곳곳에는 간헐천이 솟아올라 온천이 개장되었는데 우리는 그 근처에서 마지막 밤을 보냈다. 저녁 식사를 하던 도중 옆에 있던 아주머니와 아저씨가 반갑게 인사를 건넸다. 비수기에 타토파니를 찾는 이들은 많이 없기에 등산객이 반가웠던 탓이다.

"안녕하세요? 한국인 맞으시죠? 보면 알 것 같아요. 제가 강남에서 근무한 적이 있거든요."

"정말요? 반가워요! 저도 서울에 살아요. 동대문 근처에."

미국인 부부인 그들은 내게 지대한 관심을 보였고 대학생이란 사실을 알

- Latitude 24.4861
- Longitude 83.8517
- Height 3210m

with Deepak Tripathi /12.01.2011

고 난 뒤 때 아닌 칭찬을 늘어놓았다.

"오 마이 갓! 제가 한국에 살아봐서 아는데, 정말 좋은 결정을 했네요. 제가 기억하는 한국 대학생들은 닭장 속의 닭들이나 다름이 없었어요. 한국인 동료들이 휴가를 간다고 해도 푸켓 3박 4일이 전부였는데 1년씩이나 계획하고 여행을 하다니요! 멋지군요!"

"그렇게 말해 주시니깐 너무 고마워요. 사실 아직 부모님은 걱정이 많아서요."

정말 딱 이렇게만 말했을 뿐인데(사실 하나밖에 없는 아들을 타지에 보내 걱정 안하는 부모가 세상에 어디 있으랴) 아주머니는 흥분에 겨워 속사포 랩을 해댔다.

"오, 이런! 전 한국에서 오랜 시간 근무하면서 한국의 젊은이들에 대해 많이 느꼈어요. 당신의 여행에 전적으로 응원합니다. 한국 대학생들은 정말 정해진 대로 살잖아요. 그렇지만 생각하는 대로 살아간다는 건 분명 중요해요. 다른 사람을 만나보고 낯선 곳을 스스로 여행하면서 해결한다는 게 얼마나 중요한 능력인지 몰라요. 제 직업을 말했나요? 저희 두 부부는 나름 금융업계에서 성공한 사람들이에요. 저희가 보증하지요. 부모님이랑 전화할 일이 생기면 이 말을 꼭 전해 줘요. 딱 5년 뒤에 아들의 모습을 보라고요. 지금의 투자가 평생의 큰 선물이 될 거에요. 우리의 말을 흘려듣지 말고 용기를 가지세요. 제가 면접관이라면 당신부터 채용할 겁니다."

취업이 대학생활의 뚜렷한 목표가 되어 버린 한국 젊은이의 정서를 이미 알고 있어서 그런 말을 했던 걸까? 굳이 그렇게까지 해석하지 않아도 나의 여행에 이렇게까지 진심어린 응원을 해 준 미국인 아주머니가 어찌나 고맙던지……. 여행함에 앞서 생겼던 불안과 걱정을 깡그리 소멸시켜준 고마운 말들이었다. 솔직히 말해서 아주머니의 말씀 중에 틀린 말이 하나도 없었다. 자유롭게 다니고 싶어도 관광객이 많은 곳에 가면 자유보다 눈치가 앞섰다. 특히나 앙코르와트와 같은 유명 관광지에서 혼자 물이라도 마시려 하면 한국 아주머니들은 꼭 말을 걸어주었다. 학교는 무엇인지, 나이는 몇인지, 어디에 사는 사람인지……. 크게 중요하지 않는 정보만을 탐색하다 보면 으레 얼마나 여행했는지를 묻고 불과 한 두 달 여행했음에도 따가운 훈계가 줄을 이었다.

"아이구야 우얄라 그라노? 요새 다 대학가면 전쟁이라 카디만."

물론 아닌 사람도 많다. 그렇지만 일반적으로 그러했고 조금 더 젊은 한국 관광객이 모이는 네팔에서 가끔 한국인을 만나면 이런 이야기를 꼭 듣곤 했다.

"우와. 대학생일 때 이렇게 다니면 나중에 자기소개서 쓸 때 할 이야기 진짜 많겠다. 어머, 완전 부러워."

그놈의 '취업'. 적어도 그때만큼은 취업에 대해 자유롭고 싶었다.

타토파니는 기분이 좋아지는 곳이다. 아침에 일어나 안나푸르나를 바라보면 얼마나 이동했는지 짐작이 갔다. 보이는 각도에 따라 다른 이름이 붙여진다는 안나푸르나. 완전히 다른 산의 모양을 하고 있어서 보는 내내 눈이 호강했고 마지막 여정을 준비하는 게 오히려 아쉬웠다. 트레킹에만 한 달을 쏟아 붓는 이들이 이해가 되었다.

"손, 우리는 베니로 갈 거야. 버스를 거기서 갈아타고 포카라로 들어갈 계획이지."

버스를 한 번만 갈아타면 된다는 그의 말에 생각보다 무난할 것이라 생각했지만 가는 길은 고됐다. 빽빽한 로컬버스에 몸을 싣고 반나절을 이동하여 겨우 도착한 포카라에서 나는 거의 시체나 다름없었다. 그래도 디팍과의 마지막은 아쉬웠고 우리는 한국식당에서 삼겹살에 소주로 원없이 취했다. 취기가 서로 올랐을 때 그에게 물었다.

"야, 너 근데 이렇게 술 많이 마셔도 되는 거야? 브라만이자나."

"난 소고기도 먹어. 아니 못 먹는 음식이 없지. 이미 코리언이라고."

그와의 식사가 끝나고 헤어질 때 그는 메모장에서 무언가를 열심히 적어주었다.

"내 이름이랑 이메일 그리고 로스터에 등록된 번호야. 한국에 가게 된다면 꼭 찾을게."

"반드시 만나자. 반드시! 꼭 한국에서 일할 기회가 생겼으면 좋겠어."

이번만큼은 기약 없는 약속이 아니었으면 좋겠다고 생각했다. 그리고 인도로 떠나는 버스에서도 순박한 청년 디팍의 소중한 꿈이 꼭 이뤄지길 기도하고 또 기도하고 있었다.

디팍의 꿈은 이루어졌을까?

우리는 무엇을 꿈꾸며 날아가고 있는가.
혹, 날아가지도 못하고 바라만 보고 서 있는 것은 아닌지 . . .

सुन्दर अन्नपूर्णा हिमालय

[Beautiful Mt. Annapurna]

नेपालमा स्वागत छ

[Welcome to Nepal]

MY TRAVEL'S STORY STARTS FROM NOW ON.

09 인도

Republic of India

인도는 언어가 다르다. 인도는 사람도 다르다.
인도는 너무나 다양해서 어느 것 하나 정의내리기 힘든 곳이다.

드디어 내가 왔다 인도야

네팔에서 인도로 넘어가는 버스가 아무리 말도 안 되는 시설을 자랑한다 한들 나의 설렘은 꺾일 줄 몰랐다. 여행의 끝 혹은 여행 종결지라 불리는 인도. 이 얼마나 신비한 이름인가! 10억이 넘는 인구와 광활한 땅덩이. 시골의 어떤 마을을 들린다 해도 사람들은 두 손을 모은 채 '나마스떼'라 인사할 테고 달콤한 카레향과 더불어 참파향이 감도는 곳이겠지. 게다가 그들의 문화 유적지는 불가사의 하다고 이미 교과서에서도 귀가 따갑게 들었으니 이만하면 기대가 과해도 될 만큼 설렘이 북받쳤다. 내가 익히 그려온 인도. 인도 때문에 여행의 꿈을 꿨고 결국 인도를 가기 위해 나왔다고 해도 과언이 아니다.

포카라에서 인도로 통하는 국경인 소나울리까진 약 7시간이 소요되었다. 네팔루피를 다 써버려 땡전 한 푼 없던 터라 쫄쫄 굶으며 국경을 맞이했다. 입국심사가 느려도 줄을 아무리 길게 서도 마냥 행복했다. 입국스탬프를 받는 도중 직원에게 정중히 인사를 하고 비자 만료일이 초과된 뒤로부터의 벌금에 대한 정보를 얻고자 했다.

"실례지만 뭐 하나만 물어봐도 될까요? 제가 공식적으로 체류할 수 있는 기간이 5일 밖에 안 돼서 불법으로 체류하려하는데 나중에 벌금을 하루에 얼마나 매기는지 알고 싶어요."

고등학생 때 담임선생님이 제영이가 웃으면 교실이 환해진다고 했던가. 경우에 따라서 해야 할 말이 있고 하지 말아야 할 말인 있을 텐데, 글로벌 스마일가이는 국경직원에게 말 같지도 않은 말을 아주 환하게 웃으면서 이야기했다.

"요새는 그런 사람 잘 없는데……. 저도 확실하게는 모르지만 한 150루피에서 200루피 정도 받았던 것 같아요. 뭐 대충 그 정도?"

'아, 겨우 그 정도?'

"고맙습니다. 수고하세요!"

씩씩하게 국경을 넘어서자 벌써 여기저기서 바라나시행을 알리는 버스회사 혹은 택시기사들이 줄을 이었다. 흥정을 요구하기도 하고 혹은 원하는 가격을 불러보라는 둥 국경은 처음부터 시끄러웠다. 일단 ATM을 향했다. 근데 ATM이 없었다. ATM이 없는 국경도시가 전 세계에 몇 개나 존재할까? 인도여행은 고난의 연속이라고 소문만 들었는데 처음부터 시련이 닥쳤다. 페러글라이딩에 달러를 다 써버린 나는 지갑에 단돈 1달러도 존재하지 않았고 남은 네팔 루피도 국경을 넘기 전에 담배 한 값을 사는데 써버리고 만 것이다. 1루피도 없던 나는 과연 어떻게 되었을까? 항상 운이 좋았던 나는 그곳에서 또 다른 귀인을 만날 수 있었다.

젬베를 허리춤에 차고 카오산에서나 볼 듯한 몽환적인 바지를 입은 채 국경을 넘어가던 두 아저씨들. 아저씨들은 국경의 모습을 카메라로 담더니 이내 근처의 카페에서 짜이를 마시고 있었다. ATM의 위치를 나만 모르나 싶어서 그들에게 물었다. 그러곤 이내 잠시 앉아라며 자리를 마련해 주었다.

"네팔에서 넘어오는 길이죠? 아까 국경 사무실에서 봤는데. 그러지 말고 일단 여기서 짜이 한 잔 하도록 해요. 어차피 버스를 기다리려면 오랫동안 있어야 해요. 참, 어디로 가시게요? 바라나시?"

"네 바라나시요. 형님들도 바라나시로 가시지요? 글쎄 ATM도 없고 수중에 달러도 없고……."

"같은 방향이니깐 일단 우리가 버스비를 대신 내 줄게요. 바라나시는 분명 ATM이 있을 테니깐."

종석 형님과 우창 형님. 이 두 형님이 없었다면 나는 오도 가도 못하는 신세가 되었을 텐데 이 소름 돋는 운명의 장난이 신기했다. 호떡만큼 납작한 인도빵 짜파티로 겨우 허기를 달래며 나는 형님들과 자연스런 시간을 보낼 수 있었다. 내가 가진 거라곤 미얀마 담배공장 아가씨가 선물로 준 전통담배. 그것으로 점심에 대한 사례를 했다. 젬베를 들고 있을 때부터 심상치 않았는데 두 분 모두 부산에서 문화예술에 종사하시는 분들이란다. 형님들은 바라나시의 인도악기교실에서 시간을 오래 잡아 악기를 배울 예정이라 했다. 바라나시에 대해서 영상으로만 접해 보았지 그곳이 어떤 곳인지 전혀 모르는 나는 퍼즐처럼 이미지를 하나둘 끼워가고 있었다.

버스는 오후 늦게 출발했다. 버스의 시트는 돌침대 수준인데다가 비포장도로는 심각했다. 쿵덕거리면 엉덩이가 시트에서 떨어질 정도였으니. 그런 길을 10시간을 가야 한단다. 중간 중간 휴게소에서 쉬기도 했지만 쉬고 나면 다시 버스에 오르기가 무서웠다. 이런 버스를 타고 육로국경을 넘는 자체가 엄청난 모험이었고 몸은 만신창이가 되었다. 물론 밤새 잠은 거의 못 잤다.

새벽 5시. 버스가 도착했음을 알렸다. 바라나시다. 터미널에 도착한 그 시각에도 사람들은 분주했다. 오후 5시라 해도 믿을 정도였다. 식사를 하며 몸을 녹인 뒤 고돌리아로 향했다. 바라나시에서 여행자의 숙소는 갠지스 강을 따라 형성되어 있는데 고돌리아는 그 기준점이 된다. 문제는 고돌리아에서 부터다. 갠지스 강으로 들어가는 그 길들이 얼마나 미로처럼 복잡한지 숙소를 찾는 일은 쉽지 않았다. 익히 들었지만 인도는 똥의 도시였다. 똥 피하기 게임을 상기시켜 구석구석마다 진을 치고 있는 소똥을 피해 다니기란 스릴 넘치는 4D게임이었다(인도에 있으면서 비가 오지 않았음에 감사해야 했다). 숙소에 거의 다 왔을 땐 소들이 서로 머리를 부딪치며 싸우기도 했었는데 소가 먼저인지 사람이 먼저인지 알 수 없었다. 그들은 이미 도시의 일부였다. 어렵게 찾은 게스트 하우스는 죄다 문을 닫은 상태였고 고요한 새벽에 주인장을 깨우는 것도 실례라는 종석 형님을 따라 우린 멀지 않은 곳에 위치한 갠지스 강에서 일출을 볼 수 있었다. 이곳이 그 신성하다는 갠지스 강이란 말인가. 이곳의 언어로 가트(Ghat)라 불리는 강변엔 동이 트자 사람들이 모여 들었다. 저마다 웃통을 훌훌 벗고 몸을 물에 세 번 담근 뒤 물 한 컵을 떠서 의식적인 기도를 올렸다. 이른 아침부터 빨래를 하는 아주머니도 있었고 강물로 몸을 씻는 이들도 있었다. 물과 하나 되는 그들은 단지 종교적인 이유뿐만 아니라 생활의 이유이기도 했다. 내가 그려왔던 인도, 내가 상상했던 바라나시. 행복했다.

"죄송합니다, 손님. 싱글 룸 하나가 모자라네요."

형님들을 따라 간 게스트 하우스는 애석하게 방이 하나 모자랐다. 크게 문제 될 건 없었다. 반경 100m 이내로 말도 안 되게 저렴한 게스트 하우스가 수십 군데나 더 있었으니 발품만 팔면 되는 일이었다. 내가 숙소를 잡고 나올 즈음엔 사람들이 하나둘 골목으로 나와 아침을 맞이했는데 생각보다 한국인이 많다는 것이 놀라웠다. 아니 코리아타운이라고 해도 믿을 정도였다. 한국어 간판도 심심찮게 볼 수 있는데다 워낙에 관광객물량이 터지다 보니 그동안 절대 못 봤을 예쁜 여행자들도 더러 있었다. 이런 천국 같은 인도를 얼마나 더 머물러야 할까?

'이번엔 첫 방문이니 내 얼마 못 있겠다만 이승에서 착한 일 많이 하고 후생에 환생을 하다면 바라나시의 소로 태어나리라.'

부모님께서 아시게 되면 큰일 날 소망을 진심을 다해 기도하고 있었다.

도대체 바라나시를 어떻게 표현해야 잘 한다고 칭찬을 받을 수 있을까? 몽환적인 동네 바라나시는 상업적인 모습과 인도의 분위기가 절묘하게 조화된 곳이다. 인도를 여행하는 이들이 꼭 한 번은 들린다는 바라나시. 여러모로 여행자들을 유혹할 거리가 많았다. 무엇보다 가장 매력을 끄는 것은 인도의 음식이다. 인도 음식점은 사실 전 세계 어디를 가더라도 존재한다. 워낙 인구가 많아 이주한 인도인들이 많은 이유이기도 하겠지만 카레는 강한 중독을 가져 생각날 때 먹지 않으면 병이 날 정도다. 실제로 나는 1년 전 인도 배낭여행을 준비하던 도중 인도의 음식에 맞추기 위해 식단을 바꿔 본 적도 있었다. 당시 국내 카레시장의 돌풍을 주도했던 C회사의 '인델리'카레. 인도의 강한 향을 그대로 옮겨다 박은 그 카레는 부동의 1위였던 오뚜기를 밀어내고 잠시 동안 점유율에서 큰 성장세를 보였다. 치킨 빈달루, 알루고비……. 이름만 들어도 인도냄새가 나는 그 카레를 미련하게 하루에 적어도 한 끼 이상 한 달을 꾸역꾸역 먹어댔다. 신기하게도 보름만 지나면 몸에 변화가 찾아온다. 화장실에서 큰일을 보면 똥에서는 진한 카레냄새가 똥냄새를 압도했다. 인도카레의 중독은 똥마저 중독 시키는 강한 에너지가 존재한다는 이론이다. 그래서인지 바라나시 전체는 카레냄새로 가득했다. 전통의상을 입은 아리따운 여인들도 옷깃만 스쳤을 뿐인데 인도인 특유의 냄새가 몸에 배어 내 코끝에 강한 자극을 주었을 정도이니……. 또한 현지식당에 식사를 해결할 땐 손으로 밥을 먹어야 한다는 사실도 반가웠다. 똑같이 방글라데시도 카레를 먹는 국가인데 외국인인 내게 항상 주인장들은 수저를 마련해 주었지만 이곳은 달랐다. 모두가 오른손으로 밥알을 주물러야 했다. 사실 그마저도 숙달되지 않으면 초보 티가 난다. 우리나라의 쌀처럼 끈적하지 않은 인도 쌀을 끈적한 덩어리로 만들려면 손으로 오랜 시간 쪼물딱거려야 했고 어

느 정도 모양새를 갖춰야 먹을 수 있는 것이다. 인도의 수백 가지 매력 중 대표할 수 있는 게 단지 음식뿐이랴. 강한 종교가 현지인들의 생활 깊숙이 파고든 인도, 특히 바라나시는 밤이 되면 더욱 신성했다. 가트에서는 힌두교의 의식이 매일 불을 밝히며 진행되었고 그 몽롱한 의식을 바라보고 있노라면 그들은 신과 가장 가까운 이들임을 알 수 있게 했다. 인도, 인도, 인도. 몇 번을 되뇌어 봐도 이곳만큼 신비로운 곳은 또 없는 것 같았다.

"당분간 젬베를 더 전문적으로 배울 예정이야. 시타르는 완전 어렵더라고. 하루 만에 포기를 해 버렸지."

종석 형님과 우창 형님은 바라나시에서 악기를 배우는 데 열중이었다. 음악과 거리가 먼 나는 이튿날 외국인 등록소 F.R.R.O(Foreigner's Registration Office)를 찾았다. 친절한 숙소주인은 이왕 머물 것이라면 비자의 연장은 필수라고 조언했기 때문이다. 그 이유는 바로 인도 전역의 어떠한 숙소도 비자만료가 된 관광객을 투숙하지 않는다는 것이었다. 청천벽력 같은 소리일지라도 침착해야 했다. 이제 막 사랑에 빠졌는데 앙탈스런 인도의 애교쯤이라 생각했다. 그리고 고돌리아에서 그리 멀리 않은 곳에 위치한 외국인 등록소를 향해 갔고 애써 불안한 마음을 잠재우려 노력했다. 월요일이라 그런지 1시간 가까이 대기를 한 뒤 직원과의 면담이 어렵게 성사되었다.

"관광비자의 연장은 사실 확신하기 어려운 일인데 중요한 건 이곳 바라나시에선 어떤 일도 할 수 없다는 것이죠. 하지만 델리로 가시면 가능해요. 델리의 외국인 등록소 말고 자이살메르 하우스라는 곳으로 가보세요. 상세한 주소를 적어드릴게요."

"델리?!"

그렇다. 델리다, 델리. 인도의 수도 델리. 바라나시에서 밤기차를 타고 열심히 가야 도착할 델리. 계획에 없던 루트가 머릿속을 가득 채웠다. 오늘이 17일. 비자의 만료일은 19일. 오늘이나 내일 기차를 예약한다고 해도 19일에 아슬아슬하게 도착할 테다. 19일이 넘어서면 어떠한 숙소도 날 받아주지 않는 곤란한 상황. 비행기의 아웃 날짜는 한참 뒤였지만 현실을 직시해야 했다. 비자연장을 실패할 경우를 대비한 여러 가지 대안이 떠올랐다. 비행기가 아웃 할 때까지 밤기차를 타고 다니면서 돌아다니는 법, 면도칼과 사인펜으

우창 형님과 종석 형님. 여전히 감사합니다.

로 1월 19일을 4월 19일로 변경하여 6개월짜리 비자로 만들기(맞다. 나는 인쇄소 장인의 아들이다), 현지인들을 상대로 계약을 체결하여 잠만 재워 달라고 조르기……. 이런 위급한 상황에서도 쓸데없이 돌아이 같은 발상들만 떠오르는 내가 한심했다. 어찌됐건 기차는 끊어야 했다. 마지막 불씨를 시도도 안 해보고 꺼버린다는 건 청춘에 대한 모독이리라. 문제는 기차. 이곳에서 장기체류하던 종석 형님의 후배가 했던 말이 생각났다.

'바라나시에서 아웃 하는 기차표 예매하기가 하늘에 별 따기에요. 수일 전에 미리 계획하고 가서 일찍 끊어놔야 해요.'

급한 마음에 기차역으로 달려간 나는 델리로 가는 열차를 끊기 위해 반나절을 기다렸다. 이유인 즉 외국인과 현지인이 다르게 요금을 받아야 했고 예매를 하는 창구도 달랐기 때문이다. 인도는 대부분이 철도로 이어져 있어서 사람들이 많이 이용한다지만 이곳 바라나시처럼 외국인의 유동이 많은 곳에서 기차표를 손에 쥐기란 역시나 어려워 보였다. 전광판을 주시했다. 당일표는 매진인데다가 18일 밤기차가 딱 두 장 남은 상황. 게다가 내 앞에는 열 명 가까이의 사람들이 표를 예매하는 긴박한 상황이었다. 솔직히 짜증이 나는 건 간당간당한 기차표 때문만은 아니었다. 라오스의 인도대사관에서 익히 경험했던 그들의 느릿느릿한 습성. 죽어도 포커페이스는 못 될 백인들은 저마다 말은 못해도 얼굴이 붉게 달아오르고 있었다. 진짜 반나절이 걸려 내 순서가 찾아왔다. 진이 빠졌지만 운 좋게도 티켓을 손에 쥘 수 있다는 것에 행복해야 했다. 그리고 도착하는 19일이 관공서가 문을 닫지 않는 평일이라는 점에 더욱 행복해야 했다.

지구 한 바퀴 돌아보겠다던 놈이 사전준비가 이렇게 형편없었다니. 스스로가 부끄러워 사실 인도에서 만나는 한국인들에게 비자문제에 대한 말은 최대한 아꼈다. 바라나시에 더 머물면 좋을 텐데 왜 이리 빨리 떠나느냐는 말에 원래 한 곳에 진득하게 있는 습성이 못 된다는 말만 늘어놓았을 뿐이다. 종석 형님은 떠나기 전에 갠지스 강에서 보트를 타고 돌아다녀 보자며 사람들을 모았고 처음이자 마지막인 이벤트를 가지는 행운을 얻었다.

"지금은 건기라서 강폭이 좁아요. 우기에는 저 멀리 보이는 망고나무 밭까지 물이 차오르죠. 그땐 간간히 동동 떠다니는 시체도 어렵지 않게 볼 수 있어요."

바라나시에서 장기체류하던 형님이 한 말이다. 지금 가고 있는 목적지는 화장터. 정말 사람을 태우는 게 사실일까? 의심이 반이었지만 알 수 없는 고약한 냄새는 사실로 인정해야 했다. 한가득 사람들이 모여 있는 화장터는 분주했다. 배에서 내리자 여기저기서 사람들이 무언가를 들고 행차하는 행렬이 눈에 들어왔다. 축제인줄 알고 사진기를 들이댔다가 현지인들로부터 알 수 없는 욕만 먹었다. 시신을 옮기는 중이란다.

"바라나시가 아무래도 종교적인 성지다 보니 인근의 도시에서도 사람들이 화장하기 위해 많이 찾아요. 사람은 죽을 때가 되면 스스로 아나 봐요. 그래서 화장터 근처에는 현지인들을 대상으로 하는 작은 민박들이 가득한데 죽

을 때가 되면 그곳에서 숙식을 하고 죽음을 맞이하죠. 그리고 이렇게 태워지는 거래요. 그 사람이 생전에 모아둔 부의 상징은 망고나무랑 비례해요. 잘사는 사람일수록 많은 양의 망고나무로 태워지니깐 사람들에게 마지막까지 추한 꼴을 감출 수 있는 거죠."

다소 섬뜩했다. 눈앞에 타고 있는 사람은 이미 팔 다리가 나무를 뚫고 삐져나와 연기를 내며 익고 있었는데 생전에 가난했던 사람이었을 수도 있었다. '딱, 따닥! 딱.' 망고나무가 타는 소리와 한 생명의 죽음. 공교롭게 화장터 근처에서 신기한 일이 벌어졌다. 염소 한 마리가 서글픈 울음소리를 내더니 곧이어 무언가가 뿜어져 나왔다. 어린 새끼염소다. 양수가 아직 터지지도 않았는데 어미 염소는 새끼를 핥았고 이내 새끼염소는 본능적으로 두 발로 겨우 일어나더니 어미의 젖을 찾았다. 말없이 사람들은 화장터와 염소를 같이 주시했다. 생명의 죽음과 생명의 탄생. 머리가 복잡했다. 지금 죽은 이가 염소로 환생을 했을 수도 있다. 영원히 바라나시에서 공생하는 그들. 죽음은 인간이 맞이해야 할 가장 큰 두려움이지만 이곳 인도에서는 신이 존재하기에 그 무엇도 두려울 게 없어보였다.

두 형님은 내가 바라나시에서 떠나는 직전까지 동생처럼 챙겨줬다. 밤기차는 고될 수 있으니 찻간에서 먹으라며 한가득 빵과 음료를 챙겨주셨고 오토릭샤에서 떠나기 직전까지 배웅해 주셨다. 경상도 사나이들의 끈끈한 정이란! 비자문제가 해결되면 인도 어딘가에서 꼭 만날 것을 약속했다.

인도 짝사랑

밤기차는 180도 누울 수 있는 침대칸이었다. 생각했던 것만큼 연착시간은 길지 않았고 그저 기차에 누워 음악을 들은 채 잠만 자면 델리에 도착할 수 있을 거라 생각했다. 단단히 착각한 것이다. 1월의 델리 가는 기차는 심각하리만큼 추웠다. 침낭도 없이 바람막이 하나에만 의지한 채 자는 이는 내가 있던 칸 전체에 나 밖에 없는 듯했다. 찬바람은 창틀 사이로 최선을 다해 비집고 들어와 나의 단잠을 깨웠다. 남미에 간다면 대륙의 최남단 파타고니아를 가려던 게 말도 안 되는 것이라 스스로 생각했다. 추위에 약한 남자다.

기차가 아침에 도착한 날은 19일. 델리의 중앙역에서 그리 멀지 않은 곳에 빠하르간지라 불리는 여행자거리가 존재했다. 문제는 어디서도 나를 받아주지 않았다는 것이다. 그들은 일제히 비자만료일부터 체크했다.

"이런. 손님께 방을 드리려 했는데 오늘이 만료일이네요. 저희 업소에서는 숙박이 불가능합니다. 다른 곳을 알아보세요."

이런 나에게 핫샤워와 와이파이는 당연히 배부른 소리. 나의 사정을 들어줄 수 있는 숙소를 찾기까지 한 시간 남짓 걸렸다.

"지금 당장 자이살메르 하우스에 가서 연장해 온다니까요! 연장 못 해오면 절 내쫓아도 좋아요. 제발!"

다행히도 한 숙소에서 어렵게 방을 내 주었다. 그리고 결전의 시간이 다가왔고 나는 곧 바로 문제의 자이살메르 하우스로 향했다. 자이살메르 하우스는 외국인 등록소와는 비교도 안 될 만큼 규모가 컸다. 비자홀이 따로 있는 것으로 보아 좀 더 고차원적인 비자문제를 다루는 곳임에 분명했다. 역시나 느려터진 인도인. 대기자 발권을 주는데 약 1시간이 걸렸고 담당직원을 만나기까지 오전을 모두 허비해야 했다. 잘생긴 젊은 직원과 상담이 연결된 나는 나의 사정을 하나도 빠짐없이 이야기를 했다. 그리고 본능적으로 그의 대답을 미리 예측했다. 그리고 그가 정확하게 내가 생각한 방향대로 대답했다.

"It's Impossible(불가능합니다)."

'그래, 그렇게 나와야지. 침착하자.'

"아 물론이죠. 안 되는 건 알고 있었어요. 그런데 말이에요. 제 사정이 참 딱해요. 겨우 인도에 왔는데 벌써 나가라니요. 연장된다는 말 다 듣고 왔습니다. 그러지 말고……."

너무 태연했던 나의 행동에 화난 것일까? 그가 퉁명스런 대답을 늘어놓았다.

"당신 직업이 뭐죠?"

"대학생이죠. 무역학을 전공하는!"

"오, 대학생! 배울 만큼 배운 사람이 왜 이러는 겁니까? 당신 비자 자세히 읽어봐요. 연장은 절대 불가능하다고 분명히 명시되어 있을 텐데!"

순간적으로 과거의 아픈 추억들이 오버랩 되면서 나또한 화가 치밀어 올랐다. 군대시절과 똑같았던 익숙한 장면.

'야, 손세영. 포병은 무조건 알아야 된다고 했지? 이 폭탄에 맞는 신관은 뭔지 다시 말해봐!'

'이 상병님 죄송합니다. 까먹었습니다.'

'미친 새끼. 너 서울에서 대학교 다닌다고 그랬지? 배울 만큼 배운 놈이 대가리에 뭐가 들었냐?'

'시정하겠습니다! 시정하겠습니다!'

완벽한 오버랩이다. 앞에 있던 직원이 군 시절 나를 한없이 못살게 굴던 선임과 오버랩 되면서 당장이라도 주먹이 날라 갈 기세였지만 참고 또 참았다. 두 손을 모으고 비굴한 척이라도 해야 했다.

"제발, 제발……."

"휴우……. 오후 다섯 시에 다시 오세요."

그러면서 그는 의미심장한 말을 꺼냈다.

"만약 이런 식으로 연장되면 저희 정부에서 당신을 블랙리스트로 등재하게 됩니다. 인도를 영원히 방문할 수 없게 돼요. 그것만 알아두세요."

그는 그 말만을 남기고 자리에서 일어나 버렸다. 사정이 이러니 식욕이 생길 리 만무했다.

'쳇, 블랙리스트? 내가 사주가 엄청 좋아서 나라에서 큰일 할 거라고 다들 그렇게 말하는데 대통령이라도 되면 어쩌려고 그래? 난 적어도 고3 때까지 장래희망 란에 대통령을 써 넣었다고! 30년 뒤 인도가 한국과의 긴밀한 수교를 위해 손을 벌리기만 해봐라. 이것을 빌미로 인도에 출입을 못하니 어쩔 수 없게 되었군!'

꼴 같지 않은 쪼잔한 상상을 청량음료 한 잔으로 씻어낸 뒤 내가 찾아간 곳은 자이살메르 하우스에서 그리 멀지 않은 곳에 위치한 외국인 등록소다. 이곳 역시나 대기 시간은 상상을 초월했다. 대기하는 게이지가 폭발한 나는 그냥 높은 직위에 보이는 아저씨를 아무나 붙잡고 물어봤다. 그리고 사정을 설명했다. 인자한 아저씨는 바쁜 와중에도 나의 쓸모없는 관광비자 문제에 같이 고민해 주었다.

"노 플라블럼(문제없어요)."

"진짜요?"

"노 플라블럼, 노 플라블럼."

인자한 '노 플라블럼'아저씨는 뭐가 문제될게 없다는 의미일까? 5시에 찾은 자이살메르 하우스에서 모든 것이 해결되었다. 나와 상담했던 잘생긴 직원은 주황색 봉투를 건네주었고 그것을 무슨 일이 있어도 개봉하지 말고 그대로 외국인 등록소로 가져다주면 연장이 가능할 것이란다. 다시 말해 이곳에서 상황을 판단하여 청원서를 넣으면 내가 우체부가 되는 셈이다. 일단 한시름 놓고 보니 그제야 잘 정돈된 시가지가 눈에 들어오고 있었다.

델리는 분위기가 바라나시와는 사뭇 달랐다. 대로변에는 릭샤보다 자가용이 더 많았고 깔끔한 시내를 보고 있노라면 가난에 시달린다는 그들의 생활고가 금세 잊혀졌다. 빠하르간지는 관광객을 위한 인위적인 거리였지만 인도다움을 잃지 않았다. 수많은 사람들이 오가는 덕에 국제전화부스와 인터넷카페는 줄을 이어 있었다. 오랜만에 인터넷카페를 찾아보았다. 한동안 확인하지 않았던 페이스북 담벼락에는 새 글들이 가득했고 그중 나를 가장 반갑게 했던 글귀가 선명하게 들어왔다.

'BANANA SHAKE!!!!!!!!!!!!!!!!!!!!!!'

라스무스다. 시차를 확인하고 그에게 안부전화를 넣었다.

"정말 걱정했어. 일단 축하해. 그동안 많이 고생했지?"

"너가 이렇게 멀리서 전화를 주다니 더 영광인데? 지금 생각해 보면 꼬사멧에서 왜 그랬나 몰라. 좀 더 즐기지 못한 걸 아직도 후회하는 중이야."

"꼬사멧 정도야 뭐. 다음에 다시 놀러 가면 되지!"

"그나저나 손. 너 영어가 많이 늘었다? 너무 자연스러워졌어."

'네가 지금 내가 하는 꼴을 보면 영어가 늘게 생겼나 안 생겼나 알 수 있을 거야.'라고 말하고 싶었지만 어찌됐건 그의 밝은 목소리에 나의 근심도 날아가는 듯했다. 이윽고 할머니께 전화를 드렸다. 서울에서 홀로 올라가 공부할 때도 항상 행동거지에 조심하라고 강조하셨던 할머니께서는 델리에서 걸려온 전화에도 똑같은 말을 되풀이 하셨다.

"멀리서 전화하지 마라 이놈아. 돈이 안 나갈 턱이 있나? 할미는 괜찮으니 그냥 니 건강 잘 챙기고 댕겨라. 그리고 인도에서 누굴 만나든 간에 조상님 욕먹을 짓 하지 말그래이. 행동거지 단디 해야 된다. 행실 똑바로 하는 거는 한국이나 타국이나 다 똑같은 기라. 월요일이 안 그래도 니 할애비 제사다."

수화기를 놓고 빠하르간지의 밤거리를 배회했다. 인도를 짝사랑했다지만 도대체 뭐가 문제였는지 나는 인도인들에게 살가운 관광객이 아니었다. 어쩌면 델리하늘 아래에 있는 수백 명의 관광객 중 제일 싸가지 없는 여행자였을 테다. 하얀 이를 드러내고 웃으며 인사하는 그들에게 내 현실을 핑계로 혹은 어떤 목적으로 내게 접근하는지 의심스러워 쳐내기 바빴다. 수도인 만큼 당연히 물가가 튀는 건 바람직한데도 사기 치지마라며 흥분된 모습을 보이기 일쑤였고 그들의 정서를 이해하기 앞서 거부하기에 바빴던 불량여행자였다. 할머니는 지금의 내 상황을 어떻게 아셨을까? 좀 더 친근하게 모든 것을 해결하려 했다면 또 다른 결과를 맞이했을 텐데……. 아니, 어차피 똑같은 결과물을 받아들이는 거라 해도 이왕이면 웃으면서 그들에게 대하는 것이 서로에게 좋았을 텐데……. 인구가 많은 만큼 다양한 성격의 사람들이 공존하기 마련이다. 다혈질인 사람도 있고 성격이 스펀지 같은 사람도 있다. 할머니의 말씀처럼 내 사상과 행동거지가 온전하지 않다보니 돌아오는 대답들도 퉁명스러울 수밖에. 그날 밤은 유난히 길었다.

새사람으로 거듭나기를 스스로에게 천명하고 외국인 등록소를 찾았다. 봉투를 건네받은 이는 아리따운 여직원. 여직원은 흔히 있는 일이라는 듯 능숙하게 무언가를 열심히 작성했고 7일치의 긴급연장을 기입해 주었다. 무거운 짐이 땅으로 꺼지는 느낌이었다. 직원에게 궁금했던 사항들을 물었다.

"여기서 더 늘릴 수도 있죠?"

"물론이죠. 대신 다음부턴 850루피씩을 추가로 더 지불하셔야 되고요."

"자이살메르 하우스의 직원말로는 제가 블랙리스트로 등재 돼서 이제 인도에 못 온대요. 어쩌죠? 이게 사실인가요?"

"누가 그런 말을. 언제든지 인도를 방문해 주세요."

배시시 웃는 아리따운 직원의 미소. 인도의 진정한 아름다움은 타지마할이 아닌 외국인 등록소에서 찾을 수 있었다. 외국인 등록소에서 다시 빠하르간지로 향하면서 인도에서 가장 많이 들었던 스팅의 '잉글리시맨 인 뉴욕'을 줄기차게 무한 재생했다.

'이제 나는 합법적인 이방인이다. 합법적인!'

인간은 참으로 간사하고 탐욕스럽다. 그게 내 지론이다. 겨우 허기를 면하면 그것에 감사할 줄 모르고 편한 소파를 찾기 마련이다. 그때 당시 내가 그랬다. 어떻게 7일은 연장했다만 계속 늘려볼 궁리로 가득했다. 문제는 어떻게든 델리를 거점으로 이동해야 한다는 점. 이러다간 인도에선 아무것도 못 할 것 같았다. 인도여행을 여기서 접어버릴까? 별별 생각이 다 들었고 이내 현실로 받아들이기로 결심했다. 그 아름답다던 타지마할과 최근 가장 평가가 좋다던 북부의 도시들도 다음 기회로 미뤄야 했다. 좀 더 관찰하고 싶었던 인도. 안 되는 건 안 되는 것이다. 야금야금 보면서 다시 델리에 와서 이 고생을 다시 또 해서 연장하고 또 야금야금 다닌다는 건 불가능에 가까웠다. 차라리 다른 곳을 여행하는 것이 편해 보였다. 한국에서 티켓을 발권한

회사로 전화를 걸었다.

"어떻게든 인도에서 아웃하시는 비행기는 예정대로 타셔야 해요. 날짜 변경은 저희가 알아봐 드릴게요. 주말이라 그러니 이틀 뒤에 연락을 드리겠습니다."

아웃하는 공항은 다름 아닌 뭄바이. 인도에서 심장과 같은 곳이자 영화 '슬럼독 밀리어네어'의 배경이 되었던 곳이다. 기차로는 50시간. 저가항공이 잘 마련된 턱에 날짜 변경만 수월하게 이루어지면 되었다. 그리고 날짜 변경이 쉽게 될 것이라 믿어 의심치 않았다.

주말 내내 빠하르간지의 카페에서 살다시피 했다. 델리에 온 김에 유명하다는 곳을 몇 군데 갔지만 이상하게 델리에서는 사람 보는 재미가 더 컸다. 현지인뿐만 아니라 관광객도 죄다 흥미로웠다. 오전 내내 카페에서 밖을 주시하는 내가 관심이 갔는지 옆 가게의 여행사직원이 말을 걸어왔다.

"이봐, 친구. 많이 피곤해 보이는데?"

"지금은 괜찮아. 한동안 신경을 좀 쓰던 일이 있어서. 그나저나 너 인도사람이지? 뭐 하나만 물어봐도 돼?"

"물론."

"뭄바이 테러 사건에 대해서 설명해 줄 수 있어?"

"파키스탄의 무장단체가 뭄바이에서 저지른 테러사건이야. 불과 몇 해 전 일이지."

"그게 외국인의 체류를 왜 까다롭게 만들었을까?"

"글쎄. 나도 자세한 건 몰라. 그나저나 오후엔 뭐할 거야, 친구?"

"꾸듭미나르 같은 유적지를 가 볼 생각이야. 가이드북을 보니깐 그곳이 델리에서 유명하다던데?"

"에이, 거긴 멀뿐더러 교통편도 안 좋고 큰 감동이 없어."

"그럼 넌 어디를 추천하니?"

"이곳. 빠하르간지. 여기가 제일 볼만한 곳이지."

그가 굳이 그러라 하지 않았어도 인도는 골목 구석구석이 재미난 곳이었다. 어떠한 거대 유적지로 대표되는 나라이기보다 어차피 인도를 찾는 사람들은 인도사람을 보러 오는 것이 아닐까? 하루 종일 거리에 다니는 수많은

● India story

● Everyday,anywhere 36.5°

여행자들을 보고 있노라면 그들이 어떤 생각을 가지는지 궁금했다. 인도란 곳이 참 신기한 게 종교가 가지는 원초적인 끌어당김을 가지는 국가라는 것이다. 그것이 기독교든 불교든 상관없이 말이다. 만났던 사람들은 하나같이 아픔이 있었고 사연 있는 사람들이었다. 그 상처를 치유하고 새로 거듭나고자 인도를 찾는 사람들이 많았다. 흘러 다니는 소문에는 이곳에서 여행하고 생을 마감하려다 정신 차린 젊은이도 몇 있었단다. 그런 상처받은 사람들마저도 치유할 수 있는 곳. 어쩌면 그것이 사람들이 꿈꿔왔던 인도방랑의 진실일 수 있겠다.

New York of India

이른 아침에 전화 한 통이 걸려왔다. 직감적으로 비행기 문제이리라 예상했다.

"비자가 만료되는 날 아웃하는 비행기가 있네요."

순조롭게 혹은 싱겁게 일은 마무리 되었고 나는 뭄바이로 가는 비행기를 바로 구매했다. 100달러를 꺼내기란 살 떨리는 일이지만 50시간 동안 추위에 떨면서 이동하는 것 보단 백배 잘한 결정이라고 위안했다. 3시간 동안의 비행. 델리에서 뭄바이는 국제선이나 다름없었다.

공항에서 내리자 후끈한 열기가 내 몸 속을 파고들었다. 인도의 중부로 내려오자 완전히 다른 식생과 자연환경은 나를 제압해 버렸다. IT강국 그리고 역동적인 이미지로 대변되는 최근의 인도. BRICs를 떠올리려면 뭄바이에 와

야 그 느낌을 이해할 수 있을 것 같았다. 릭샤는 거의 존재하지 않았고 도로 위엔 익숙한 버스와 승용차가 질주하고 있었다. 국내선 비행기 한 번 탔을 뿐인데 완전히 다른 인도와 마주하게 된 것이다. 뭄바이는 더럽지도 않았고 길거리에 소똥도 없었다. 택시를 타고 가는 길에 보이는 빈민가는 빈부격차를 보였지만 바꾸어 말하면 그만큼 발전된 도시의 모습을 흉내 내고 있었다. 간간히 보이는 서양식 건축물은 이곳이 과거 영국의 식민지였음을 떠올리게 했는데 의외로 인도와 잘 매치가 되었다. 한 가지 단점이라 하면 잘사는 동네인 만큼 저가의 숙소는 구하기 어려웠던 것이다. 창문도 없는 창고 같은 방을 싸지 않은 금액에 잡은 뒤 거리로 나가 보았다. 시원한 바다를 향해 따라나서자 거대한 석조물이 눈에 들어왔다. 게이트웨이 오브 인디아. 이는 과거 영국이 인도로 들어오는 관문 역할을 했던 곳이란다. 반대로 내겐 이곳이 인도를 나가는 문이란 생각이 들자 아쉬움만 가득했다.

흔히들 뭄바이를 찾는 사람들이라면 뱃길로 1시간 거리에 위치한 '코끼리섬'을 들린다고 했다. 동굴마다 조각되어 있는 조각상들이 볼만하다며. 물론 남들 다 가는 곳에 안 가 본 것은 아니지만 입장료에 상처를 받아 감동이 덜했다. 입구에 떡하니 붙어있는 '현지인 10루피, 외국인 250루피'. 인도뿐만 아니라 개발도상국 어디를 가도 볼 수 있는 흔한 광경이긴 한데 인도는 해도 너무 했다. 아마 이 때문에 그들의 유적지를 보기 싫어도 더 세심하게 봐야 할 의무감을 느낄 수도 있다. 하지만 내가 뭄바이에서 가장 흥미롭게 들른

곳은 다름 아닌 흔한 박물관들이다. 과거부터 동서 교역의 중심지이자 신대륙으로 일컬었던 인도. 지정학적인 위치에서 서방세계와의 교두보 역할을 한 곳이다 보니 박물관의 유물은 일관성이 없이 다채로웠다. 아랍에서 온 도자기, 유럽에서 온 장신구, 중국으로부터 온 그림들. 인도의 박물관은 전 세계 모든 나라의 문화를 한데 모아둔 곳이었다.

그날 밤은 할머니께서 말씀하신 대로 할아버지의 기일이었다. 여행을 하면서 흐트러진 자세를 반성하고자 그리고 인사를 드리고자 근처의 마트에서 사과와 오렌지, 작은 위스키 한 병을 산 뒤 소박한 제사를 지냈다. 하지만 음복한 사과가 재앙을 불러일으킬 것이라곤 예상하지 못했는데, 하룻밤이 지나자 그곳에선 바퀴벌레가 바글거렸다. 놀라서 자리에 일어나려 하자 내 이불 밑으로 두 마리의 큰 바퀴벌레가 기어 나왔다. 교역을 통해 다채로운 문화를 형성한 뭄바이 아니랄까봐 두 바퀴벌레의 줄무늬는 서로가 다른 모양을 띄었다. 둘 중 한 놈은 필시 수십 년 전 영국의 함선에 딸려 온 놈이리라. 정신을 차린 뒤 바퀴벌레를 소탕하고 공항으로 가기 직전까지 숙소 안으로 들어오지 않았다.

내 여행의 불씨가 되었던 인도. 블랙리스트가 되어 영원히 밟지 못 할 거라 생각했는데 언젠가 다시 이곳을 올 수 있다는 것에 감사했다. 어딜 가서 인도를 제대로 여행했다는 말은 못할지라도 그 맛을 살짝 본 나는 다음에 꼭 다시 오리라는 다짐을 하고 있었다. 직장생활을 하면서 바쁘다는 핑계로 다시 인도를 밟지 못하게 된다면? 문제될 건 없다. 인도에선 어차피 현생과 후생의 차이는 존재하지 않는다. 현생에 방문할 기회를 놓친다면 다시 바라나시의 소로 태어나 인도의 전역을 유랑하리다.

잠시 멈추어 서서 인도와 이야기하다.

CLUB INDIA CAFE & RESTAURANT
INDIAN ★ CONTINENTAL ★ CHINESE & JAPANESE FOOD
BREAKFAST
LUNCH & DINNER
ENTRANCE

MY TRAVEL'S STORY STARTS FROM NOW ON.

10 스리랑카

Democratic Socialist Repulic of SriLanka

두 가지 종류의 사람이 있다.

눈이 마주치면 손을 흔드는 사람들과 아닌 사람들.
스리랑카 사람들은 눈이 마주치면 다가와 말을 건네주는 이들이다.

모터사이클 다이어리

인도에서 여행할 시간이 상대적으로 줄어든 만큼 스리랑카에서 보낼 시간이 많아졌다. 아시아 전역에서 흔하게 볼 수 있는 론리 플래닛 가이드북의 복사본을 하나 챙겨들고 뭄바이 공항에서 하염없이 대기했다. 새벽 3시 비행기다 보니 잠도 못 잔 채 그리고 그 잘 먹던 기내식도 포기한 채 비몽사몽으로 스리랑카에 착륙했다.

스리랑카에 대해서 아는 것이라곤 홍차의 나라, 실론. 그게 끝이다. 인도 옆의 나라여서 그런지 인도여행의 연속적인 느낌이 강하게 밀려왔고 일단 공항에 내려 시내로 진입하는 방법부터 찾았다. 보통 항공으로 다른 국가로 넘어갈 땐 수도로 떨어지기 마련인데 이곳 스리랑카는 상황이 조금 틀렸다. 국제공항에서 수도인 콜롬보까지는 약 40킬로미터. 버스로 이동한다 하여도 꽤나 먼 거리였다(여행하다보면 공항과 가까운 수도가 최고이며 지하철이나 공항버스가 잘 마련 된 수도를 찾는 건 꽤나 드문 일이다). 때마침 수많은 택시기사들이 호객 중이었다.

"헤이! 니곰보! 니곰보! 1,500루피!"

"니곰보가 어디 있죠?"

택시를 탈 생각은 추호도 없었지만 그들은 친절히 설명했다.

"공항에서 멀리 떨어져 있지 않은 곳에 있는 아름다운 해변이죠. 특별히 싼 값에 모실게요. 1,200루피!"

"아, 니곰보……."

단 한 번도 들어본 적 없는 도시였으나 택시를 타지 않기 위해 자연스럽게 아는 척 했고 니곰보로 향하는 방법을 물어물어 버스정류장으로 향했다. 다행히 공항에서 니곰보는 버스로 20분 거리밖에 안 되는 가까운 위치여서 단돈 20루피(200원)에 시가지로 진입하는 행운을 맛보았다. 비행기에서 쪽잠을 자고 멘탈이 붕괴된 상태에서 그 수많은 오토릭샤와 택시를 물리친 나는 누가 봐도 기특했다. 그때 마침 핸드폰의 수신이 잡혔는지 주머니 속에 진동이 울렸다.

'보나마나 김미영 팀장의 대출관련 헛소리겠지.'라고 치부하며 핸드폰을 열었다. 수신된 메시지는 공포스러웠다. 아버지로부터 온 메시지다.

'이놈아 하나도 안 들린다.'

스리랑카에서 한국으로 발신 시 분당 약 3천 원, 수신 시 분당 2천 원. 1분당 합계 5천 원. 게다가 발신이 무려 4번이나 되어 있었고 약 20달러는 공중에 버린 셈이었다.

'망할 터치 폰 같으니라고! 이런 젠장!'

가슴이 아려왔다. 돈 몇 푼 아끼고자 컨디션마저 포기했는데 청천벽력 같은 문자는 진정 내 가슴에 비수를 꼽았다. 20달러면 해변이 보이는 근사한 레스토랑에서 생선요리와 더불어 와인 한 잔에 팁까지 꽂아 줄 금액이고 맥도날드에서 세트메뉴를 세 번이나 시켜 먹고도 남는 돈이다. 니곰보에 막상 도착했을 때 눈앞에 저가 게스트 하우스가 가득했음에도 그리 기쁘지가 않았다.

"싱글 룸 있나요?"

600루피(6천 원)란 간판을 찾아 들어간 숙소는 할아버지 한 분이 운영하는 깔끔한 숙소였고 해변도 가까운 최상의 조건을 갖추고 있었다.

"물론이죠. 대신 에어컨은 없어요."

뭄바이에서 한 번 고생한 뒤로 나는 숙소를 찾을 때 가장 먼저 물어보는 조건이 바뀐 상태였다.

"저기……. 여기 바퀴벌레 없죠?"

"없어요, 없어."

아저씨가 없다고 한들 그 독한 바퀴벌레가 침투하지 않겠냐만 이렇게라도 확답을 들으면 마음에 안정이 찾아왔다. 손전등으로 침대 시트 밑을 확인하고 욕실로 그들이 진입할 가능성이 있는 곳을 모조리 수색하고 나면 그제야 짐을 풀었다. 이런 생활의 반복은 중동으로 넘어가기 전까지 계속되었다.

니곰보는 소박한 어촌 마을이다. 관광객을 태우는 배보다 고기잡이 어선이 더 많았고 해변에는 한적함 만이 남아 있었다. 흐릿흐릿한 날씨 때문에 처음 맞이한 인도양 바다도 덩달아 흐릿흐릿했다. 확실히 외부인의 발길이 많지 않은 곳이다 보니 현지 사람들은 해변에 앉아있는 내게 지나가면서 꼭 한마디씩은 던졌다.

"안녕? 일본인! 니곰보에 언제 온 거야?"

"지금 막 도착했어."

여기까지만 말하면 그들은 내 옆에 앉아 스리랑카의 명소를 안내해 주고 또 니곰보 근처의 추천할만한 식당들을 줄줄이 말해 주곤 했다. 세상에 공짜는 없다고 했던가. 그들은 십여 분을 줄기차게 설명한 뒤 기어들어가는 목소리로 그들의 목적을 조심스레 뱉어냈다.

"미안한데……. 진짜 미안하지만 네가 가진 담배 한 대만 얻어 피울 수 있을까?"

'겨우 담배 한 대 때문에 지금까지 떠든 건 아니지?'

그만 그러할 것이라 여겼는데 다른 이들도 하나같이 그랬고 심지어 ATM 앞을 지키던 아저씨, 오토릭샤 기사들, 고기잡이 하고 퇴근하는 사람들 모두가 그렇게 다가왔다. 맨 입으로 담배를 요구하던 인도사람들과는 다른 이 순박함. 귀엽기도 하고 진실함이 묻어나는 그들의 이야기는 그 내용이 그 내용이라도 계속해서 들어주었다. 너무 퍼줬던 탓일까 덕분에 수중에 있던 담배 한 갑하고도 열 개비가 모두 바닥났고 가까운 마켓에 담배를 사러간 나는 기겁하고 말았다. 나름 대형마트의 입구에서 담배를 낱개로 판매하고 있을 때 눈치 챘어야 했다. 담배 한 갑에 500루피! 오천 원 선인 담배는 내 숙소의 하루치 방 값과 맞먹었다. 섬 국가인 스리랑카에서 담배를 모조리 인도에서 수입하기 때문일까? 콜라나 과자의 가격도 인도의 1.5배는 되는 것 같았다. 공산품은 수입에 의존해야 하는 이곳 스리랑카가 결코 싼 국가가 아니란 걸 짧은 시간 내에 터득했지만 집나간 담배들은 되찾을 방법이 없어 보였다.

니곰보는 공항과 가까운 까닭에 많은 사람들의 여행 시작점이 되는 곳이다. 때문에 교통수단도 이곳에서 결정해야 했다. 버스를 타는 방법이 있었고 기차를 타는 방법도 있었다. 하지만 내 눈에 들어온 스쿠터 대여 간판! 핸드폰으로 찍어놓은 지도로 스리랑카를 대충 훑었다. 인도 옆에 코딱지만 하게 붙어있는 작은 나라. 이정도 크기라면 스쿠터로 섬 한 바퀴를 도는 건 시간

문제라 생각했다. 125cc 스쿠터의 힘을 의심하면서 스쿠터를 바라보는 내게 주인아저씨가 먼저 말을 건넸다.

"지금 네가 보는 그 스쿠터 성능이 아주 좋아. 한 달 전에 호주에서 온 남자 한 명이 20일 동안 이 스쿠터로 스리랑카 한 바퀴를 다 돌았지."

신빙성을 얻은 걸까. 무턱대고 보름치를 빌렸다. 빌리고 나서 제대로 된 지도를 펼친 뒤 스리랑카가 대한민국만 하다는 것을 알게 되었다. 마후라가 터지기 직전까지 매일을 달려야 되는 것이었다.

그래도 원없이 스쿠터를 가지고 돌아다닐 수 있다는 게 마냥 기대되었다. 시험 삼아 60킬로미터 떨어진 콜롬보를 다녀오는 일도 수월했다. 워낙에 길이 쉬웠고 잠시 쉬기라도 한다면 사람들은 친근하게 다가와 인사를 건넸다. 모터사이클 다이어리의 시작은 그때부터다.

이튿날 아침, 600루피에 바퀴벌레도 없는 싱글 룸을 제공해준 아저씨에게 생각보다 오래 체류하지 않아서 죄송하다는 말만 연거푸 내뱉은 채 니곰보를 떠날 채비를 마쳤다. 20킬로그램의 큰 배낭을 둘러메고 수납공간에는 300밀리리터의 작은 위스키와 대형지도를 탑재했다. 싸구려 황사마스크와 오클리 선글라스는 어울리지 않는 조합이었지만 헬멧을 착용하자 모던함이 묻어났다. 스리랑카의 허세왕은 니곰보에서 자유를 외치며 시동을 걸었다.

'스리랑카 헤럴드 트리뷴!'

오른쪽으로는 파란 해변, 왼쪽으로는 깎아지는 절벽. 조물주가 콧구멍을 두 개로 만든 이유도 각기 다른 냄새를 종합적으로 맡으라는 계시인 듯했다. 인간이 누리는 가장 큰 쾌락이 대변을 볼 때 느끼는 카타르시스라 하고 어떤 이는 섹스를 할 때 느끼는 오르가즘이라 했다. 다 거짓말이다. 진정한 쾌

락의 끝은 엄청난 대자연을 마주하면서 질주하는 본능이리라. 그 순간 나는 진정 최고의 행복을 맛보았고 스쿠터를 타고 달리는 자체가 하나의 구경거리라는 것도 알게 되었다.

첫날은 일곱 시간 가까이 주행을 했다. 서쪽 해안의 해변은 쓸데없이 물가가 비쌌고 그렇다고 만족할 만한 해변도 보이지 않았다. 니곰보에서 수백 킬로미터가 떨어진 곳에 위치한 골(Galle). 사실 첫날부터 이렇게까지 갈 생각은 없었으나 질주하는 재미에 흠뻑 젖은 나는 시간가는 줄 모르고 달려 이곳까지 오게 된 것이다. 말이 수백 킬로미터지 정말 '골'로 향하다가 골로 가는 줄 알았다. 모터사이클 다이어리의 가장 큰 단점은 엄청난 매연을 정통으로 마셔야 한다는 데 있다. 담배랑 체질적으로 잘 안 맞는 내가 하루에 담배 두 갑을 태운 뒤 다음날 시꺼먼 분비물을 토해낼 때와 같은 현상이 벌어졌다. 어설픈 헬멧보다 방독면이 더 절실했다. 게다가 순백의 황사마스크는 회색으로 변해있었고 물티슈로 얼굴을 닦자 까만 먼지가 연탄처럼 묻어나왔다. 휴식이 필요한 시점이었다(난 원래 피부미남인데 여행을 마친 뒤 엄청난 기미로 고생해야 했다. 이게 다 스리랑카에서 얻은 것이리라 믿는다).

세상 모든 것은 예기치 못한 일들의 연속이다

골은 예기치 않게 오게 된 곳이다. 언젠가는 들를 줄 알고 있었으나 예상보다 훨씬 이르게 도착해 버렸다. 골은 성곽으로 둘러싸인 곳이었는데 성곽 안과 밖의 물가가 확연히 차이가 났다. 네덜란드인들이 점령하여 건축한 잔재는 과거 그들의 아픈 상처였지만 지금은 스리랑카의 대표적인 관광지가 되

어 사람들을 맞이했다. 스리랑카와 전혀 어울리지 않는 유럽풍의 성당과 아기자기한 노천카페. 물가가 두 배로 뛰어오른다는 걸 알면서도 나는 굳이 성곽 안에 숙소를 잡았다. 그리고 밤은 더욱 화려한 빛으로 장식되었다. 부슬부슬 내리는 빗줄기가 그치자 촉촉한 거리에 아슬아슬 비춰지는 주황색 조명들. 저 멀리 보이는 유럽식의 시계탑과 콜로니얼풍의 가옥들은 모두 운치 있는 카페와 레스토랑으로 변해 있었다. 신은 불공평하다는 오리엔탈리즘을 부정하고 싶어도 스리랑카의 작은 네덜란드는 나를 강하게 매료시켰다. 스무 살에 처음으로 독일 땅을 밟았을 때 느껴보았던 그 감성은 생각지도 못한 스리랑카에서 완벽하리만큼 재현되었던 것이다.

성곽 내부가 확실히 비싸서 식사만큼은 외곽으로 나가야 했다. 주간에는 스리랑카 신혼부부들의 촬영이 줄을 이었고 탁하디 탁한 인도양 바다도 골에서 만큼은 에메랄드빛으로 반짝였다. 성곽에 걸터앉아 투명한 바다 속을 보고 있노라면 물고기 떼가 자유로이 헤엄치고 있었고 관광객들은 성곽을 따라 걸으며 여유를 만끽하고 있었다. 미얀마의 버강 이후로 이렇게까지 아름다운 곳은 처음인 듯했다.

완전히 매료된 채 성곽을 쏘다니다 보니 저녁을 알리는 주황색 조명이 올라왔다. 빗줄기가 조금씩 굵어져 숙소로 돌아가야 했다. 작은 정원을 가지고

있는 숙소의 테라스에는 재떨이가 하나 밖에 없어서 흡연자들은 죄다 그리로 모였다. 마침 두 명의 백인 아주머니들이 담배를 태우고 있었다.

"이곳 너무 예쁘지 않아요?"

먼저 말을 건네준 건 그들이다.

"스리랑카에 이런 곳이 있으리라곤 상상도 못했어요."

"어디서 오셨나요?"

"한국이요. 남한."

일본인이 아닌 이상 대부분 한국에서 왔다고 하면 북에서 왔는지 남에서 왔는지를 수없이 물어보는 탓에 항상 나는 국적을 'South Korea'라 답했는데 우연히 그 두 독일여성은 한국문화에 대해 공부했던 사람들이었다.

"요즘 많이 시끄럽던데……. 북한이랑 남한이랑. 어서 통일이 되어야 그런 일이 없어지죠."

"제 생각엔 통일될 확률은 0%에 가깝다고 생각해요."

"살다보면 예상하지 못했던 일들이 눈앞에 생기곤 해요. 저희 둘 독일 사람이잖아요. 올해 마흔이 넘었는데 우리도 젊었을 땐 독일이 통일되리라곤 전혀 생각하지 못했어요. 0%에 가깝다고 생각 했어요 당신과 똑같이……. 진짜 모르는 일이에요."

"그게 진짜 가능할까요?"

통일. 우리의 소원은 통일. 말이 쉽지 생각해 보면 항상 현실성이 어렵다고 느꼈던 과제다. 통일은 고사하고 북한이랑 친하게만 지내도 노벨상을 받았던 우리의 과거. 이러한 마당에 어떻게 통일이 가능할까 생각한 내게 그 두 아줌마의 말은 시사점이 많았다. 절대 불가능한 일도 없고 세상은 어차피 예기치 못한 일들의 연속인 게다. 연평도 도발처럼 시끄러웠던 이슈는 시간이 지날수록 사람들이 많이 알게 되자 어느 순간 국적을 밝히면 처음 듣는 질문거리가 되곤 했다(월드컵, 올림픽, IT강국 등의 키워드는 한국을 상징하는 수단이 못된다. 외부로 가장 쉽게 노출된 한국의 이미지는 북한과 대립 중인 분단된 국가다). 그리 심각한 문제가 아님에도 사람들은 남한이 엄청난 위기에 처해있는 것이라 생각했고 남북이 금세 전쟁이라도 일으킬 분위기로 착각했다. 통일은 분명 해결하지 못한 우리의 숙제다. 스리랑카에서 담배친구로 만난 이들도 남북의 통일을 지지하는 와중에 자국민이 통일을 거부할 이유가 있을까?

쓰나미의 아픈 상처

작별하기 싫은 도시 골. 떠나야 했던 이유는 맑은 날씨 덕분이다. 좀 더 동쪽 해안으로 이동하리라 생각하고 무작정 길을 나섰다. 전혀 번화가가 아닌 곳마저도 저렴한 게스트 하우스들이 많아 스쿠터가 퍼진다 한들 문제될 건 없었다. 워낙에 도로가 쉽게 정비되어 있어서 오른쪽에 위치한 바다를 바라보며 따라가면 길도 잃어버릴 염려가 없었다. 모든 것이 완벽했고 단지 필요한 것은 놓치지 말아야 할 여유였다. 화물차가 앞에 있다 해도 무턱대고 추월했다간 반대편 차량과 들이받을 수 있기에 안전은 최우선이었다. 급한 마음을 다스리지 못해 사고가 날 뻔한 적도 더러 있었기 때문이다. 첫날과 같은 무식한 질주보다 좀 더 속도를 늦추어 도착한 곳은 니곰보보다 더 한적한 어촌인 탱골이었다.

스리랑카에서 시가지의 알림은 시계탑이다. 때문에 시계탑을 먼저 발견해야 방향감각을 찾을 수 있었다. 탱골의 진입을 알리는 시계탑을 본 뒤에 가이드북을 꺼내 숙소를 찾았다. 가장 저렴한 숙소엔 섬뜩한 글귀가 있었다.

'저렴한 방에 시설도 좋다. 하지만 몇 해 전 주인은 쓰나미로 가족을 모두 잃었다.'

아무리 저렴하다 해도 그곳만큼은 결코 가지 않으리란 생각을 가지고 해변으로 들어섰다. 마침 간판 없는 게스트 하우스 입구에서 아저씨 한분이 손짓했다. 언뜻 봐도 괜찮은 숙소였다. 숙소 앞은 공사가 한창이었지만 아저씨는 내 스쿠터를 직접 몰아 숙소의 마당에 주차하는 배려를 서슴지 않았다. 게다가 그가 부른 싱글 룸의 가격도 이성적인 금액이었으니 주저 없이 그 숙소에서 머물기로 결심했다. 여느 때와 같이 바퀴벌레의 서식을 살펴본 뒤 해변으로 나서자 떡 하니 붙어있던 게스트 하우스의 간판. 가이드북에서 쓰나미의 피해를 입었다던 그 숙소다. 돈도 지불한 상태에서 방도 뺄 수 없었다. 어느 시점부터인가 바다의 파도는 거칠었는데 정신을 다시 차리고 보고 있노라면 금방이라도 백사장을 삼킬 기세였다. 밤이 오질 않길 기도했지만 시간을 거스를 수 없는 법. 인근에 레스토랑이 거의 없던 탓에 숙소에서 모든 것을 해결해야 했다. 숙소는 투숙객이 단 한 사람도 없었고 제법 규모가 컸음에도 아저씨 혼자 운영하는 듯했다. 식당의 테라스는 전기 대신 촛불을 사

용했다. 식사를 가지고 오는 아저씨가 촛불의 작은 빛으로 얼굴을 비추자 그 선한 눈매가 복잡한 심경을 자극했다.

'설마 이 숙소에 죽은 가족의 혼령이 떠돌지는 않을까?'

불안했다. 탱골은 과거엔 각광받던 해변이어서 서핑으로도 유명했단다. 그런 아름다운 해변이 단 한 번의 쓰나미로 폐허가 되어 버린 것이다. 재건축한 숙소가 아니면 곳곳에 뼈만 앙상하게 남은 가옥을 보기란 쉬운 일이었다. 오랜만에 찾은 투숙객이어서 그랬는지 혹은 혼자 쓸쓸히 숙소를 지키면서 말동무가 필요했던 것인지 아저씨는 내 옆자리에 앉아 이야기를 꺼냈다.

"한국 사람이 이곳을 찾은 건 오랜만이네요."

"아직 스리랑카가 한국인에게 인기 있는 관광지가 아니라서 그런가 봐요. 멀기도 하고……."

"한국 사람은 전반적으로 수줍음이 많죠. 제가 만나본 사람들은 다 그렇던데. 왜 그럴까요?"

"글쎄요. 삼면이 바다로 둘러싸여 있어서……(외국에 나갈 일이 어려워 외국인을 경계한다는 표현이 이상하게 튀어 나왔다)."

"아……."

아저씨는 대답을 더 이상 하지 않았다. 나도 부연설명을 하기 지쳤고 둘은 멍하니 바다를 바라보았다. 오전에 스쿠터를 타고 올 때 느꼈던 아름다운 바다. 바다가 아름다워 해변만 찾는 이들도 많은데 아저씨는 해변을 보면서 무슨 생각을 했을까? 꼴도 보기 싫을 바다일 텐데 그곳을 떠나지 못하고 이곳을 지키는 건 어떤 이유에서 일까? 정말 혼령이 존재해서 잃어버린 가족과 함께하고 싶어서였을까? 아저씨는 적당한 시점까지만 자리를 지켜주었다.

대자연의 보고 스리랑카

탱골은 역시나 오래 있을 곳이 못 되었다. 음침한 분위기에 잠을 설치는 건 물론이고 특별히 할 일도 없는 동네였다. 아저씨에게 미안했지만 떠나야 했다. 아저씨는 문 앞까지 나와 손을 흔들며 배웅해 주었다. 여러모로 고맙고 또 죄송스러웠다.

티사마하라. 오늘의 목표거리는 스쿠터로 약 2시간 거리. 그곳을 방문하는 이유는 국립공원을 방문하기 위해서다. 스리랑카는 국가의 상당부분을 국립공원으로 지정하여 동물들을 보호하고 있는데 티사마하라는 그중에서도 가장 많은 동물이 서식하는 곳으로 유명했다. 적당한 숙소를 찾으려 들어서는 순간 가장 먼저 맞이한 이는 사람의 다리만한 커다란 도마뱀이었다. 도마뱀은 몇 번 혀를 날름거리더니 개구멍으로 빠져나가고 말았다. 시작부터 티사마하라는 대자연의 보고였다. 마침 주인아저씨는 급하게 나를 재촉했다.

"아, 손님. 지금 막 사파리 차가 한 대 떠나려 하는데 지금 같이 하시겠어요?"

"얼마나 해요?"

"원래는 8천 루피(8만 원)인데 5천 루피에 해 드릴게요. 빨리 결정하세요."

5만 원이란 금액을 단 한 번도 고민하지 않고 쉽게 꺼내는 배낭여행자가 어디 있겠는가. 스쿠터가 있는 내가 차라리 스스로 국립공원을 들어갈까도 생각하고 있었다. 아저씨는 눈치껏 가격을 낮췄다.

"좋아요. 4천 루피! 대신 같이 가는 사람들에게는 비밀입니다."

비는 부슬부슬 내려 사파리하기에 적합한 날씨는 아니었지만 3년 전 출판된 가이드북에서 안내한 가격보다 저렴한 가격은 거부하기 어려웠다. 오래된 지프차로 비포장 길을 뚫고 가자 이미 여러 대의 지프차들이 얄라국립공원 앞에 진을 치고 있었다. 시작부터 화려한 색상의 새들로 가득했다. 비가 그친 뒤 내리쬐는 햇빛에 몸을 말리고자 저마다 날개를 펼친 새들 중엔 난생 처음 보는 디자인도 있었다. 지프차들은 서로 연계가 되어 있는 듯 서로 무전기로 어느 지점에 어떤 동물이 출현했다고 지속적으로 알렸고 그런 정보를 입수한 차량은 누가 먼저라 할 것도 없이 그곳으로 향했다. 반경 수십 킬로미터의 이곳 얄라국립공원은 먹이사슬이 천연그대로 존재하는 거대한 동물원이나 다름없었다. 스리랑카 사람들이 굳이 관광업을 위해 이런 국립공원은 조성하지 않았으리라. 자연을 아끼고자 하는 그들의 진심이 통해서였을까 갖가지 동물들은 자유롭게 국립공원에서 서식하고 있었다. 가까이서 보기 힘든 코끼리는 불과 몇 미터 앞에서 덤불을 뜯어먹고 있었고 사슴 떼는 인기척이 들리자 우르르 이동했다. 간혹 신기한 동물이나 조류가 보이면 가이드는 직접 차에서 내려 설명하기도 했다. 동물을 가까이서 본다는 것이 이렇게 재미난 일이었다니! 세상 어떤 동물원이 친환경적으로 조성한다 한들 이곳에 비할 바는 못 되었다. 몽구스가 뱀을 입에 물고 가는 장면을 본다는

울타리가 없으면 코끼리도 눈웃음을 친다.

건 인위적으로 만들어서 될 일이 아니기 때문이다. 소나기가 내리면 소나기에 반응하는 원숭이와 물소가 있고 다시 햇살이 내리쬐면 거기에 맞게 반응하는 자연의 이치가 이토록 신비로웠던가! 매번 느꼈지만 여행 중에 지극히 당연한 현상이 감동으로 다가오는 일이 많았다.

네팔에서 중국인들에게 정신적 외상을 입고 난 뒤 상종도 하지 않으려 했다. 당시 같이 사파리를 했던 중국인들이 저녁식사를 권했다. 거절에 약한 남자 손제영은 안될 이유가 없다며 그들을 따라나서고 말았다. 인도에 사람이 많다보니 다양한 성격의 사람들이 존재한다는 것이 당연하다고 누가 그랬던가. 인구 13억의 중국은 더 다양하다는 걸 그땐 미처 몰랐나 보다. 의외로 유쾌한 식사를 즐기며 대화를 오가던 중 우린 스리랑카의 음식에 대해 진지한 고찰을 했다.

"제영, 스리랑카에서 항상 느끼지만 뭘 시키면 밥을 너무 많이 줘. 때때론 나랑 친구랑 하나를 시켜 나눠먹어도 충분하다니깐."

"그렇지? 나도 어디서 들었는데 이곳 사람들은 아침을 간단한 차로 대신하고 식사는 하루에 두 끼 정도 하는 게 일반적이래. 그래서 그런 게 아닐까?"

"식사는 균형 있게 해야 건강에 좋은데……."

인도도 그렇고 네팔도 그렇고 현지어 중엔 아직 서로의 안부를 묻는 말 중 '식사하셨습니까?'가 존재한단다. 생각해 보면 참 안타까운 말이다. 우리나라는 이제 그런 인사가 정말 당신이 식사를 했는지 안했는지를 물어볼 때 쓰는

말로 바뀌었지만 과거에는 보편적인 인사법이었다. 세 끼를 잘 챙겨먹고 편한 곳에서 잠을 잘 자는 것이 다음날 상대방의 안부를 묻는 중요한 인사였기에 '식사하셨습니까?' 혹은 '안녕히 주무셨나요?'가 보편적인 인사가 되었다고 누군가에게 들은 적이 있다. 스리랑카인들은 사람들이 생각하는 이상으로 생활고가 심하다. 동남아시아 전역을 여행하면서 사람들이 저축의 개념을 가진다는 것이 얼마나 힘든 일인가는 진작 알 수 있었다. 그러나 그보다 더 중요한건 끼니를 거르지 않고 산다는 게 매일 해결해야 될 과제란 것이다. 방글라데시 사람들이 행복한 이유? 물론 낙천적인 성격도 한 몫 하겠으나 경제적인 요소 또한 배제할 수 없다. 한 달 평균 사람들이 버는 금액은 인접국가와 별반 다르지 않더라도 물가가 저렴해 그나마 낫다. 그렇지만 미얀마 혹은 스리랑카와 같이 적은 봉급에 높은 물가를 자랑하는 곳들은 저마다 사람들이 생활하기 어려워 인간의 가장 기본적인 욕구를 제한하며 살아야 했다. 한국이나 일본이 아닌 다른 아시아 국가를 여행하다 보면 그들이 우리 과거의 자취를 천천히 따라온다는 사실을 느낀다. 20년 전 우리의 과거를 그대로 빼다 박아서 그런지 더 역동적으로 비춰질 수도 있다. 전 세계의 모든 돈이 서쪽으로 집중한 데는 그놈의 산업혁명만이 이유가 되었을까? 타임머신을 타고 100년 전으로만 거슬러 갈 수 있다면 스리랑카나 미얀마 같은 나라에 증기기관차를 먼저 선물해 주고 싶었다.

식사를 하면서 친해진 중국인들은 내가 가려던 목적지와는 반대편에서 내려오던 중이었다. 나의 다음 목적지 엘라로 가는 길은 산길이 많아 특히 운전에 유념하라는 말을 몇 번이나 들었는지 모른다. 그들의 말 대로 엘라로 가는 길은 험난했다. 운전하는 나도 지치는데 스쿠터는 얼마나 힘이 들까 싶어서 중간 중간 휴식을 많이 취했다. 그럴 때마다 현지사람들은 자신의 집으로 불러들여 목적 없는 대접을 하곤 했다. 때론 온가족을 다 모아 사진을 찍어 한국으로 돌아간다면 편지로 붙여달라고 했는데 지키지 못한 일들이라 아직도 미안하다. 이메일로 쏴 주는 게 훨씬 좋다고 거듭 강조해도 그들은 인터넷을 사용하지 않았다. 그만큼 문명에서 한발 떨어져 사는 그들이다. 현지인들의 초대 반, 나의 게으름 반이 합쳐져 결국 그날 오후 늦게 겨우 엘라에 도착하였다. 마을이 주는 이름 자체도 매력 있었고 니곰보에서 스쿠터를 대여할 때 아저씨말론 진짜 스리랑카를 볼 수 있는 곳이라 했었다.

진짜 스리랑카! 소박한 마을 어귀는 수많은 홍차 밭으로 가득했고 사람들이 홍차를 따는 모습은 안개에 가려 오묘한 맛이 있었다. 고산지대인 엘라는

서늘한 날씨는 기본이며 주위에는 폭포와 아름다운 절경이 함께했다. 한 폭의 산수화라는 말이 함부로 써서는 안 될 말임을 그때 알았다. 한 폭의 산수화는 엘라를 두고 한 말이었다.

엘라에서 나의 일과는 홍차 밭에서 시작했다. 그냥 무작정 이유 없이 홍차 밭으로 가면 사람들의 에너지 넘치는 환호가 언제나 즐거웠다. 말은 안 통해도 같이 홍차 잎을 따고 즉석에서 대접받는 홍차 한 잔은 진정한 여행의 묘미로 다가오고 있었다. 그들과 수없이 셔터를 눌러대며 사진을 찍었고 수많은 종이에 그들의 주소를 옮겨 적어야 했다. 한국에 가면 우편으로 꼭 붙여 달라했던 그들. 여행 중에 주소지를 모조리 분실한 것과 그곳을 떠나고 1년 뒤에 생각이 난 것이 미안할 따름이다.

공중도시 시기리야

엘라에 머물면서 몸과 영혼이 재충전되자 다시 여행하고 싶은 마음으로 두근거렸다. 시기리야를 향하는 길은 꽤 거리가 있었지만 그날이 일주일 중 유일하게 비가 안 온다는 날이어서 어떠한 장애물도 없었다. 날씨는 화창했고 외곽으로 벗어나니 그 흔한 매연도 줄어들어 숨쉬기도 편했다. 고질적인 목감기에 엘라에서 결국 병원을 찾았는데 확실히 괜찮아진 모양이다. 쨍쨍한 하늘 아래 줄기차게 달려 도착한 시기리야는 소박한 마을이었다. 울창한 가로수를 가로질러 마을 어귀에 도착하자 게스트 하우스들이 눈에 띄었다. 첫끗발이 개끗발이라 했던가 처음 가격을 물어본 숙소는 다른 숙소가 눈에 들어오지 않을 만큼 괜찮았다. 신혼 방을 연상시키는 아기자기한 인테리어. 탁자 위에 굳이 놓인 꽃병과 침대 위의 레이스는 불필요해 보였다. 이렇게 숙소만 바라보고 오래 머물고 싶다는 생각이 들긴 처음이었다. 물론 신은 공평했다. 밤이 되자 소나기가 내렸고 방안에 무언가가 폴짝폴짝 뛰어 다니는 것이 눈에 들어왔다. 개구리였다. 현관 문틈사이로 비집고 들어온 용감한 녀석들을 끌어내자 이번엔 엄지손가락만한 바퀴벌레가 욕실에서 기어 나왔다. 우려했던 일이 터진 것이다. 자연적인 먹이사슬로 대표되는 스리랑카 국립공원의 보존실태가 하필이면 신혼 방 같은 아기자기한 게스트 하우스 내부에서 일어나고 있었다. 탁자위의 컵으로 차마 바퀴벌레를 죽이지 못하고 생포했다. 부처님 말씀대로 하찮은 생명도 생명이라는 판단 아래 종이를 컵에 대고 현관 밖으로 나가 바퀴벌레를 놓아주었다. 그 잠깐 나간 사이에 개구리 두 마리가 다시 들어왔다. 도저히 잠을 잘 수 없는 상황이었다. 두꺼비가 가게에 들어오면 길조라고 말씀하시던 부모님이 생각났다(개구리가 두꺼비처럼 생겨서 그냥 두꺼비라 믿고 싶었다). 설날을 보내고 맞이한 진정한 새해. 올 한해는 복이 넘치리라 생각했다. 다음 날 아침에 확인했을 땐 내 방에 여섯 마리의 두꺼비가 뛰어다니고 있었다.

단순히 시기리야만을 방문해야 한다면 25달러의 금액을 내야했다(스리랑카의 고대 유적지는 한꺼번에 티켓을 구매할 경우 할인 된 가격을 제시한다). 가혹한 행위지만 달리 방법이 없었다. 시기리야가 어떠한 곳인지도 잘 몰랐던 터라 돈 아깝다는 생각이 지워지지 않으면서 입장하는 도중 나를 홀리게 한 무언가가 시야에 들어오고 있었다. 사방이 평지인 이곳에 떡하니 서 있는 거대한 바위. 그 바위 자체만으로도 불가사의 했으며 구름인지 안개인지 정체모를 흐릿함은 묘한 분위기를 더하고 있었다. 그 흐릿함의 정체는 앞서가던 단체 중국인 관광객들의 담배 연기로 판명이 났기에 거리를 두며 걸어야 했다. 같은 동양인인 나로서는 일행으로 오해받을 소지가 많았기 때문이다. 덕분에 더욱 천천히 주위를 살피며 걸었다. 정갈한 석조물들은 제대로 된 보존 상태를 보여주었고 요 며칠 계속된 비 때문에 상류에서 흐르는 물소리는 청아했다. 시기리야 입구에 들어서자 웅장한 계단이 기다리고 있었다. 코끼리의 발톱도 아닌 것이 그렇다고 독수리의 발톱도 아닌 형상의 입구는 인공적으로 설계한 철제계단으로 대신하고 있었다. 이미 과거에 사람들이 올랐으리라고 추정되는 계단은 오랜 기간의 침식으로 갉아져 있었기 때문인데 만약 제대로 보존되어 있었다고 해도 오르기 힘들만큼 경사가 있었다. 정확히 말하자면 시기리야는 과거 임시왕궁이자 종교적 성지의 역할을 해 온 곳이다. 그래서 이곳을 건설했던 이들과 신을 섬겨야 했던 이들이 정상에 오르기 위해선 죽음을 무릅쓰고 수백 미터에 달하는 바위를 올라야 했었다. 바위의 중심부에는 1600년 전에 그려진 벽화가 아직도 훼손이 되지 않은 채 고스란히 존재했고 드디어 정상에 올랐을 땐 바람소리만이 귓가를 스쳤다. 사방을 둘러보았다. 휑하니 아무것도 없었다. 멀리 능선이 보일 뿐 이 광활한 평지에 이런 바위가 있다는 것은 자연이 만들었다고 해도 믿기 어려운 사실이었다. 공중도시 시기리야는 추측의 흔적만으로도 충분히 신성함을 간직하고 있었던 것이다. 그 신성함 때문일까. 앞서 도착해 있던 중국인 관광객들도 일제히 숙연하게 그곳을 감상하고 있었다. 참으로 미스터리했다. 이 높은 바위 위로 도시를 건설하기 위해 수많은 벽돌을 어떻게 가져올 수 있었을지 상상이 가질 않아서다. 여행을 하면서 마주하는 유럽풍의 건축물들은 때때로 질투심을 느끼게 하지만 시기리야와 같이 믿기 힘든 역사의 현장을 보고 있노라면 저절로 고개가 숙여질 수밖에 없었다.

시기리야를 보고 나서 스리랑카의 유적지를 더 보겠다고 다짐했으나 몸은 지칠 대로 지쳐있었다. 모터사이클 여행을 몇 개월간 하는 사람들이 갑자기

공중도시 시기리야

존경스러워진 나는 더 이상의 이동이 힘들어 보였다. 시기리야에서 다시 니곰보로 가는 것도 엄청난 여정이고 지금 당장 출발하여 빠듯하게 달려도 반납일에 겨우 맞출 수 있었다. 약 300킬로미터. 서울에서 대구까지 거리를 스쿠터에 의지한 채 젖 먹던 힘까지 짜내면서 내달렸다.

목소리 큰 사람이 이기는 세상

심신이 지치니 자연스럽게 식탐이 늘었다. 먹기라도 잘 먹어야 살겠다는 심보다. 이른 아침부터 줄기차게 달려 점심때쯤 도착한 쿠루네갈라는 지도상으론 제법 큰 시가지에 속했다. 먹이를 찾아 배회하는 표범처럼 당시의 나는 안내표지판보다 식당 간판만이 눈에 들어오고 있었다. 그때 내 눈을 사로잡은 훌륭한 글귀.

'차이나 레스토랑. 점심 뷔페특선 200루피부터'

200루피란다. 200루피. 우리 돈 2천 원이 시작가라면 북경오리가 목구멍까지 차도 1만 원이 넘지 않을 거라 생각했다. 게다가 운 좋게 첫 손님이라니. 내부도 제법 그럴싸했다. 말끔하게 정장을 차려입은 직원이 다가와 메뉴를 설명했다.

"밥과 야채만 드시면 200루피. 닭을 추가해 드시면 100루피, 생선은 120루피, 계란 요리는 60루피를 별도로 받고 있습니다."

"진짜 마음껏 먹어도 되죠?"

"물론이죠."

직원이 말한 것을 모조리 시키고 10% 부가세를 떼어내도 6천 원이 안 되는 금액이다. 확실히 관광객이 없는 곳이라 어쩔 수 없이 저렴하다는 생각이 들자 먹기 전부터 이들에게 미안했다. 미안한 마음은 평소 시키지도 않던 콜라로 대신했다. 그리고 이내 접시를 집어 들고 한 마리 돼지처럼 먹어댔다. 손님이 나 뿐이니 당연히 눈치가 보이기 마련이어서 닭을 가져오는데도 솔직히 조금 민망했다. 얼마나 오랜만에 맛보는 고향의 맛인가! 순간 내가 진짜 중국인일 수도 있다는 정체성의 혼란이 찾아왔지만 맛있는 음식 앞에 체면 차릴 여유도 없었다. 적당히 반숙되어 간장에 조린 삶은 달걀은 어머니의 손

맛이었고 빨간 고춧가루 양념에 베인 생선요리는 그 살이 통통해 남길 수가 없었다. 진짜 배가 터질 때까지 먹고 계산서를 받아들었다. 그리고 당황했다.

'2040루피(약 2만 원)'

잘못된 계산서를 준 것 같다며 직원을 불렀다. 그는 웃으면서 닭다리의 개수를 하나씩 세고 있었다.

"저희 업소는 닭다리 하나에 100루피란 뜻이었어요."

뭔 소린가 싶었다. 그 돈을 그냥 낼까도 몇 초간 고민했지만 2천 루피의 기회비용이 어마어마하다는 생각에 순간적으로 그에게 대꾸했다.

"이봐요. 밖에 간판 보고 찾아왔다고요. 당신네들 뷔페의 개념자체를 모르는 것 같은데, 뷔페는 정해진 금액에 원없이 먹는 거라고요! 아시겠어요?!"

치사하고 쪼잔하게 그럴 필요 없었는데 왜 그랬나 모르겠다. 오히려 당황한 것은 직원이었다. 곧이어 사장님이 다가왔다.

"무슨 문제 있으십니까 손님?"

"저기요. 분명히 뷔페라면서요. 실컷 먹고 나서 이러기가 어디 있어요? 분명히 직원이 처음에 닭고기 100루피, 생선 120루피를 추가로 지불하면 된다고 그랬다고요! 맘껏 먹어도 된다 그랬는데 어찌된 거죠?"

"뭔가 착오가 있으셨나본데 여긴 원래 그런 시스템이에요. 밥과 야채만 200루피에 계속 추가해 드실 수 있고 나머지는 별도지요."

끝까지 정중함을 잃지 않았던 사장님께 타협은 못 볼지언정 나는 더욱 거세게 몰아붙였다.

"완벽한 직원의 실수네요. 이 돈 지불 못하겠어요!"

생각해보면 가당치도 않은 대답이다. 어디서 저런 깡다구가 나왔는지 지금도 의심스럽다. 하지만 결국 선한 사람이 승자가 되는 것일까. 사장님은 결코 화를 내지 않았다.

"그렇다면 손님 제가 사과드리겠습니다. 그냥 가셔도 좋습니다."

그 한마디가 얼마나 강력한 말이었는지 모른다. 말도 안 되는 깡으로 억지스럽게 버틴 나의 자존심을 뭉개버린 사장님의 젠틀한 대답에 이내 꼬리를 내렸다.

"아니에요. 제가 죄송했어요. 값을 지불할게요."

지갑에서 2천 루피를 꺼내려 했다. 사장님은 내게 다시 한 번 고개를 숙였다.

"손님이 기분이 언짢게 나가시게 돼서 그 돈을 다 받을 수 없습니다. 굳이 계산 하신다면 절반 값만 받겠습니다."

"아, 아니에요. 여기 2천 루피."

사장님은 딱 1천 루피 지폐 한 장만 받아들었다. 순간 남은 1천 루피도 그의 손에 쥐어 주려하자 사장님은 빙긋이 웃으며 끝내 받지 않았다. 메뉴를 잘못 설명했다고 부하직원은 현관을 나가기 전까지 사과를 했다. 미안하고 또 미안하고 정신 못 차릴 만큼 기분이 묘했다. 투철한 서비스정신으로 표현해야 하는 것인지 혹은 이방인에 대한 관대함으로 해석해야 하는지 구분이 서질 않았다. 젠틀한 사장님은 루피로 환산할 수 없는 마음의 짐을 답례로 주신 것이다.

니곰보까지 탁 트인 하이웨이가 펼쳐져도 점심식사 때문에 가슴 한쪽 구석이 계속 답답했다. 무엇이 그리도 답답하게 만든 것일까? 아시아를 여행하면서 모든 이들을 진실한 마음으로 바라보고자 했던 나의 마음은 단지 정서가 비슷하단 이유만으로 언성을 높이고 있었다. 실제로 동남아 어디서든 목소리 큰 사람이 장땡이다. 불이익을 당해도 혹은 지극히 당연한 것을 부정하려 해도 목소리를 세우면 안 되는 일이 없었다. 버릇처럼 굳어버린 안 좋은 습관에 제대로 한방 얻어맞은 것이다.

생각보다 니곰보에 일찍 도착했다. 600루피에 바퀴벌레 없는 숙소를 제공했던 곳으로 찾았지만 웬일인지 싱글 룸이 모두 나간 상태여서 다른 곳을 가야했다. 니곰보에서 휴식을 취할 겸 4일을 머물 계획이었기에 매트리스가 편한 숙소를 골라잡았다. 그렇게 줄기차게 오던 비는 이상하게 그날부터 단 한 방울도 오지 않았다. 해변을 나가면 여느 때와 다름없이 사람들은 친절하게 관광안내를 하면서 담배를 받아 갔다. 말보로가 떨어진 나조차도 현지 담배를 피웠는데 담배를 얻어간 이들은 현지 담배를 얻자 더욱 좋아하며 내게 미소를 보냈다. 처음부터 끝까지 그들은 순박함 덩어리였다. 인도여행의 연속일 줄 알았던 스리랑카. 완전히 다른 나라였고 사람들은 더욱 유순했다. 다시 스리랑카를 찾아 모터사이클 다이어리를 꿈꾼다면 일기예보를 반드시 체크할 것이고 방독면을 구해 올 것이다. 그리고 2천 루피를 준비해서 쿠루네갈라를 찾아야겠다.

니곰부 [Negombo]

스리랑카 서부 인도양에 면하는 항만도시.

CAYMAN ISLANDS IMMIGRATION
Unauthorized Employment Prohibited
STAR
AIR MAIL
ENTRY
AIR PLAN
Europe
Asia
Middle East
Africa
Indian Ocean
터키
시리아
레바논
요르단
이집트
아랍에미리트
오만
I LUV TAVEL

중동
Middle East

MY TRAVEL'S STORY STARTS FROM NOW ON.

11
아랍 에미리트

The United Arab Emirates

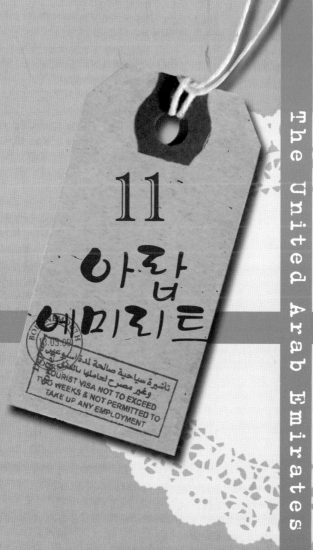

두바이는 놀이터다.

고운 모래사장 위에 순식간에 지어진 요상한 건축물들의 향연.
S라인의 섹시한 미끄럼틀과 자극적인 색으로 이루어진 그네와 시소.
순수한 아이들의 눈을 매료시킨 놀이터는 다분히 미래지향적이다.

오일파워는 나를 혼돈의 길로 안내했다

니곰보에 머물면서 아버지와 전화 통화를 했었다.

"야야, 두바이 거기 많이 비싼 곳 맞제? 싼 데 찾는다고 또 어디 한구디 드가지 말고(아버지께서는 남녀가 혼숙하는 도미토리를 크게 의심하셨다) 내가 가르쳐 주는 데로 가라. 예전에 우리 2층 사무실에 금호건설 있었던 거 기억나나? 거기 박방주라는 차장님이 있는데 두바이 간지 좀 됐거든. 전화 넣어 보니깐 마침 혼자 있다 그래서 니 하나 재워 주는 건 일도 아니란다. 눈치 보지 말고 글로 드가라. 낸중에 박 차장님 한국 들어오면 내가 한 잔 사면 될 일이까네."

물론 두바이는 출발 전부터 물가가 감이 안 잡히는 곳이었다. 그동안 만나왔던 여행자 친구들과 채팅을 하다가 다음 목적지가 두바이라 하면 돌아오는 대답은 똑같았다.

'It's gonna be fucking expensive(더럽게 비쌀 거야).'

비싸봐야 얼마나 비싸겠냐는 심보로 두바이로 가는 비행기에 몸을 실었다. 두바이에 도착하려면 한참이나 남았는데 이미 3만 피트 상공에서 메시지가 울려왔다. 외교통상부는 그 상공을 아랍에미리트라 했다. 설마하며 아이팟을 꺼내보았다. 와이파이 수신이 강하게 잡히고 있었다. 세계 최고급 항공사 에미레이트 항공. 산유국의 몇 안 되는 대형 항공사가 최근 항공로의 트렌드를 바꿨다고 해도 과언이 아니다. 불과 몇 년 전만 하더라도 한국 사람들이 유럽으로 넘어갈 때는 홍콩항공사를 이용하는 경우가 많았으나 이제는 시설적인 측면이나 가격적인 측면에서 월등하게 앞서는 중동 항공사로 물갈이 되는 추세다. 그뿐 아니라 중동 항공사들은 일제히 세계 유수의 스포츠클럽 후원을 지속적으로 계약하고 있으니 석유의 힘은 지구상에서 가장 강력한 힘이라 해도 부정할 이가 없을 것이다. 탑승할 때만 해도 당당했던 나는 단지 비행기에서 안테나가 잡히고 와이파이가 터졌을 뿐인데 두바이의 기에 완전히 눌려버린 상태였다.

두바이의 공항은 역시나 최첨단의 시설을 자랑했다. 깔끔함과 모던함, 그 어떤 수식어로 표현하려 해도 모자랐다. 박방주 차장님께서 마중을 나오신다고 했는데 어떻게 날 알아볼까 싶어도 차장님은 금세 내게 악수를 건넸다. 아버지와 심각하게 많이 닮은 탓이다.

"아버지랑 똑같이 생겼네!"

"이렇게 안 오셔도 되는데……."

"이슬람 국가는 금요일이 휴일이거든. 바쁜 일도 없고 해서."

오랜만에 만난 한국인이라 너무 반가웠고 친근하게 맞아주셔서 더 마음이 놓였다. 차장님의 자가용으로 두바이 공항을 빠져나가자 눈앞에서는 몇 개월간 보지 못했던 신세계가 펼쳐졌다. 독특한 디자인의 건물과 넓은 차선. 그 차선 위로는 페라리와 포르쉐가 수없이 질주했다.

"두바이 오는 거 이번이 처음이지? 진짜 계절 잘 맞춰서 왔네. 지금도 물론 덥지만 여름이 되면 50도가 넘어가거든. 2분만 밖에 나와 있어도 쪄죽어. 덕분에 여긴 모기나 파리 같은 충이 없지. 알을 못 까니깐."

시작부터 쾌재를 불렀다. 충이 없다는 말은 바퀴벌레도 없다는 이야기. 제아무리 독한 녀석이라도 50도에 알을 까기란 불가능 할 터. 내가 바퀴벌레라 해도 땀을 삐질삐질 흘리며 번식을 할 바에는 차라리 자살을 택할 것이다. 설렘은 곧 흥분으로 바뀌었다.

"두바이는 물가가 많이 비싸지요?"

"서울에 딱 2배 정도는 되지. 기름 빼고 전부 다 비싸. 요새는 이유 없이 비싼 것 같아. 두바이가 2008년부터 한풀 꺾였거든. 우리 금호건설도 여기 공사 몇 개 벌여놓고 못 받은 돈이 수두룩하지. 그래도 여긴 굉장한 곳이야. U.A.E 전체 인구가 300만인데 그중 현지인들은 20%가 안 된다면 믿겨져? 이런 사람들이 한 때 세계경제를 주목시키며 두바이를 성장시킨 자체가 역사인 게지. U.A.E는 여섯 개의 주가 다 따로 놀아. 그중 잘사는 곳은 아부다비야. 거긴 아직 석유매장량이 많아서 그래. 두바이는 이제 석유가 거의 바닥났어. 저기 커다란 빌딩 보이지? 세계에서 젤 높은 빌딩. 원래 이름은 '버즈 두바이'인데 두바이가 경기침체로 아부다비로부터 돈을 빌리면서 건물 이름도 아부다비 왕인 칼리파의 이름으로 바뀌었어. 그래서 이젠 '버즈 칼리파'로 불려."

박 차장님의 말씀을 듣고 난 뒤 나는 두바이의 시선을 달리 할 수밖에 없었다. 페라리 오픈카에는 모름지기 슈트차림이나 스포티한 골프웨어를 입은 사람이 어울릴 것이라 생각했기에 흰색의 아랍전통의상을 입은 현지인들이 처음엔 다소 어색해 보였다. 오일머니를 귀가 따갑게 들었을 땐 그들이 단지 부모 잘 만나 호강하는 부잣집 외아들로 생각했었다. 하지만 아무리 기름이 넘쳐난다 하여도 이곳 두바이를 이토록 발전시킨 그들은 놀라운 민족임에 틀림없는 것이다.

"두바이에 진짜 굉장한 곳이 있는데 그리로 먼저 가볼까?"

지금 보는 것만으로도 눈이 호강하는 마당에 도대체 얼마나 더 놀라운 것들이 있는 것일까? 두바이의 신비로움은 그칠 줄 몰랐다.

"지금 가는 곳은 '팜 쥬메이라'라는 곳이야. 손바닥 모양으로 펼쳐진 인공 반도 인데 거기가 두바이에서 제일 부촌이지. 여기 잘사는 사람들은 아파트나 주택에 안 살고 저런 데서 살아. 요트를 정박하기도 쉽고……. 참, 지금 가려는 곳이 시공비만 1조 원이 넘은 호텔이야. 개막식 비용만 300억이 들었다고 하더군. 나도 처음 가보는데 볼만할 거야."

솔직히 말해 어디까지가 진실이고 어디까지가 거짓인지 몰랐다. 그만큼 두바이는 놀라운 곳이었다. 시공비만 1조 원이라니. 호텔은 입장료만 30달

러 이상을 물고 있었다. 바다를 좋아한다는 이유로 호텔 내부는 아쿠아리움이 있었는데 그곳에는 300킬로그램이 넘는 거대 물고기가 두 눈을 부라리며 헤엄치는 중이었다.

"저 물고기가 여기 아라비아 해안에서 많이 잡히는 물고기야. 함모르라고 하지. 쉽게 말해서 다금바리야. 다금바리과인데 회 떠먹으면 맛도 비슷해. 오늘은 피곤하고 내일 오전에 수산시장 가거든 함모르 사가지고 와서 회 떠먹으면 되겠네. 회 좋아하지?"

불과 며칠 전까지 2만 원이 아까워서 중국식당에서 난리를 치던 배낭여행자. 아시아 최빈국만 골라 다니며 길거리 음식에 설사를 항상 동반했던 내게 다금바리라니! 환경이 급변해서 정신 못 차릴 만큼 어질어질했다.

토요일은 이곳에선 평일이라 수산시장은 이른 아침부터 부산했다. 다양한 어종이 한데 모인다는 아라비아해협의 특성을 반영하듯 가판대에는 형형색색의 물고기가 종류를 달리했다. 정말 어제 아쿠아리움에서 봤던 함모르가 한쪽에 고스란히 진열되어 있었다. 물론 300킬로그램의 초대형 물고기는 아니었으나 50센티미터 이상이 기본인 듯했다. 꼬랑지를 팔딱팔딱 거리는 활어의 가격은 킬로그램당 약 1만 원. 국내에서 다금바리를 먹어본 적은 없지만 이보다 훨씬 비싼 가격을 지불해야 할 것이다. 함모르와 각종 해산물을 잔뜩 싣고 냉장고에 숙성을 시킨 뒤 박 차장님은 아부다비를 구경시켜 준다며 재촉했다. 여행 중에 이런 호사를 함부로 누려도 되는 것인지……. 정신 못 차리기는 둘째 날도 마찬가지였다.

"지금 갈려고 하는 데가 그랜드 모스크라는 곳인데 진짜 웅장하다더군. 여기 사람들 물론 무슬림이긴 한데 솔직히 말해 타락한 무슬림이라 표현하는 게 맞을 거야. 외국자본이 많이 들어오고 그러면서 정체성을 많이 잃어서 그래. 사우디아라비아같이 정통 무슬림계열의 사람들은 두바이 사람을 인정하려 들지를 않지. 대신 두바이는 뭐든지 가능해. 술을 마실 수도 있고 돼지고기도 마트에서 팔아. 정말 뭐든지 가능한 곳이지. 차차 알게 될 거야."

아부다비로 가는 1시간 30분 동안 주위에는 온통 사막과 황량한 벌판만이 존재했다. 이런 대지를 가진 곳에서 이런 도시를 세운 그들이니 정말 두바이는 안 될 것이 없어 보였다. 그 끝은 역시나 박 차장님이 안내해 준 그랜드 모스크였다. 웅장함이라 표현하기엔 오히려 부족했다. 사진을 찍고 싶어도 한 번에 들어오질 않을 거대한 규모. 중요한 건 모스크의 기둥마다 진귀한 빛을 내는 돌로 조각되어 있었고 온통 대리석으로 치장한 이 모스크는 역사의 현장이었다. 다른 어떤 모스크가 뛰어난 역사적 배경을 가지고 있다 한들 아부다비의 모스크를 능가할 수 있을까? 수백 년이 지나면 과거 번성했던 이곳 또한 역사에 남을 것이리라. 그리고 지금 내가 방문했던 이 그랜드 모스크는 과거 찬란했던 오일머니를 상징적으로 볼 수 있는 곳이 되리라 생각했다.

그랜드 모스크의 충격은 꽤 오래 갔다(중동 전역을 돌아다니면서 봤던 모스크는 하나도 기억에 남지 않을 정도다). 나름대로 긴 여정을 했으니 휴식이 필요했던 우리는 차장님의 집으로 들어가 조촐한 파티를 기획하고 있었는데 그날 밤 손님이 오기 때문이었다. 차장님 말씀으로는 지사장님으로 계시는 분이 나의 대학선배님이란다. 약속된 시각에 정확히 지사장님의 가족이 방문했다.

"후배님이라면서요? 전 88학번 영어학과 출신입니다."

이역만리 타지에서 대학교 선배님을 만나는 일이 가능할 줄이야. 때 아닌 파티는 건설현장에 일하는 한인들이 한자리에 모이는 매개체가 되었다. 그도 그러한 것이 우리나라처럼 그 흔한 호프집이 없는 탓이기도 하다. 직원분들과 사모님들은 저마다 이야기꽃을 피웠다. 그때 지사장님의 사모님이 먼저 말을 꺼냈다.

"진짜 중동에서 일하는 사람들에게 국가에서 보조금 줘야 한다니까요. 얼마나 고생하는 줄 몰라요."

지사장님도 맞장구를 쳤다.

"아휴 오늘도 속 터져 죽는 줄 알았어. 시간 개념 자체가 없다니깐. '인샬라'라는 말이 하늘의 뜻이라는 건데 물건을 늦게 가지고 와도 인샬라만 뱉어내면 끝이야. 중동에서 만큼은 인내력이 생명이지. 제일 힘든 게 뭐냐면 술을 못 마신다는 거야. 국내에서는 계약을 따내려면 술자리를 가지면 돼. 그럼 50%는 이미 넘어 온 거야. 그런데 여기 사람들은 술을 못하니깐 대신 엄청난 로비가 필요하지. 게다가 콧대는 얼마나 높다고. 제아무리 선진국에서 온 거대기업이라 해도 결국 이 사람들 입장에서는 하청하는 기업으로 밖에 안 보이니 오죽하겠어? 정서부터 시작해서 하나부터 열까지 안 맞는 중동에서 일하기란 여간 어려운 일이 아니야."

우리나라의 경제발전은 과거 중동으로부터 시작되었다고 해도 과언이 아니다. 그 결과 지금까지도 중동 전역에는 수많은 한국기업이 밀집해 있고 대부분 플랜트사업을 주관하며 핵심적인 역할을 담당한다는 건 자랑스러운 일이다. 800미터가 넘는 세계 최대의 건물인 버즈 칼리파마저도 국내 굴지의 기업이 세운 결과물이란다. 800미터를 쌓아 올리는 동안 얼마나 많은 한국인들이 50도가 넘는 더위와 맞서면서 고생해야 했을까? 현란했던 두바이는 그 화려함 뒤에 불굴을 정신을 가진 한인들의 피와 땀이 있었다는 걸 일깨워 준 곳이었다.

섹시한 두바이

차장님의 휴일이 끝나 한동안 스스로 두바이를 돌아다녀야 했다. 지사장님으로부터 두바이 근처의 괜찮은 관광 포인트를 소개 받은 나는 이른 아침

부터 길을 나섰다. 아파트 주변에는 야자수와 잔디가 빼곡했고 연중 강수량이 거의 없는 탓에 스프링클러는 약속된 시간에 맞춰 열심히 돌아가고 있었다. 두바이는 최근에서야 전철이 생긴 국가다. 원래는 보행자를 위한 시설이 전무했다 해도 과언이 아니었단다. 간단한 이유가 존재하는데 너무 더우니깐 돌아다니지 말고 차를 타라는 것이다. 국가에 세금이 없는 탓에 국내보다 자동차의 가격이 저렴하기도 하지만 무엇보다 리터당 300~400원 꼴의 기름 값은 누구라도 부담스럽지 않은 금액이니 말이다. 덕분에 돌아다니는 차량들은 배기량과 상관없는 덩치 큰 차량 혹은 슈퍼카가 줄을 이었다.

이래저래 두바이에서 건설현장에 계시는 분들을 만난 건 행운이었다. 두바이의 이야기를 제대로 들을 수 있었기 때문이다. 미래로 온 듯한 착각을 불러일으킨 두바이는 다 그럴 만한 이유가 있었다. 건물 하나를 건축하더라도 독특한 디자인이 아니면 정부에서 허가가 떨어지지 않는단다. 그래서 유난히 괴상한 형태의 건축물이 많았다. 그리고 무엇이든지 거대했다. 그 거대함을 상징하는 곳 중 하나인 두바이몰로 향했다.

두바이는 사실 쇼핑으로 유명한 곳이다. 면세율이 큰 까닭에 명품의 할인폭도 유럽보다 큰 경우가 많다. 게다가 그 규모는 백화점 치곤 커도 너무 컸다. 물론 내가 쇼핑할 여유 따윈 없었다. 그럼에도 눈을 뗄 수 없었던 이유는 두바이몰엔 구경거리가 널려있어서다. 초등학교 운동장만한 아쿠아리움, 쇼핑몰에 주차된 명품 차량들, 게다가 전시장에 마련된 고급 시계와 보석들. 눈알이 여러 개 달렸다면 두바이의 모습을 쉴 새 없이 담아냈겠지만 내 작

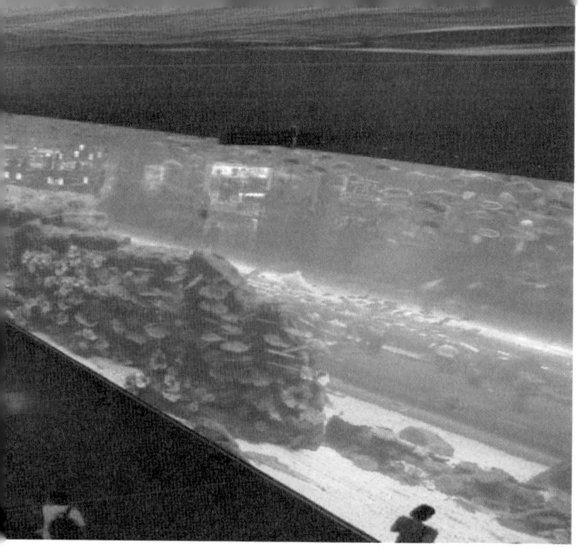 

은 두 눈을 고정시킨 것은 신비로운 중동사람들이다. 일부다처제를 허용하는 그들은 공식적으로 아내를 네 명까지 둘 수 있단다. 물론 돈 많은 이들은 나이가 먹어서도 첫째 부인에게 위자료를 청구하고 법적으로 깔끔해지면 또 다시 부인을 맞이한다. 그런 그들이다 보니 그들이 쇼핑하는 모습은 가관이었다. 금고만한 똥배를 가진 배불뚝이 아저씨는 양옆에 여자 1호와 여자 2호를 끼고 있었다. 여자 1호는 장신구에 관심이 많아 보였고 여자 2호는 천방지축 아이들을 통제하느라 바빴다. 배불뚝이 아저씨는 진열된 장신구를 훑어보더니 순식간에 결제를 마쳤고 미소를 띤 채 유유히 상점을 빠져나갔다. 진열된 상품들은 눈치도 없었다. 적어도 가격표를 당당히 걸어두려면 아무리 청담동의 명품관이라 해도 수백만 원 이상의 가격은 감춰야 제 맛인데 이곳은 확실히 상황이 틀렸다. 싸구려는 1천만 원 부터 값이 좀 나간다 싶은 물건은 1억 원. 아주 당당히 가격표가 상점 밖 진열대에 고스란히 걸려 있었다. 강도가 된다면 은행을 터는 고생을 할 바엔 배불뚝이 아저씨를 터는 게 여러모로 효과적일 것이다. 게다가 여자 1호와 2호는 충격적일 만큼 아리따웠다. 아니 쇼핑몰의 모든 여성이 그러했다. 히잡을 둘러쓴 채 고혹적인 눈매와 오똑한 콧날만을 드러낸 그들의 의상은 마력이 있었다. 젊은이들 가운데 세련된 무슬림을 선도하는 이들은 S라인이 드러난 투피스 정장에 히잡으로 포인트를 줬다. 절제된 섹시함을 아는 그녀들은 화려한 쇼핑몰에 가득했고 창밖으론 섹시한 건물들이 배경을 자처했다. 두바이는 세상에서 가장 섹시한 도시라고 정의내리고 싶었다.

기러기 아빠

그날 저녁 차장님께서 두바이몰로 직접 오셨다. 두바이몰의 야외분수 쇼는 세계 최대를 자랑한다며 즐거운 눈요기 거리가 될 것이라 했다.

"두바이는 세계 최대 혹은 세계 최고가 아닌 이상 만들 생각을 안 하지."

차장님의 말씀대로 분수 쇼는 화려하고 웅장했다. 그 쇼의 규모가 얼마나 컸으면 구경하는 사람들 중에는 물 폭탄을 피하기 위해 우산을 챙겨온 사람들이 있을 정도였다. 식사를 마친 뒤 차장님은 버즈 칼리파에 내일 한번 올라가 보라며 예약해 주시겠단다. 세계 최대의 높이를 자랑하는 버즈 칼리파. 두바이몰 가까이에 위치한 예약창구는 워낙 사람들이 많이 모이다 보니 하루에 받는 사람들을 제한하고 있었던 이유에서다.

"3일 동안 예약이 꽉 찼네요. 죄송합니다, 손님."

예약창구의 직원은 정중하게 사과했지만 가격을 본 나는 차장님이 만약 결제하려 하셨다면 한사코 사양했을 테다. 단순히 전망대에 올라가는 가격만 100달러가 넘었기 때문이다. 이곳에 산다면 물가의 기준을 어디에 둬야 할까. 아쉬운 마음에 차장님과 나는 마트에서 삼겹살을 한 근 사서 집으로 향했다.

남자 둘이 역할을 분담해서 요리를 하는 모습은 꽤나 재미있는 광경이다. 간이 안 맞으면 소금을 왕창 넣고 짜다 싶으면 야채를 듬뿍 넣었다. 적당히 고추장 양념이 밴 두루치기가 완성되자 차장님은 TV를 켰다. 유일하게 나오는 한국 방송에서 KBS의 대표 예능프로그램 '1박 2일'이 나오고 있었다. 명절특집으로 방영되는 외국인 노동자의 스토리가 당시의 테마였다. TV에선

한 네팔청년이 영상으로 비춰졌고 가족에 대한 그리움을 늘어놓고 있었다. 이후 강호동 씨가 네팔청년의 손을 잡고 선물이 있다며 그를 안내했다. 방문을 열자 네팔청년의 아내가 그를 안고 하염없이 울었다. 오열하는 아내를 본 청년은 말없이 울었고 천하장사 강호동도 아이처럼 울었다. 말없이 TV를 보시던 차장님의 눈시울이 붉어지는 것을 본 나는 차장님의 입장을 이해할 수 있을 것 같았다. 어쩌면 세상 모든 기러기아빠들의 심정이리라. 해외에서 고생하며 가족을 부양해야 하는 기러기아빠는 전 세계 어디서든지 가족의 힘으로 버텨야 한다. 그런 그들의 심리를 누구보다 잘 아는 차장님. TV에 나오던 네팔청년이 측은했나 보다.

"우리 회사에도 비서로 일하는 애들은 필리핀 애들이거든. 그 사람들 가족애는 한국 사람보다 더 해. 열심히 벌어서 가족을 부양해야 된다는 생각뿐이지. 부모만 주는 게 아니라 사촌까지 부양하려 드니 본인들의 생활은 얼마나 고달프겠어. 그런데 그들이 그렇게까지 일하면서 가족을 만난다는 게 쉽지가 않다는 거야. 비싼 비행기 값을 감당하기 다들 어려우니깐. 우리 같은 경우야 물론 가족과 떨어져 있어도 가끔 볼 수 있는데 말이야……."

감수성이 폭발한 두 남자는 눈물을 머금으며 간 조절에 실패한 두루치기를 꾸역꾸역 넘기고 있었다.

두바이에 조금만 더 지내다 보면 오바마도 만날 기세였다. 쇼핑몰의 간판에는 세계 유명 팝가수의 공연안내가 줄을 이었다. 이튿날 베란다로 보이는 창밖에 사람이 가득한 것을 보자 차장님께서 너무나 자연스럽게 말을 건네셨다.

"타이거 우즈가 골프 치러 왔거든."

이토록 두바이는 분명 매력적인 곳이었다. 아니 가끔은 내게 어울리지 않은 옷 같기도 했다. 게다가 차장님께 너무 오랜 기간 신세를 지며 보낼 수는 없는 노릇이었다. 예정보다 조금 일찍 떠날 채비를 하여 차장님께 인사를 드렸다. 차장님은 택시비를 쥐어주며 마지막까지 건강히 여행을 마칠 것을 진심으로 응원해 주셨다.

다음 여정지인 오만으로 가는 방법은 상당히 수월했고 국제버스도 있었다. 그렇지만 산유국인 국가에서는 일찍 비행기를 예매하면 동남아 저가항공만큼의 저렴한 금액에 예약이 가능하다. 두바이를 떠나는 게 아쉬워 공항에서 제대로 된 식사로 대신하려 했다. 여러 가지 선택의 대안이 있었음에도 나는 그날 버거킹에서 햄버거를 뜯었다. 두바이의 버거킹은 다금바리 햄버거를 판매하고 있었다. 안 되는 것도 없는, 없는 것도 없는 두바이다.

구약성서에 소개 된 바벨탑은 끝내 완성하지 못했다.
그러나 두바이는 하늘을 찌르는 버즈 칼리파를 끝내 완성시켰다.
두바이에서 불가능이란 없다.

MY TRAVEL'S STORY STARTS FROM NOW ON.

12 오만

Sultanate of Oman

나는 왜 굳이 오만을 가려했을까?

요란한 환영

여행을 떠나기 전 대충 잡은 계획을 친구에게 말한 적이 있다. 그가 쭉 듣고 난 뒤 뱉은 한마디는 여전히 생생하다.

"다른 데는 이해하겠는데 오만은 왜 가? 오만을."

왜 오만을 가려했을까. 타당한 이유는 얼마든지 있었던 것 같다. 첫째로는 동부에 위치한 중동국가 중 아랍에미리트만 방문하기에 아쉬워서 둘째로는 아라비안 상인들의 자취를 볼 수 있을 거란 생각에서다. 동서 해상 교역의 요충지로 번성했다는 오만. 게다가 나는 전공도 무역학이다. 이래저래 나와 코드가 맞는 곳이라 여기고 미지의 세계로 발을 디뎠다.

시작부터 요란했다. 상대적으로 물가는 두바이보다 저렴할 것이리라 확신했으나 별반 차이가 없었다. 게다가 충격적인 화폐단위. 최소단위인 1리얄은 한화로 3천 원에 해당하는 꼴이었다. 미국 달러의 환율을 넘어서는 국가가 몇 안 되는 것을 감안할 때 오만은 무식하리만큼 화폐의 단위가 강했다. 상황이 이렇다 보니 무엇을 하던 간에 계산이 빨라야 했다. 택시기사가 달라붙어 오직 3리얄에 태워주겠다고 했을 때 무턱대고 올라타면 아니 되었다. 따지고 보면 9천원인 게다. 숙소는 더 했다. 나름 싸다고 소문난 곳을 찾아간 허름한 숙소에서 직원이 부스스한 채로 맞이했다.

"방 있나요? 제일 저렴한 방. 에어컨이 없어도 되는데……."

"10리얄(3만 원)."

놀란 가슴을 진정시키고 다른 데를 찾아보아도 상황은 비슷했다. 하룻밤에 3만 원이라니. 뭐든지 아끼고 허리띠를 졸라매야 했다. 아무래도 이들은 화폐개혁을 보기 좋게 실패한 것 같았다. 10리얄짜리는 그나마 통용도가 좋았는데 50리얄짜리 지폐는 어디를 들이밀어도 잔돈이 없다는 말이 대부분이었다. 은행도 거부했고 꽤 비싼 음식점도 마찬가지였다. 여행하기 참으로 곤란한 나라였다. 아마 여행자가 거의 없다보니 숙박비가 천정부지로 치솟았을 거라 확신했다.

오만의 수도는 무스카트다. 무스카트의 작은 항구도시 마트라라는 곳이 그나마 저렴한 숙소가 존재했고 그곳은 밤이 되면 빛을 더했다. 잔잔한 항구의 야경은 중동다운 매력이 담겨있었고 항구의 끝자락에는 초록색 불로 비춰지는 요새가 존재했다. 불이 밝혀진다는 의미는 저녁을 알리는 것인데 그럴 때마다 모스크에서 울려 퍼지는 마지막 아잔(기도예배)은 이곳이 중동임을 확실히 각인시키고 있었다. 억지로나마 만족하는 중이었다.

오만은 현지인을 제외하고 관광하는 이들이 거의 없었다. 중동을 여행하기엔 최적의 날씨였으나 사람이 없는 데는 이유가 있었다. 박물관은 오전까지 개장했고 관공서나 식당도 2시 정도면 일제히 셔터를 내렸다. 그들의 문화이겠거니 생각해도 컨디션 안 좋을 때 바라보고 있노라면 여행을 하지 말라는 태도처럼 보였다. 금융의 중심지라는 무스카트의 시가지마저도 사람이 없었으니 간혹 불안하기도 했다. 아주 가끔 보이는 일본인이 전부였다. 일본인은 우리랑 똑같이 생겨도 여행의 정서가 참으로 독특하다. 섬에서 자란 그들이라 개척정신이 투철한지 이상한 나라만 골라 다니는 습성이 있다. 스리랑카나 오만 등 생전 처음 듣는 동네에 가면 유일한 동양인은 거의 일본인이라 보면 된다. 저 멀리 보이던 일본인 청년 또한 오만에 온 것을 후회중이리라. 그에게 말을 걸었다. 많은 일본여행자가 그러하듯 영어를 못했다. 개척정신은 투철하되 영어는 못한다. 어떻게 여행을 감행했는지 신기할 정도였다. 그 때마침 방황하는 내게 갑자기 세찬 경적소리가 울렸다. 하얀 택시 안에서 하얀 전통의상을 입은 아저씨가 말을 걸었다.

"이봐 친구. 어디로 가나?"

"시내를 구경하는 중이에요."

"그러지 말고 택시에 타. 무스카트를 구경시켜 줄게."

"아닙니다. 괜찮아요. 전 돈이 없어요."

"상관없다니깐. 그냥 우리나라에 온 여행자를 환영하고 싶어서 그래. 정말 돈을 받지 않겠어. 진짜야."

이것은 분명 사기 내지는 다른 목적이 있어서 접근했으리라고 판단했다. 정중히 거절하는 내게 아저씨는 직접 차에서 내려 친근하게 악수를 청하며 한사코 사양하지 말라는 뉘앙스를 풍겼다. 정말 나중에 어떤 상황이 닥쳐도 돈을 지불하지 않겠다고 다짐하며 택시에 올랐다.

"니즈와에 가 본 적 있어? 여기서 160킬로미터 정도 떨어진 곳이지."

"아니요."

"내일 나랑 거기 같이 갈까?"

"전 돈이 없어요."

"이봐 친구. 우린 친구사이라고. 다 내가 좋아서 하는 일이야."

"전 무스카트에 막 도착했어요. 아직은 더 머물고 싶어서요."

"올드 무스카트는 가 본 적 있어?"

"아니요. 아직……."

"마트라에서 얼마 떨어지지 않은 곳에 있지. 그곳엔 과거에 세워진 요새들도 많고 볼거리도 많아. 내가 무스카트에서 가장 추천하는 곳이야. 시원한 바람을 쐬면서 드라이브를 즐겨보자고 친구!"

시간이 지날수록 아저씨는 정말 진심으로 나를 환영해 주는 눈치였다. 그가 말하길 동양인 친구가 아직 없어서 만들고 싶은 것이 목적이라 하니 오히려 다행이란 생각이 들었다. 나 또한 오만에 말이 통하는 친구 한 명 심어두는 것도 나쁘지 않다는 판단이 섰다.

"목이 마른데 콜라 한 잔 마시면서 갈까? 잠시만 기다려."

"아, 아니요. 그건 제가 살게요."

"사양하지 말라고 친구. 내가 좋아서 하는 일이야."

이윽고 마트에서 콜라에 빨대까지 챙겨온 아저씨는 직접 캔을 따주며 건배를 청했다. 이정도면 거의 의전행사에 가까웠다. 아저씨는 올드 무스카트의 성곽을 보여줬고 관심이 있으면 직접 내려서 둘러보라고 했다. 천천히 성곽을 둘러보는 와중에도 아저씨가 진정 순수한 목적으로 다가오는 것인지 의심이 가시질 않았다. 당연히 성곽이 눈에 들어올 리 없었다. 올드 무스카트를 두 시간 가까이 구경했을까. 드라이브 하던 도중 아저씨가 조금 이상한 분위기를 풍겼다.

"결혼했어?"

"아직 학생입니다."

"손 한번 만져 봐도 될까?"

"네, 뭐 그러시던 가요."

당시 나의 머리는 어깨까지 처진 장발이었다.

'설마 나를 여자로 생각하진 않았겠지?'

여러 가지 생각이 드는 와중에 사건이 터지고 말았다. 방심한 사이에 아저씨가 나의 왼손을 자신의 사타구니 사이로 힘껏 밀어 넣은 것이다! 순식간이기도 했지만 그 힘이 얼마나 강했는지 손이 쉽게 빠지지도 않았다. 있는 힘껏 왼손을 구출해 낸 뒤 소리를 높였다.

"아저씨! 지금 뭐하시는 거예요!"

이론적으로 성인 남성이 강간을 할 때 평소보다 10배의 힘이 발생한다는 말이 생각났다. 레슬링 선수만한 이 아저씨가 사람이 없는 무스카트 어딘가에 차를 세워두고 덮친다면 어떠한 일이 발생할지 모르는 일이다. 태권도 3단이고 나발이고 이만한 덩치의 사람을 기절시키려면 돌려차기로 오백 대를 때려도 안 쓰러질 것 같았다.

"이봐 친구. 난 너와 친구가 되고 싶어서 그런다고."

달리는 차량에서 무방비 상태였던 나는 기겁했지만 아저씨는 다시 나의 왼손을 있는 힘껏 붙들고는 계속해서 자신의 그곳으로 밀어 넣으려 했다. 생전 처음 당해보는 성추행은 나를 얼어붙게 만들었다. 당황스러움은 모든 신

경세포를 정지시켰고 내 몸은 뜻대로 움직이질 못했다. 못난 내 오른 주먹은 치안을 앞에 두고서도 아무런 역할을 하지 못하고 있었으니 말이다. 잠시 동안의 실랑이가 이어진 뒤 다행히 달리던 차량은 재수 좋게 신호를 받았다. 문을 쳐내고 택시에서 도망친 나는 올드 무스카트의 골목으로 있는 힘껏 질주했다. 가파른 언덕에 위치한 작은 가옥들 사이에 겨우 몸을 숨기고 담배를 태웠다. 치욕스러웠다. 성인이 되고 난 뒤 동성의 그곳을 만져보리라곤 상상도 못했는데. 공포와 치욕이란 두 단어가 머릿속을 끝없이 맴돌았다. 더러워진 내 손을 생수로 여러 번 씻어내도 마음의 상처는 씻을 수 없었다.

'아저씨는 뭐가 아쉬워서 남자인 내게 그러했을까? 성에 대해 닫혀있는 사람들이라 그랬을까? 스스로 게이임을 밝히고 싶어도 사회적인 분위기가 허락하지 못해 나같이 아무것도 모르는 여행자를 대상으로나마 욕구를 해소하고 싶었을까?'

버스도 없고 합승택시도 운영하지 않던 올드 무스카트에서 나는 마트라까지 꽤 오랜 시간동안 걸어와야 했다.

괜히 왔다

오만을 괜히 왔다는 생각이 들었다. 다 포기하고 다음 여정지로 생각했던 예멘으로 가고 싶었다. 이성을 찾는 데는 하루가 걸렸고 오만을 계속 여행하기로 마음을 정비하는 데는 큰 결심이 필요했다. 그리고 오만의 해안도시 수르로 갈지 말지 버스티켓을 사기 직전까지 확신이 서지 않았다. 출발이 썩 좋을 리 없었다. 박 차장님께서 중동을 여행할 때 차량 없이 이동하는 건 상상이 안 간다는 이야기 한 적이 있었다. 자가용은 필수라 했는데 그래서인지 지방으로 출발하는 버스는 보통 하루에 한 편, 많아봐야 두 편정도가 전부였다. 정부에서 운영하는 덕에 운행도 마지못해 겨우 하는 느낌이 강했다. 기사아저씨는 아예 요금도 받지 않았고 텅 빈 버스에 앉아 밖을 주시하며 오만에서 두 번째로 큰 도시 수르로 향했다. 차장 밖은 과거 아라비아 상인들의 주요 수출품이던 유향나무가 보였고 황량한 벌판은 모래바람만이 세차게 불었다.

수르란 곳 또한 무역항으로 번성했던 도시다. 아라비안나이트의 신드바드가 항해를 출발한 곳이라고 알려진 곳. 가이드북에서는 예전과 같은 무역항의 명성은 이미 사라졌지만 조선소와 수산시장이 볼 만한 곳이라 했다. 나름대로 기대를 안고 찾았던 수르. 도착과 동시에 걱정이 먼저 앞섰다. 수도가 아닌 지방으로 내려오면 당연히 숙박비가 더 저렴해야 이성적인데 이마저 여의치 않았기 때문이다. 수르의 시가지 한가운데 떡하니 놓인 '수르호텔'. 독점인데다가 관광객이 많이 찾지 않으니 가격은 무스카트보다 더 비쌌다. 계획했던 대로 과거 아라비아 상인들의 자취를 찾고자 점심도 거른 채 조선소로 찾았다. 오후에는 일제히 문을 닫아버리는 특성상 시가지에는 그 흔한 사람 한 명 지나가지 않았고 깡통만 데굴데굴 굴러다니고 있었다. 흡사 서부영화의 한 장면 마냥 고요한 기운이 온몸을 휘감았다. 창문 사이로 보이는 가정집을 주시했다. 아라비아 여인들의 실루엣만 보일 뿐 그들의 가정은 다소 폐쇄적이었고 가끔 눈이라도 마주치기라도 한다면 굳게 창문을 닫아버리곤 했다. 이방인인 내게 살갑지 않은 동네라 여겼다. 문제는 아무리 둘러봐도 조선소가 보이지 않았던 것이다. 하지만 거제도의 조선소 근처에서 출생을 한 내가 어찌 냄새를 못 맡을 수 있겠는가. 어렵사리 찾아간 조선소는 역시나 오후에 작업을 하지 않는 채 남겨져 있었다. 그리고 조선소는 심각하리만큼 볼 품 없어 차마 카메라로 담기도 민망했다. 간간히 차량이 한 대씩 지나가는 소리가 도시 전체를 울려 퍼질 만큼 고요했던 수르는 확실히 잘못 온 것일까? 근처에 넓직한 해변이 보란 듯이 있어도 사람은 아무도 없었다. 투명한 물에는 멀리서도 물고기가 돌아다니는 것이 정확히 보일 만큼 깨끗했지만 사람이 없으니 해변도 빛을 잃었다. 수르를 반나절 동안 다니고 숙소로 돌아왔다. 그리고 숙소 직원에게 정말 궁금하다는 표정으로 질문했다.

"수르는 도대체 어디를 가야 볼거리가 많나요?"

"수르는 볼 게 없어요."

'이렇게 당당할 수가!'

"대신 수르에서 조금 떨어진 곳들로 가면 볼만한 게 있어요. 가령 거북이해변 이라던가……."

거북이해변. 낯설지 않은 이름이었다. 박 차장님께서 오만에서 제일 유명한 관광명소라 말해 준 적이 있어서다. 수백 마리의 초록색 바다거북들이 일

제히 해변으로 올라와 산란을 하는 장면은 가히 장관이라 했기에 갑자기 에너지가 솟았다.

"거기까지 어떻게 가야 되지요?"

"혼자서 가기엔 조금 어려워요. 여행사 직원을 불러 드릴게요."

한 시간이 지나자 여행사 직원이 호텔로 찾아왔다.

"죄송해요. 약속이 있어서 늦었어요. 거북이해변 가시고 싶다고요? 사전에 예약은 하셨나요?"

"예약이라뇨?"

"환경단체에서 산란을 방해하지 않도록 하루에 출입인원을 제한하고 있어요. 그건 제가 알아볼게요. 가격은 30리얄입니다."

"30리얄??(9만 원)"

"네. 근데 혼자서 오신 것 같은데……. 혼자서 가신다 해도 깎아드릴 순 없어요. 혼자 가신다 해도 30리얄입니다."

그동안의 내공을 모두 모아 불쌍한 척을 했다. 그는 조금도 꿈쩍거리지 않았다.

"25리얄 밑으론 절대 안 돼요."

단순히 거북이가 알을 낳는 것을 보기 위해 7만 5천 원을 지불해야 하다니! 차라리 그 돈으로 바다거북이를 한 마리 사서 알을 낳을 때 까지 키우는 편이 나을 것이란 생각이 들었다. 그는 충분히 생각해 보고 판단이 서면 다시 찾아오란 말만 남기고 또 다른 약속이 있다며 유유히 사라졌다. 그놈의 거북이. 그깟 거북이가 나를 이토록 고민되게 만들 줄이야. 그때였다. 숙소 밖을 지나가는 한 명의 서양인. 관광객이었다! 오랫동안 여행자 구경을 못했던 나는 이유 없이 그에게 달려갔다. 그리고 반갑다고 악수를 청했다. 생각해보면 완전 미친놈이다.

"반가워! 여기서 관광객을 만날 줄이야!"

상대방도 반가워하는 눈치였다.

"안녕. 어디서부터 오는 길이니? 수르에 온지는 얼마나 됐어?"

사람 심리가 다 거기서 거기일까. 그녀는 자신의 여행담을 시간가는 줄 모르고 이야기했다. 사실 그녀는 두바이에서 근무 중인데 휴가차 친구와 둘이서 이곳을 방문했단다. 나는 흥분된 상태로 거북이이야기를 줄기차게 했다.

"아, 라스 알 진스(거북이해변) 말하는 거구나. 우린 얼마 전에 다녀왔어. 매우 실망했지. 지금은 산란철도 아니라서 알을 낳는 거북이도 얼마 없더라고. 그리고 한 사람당 한 마리의 거북이를 배정해 주는데 그걸 지켜보는 게 전부야. 추천하기는 어려울 것 같아. 이제 어디로 가니? 오만은 차가 없으면 여행하기 어려워. 우린 80리얄에 일주일간 자동차를 렌트했지. 방향이 같으면 같이 이동하지 않을래?"

그녀의 말을 무조건적으로 믿고 싶었다. 그래야지 거북이를 못 보는 것에 대한 후회가 덜할 것이란 생각에. 그리고 동행의 제안은 고마웠으나 오만을 한시라도 떠나고 싶었던 내가 오히려 짐이 될 것 같았다. 게다가 델마와 루이스를 꿈꾸며 황량한 사막을 질주할 그녀들에게 훼방꾼이 되기는 더더욱 싫었다.

수르는 밤이 되자 겨우 활기를 찾았다. 수크(아랍권에서는 시장을 수크라 부른다)는 태양이 작열하는 오후에만 문을 닫는단다. 영롱한 조명들이 하나둘 켜지면 사람들은 물건을 사기 위해 수크를 활개 했고 모스크에는 사람들의 발길이 끊이질 않았다. 동양인을 보면 격한 환영을 할 법도 한데 그들은 아무런 관심이 없어서 솔직히 섭섭했다. 스리랑카 사람들이었다면 벌써 홍차를 물릴 만큼 대접해줬을 텐데. 예쁜 아기의 사진을 찍기라도 한다면 어른들은 사진을 찍지 마라며 눈총을 줬으니 신비로운 중동여성들을 카메라에 담아 볼 생각은 꿈도 꾸지 못했다. 볼거리가 없다면 사람 만나는 재미에 다녔던 여행인데 오만에서는 할 수 있는 일이 하나도 없었다.

어린아이들도 마음의 문을 여는데 시간이 필요했다.

한국인은 삼 세 번

수르에서 오래 머물지 않았다. 이튿날 빼어난 경관을 자랑하는 국립공원이 있다는 이야기를 들었지만 이마저도 차가 없이는 불가능했다. 합승택시가 존재해도 손님이 없으면 아예 운행을 안했기 때문이다. 인프라가 엉망이었다. 짐을 챙기면서 생각했다.

'한국인은 삼 세 번. 그래. 이제 오기로 오만을 여행할 테다. 지금 가는 니즈와는 분명 괜찮은 곳일 거야.'

니즈와는 오만에서 꽤 큰 도시에 속한다. 그곳으로 가기 위해 버스 편을 알아보는데 직원이 어이없는 말을 건넸다.

"무스카트에 가시면 버스터미널이 있어요. 거기서 니즈와로 향하는 버스를 타시면 돼요."

직행버스 따윈 존재하지 않았다. 게다가 출발편이 하루 한 편. 무스카트에서 어떻게든 1박을 해야 하는 상황이었다. 어떻게 이럴 수 있을까? 불평을 아무리 늘어놓는다고 해 봐야 달라질 건 없었다. 어쩔 수 없이 무스카트로 향했고 또 다시 마트라로 향했다. 이번에는 카운터의 직원이 배시시 웃으며 반겨줬다.

마트라는 수크가 아름다운 곳이다. 그나마 관광객이 많이 찾는 마트라 수크는 아랍을 상징하는 수공예품을 많이 팔고 있었고 향신료나 말린 대추야자 열매(데이츠)는 인기 품목이었다. 감성을 자극하는 장신구가 많았지만 죄다 10리얄이 넘었다. 내가 그려왔던 중동을 빨리 찾고 싶었다.

날이 밝고 일찍이 버스터미널로 향했다. 니즈와로 향하는 동안 무슨 말이라도 하고 싶어서 현지인에게 말을 걸었다. 시크한 그들은 대화할 의사가 없어 보였다. Mp3를 귀에 꼽았다 뺐다를 반복하자 어느덧 니즈와에 도착했단다. 대화할 의사가 없었던 청년들에게 작별인사를 건네 보아도 시큰둥하긴 마찬가지였다. 니즈와는 도시 전체가 황토 빛을 띠었다. 기분 탓인지 온 세상이 황토 빛이니 날씨도 더웠다. 유명하다는 성곽을 향했다. 오만 최대의 요새라 일컫는 니즈와 요새. 매표소의 직원을 제외하고는 사람을 찾기가 힘들었다. 성곽에 올라 시가지를 주시했다. 아무것도, 정말 아무것도 보이질 않았다. 택배박스를 엎어 둔 모양의 집들은 사람도 살지 않을 것 같았다. 온

갖 미로로 설계된 요새가 얼마나 답답했는지 모른다. 24년을 외동으로 살면서 고독함을 마스터 했다고 자부했지만 사람이 말을 하지 않고 버틴다는 것이 얼마나 지독한 일인가를 그때 깨달았다. 영화 '캐스트 어웨이'에서 톰 행크스가 배구공을 친구삼아 대화를 하는 것이 현실로 다가와야 할 순간이었다. 가까운 인터넷카페를 찾았다. 평소 들어가지도 않던 여행자 커뮤니티에 진심어린 하소연을 했다. 도대체 오만이 어떤 곳인지 감이 잡히질 않는다며……. 공교롭게도 금세 댓글이 달렸다.

'오만은 두바이에 사는 사람들이 주말에 휴양 차 잠시 다녀오는 곳 그 이상 그 이하도 아니에요. 두바이는 산이 없잖아요. 비록 돌산이긴 하지만 오만은 드라이브하기 좋은 곳으로 평가 받고 있죠.'

여행을 접으란 말이나 다름없었다. 시가지를 돌아다니다 호기심 많은 학생들은 피부색이 다른 나를 보면 신기해 할 법도 한데 모두가 외면했다. 용기내서 반갑게 인사를 건네도 마지못해 받아주는 식이었다. 학교에서 이방인을 경계하라고 배우는 것인지 혹은 천성이 그런 것인지 그들은 정말 아무런 관심이 없었다. 예멘으로 넘어가려면 3일이란 시간을 더 버텨야 했다. 여행하면서 결코 볼 일이 없을 것만 같던 영화를 보며 혼자 숙소에서 키득거렸다. 이러다 진짜 미치는 거 아닌가 걱정도 됐다. 먹을거리가 다양하지 못한 탓에 케밥을 15끼 연속으로 먹으니 식욕도 줄어들었다(고급 식당은 전통을 유지하고 있다. 오만의 전통식사법은 카펫이 깔려진 방에 음식을 앉아서 먹는 식이다. 괜히 돈을 더 주고 고독함을 사긴 싫었다). 오만에서 나는 여행 중에 가장 무료한 시간들을 보내며 처음으로 시간이 아깝다는 생각을 할 수밖에 없었다.

It's impossible

어떻게든 시간은 알아서 돌아가기 마련이다. 운 좋게도 니즈와에서 공항으로 직행하는 택시를 1리얄에 히치하이킹 하듯이 잡아탔다. 이제 오만을 떠날 수 있음이 얼마나 행복했는지 모른다. 13시간의 공항대기가 오히려 천국이었다. 사람이 많았으니깐! 오만에 노동자 신분으로 온 파키스탄 사람들

과 담배를 바꿔 피우면서 이야기할 거리도 생겼고 젠틀맨들과 유쾌한 농담을 섞어가며 품격 있는 시간을 가질 수 있다는 게 꿈만 같았다. 확실히 인간은 사회적 동물인 게다. 공항에서 비행기를 대기하는 시간이 더 길었으면 좋았으련만 갈 시간이 되었단다. 벌써 의형제를 맺은 파키스탄 노동자 몇 명과 아쉬운 작별을 한 뒤 체크인을 하려 했다. 드디어 예멘으로 갈 시간인 것이다. 예멘은 오만에서 육로 이동도 가능했지만 최근 정세가 너무 좋지 않아 위험한 남부국경은 포기해야 했다. 초콜릿 케익과 같은 건축물들이 가득하다던 예멘. 순박한 사람들과 저렴한 물가는 여행자들에게 진짜 중동을 볼 수 있는 곳이라 했으니 당연히 기대가 될 수밖에 없었다. 생각보다 체크인하는 데 시간이 걸리자 조금 불안해하고 있던 찰나에 항공사 직원이 고개를 절레절레 흔들었다. 어디선가 많이 봐 왔던 익숙한 모션. 그리고 결코 말하지 않았으면 했던 말이 튀어 나왔다.

"It's impossible(불가능합니다)."

"무슨 문제라도 있나요?"

"비자가 없네요. 한국인의 경우 예멘은 사전에 비자를 발급 받아야 하는 곳이에요."

아시아를 여행하면서 생긴 습관이 남아있었던 것일까. 또다시 고집을 피웠다.

"여기 가이드북 보시면 알겠지만 분명히 도착비자로 되어 있거든요. 론리 플래닛 알죠? 세계에서 제일 유명한 가이드북! 여기서 그렇다는데 왜 그래요?"

직원은 어이없다는 표정으로 대응했다.

"저희가 한낱 여행 가이드북에 따라서 일을 할 리가 없잖아요. 안 그래요?"

맞는 말이다. 그런데 새벽 4시까지 무려 13시간을 공항에서 대기한 나는 도대체 어쩌란 말인가. 방법을 찾고 싶었다.

"그럼 어쩌죠?"

"비행을 못하시는 거죠 뭐. 일단 예멘대사관으로 가세요."

믿을 수 없어서 공항 밖으로 나와 와이파이를 잡아보았다. 파키스탄 의형제들은 도대체 무슨 일이냐고 물었지만 제대로 대답할 정신이 없었다. 네이버 지식인이 말하길 불과 몇 달 전에 예멘비자에 대한 규정이 바뀌었단다. 대테러위협으로 인해……. 머릿속이 또다시 복잡했다. 공교롭게도 다음날이 금요일이었다. 휴일이면 당연히 대사관도 문을 열지 않는다. 혼자 영화나 보면서 낄낄대며 겨우 3일을 버텼는데 오만에 더 머무르라니! 차라리 거북이라도 보러 수르에 가는 편이 나을 수 있다. 오만에 체류할 돈도 아까웠고 호스텔로 간다고 해도 두바이로 가는 편이 훨씬 좋을 것 같았다. 사실 돈보다 더 무서웠던 것은 고독함이었다.

아랍에미리트 2번째 이야기

테러범으로 낙인찍히다

무스카트의 버스정류장에서 두바이로 향하는 국제버스를 본 기억이 생각났다. 분명히 새벽 6시 출발로 기억한 나는 택시를 잡아타고 정류장으로 향했다. 기억은 정확했고 표를 구한 뒤 무작정 두바이로 향했다. 두바이로 향하면서 아버지께 상황보고를 드렸다. 안 그래도 중동의 정세가 안 좋아 불안해 하셨던 아버지께서는 그나마 안전한 두바이로 가는 걸 좋아하시는 것 같았다.

'잘했다, 이놈아. 지발 이상한 나라 좀 가지 말그래이.'

답장을 하지 않고 잠을 청했다. 국경까지 식은땀을 흘려가며 잠을 잔 내가 정신이 들었을 땐 아버지로부터 또 다른 문자가 와 있었다.

'박 차장님한테 말해 놨다.'

메시지를 확인하기 무섭게 차장님으로부터 전화가 걸려왔다.

"신경 쓰지 말고 두바이로 오세요. 지금 집에 집사람이 와 있어서 직원 숙소에 방 잡아 줄게요. 거기도 좋아요. 그리고 오늘 저녁에 양고기로 파티 할 거니깐 그렇게 알아요."

내가 여행하는 건지 아버지께서 여행하는 건지 두바이에서 유난히 아버지의 도움을 많이 받는 듯했다. 지난번에 두바이에서 너무 부담스러운 대접을 받았음에도 염치없이 두바이로 그것도 차장님을 만나 뵈러 얼굴에 철판을 깐 나 자신이 한없이 민망했다.

두바이에 도착했을 때는 하루 종일 씻지도 못해 꼬질꼬질 했고 몸에서는 쾌쾌한 냄새마저 풍기고 있었다. 전철을 타면 오히려 실례가 될 정도였다. 차장님의 근무시간이 끝날 때까지 기다려야 했던 나는 비자발급 준비를 마치기 위해 인근의 인터넷카페에서 여권을 스캔했고 전철을 타고 차장님의 댁으로 향하려 했다. 티켓을 발급받고 들어가는 순간이었다. 뒤에서 눈총을 주던 경찰이 갑자기 불러 세웠다.

"거기! 여권 좀 보여주세요."

"무슨 일인가요?"

"쉿!"

“……”

“따라오세요.”

조폭영화에서나 흔히 봤던 건조한 분위기의 취조실. 전철역의 지하실에 이런 공간이 있다는 사실이 신기했다. 작은 백열등 하나에 의지한 갑갑한 방에서 경찰은 일단 앉아 보란다.

“두바이에 온 목적은?”

“여행하러 왔어요. 관광객이고요. 여기에 아는 사람도 있고 거주지도 있어요.”

“여권이랑 비행기 티켓 다 내놔 봐.”

그는 내 여권을 하나씩 꼼꼼하게 주시했다.

“오만에서 오는 길이군. 오만은 어땠어?”

상황의 심각성을 인지하지 못했던 나는 그동안의 울분을 오랜만에 만난 말동무에게 모두 토해버렸다.

“어휴, 맙소사! 오만이라는 나라 가 봤어요? 거긴 진짜 말도 안 되는 나라였어요. 머무는 자체가 힘들었다니까요. 볼거리도 없고 인프라는 얼마나 낙후되어 있는지……. 사람들이라도 친절하면 다행인데 저를 완전 외계인 취급하더군요. 물가는 이유 없이 비싸고……. Fucking horrible!!!”

“나 오만 사람이야.”

제대로 실수했다. 경찰의 표정은 굳어 있었고 뒤이어 제대로 된 수색이 시작되었다. 그는 65리터의 큰 배낭을 거꾸로 든 뒤 모조리 쏟아냈다. 물론 나도 제대로 열이 뻗쳤다.

“이봐요! 지금 이렇게 어질러 놓으면 당신이 다시 다 정리하는 겁니다! 알겠어요?”

코웃음을 치며 그는 부하직원을 호출했다. 네 명의 부하직원이 취조실로 들어와 나를 감쌌다. 그러곤 지갑의 동전 하나하나까지 일일이 다 검사했다. 확실히 그의 심기를 불편하게 한 모양이었다.

“약은 왜 이리 많은 거지?”

“장기여행을 하니까요.”

낚싯바늘부터 새총까지 쓸데없는 없는 물건들이 가득한 내 가방은 의심받기에도 안성맞춤이었다. 부하직원 한 명이 ‘Emergency’라 쓰인 빨간색 응급

처치함을 집어 올렸다. 그리고 거기서 콘돔을 꺼내 들었다. 코브라 콘돔. 공교롭게도 저게 왜 하필 응급 처치함에 존재하는지 잊고 있었는데 순간 필름이 되감기 되면서 2달 전으로 거슬러 올라갔다. 네팔에서 디팍과 타토파니로 내려오던 도중 그가 길에서 뭔가를 집어 들었었다. 'COBRA'라고 쓰인 콘돔이었다. 의미심장하기도 했고(코브라는 공격 시 고개를 일자로 빳빳하게 세워 상대를 마비시키는 독을 쏘아댄다) 여행 중 개그아이템으로 들고 다니려고 응급 처치함에 박아 놨었는데 그 역할을 펼쳐보지도 못한 채 여기서 발각된 것이다. 부하 직원은 코브라 콘돔의 껍질을 열어 콘돔을 유심히 쳐다봤다. 아랍어로 웅성거리는 소리가 들리더니 대장격인 경찰이 내게 직접 착용하는 모습을 이 자리에서 보이라는 말도 안 되는 강요를 했다.

'미친 새끼!'

경찰이고 나발이고 따귀를 후려 갈겨도 모자랄 판이었다. 눈앞으로 들이민 콘돔을 단호하게 쳐냈다. 그들은 히죽거렸고 이런 내 모습이 재미있었는지 다른 아이템을 찾아보고자 가방을 열심히 뒤졌다. 낄낄거리는 그들은 악마나 다름없었다. 취조에 똑바로 대응하지 않았으니 시간은 한 시간을 훌쩍 넘겼다. 몸은 지쳐갔다. 결국 그들은 무료한 근무시간을 보내고 싶어서 그랬던 것일까? 가방 제일 구석에 있던 맥가이버 칼을 찾고 나서야 그들도 할 말이 생긴 것 같았다.

"이런 건 왜 들고 다녀? 전철에서 도대체 누굴 찌르려고!"

칼날을 펼쳐 내 배에 찌르는 시늉을 했다. 갈굼거리가 생긴 그들은 목소리가 더욱 커졌고 할 말이 없던 나는 자존심을 버려야 했다. 여행자라는 명함

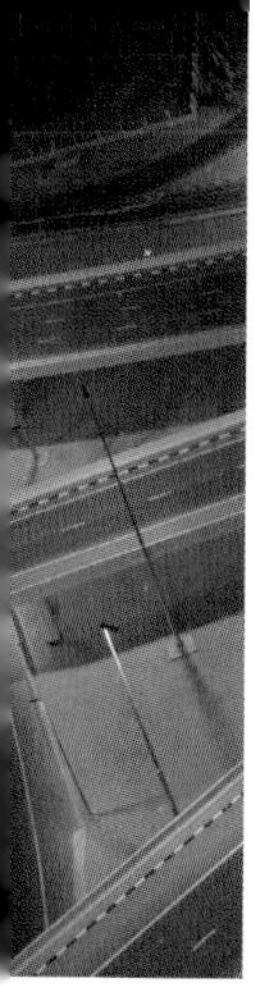

으로 될 문제가 아니란 걸 그제야 깨달은 것이다. 나의 반응이 시원찮았는지 그들은 그 후로 한 시간 동안 수색을 더 했고 전철을 타고 싶으면 맥가이버 칼을 넘기던가 아니면 택시를 타고 가라며 놓아주었다. 경찰들은 내가 무릎 꿇고 가방을 정리하는 것을 바라보며 끝까지 주시했다. 자존심도 무너지고 치욕과 억울함에 눈물이 왈칵 쏟아질 것 같았다. 말단 직원이 나를 안내했고 내가 택시를 타는지 안타는지 끝까지 지켜본 뒤에서야 돌아갔다.

두바이의 시가지 한가운데에 떨어진 나는 어딘가를 들어갈 자신도 없어졌다. 큰 배낭을 메고 돌아다니는 게 그렇게 의심스러운 일인가. 시내에 위치한 화려한 두바이의 레스토랑에는 귀티 나는 사람들이 여유를 뽐내며 한가득 미소를 머금고 있었다. 레스토랑의 거대한 유리창은 내가 결코 침범할 수 없는 제한된 구역처럼 느껴지고 있을 때였다. 손거울을 꺼내 내 얼굴을 조심스레 바라봤다. 까맣게 탄 얼굴은 씻지도 못해 꼬질꼬질 했다.

'내가 하얀 얼굴을 가진 백인이었으면 이런 대접을 받았을까?'

두바이에서는 필리핀이나 중앙아시아에서 온 근로자들이 좋지 못한 대접을 받는다고 얼핏 들은 적 있었다. 이들이 정말 단지 피부색이 검다는 이유 하나 만으로 무시했던 것일까? 신원이 확인되는 여권을 당당히 보여줬는데도 왜 그랬을까? 배낭을 의자삼아 대로변에 앉아 박 차장님을 하염없이 기다렸다. 이윽고 차장님이 마중 나왔고 차에 타기 무섭게 겪었던 일들을 중얼거렸다. 의외로 차장님은 내게 따가운 충고를 하셨다.

"야, 인마! 여긴 동남아가 아니야. 중동을 너무 우습게보네! U.A.E는 철저하게 법으로 움직이는 나라야. 생각해 봐. 여기 자국민이 차지하는 비중이 20%밖에 안 돼. 80%의 외국인이 전부 다른 민족들이야. 정서가 다른 사람들이 한 군데서 모여 살려면 어때야 할까? 확실한 법이 필요하고 경찰의 힘은 절대적이라고. 경찰의 말은 곧 법이고 네가 죄지은 게 없으면 언젠가는 풀려나게 되어 있어. 동남아야 뭐 우리랑 정서가 비슷하니 목소리 크면 장땡이지. 여기서 그랬다간 공무집행 방해로 쥐도 새도 모르게 구속될 거야. 지금 중동이 초긴장 상태인 건 알지? 행색도 그런데 누가 의심을 안 하겠어? 녀석 오늘 중동을 온 몸으로 배웠군!"

그날 금호건설 직원들과의 양고기 파티의 주제는 온통 혁명과 테러였다.

실제로 당시 중동은 혁명의 불이 솟아오르면서 모두가 긴장하고 있던 터다. 직원들 중 한 분이 말을 꺼냈다.

"그래도 두바이는 안전하겠죠? 카타르도 혁명 조짐이 보이던데 여기도 언제까지 안전하다고 보장할 순 없자나요?"

"여긴 자국민들이 다 잘사는 사람들이고 비율이 얼마 안 되니깐 괜찮을 거야. 이집트가 도화선이 되었군. 리비아는 벌써 300명이 죽었대. 중국도 그런 조짐이 보이던데. 이러다 북한도 난리 나는 거 아닌 가 몰라."

이야기를 듣던 중 차장님께서 조심스레 말을 꺼내셨다.

"이거 참 광주민주화 운동 같다. 그때 생각이 나네……."

밤이 깊어지자 손님들은 하나둘 떠났고 차장님은 나를 직원 숙소로 직접 태워 주셨다. 차장님께서는 중동의 사태에 대해서 익히 예견된 일이라 말씀하셨다. 공교롭게도 박 차장님의 고향은 우리나라의 민주화를 알렸던 전라남도 광주다.

"25년 전이었지. 지금의 우리나라 사람들은 민주화의 숭고함에 대해서 모르는 것 같아. 민주주의를 쟁취하기 위해 과거의 사람들이 얼마나 많은 피를 흘렸는지 모를 거야. 거리엔 최루탄이 난무하고 총알이 빗발쳤었지. 눈앞에서 친구가 저세상 가는 걸 봐야했거든. 친구의 시신을 공개적으로 묻을 수도 없어서 학급친구들이랑 야밤에 몰래 묻어야 했어. 지금도 또렷하게 모든 것들이 기억나. 어린 나이에 큰 충격이었으니까. 독재정권은 언젠가 무너지기 마련이지. 얼마 안 있으면 리비아에도 그리고 이집트에도 민주주의의 시대가 올 거야. 제대로 된 국가가 되려는 움직임이라 보면 돼. 민주주의……. 불과 20년 전에 우리나라가 이랬다는 게 상상이나 하겠어? 요새 젊은 사람들 다 감사하며 살아야 되는 거야."

차장님께서 안내해 준 직원 숙소는 해변 쪽으로 베란다가 놓여진 29층의 고급 아파트였다. 기억을 더듬어 보니 두바이에서는 아파트가 제일 값이 싸다고 들은 적이 있었다. 아무도 없는 빈방에서 잠이 오질 않아 두바이의 야경을 바라보며 줄담배를 태웠다. 이렇게 한적하고 평화로운 두바이 저 너머 국가들은 혁명의 깃발이 나부끼며 지금 이 시각에도 사람들이 죽어나간다는 사실이 도무지 믿기 어려웠다. 우리가 사는 세상은 단 하루라도 감사하지 않을 일이 없는 것 같았다.

There is nothing impossible
in your thinking.

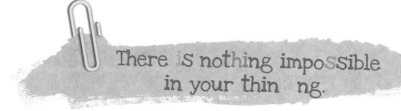

안 되는 게 없는 나라

두바이에 결코 다시 여행을 하기 위해 온 것은 아니었다. 예멘으로 가는 비자를 받으려면 하루 빨리 서둘러야 했다. 일찍이 영사관으로 향해 비자발급에 대해 물었다. 쉽게 발급될 것이라 생각했지만 대답은 의외였다.

"추천서를 보여 주세요."

"없어요. 추천서가 없으면 발급에 제한이 되나요?"

"여기 이 전화번호로 전화를 넣어 보세요. 추천서를 받을 수 있을 거예요."

야마넷 투어. 언뜻 보기에도 여행사의 냄새를 풍기는 명함. 공중전화로 달려가 전화를 넣었다. 여행사의 사장이 반가운 톤으로 맞이했다.

"비자에 필요한 초청장 때문에 영사관에서 안내를 받았는데요."

"웨스트 유니온을 통해서 돈을 입금하시고 여권을 스캔해서 보내 주시면 바로 발급해 드릴게요. 210달러입니다."

돈을 내라니. 그것도 영사관에서 연결해 준 곳에서 이래도 되나 싶었다. 중동여행의 시간도 생각보다 긴박하게 흘러가는 것 같았고 시작부터 엄청난 돈의 지불은 부담이 되고 있었다. 더군다나 어제 건설현장의 직원들은 하나같이 예멘의 입국을 만류한 상황이었다. 출장을 밥 먹듯이 나가는 분들이라 그곳의 분위기를 누구보다 잘 알 텐데 가급적 방문하지 마라는 의견이 지배적이었다. 딱 하루만 생각을 더 해 보고 결정하겠다며 예멘의 여행사로 전화를 걸었다.

"노 플라블럼."

대답은 짧고 간결했다.

다시 찾은 두바이는 무료한 생활의 연속이었다. 어떠한 이벤트라도 만들어 볼 요량으로 방문한 곳은 리샤드 스타디움. 두바이에서 꽤 큰 규모에 속하는 축구경기장이다. 중동축구는 축구계에 기형적인 바람으로 주목받는다. 하나같이 축구의 변방 국가로 속하는 중동국가들은 막대한 오일머니로 세계 유명 스타플레이어를 사로잡았다. 엄청난 연봉에 선수들은 구미가 당겼고 세금이 없다는 사실은 선수들이 말년을 정리하기 좋은 장소로 적합했다(영국의 경우 세금이 50%에 가깝다). 이 때문에 전설적인 선수들이 수 년 전부터 하나둘 중동을 밟기 시작했고 지금 이곳 중동에는 꽤 많은 선수들이 선수생명을 이어나가고 있었다. 하물며 중동에서 가장 많은 돈이 움직이는 아랍에미리트의 경우는 어떻겠는가? 각 팀마다 적어도 한 명 이상씩 한물간 영웅들이 속해 있었다. 내가 찾았던 리샤드 스타디움은 정보를 얻는 것부터가 힘들었다. 아무래도 세계축구의 변방국이다 보니 FIFA의 홈페이지에서 경기 스케줄을 알아봐야 했고 그날은 두바이를 대표하는 알 알리와 알 아슬의 토너먼트 경기가 있는 날이었다. 알 알리라는 클럽을 들어본 적도 없었지만 그곳에 영입된 이들 중에는 엄청난 영웅이 건재하고 있었다.

파비오 칸나바로. 이탈리아의 축구 영웅이자 전 세계를 호령했던 최고의 수비수다. 독일의 전설 프란츠 베켄바워 이후 처음으로 수비수의 포지션에서 올해의 선수상을 거머쥐었고 2006 독일 월드컵에서 이탈리아가 우승컵을 들어 올릴 당시 팀의 주장이었다. 173센티미터의 작은 체구에도 불구하고 피나는 노력으로 유벤투스, 레알 마드리드와 같은 세계 최고의 클럽에서 오랫동안 뛰었으니 축구팬들 사이에서는 영웅이나 다름없는 살아있는 전설이다. 그런 그가 영웅생활을 청산하고 말년을 보내기 위해 이곳 리샤드 스타디움에서 뛰고 있단다. 이름만 들어도 얼마나 가슴 벅찬 일이란 말인가. 유년시절부터 축구광이었던 내가 칸나바로와 함께 두바이 하늘 아래 같은 모래바람을 호흡하고 있다는 사실만으로도 영광이었다. 문제는 스타디움이다. 고요해도 너무나 고요한 스타디움은 의심을 하기에 충분했다. 가까이 가기 전까지 경기가 열리는지 안 열리는지 미지수일 정도였다. 경기장 입구로 가서 매표소를 열심히 찾았다. 알 알리의 붉은색 홈 저지를 입은 서포터들은 하나둘 입장하고 있었지만 표를 구하지 못한 나는 심히 걱정이 되었다.

'설마 벌써 매진은 아니겠지? 물론 칸나바로 같은 영웅이 뛴다면 매진되는 것도 이상할 일이 없을 거야. 최고의 마케팅은 최고의 스타플레이어를 보유하는 것이니깐…….'

우왕좌왕하는 내게 서포터 중 한 명이 환호했다. 동양 사람이 반가웠나 보다. 악수를 청하고 사진을 요청하던 그는 왜 입장하지 않느냐며 재촉했다.

"아직 표를 못 구했는데. 어디로 가야 살 수 있지?"

"여긴 공짜야. 빨리 들어가자."

"공짜? 근데 정말 여기에 파비오 칸나바로가 뛰는 거 맞아?"

그는 그의 등짝을 당당히 보여주며 대답을 대신했다.

'23. CANNAVARO'

그와 함께 경기장 내부로 들어서자 달랑 수백 명의 사람들이 소박한 응원 준비를 하고 있었다(보통 인기 있는 구단은 6만 석이 매진되는 경우가 많다). 그들은 하나같이 붉은색 져지를 입고 응원가를 연호했다. 아까 인사를 나누던 축구팬이 포장도 뜯지 않은 새 유니폼을 들고 어디론가 향하고 있었다. 그를 불렀다.

"나도 그 유니폼 사고 싶은데 어디서 살 수 있어?"

"아, 이거? 그냥 가져!"

모든 게 공짜다. 아래층에는 몇 개의 박스가 놓여있었고 그곳에는 구단의 져지, 머플러, 깃발에 이르기까지 모든 응원도구와 축구용품이 공짜로 진열되어 있었다. 두 개씩 챙기는 사람도 있었고 아예 눈길도 주지 않는 사람들도 있었다. 이윽고 피자헛 유니폼을 입은 사람들이 줄줄이 들어와 피자를 나눠 주며 응원의 흥을 돋우고 있었다. 여기까지 애피타이저 정도로 하자. 곧이어 선수들이 그라운드로 하나둘 나왔다. 다부진 체구의 흰 남성이 입장하자 사람들은 일제히 일어나 '파비오'를 외쳤다. 그의 왼쪽 팔의 노란색 주장완장은 빛이 나고 있었다. 그는 경기 내내 녹슬지 않은 기량으로 팬들에게 보답했다. 두바이 팀의 주장은 상대 팀인 알 와슬을 제압하기 위해 파상공세를 펼쳤다. 상대팀의 알 와슬에도 한물간 스타들이 몇 있긴 했으나 위대한 칸나바로에 비할 바는 못 되었다. 상대팀 감독이 익숙해 유심히 보았다. 그는 포항구단의 소속으로 아시아 챔피언스리그 우승컵을 들어 올린 명장 중에 명장 파리아스였다. 중동으로 가게 된다고 이야기만 들었지 이곳에 와 있을 줄이야(부진했던 그는 나중에 해임되었고 후임자로 축구계의 전설 디에고 마라도나가 지휘봉을 잡았다). 파리아스의 지휘 아래 알 와슬의 반격도 만만치 않았는데 경기장에서 가장 빛나는 이는 역시나 칸나바로였다. 공격과 수비 심지어 프리킥과 심판의 거친 항의는 모두 그의 몫이었다. 넋 놓은 채 그라운드를 바라보니 어느덧 전반이 끝난 상태였다. 하프타임이 되자 경기장 밖은 몇 대의 봉고차가 진입하고 있었고 신속하게 무언가가 분주히 차려졌다. 케밥과 샌드위치를 무료로 배포 중이었다. 케밥을 집어든 내게 안면이 있던 이가 콜라와 오렌지 주스를 챙겨줬다. 공짜로 받아갈 수 있는 시원한 음료들은 재고가 빵빵해 바닥날 틈이 없었다. 배불리 간식을 먹은 이들은 다시 후반전을 관람하

며 응원하고 있었다. 어이가 없어서 코웃음밖에 안 나왔다.

'이런 말도 안 되는 일이 벌어지다니!'

경기는 아쉽게도 경기 종료 직전 알 와슬의 결승골로 막을 내렸다. 물론 승패는 중요하지 않았다. 중동의 축구를 직접 경험해 본 데 의미가 있었다. 전철을 타려면 한시라도 빨리 서둘러야 했지만 나는 전철을 타지 않을 계획이었다. 구단버스를 향해 갔다. 단 몇 미터라도 칸나바로를 마주하고 싶었기 때문에 얼마나 나올지 모를 택시비도 내걸었다. 신기한 건 나와 네덜란드에서 온 청년 둘을 제외하곤 그 누구도 선수단에 관심을 두지 않았다는 것이다(물론 관심을 가진 이가 있긴 있었다. 현지 팬 중 한 명은 경기에 진 것을 원망하여 욕을 하며 달려들다 경찰에 호송되었다). 현지인들은 워낙에 많이 봐서 흥미가 없던 탓일까. 곧이어 파리아스 감독이 나왔고 가볍게 인사를 나눴다. 선수들이 하나둘 나오는 그 순간이 얼마나 애가 탔는지 모른다. 첫 백일 위로휴가를 부여받고 부모님을 뵈러 갔던 그때 그 심정과 비슷했다. 가슴은 졸이다 못해 훈제가 될 지경이었고 촉촉한 아랫입술은 긴장한 윗니에 물어뜯기는 중이었다. 그때 저 멀리서 후광이 비치는 이가 터벅터벅 걸어오고 있었다. 경기에 패배한 주장의 어두운 안색. 수년 전 그가 레알 마드리드 시절에 바르셀로나와의 매치에서 패배한 뒤 짓던 표정과 유사했다. 눈치 없이 멀리서 그를 외쳐보았다.

"파비오!"

오 솔레미오 이외에는 어떠한 이탈리아어도 할 줄 모르는 나지만 그에게 당당히 사인을 요구했다. 사람이 워낙 없던 탓에 받을 수 있는 곳에 사인을 다 받으면서 대화도 건넸다.

"파비오, 오늘 경기 훌륭했어요!"

영웅은 살포시 미소를 지으며 옆에 있던 네덜란드 청년의 등에도 사인을 했다. 그러고선 우리 둘에게 물었다.

"펜의 주인이 누구죠?"

아! 위대한 영웅이여! 그는 매너도 월드 클래스다. 1달러짜리 펜도 주인을 찾아 줄줄 아는 저 젠틀함. 저렇게 배려가 넘치니 나머지 열 명의 이태리 선수들이 주장인 그를 믿고 월드컵 우승컵을 들어 올렸겠지. 배려의 리더십은 유재석만의 특권이 아니란 게 증명되었다.

그가 버스에 올라타고 난 뒤에도 나는 오금이 저려 한동안 움직일 수 없었다. 자리에 주저앉아 세계적인 영웅과 찍은 사진을 보면서 한없이 기뻐했다. 원더걸스와 소녀시대가 내일 두바이몰에서 분수 쇼와 함께 케밥을 먹자고 해도 이렇게까지 설레진 않을 텐데. 돌아오는 길에 택시비가 3만 원 가까이 나왔음에도 전혀 아깝지가 않았다.

'수지도 안 맞는 중동축구에 왜 그리 투자를 해야 하는가.'

고민해 볼 문제였다. 해석하면 간단하다. 아랍에미리트, 카타르, 바레인 등의 신흥 산유국들은 저마다 외국기업의 투자를 확충했고 거대 기업들은 21세기에 들어서면서 새로운 노다지로 중동을 주목했다. 경제학에서 생산의 3요소는 토지, 자본 그리고 노동이다. 토지와 자본이 확충이 되었으니 이제 노동인구를 찾아야 했다. 산유국의 주인을 건설현장의 노동자로 고용할 수는 없는 일. 그들은 임금이 상대적으로 저렴한 국가들로 눈을 돌렸다. 그래서 이곳 두바이에는 소위 말하는 '인파방스(인도, 파키스탄, 방글라데시, 스리랑카 노동자를 일컫는 말. 건설현장에서 사용되는 은어다)'라는 새로운 계층이 형성되었다. 그들이 중동에서 차지하는 인구의 비중은 상대적으로 그 규모가 크다. 거의 절반 가까이 될 것이다. 남아시아 민족이 이주를 하다 보니 자연스레 문화도 이곳에 뿌리를 내렸다. 그들의 국민 스포츠인 크리켓이 상대적으로 인기 있는 스포츠가 되었고 축구는 토종 현지인들만이 누리는 스포츠가 되었다. 밥도 공짜로 주는데 왜 축구장을 가지 않냐고? 원래 중앙아시아 쪽에서는 축구가 비인기 종목이다. 그럼에도 중동은 축구를 장려하려 들었고 그 바탕에는 막대한 오일머니가 존재했다. 아낌없는 투자가 진행된 것이다. 그들 중 큰손을 가진 재벌들은 심지어 유럽의 구단을 인수하기도 했으며 정부는 월드컵의 유치를 위해 스타디움 전체에 에어컨을 가동시키겠다는 공략도 내걸었다(이후 카타르는 2022년 월드컵 개최에 성공했다). 이쯤 정리하면 중동에 스타플레이어 한 두 명이 구단마다 뛰는 것은 이상할 일이 없는 거다. 물론 축구선수의 입장에서 달랑 수백 명의 팬들의 환호를 받으며 구단버스에서 막상 자신을 기다리는 팬도 고작 두 명이라는 사실은 받아들이기 힘들겠지만 결국 돈은 안 되는 것도 되게 만드는 세상인 게다. 실로 중동은 안 되는 것이 없는 나라로 보였다.

전날의 기쁨을 가족과 나누고자 이튿날 직원 숙소의 인터넷 전화기를 붙잡았다. 가시지 않은 감동을 표현하며 어머니께 이 기쁨을 전달했다. 다산

정약용 이후로 최대의 실용주의자인 알뜰한 어머니께서는 당연히 어이없다는 반응을 보이셨다.

"야가 와이카노! 아침부터 바빠 죽겠는데. 축구선수가 밥 먹여 주드나?"

"네, 진짜 밥 먹여 줬어요. 진짜……."

예기치 못하게 컴백한 두바이지만 차장님의 따뜻한 배려덕분에 확실히 재충전이 되었다. 이후로도 차장님은 두바이에 생각보다 가 볼 곳이 많다며 주말에는 사막 사파리 투어를 보내주시기도 했다. 쇼핑 이외에는 할 게 없다는 두바이는 생각 외로 볼거리가 다양한 곳임을 시간이 지나면서 알 수 있었다. 실제로 두바이 정부의 입장도 바닥을 보이는 석유를 대체하고자 관광업으로 눈을 돌리는 중이란다. 이빨이 없으면 잇몸으로 버티겠다는 이야기다. 때문에 두바이는 아랍에미리트에 속한 6개의 주 가운데 가장 화려한 관광인프라를 자랑하고 있다. 현실에 따라 대처하는 그들의 능동적인 자세는 확실히 칭찬할 만한 일이다. 그래도 부유층의 사람들은 여전히 7성급 호텔의 꼭대기에서 테니스를 즐기고 주말이면 최고급 필드에서 골프를 친 뒤 쇼핑을 즐긴다. 석유를 가지고 있을 때 평생 누릴 호사스런 생활을 지금 다 누리겠다는 의도일 수 있겠다. 현대판 엘도라도인 두바이는 그 끝이 자명할지라도 섣불리 낙담하기 이른 곳이다. 역사는 만들어 가는 것이라는 말이 온몸으로 느껴지고 있었다.

MY TRAVEL'S STORY STARTS FROM NOW ON.

13 레바논

Republic of Lebanon

modern [|ma:dərn]

1. (미술·음악·패션 등의 양식이) 현대의, 근대의

2. (태도·사고방식 등이) 새로운, 선구적인

중동의 파리

고심 끝에 예멘행을 포기했다. 중동에 꼭 가봐야 할 나라 한두 곳은 남겨놔야 다음에 다시 올 일이 생길 것이란 합리화로 잘 마무리 지었다(아쉽게도 예멘은 이제 여행 금지국이 되어버렸다). 대안으로 선택한 곳은 중동에서 가장 화려함을 자랑한다는 레바논. 수도 베이루트로 향하는 비행기 안은 이미 레바논사람들로 가득해 있었다.

비행기 안은 청소년들이 두바이서 단체공연을 마치고 오는 분위기였다. 한두 명이 앞좌석에서 박자에 맞춰 콧노래를 흥얼거리더니 급기야 수십 명의 합창단은 일제히 노래를 불렀다. 곡이 끝날 때마다 사람들은 박수로 응답했고 필 받은 청소년들은 쉬지 않고 노래를 이어나갔다. 정말이지 2시간 동안 쉬지 않고 노래를 부르는 그들은 소음에 가까웠다. 승무원은 관대하지 말아야 할 상황에도 관대해서 특별한 통제가 없었다. 급기야 교양 있어 보이는 한 아주머니께서 일어나 학생들을 다그쳤다. 승객들도 들으라는 의미에서 영어로 훈계하는 배려까지!

"여러분의 노래는 참으로 훌륭하군요. 멋져요. 그런데 말이죠, 여긴 공공장소랍니다. 잠을 자고 싶은 사람은 잠을 자고 책을 읽고 싶은 사람은 책을 읽어야 될 텐데 여러분이 방해를 할 수도 있다는 것을 생각해요. 알겠죠?"

본인의 교양 넘치는 스피치에 만족하셨는지 아주머니는 마지막에 빙긋이 웃으셨다. 동서고금을 막론하고 질풍노도의 시기의 청소년은 살기어린 눈매로 다그쳐야 말을 듣는다. 아주머니의 말이 끝나기 무섭게 여기저기서 다시 노래가 울려 퍼졌고 레바논으로 입국도장을 받기 직전까지 제이슨 므라즈의 메들리를 들어야 했다. 중동에서 가장 자유분방하다는 국가인 레바논. 시작부터 자유분방함의 끝을 보고 말았다.

수도 베이루트는 바다를 끼고 있다. 검은 매연이 도시를 뒤덮고 있어도 새

파란 지중해를 배경으로 하고 있으니 그나마 쾌적했다. 전반적으로 도시가 깔끔하다고 볼 순 없었다. 유럽 같은 분위기는 물씬 풍겨도 내전의 흔적이 고스란히 담긴 건물들은 불탄 채로 남겨져 있었다. 합승택시를 타고 시가지로 이동하여 숙소로 향했다. 숙소에 도착해서 주인아주머니에게 도시의 정보를 얻으려 했는데 당분간 휴일이란다. 당분간이라니. 레바논의 공식적인 휴일은 금·토·일요일이다. 금요일과 토요일은 보통 무슬림들의 휴일, 토요일과 일요일은 크리스천들의 휴일인데 레바논의 경우 두 종교가 공존하다 보니 그렇게 된 것이다. 때문에 도심으로 나가도 사람들은 히잡을 풀어 헤치고 다니는 사람들이 많았다. 히잡을 풀어 헤친다는 것이 얼마나 혁명적인 일인지 모른다. 눈매와 콧날만 드러내도 충분히 아리따운 아라비아 여인들, 그중에서도 프랑스인들과의 혼혈이 적당히 섞인 레바논 여인들이 감춰왔던 미모를 발산하는 것은 생물학적으로 반칙이나 다름없다. 하나같이 미녀들만 모아놓은 베이루트는 유럽풍의 건물과 더불어 사람들의 스타일까지 모든 것이 세련된 곳이었다. 당시 레바논 여인들의 유행을 주도하는 아이템은 레깅스였다. 얼굴은 동서양의 절충안을 이루되 몸매는 급진적으로 서구 쪽에 가까웠던 그들은 살구색 레깅스를 입고 돌아다니는 것을 종종 볼 수 있었다. 30미터 정도 떨어져서 보고 있노라면 저 멀리 하의가 실종된 채 검은색 코트만 걸친 여인들이 성큼성큼 걸어오고 있었으니 어찌 야하지 않겠는가. 아랍권의 여인과는 눈도 마주치기 힘들었던 과거와는 달리 그들은 이방인인 내게 지나가면서 손을 흔들며 인사하는 배려까지 갖추고 있었다. 솔직하게 말하자면 레바논에서 합승택시 이후로 처음 지출한 돈도 여자 걸인에게 자선한 것인데 그 걸인이 얼마나 아리따웠는지 모른다. 숙소 앞에 쪼그려 앉아있던 그녀의 갈색 동공은 동정심을 자극했고 정신 나간 나는 이렇게 말했다.

"가방이 무거우니 숙소에 짐 풀고 내려와서 돈을 드릴게요."

그리고 홀린 마냥 2,000파운드(약 1, 500원)를 들고 나와 걸인에게 돈을 주고 말았다. 외모지상주의에 굴복해 버린 안타까운 현실인 것이다. 변태 같으니 레바논 여인들의 칭찬은 이 정도에서 마치겠다.

레바논은 물가가 비싼 동네로 소문나 있다. 두바이에서 온 나는 어느 정도 적응을 마친 상태였는데도 싱글 룸은 부담스러워 도미토리를 이용해야 했다.

4인실의 도미토리는 그마저도 인기가 좋아 하나 남은 침대를 겨우 차지할 수 있었다. 그런데 침대 밑에서 나는 못 볼 것을 보고 말았다. 바퀴벌레 한 마리가 또르르 기어 나오고 있었다. 바퀴벌레의 출현은 기후가 바뀌었음을 알리는 신호탄이다. 3월을 맞이하면 아랍에미리트나 오만은 아지랑이가 피어오를 만큼 더웠는데 레바논은 두꺼운 옷을 입지 않으면 안 되었다. 날씨가 선선하니 바퀴벌레가 출현하는 것은 자연스런 현상이지만 크게 놀라지는 않았다. 뭄바이에서 바퀴벌레를 마주했을 땐 그 바퀴벌레가 나 혼자 감당해야 될 몫이라 생각했었는데 4인 도미토리에서 마주한 바퀴벌레는 우리 모두의 바퀴벌레라 생각되자 별다른 공포가 없던 터였다. 그런 생각을 하는 찰나에 옆 침대에 누워 있던 청년이 잡지로 바퀴벌레를 때려잡고 미소를 보냈다.

"안녕, 난 핀란드에서 온 패트릭이야. 만나서 반가워."

"반가워. 베이루트에 온지는 얼마나 됐어?"

"한 일주일 됐어. 난 여행하러 온 건 아니고 일 때문에 왔거든. 이곳에 일하는 게스트 워커(동남아 출신의 노동자)를 취재하러 왔지. 물가가 비싸서 도미토리에 머무는 중이야."

그러면서 그는 내게 숙소 앞에 1달러로 피자를 먹을 수 있는 곳에서 식사를 하자며 제안했다. 식사하는 내내 그는 취재이야기로 이야기꽃을 피웠다.

아시아 사람들이 이곳에서 처우가 상당히 안 좋다는 둥 혹은 레바논의 정세가 요새 급격하게 불안해졌다는 둥 생전 처음 듣는 이야기로 말을 이었다.

"게스트 워커의 취재를 마치면 헤즈볼라에 대한 취재도 해야 돼."

"헤즈볼라?"

"%#%$&@~!^#%&#!"

패트릭이 아무리 열심히 설명을 해도 무슨 말을 하는지 도통 알아들을 수가 없었다. 밖은 겨울비가 부슬부슬 내리고 있었고 숙소로 돌아온 나는 인터넷으로 헤즈볼라를 검색했다. 레바논에 위치한 무장단체. 거기까지만 읽고 검색창을 꺼버렸다. 아랍권 국가에 동네마다 무장단체 하나 정도는 있어주는 건 지극히 당연한 일로 알았던 걸까? 뒤이어 인터넷 뉴스를 확인하다 소름 돋는 뉴스를 접하게 되었다. '예멘 수도 사나에 폭격으로 인한 현지인 대거 사망.' 숙소의 로비에 마련된 TV에도 예멘에 관련된 뉴스가 나오고 있었고 모두들 남의 이야기가 아니라는 듯이 일제히 주목하고 있었다. 알 카에다의 은신처가 되는 예멘이 불안정한 곳이란 이야기는 익히 들었었다. 관광객의 납치도 빈번하고 사망도 잦다고 했다. 도대체 무슨 촉이 생겨서 그곳을 포기했는지는 몰라도 간담이 서늘한 밤이었다.

헤즈볼라와 레바논

레바논은 국가의 영토가 한국보다 작은 나라다. 규모가 작으니 많은 여행자들이 베이루트를 거점으로 다른 지방을 다녀오곤 했다. 이동시간이 길어봐야 2시간 정도 밖에 되지 않기에 특별히 멀리 가지 않는 한 베이루트에서 머물면 되었다. 베이루트에서 며칠을 보내며 레바논 여행의 준비를 세밀하게 계획한 나는 동부의 소도시 발벡으로 향했다. 패트릭이 극찬하던 발벡. 가는 길은 생각보다 험난했다.

단 2시간 정도 이동하면 도착한다던 발벡은 그 시간을 훌쩍 넘겼는데도 도착할 기미가 보이지 않았다. 레바논의 중앙을 가로지르는 산맥에 폭설이 내려 모든 차량이 정체되었기 때문이다. 이름만 들어도 건조한 중동에서 눈을 맞이한다는 것은 분명 특별할 일이었다. 그런데 차량이 오도가도 못 한다면 이야기는 달라진다. 짜증과 불안은 점점 더 커져갔고 애를 태우며 앞차의 움직임을 하염없이 주시해야 했다. 다행히 레바논의 미니버스는 실내흡연이 가능했다. 남녀노소 누구라도 할 것 없이 담배를 꺼내 입에 물었다. 환기가 될 턱이 없었지만 덕분에 자욱한 연기는 시야를 가려 폭설의 불안감을 그나마 잊게 만드는 역할을 했다. 시간은 이미 발벡에 도착을 하고 짐을 풀어야 할 시간이었음에도 차량은 꼼짝달싹 하지를 못했다. 급기야 산맥의 정상에서 기사아저씨는 마지막 남은 승객인 내게 3천 파운드를 돌려주더니 내리라고 했다.

"오우, 도저히 못 가겠어. 돈 줄 테니깐 그냥 알아서 가."

몇 천 원을 손에 쥐는 것이 능사가 아니었다. 눈이 그치길 기다렸고 발벡으로 향하는 버스나 택시를 기다려야 했다. 가방에서 두꺼운 구스다운 패딩을 꺼내 입었다. 모래바람이 불어 닥치고 작렬하는 태양에 낙타를 타며 사막을 가로지르던 중동의 모습과는 완전히 딴 판인 셈이다. 어렵사리 뒤 이어오던 합승택시와 적당히 흥정하여 발벡에 도착했을 땐 이미 해가 저물고 있었다.

고대 유적지로 유명한 발벡은 그리 크지 않은 도시인데도 레바논을 대표하는 관광지로 손꼽힌다. 하지만 시기가 좋지 않은 탓이었을까 관광객은 많이 없었고 시가지도 한산했다. 아주 작은 여행자거리가 조성되어 있을 뿐 특별나게 눈길을 끄는 곳은 없어 보였다. 기념품 가게는 저마다 셔츠를 판매하고 있었는데 자세히 보니 그 문구는 '헤즈볼라'다. 유난히 발벡에 많이 판매되던 헤즈볼라의 기념품을 뒤로 한 채 숙소로 돌아가던 도중 시샤(물담배)를 피던 두 청년이 내게 반갑게 인사를 건넸다. 시샤를 처음 봤던 나는 관심 있게 지켜봤고 그들은 내게 간이의자를 마련해 주었다.

"이거 아직 한 번도 해 본적 없는데 한번만 피워 봐도 되니?"

염치없는 부탁이었지만 그들은 흔쾌히 수락했다. 슬랩스틱 코미디를 보이면 좋아할 것 같아서 일부러 기침을 콜록거리는 치밀함까지 더했다.

"천천히 피워! 그나저나 레바논은 어떤 나라인 거 같아? 좋아?"

"아직 잘 모르겠어. 온지 얼마 안 돼서. 그런데 너네처럼 사람들이 굉장히 호의적이라서 좋아. 그나저나 뭐 하나만 물어봐도 될까? 여기 헤즈볼라 기념품이 왜 이리 많은 거야?"

"여기가 헤즈볼라의 주둔지거든."

그가 가리키는 손가락을 따라 시선이 전봇대로 고정되었다. 길 양옆에 나부끼는 노란색 깃발들에는 헤즈볼라의 로고가 뚜렷하게 박혀있었다. 발벡이 위험한 곳은 아닐까 걱정이 밀려왔다. 행여나 무장단체에 대해서 함부로 말해서는 안 될 것 같다는 생각에 말을 아꼈다.

이튿날 발벡의 유적지로 향했다. 전형적인 유럽 전통 유적지의 모습을 띠고 있었는데 이곳이 과거 로마제국의 영향을 받아서 그렇단다. 신을 섬기는 신전은 많이 파손되어 있었지만 남아있는 규모로 과거의 영광을 재현하고

헤즈볼라(Hezbollah)의 사전적 의미

-중동지역 최대의 테러조직이다.
-헤즈볼라는 레바논 동부에 본부를 두고 있다.
-주로 미국과 미국인에 대한 공격을 자행하고 있다.

있었다. 섬세한 부조물과 넓은 사원. 오히려 사람이 적어서 더욱 운치가 넘쳤다. 패트릭이 발벡을 추천한 이유는 건축양식보다 분위기에 취하란 의미로 받아들였다. 복원은 꿈도 못 꿀 만큼 훼손되어 있으면 어떠하랴. 제일 높이 위치한 주피터 신전 위에 올라 사방을 둘러봤다. 완전하게 복원 될 것을 상상하며 널 부러진 기둥을 퍼즐조각처럼 맞춰 보는 일도 나름 흥미가 있었다. 사람이 바글거렸다면 상상도 못 할 일이다.

베이루트로 돌아오는 길은 다행히 눈이 오질 않아 수월했다. 식사도 하고 시가지의 밤거리를 돌아다녀 보고자 중심가로 향했다. 중심가에는 지도상에도 엄청난 규모를 자랑하는 캠퍼스가 보였고 언제나 그러했듯 마치 이곳의 유학생인 마냥 자연스럽게 교문을 통과했다. 모던한 시설을 자랑하는 캠퍼스의 외곽에는 바다를 마주보고 있는 운동장이 보였고 그곳엔 학생들이 꽤 많았다. 깔끔하게 정돈된 농구코트를 찾았다. 농구가 국민 스포츠나 다름없는 그들과 게임을 하고 싶어서다. 나는 청소년 때부터 키가 커서 항상 농구를 해 왔었고 대학에 들어가서도 농구동아리를 가장 먼저 찾았다. 단 한 번도 주전으로 경기에 나선 적이 없을 만큼 실력은 형편없지만 이곳에서는 달랐다. 간담을 서늘하게 하는 패스와 허를 찌르는 외곽 슛. 박지성처럼 이타적인 플레이와 공을 가지고 있지 않을 때의 활발한 움직임은 우리의 국민성을 대변하고 있었다. 장발인 머리를 고정시키고자 착용한 머리띠는 볼 품 없어도 스타플레이어는 무엇을 착용하던가에 트렌드가 되기 마련이다. 한 동안 농구공 구경도 못했던 배낭여행자는 경기의 지배자가 되고 말았다.

"손이라 그랬나? 농구를 굉장히 잘하는데? 국적이 어디야?"

스타가 된 내게 팬들이 몰려와서 친근함을 표했다.

"한국에서 왔어. 레바논은 정말 아름다운 나라야. 중동에 이런 곳이 있으리라곤 상상도 못했지."

스타에게 있어서 인터뷰 에티켓과 적당한 립서비스는 기본이다.

"레바논은 중동에서 제일 개방적인 국가야. 우리 어디 간단히 나가서 맥주 한 잔 할까?"

순간 잘못 들은 줄 알았다. 술이라니. 그것도 중동에서! 자유분방한 레바논 또한 안 되는 것이 없었다. 호의적인 그들과 나름 친해졌다고 생각한 나는 민감하다고 생각했던 헤즈볼라의 이야기를 꺼내고야 말았다. 궁금하면 못 참는 성격은 어딜 가나 문제다.

“헤즈볼라에 대해서 설명해 줄 수 있어? 진짜 궁금해서 그래. 오늘 발벡에서 오는 길이거든.”

“레바논 정부는 두 개의 큰 당으로 구성되어 있어. 하나는 이란과 시리아의 지지를 받는 당이고 또 하나는 미국의 지지를 받는 당이지. 헤즈볼라는 전자에 속해. 헤즈볼라는 생각보다 레바논에서 중요한 역할을 하거든. 남부 지역인 발벡에 주둔지를 둔 것도 이스라엘로 부터의 침공을 방어하기 위함이야. 특히 교육을 많이 받은 사람들이 지지하는 편인데 그들이 생각하기엔 헤즈볼라가 이상적인 미래를 구현하기 위해 적합하다고 생각하나 봐. 이 뿐만 아니라 혁명을 억제하기도 하고 종교에 상관없이 가난한 계층의 사람들을 지원하기도 하니 국민들이 지지하는 편이지.”

“지지율이 반반이라고 얼핏 들은 적이 있어. 아, 종교 때문에 그런 거 맞지? 헤즈볼라는 무슬림 무장단체인데 여기는 크리스천도 많이 있잖아!”

“정확히 말하자면 틀렸어. 무슬림에도 두 종파가 있고 기독교에도 두 종파가 있지. 종파들 가운데는 미국을 지지하는 곳도 있고 미국을 싫어하는 곳도 있어. 그래서 그런 거야. 레바논 사람들은 이스라엘을 싫어하고 미국은 또 이스라엘을 지지해. 당연히 미국은 헤즈볼라가 눈에 가시지. 조금 복잡해. 어쨌든 헤즈볼라는 엄청난 군대와 무기를 가지고 있어. 함부로 할 수 없지.”

속이 다 시원했다. 그리고 시원하게 맥주는 내가 다 사고 말았다.

레바논처럼 양면성을 띠는 국가가 얼마나 있을까? 모스크와 교회가 서로 마주 보고 있어도 이상할 것이 없었다. 양분된 종교와 그 종교 사이에서 또 다시 양분된 종파. 종교는 곧 사람들의 생활을 바꾸는 촉매제가 되고 사람들은 다시 둘로 나누어진다. 사람들이 둘로 나누어지면 사회적인 분위기에 통일성이 있을 리 없다. 중동의 파리는 그 화려함 뒤에 항상 무장한 군인들로 가득했다. 베이루트 시가지에는 장갑차가 돌아다니고 있을 만큼 긴장하고 있었지만 막상 군인들은 또 사람들에게 친근했다. 홀로 밤거리를 돌아다니는 내게 인사를 청하기도 하고 때때로 나의 내비게이션이 되어 주었기도 했다. 그날 저녁은 한동안 먹지 못했던 술을 진탕 먹을 생각에 수많은 펍이

위치한 주메이자란 동네로 향했다. 그곳에서 만난 한 택시기사는 레바논의 양면성에 정점을 찍어줬다.

"헤이! 여자 찾아? 레바논 여자 110달러! 러시아, 우크라이나 여자는 120달러! 헤이, 헤이!"

술과 섹스에 관해서는 지독하게 엄격한 중동이라 할지라도 레바논만큼은 펍과 창녀도 멀쩡히 존재하는 곳이었다. '모던'이라는 글자는 어떠한 식으로든 양면성을 띄는 것 같았다.

지구 반대편 우리와 똑같은 나라

베이루트를 거점으로 근교의 도시를 몇 군데 다녀온 뒤 하이라이트로 계획한 곳은 레바논 제2의 도시 트리폴리다. 북부에 위치한 트리폴리는 베이루트와는 180도 다른 분위기로 나를 맞이했다. 정갈했던 베이루트와는 대

조적으로 복잡한 트리폴리는 아직 발전이 덜 된 레바논의 과거를 보여주는 것 같았다. 골목사이로는 재건축이 필요한 가옥들이 나란히 있었고 사람들의 차림새도 소박했다. 트리폴리의 첫 인상은 도시적인 느낌보다 시골 같은 분위기였다. 그런 분위기를 연신 렌즈에 담아보고자 구석구석을 찍어대고 있는 와중에 착각한 피사체가 성큼성큼 걸어왔다. 웃음기 가득한 그녀는 내 카메라의 LCD를 주시했다.

"날 찍은 거야?"

행색을 보니 여행자도 아니고 그렇다고 현지인도 아닌 오묘한 피사체는 말이 많았다.

"어디서 왔니? 트리폴리는 처음이야? 레바논 어디어디 가 봤어?"

처음 본 사내에게 이러기 쉽지 않을 텐데 그런 오지랖이 밉지가 않았던 터다.

"지금 막 베이루트에서. 근데 어디에서 왔어?"

"원래는 두바이에서 일 해. 하지만 고향이 트리폴리지. 너무 오랜만에 이곳을 왔어. 여행자 신분으로 들른 거야. 여길 방문한 네게 인사하고 싶었어. 트리폴리는 사람들이 친절하기로 유명해. 분명 너도 좋아하게 될 거야. 즐거운 여행하고!"

'트리폴리 사람은 친절하다.' 그녀가 꼭 하고 싶은 말은 거기에 있었나 보다. 그녀가 굳이 그 말을 하지 않아도 이곳에서는 충분히 그런 인상을 느끼기에 충분했다. 구두 닦는 청년도 미소를 보냈고 음식점 가게 아저씨는 갓 튀겨낸 감자를 한번 먹어보라며 손에 쥐어 주기도 했다. 여행자에게 있어서 이런 곳은 천국이나 다름없는 곳이다. 이런 트리폴리를 어떻게 사랑하지 않을 수 있으랴. 그날 오후 얼마나 많은 사람들과 이야기 했는지 모른다. 식사를 마치고 동네를 돌아다니는 와중 침침한 불빛이 보이는 큰 가게가 보였다. 그곳에는 어르신들이 시샤를 피우며 담소를 나누고 있었다. 노인정 같은 그곳에 무슨 호기심이 발동했는지 기웃거리는 내게 가게 점원은 오히려 들어오라며 손짓했다. 시샤를 피우면 기침이 심했던 나는 사양했지만 아저씨는 공짜로 차를 대접해 주겠다며 자리를 마련해주었다. 혼자 앉아있는 내게 한 분의 할아버지께서 다가오셨다.

"어이구, 멀리서 오셨네. 트리폴리를 찾은 걸 환영해요."

영어가 유창한 할아버지께서는 학교선생님이라 했다. 대한민국의 정세와 경제, 정치 등에 어찌나 관심이 많으셨는지 장황하게 설명하느라 꽤 애를 먹었다.

"난 사실 팔레스타인 사람이라네. 하지만 이곳에서 산지도 꽤 되었지. 듣자하니 한국은 생각보다 불안하지 않구먼."

"선생님께서 살아 보셨을 때 이곳 레바논은 어떠신 것 같아요?"

"여긴 예전 같지가 않아. 물가가 올라도 너무 올라서 생활하기 힘들 정도지. 십년 전에 비해서 집값이 다섯 배나 올랐어."

지팡이를 들지 않은 반대편 손으로 다섯 손가락을 쭉 펼쳤다.

"의외네요. 제가 본 베이루트는 정말 살기 좋은 동네처럼 보였거든요."

"레바논은 중동국가지만 기름이 나질 않아. 수입에 의존해야 하니 리터당 1.5달러나 하지. 제조시설도 좋지가 않아서 모든 게 수입이다 보니 물가가 많이 오른 게야. 사람들은 집을 마련할 형편이 안 되니깐 당연히 결혼을 못하는 남자들도 늘었지."

"다른 중동국가들처럼 일부다처제 때문에 그런 건 아니고요? 그것 때문에 결혼 못하는 남자들이 느는 것이라 생각했어요."

"여기도 허용은 되는데 보통 실속을 추구하지. 남자들도 여자를 볼 때 경제력이 없으면 쳐다도 안 봐. 안정적인 직장의 여성을 선호하거든. 레바논은 남자들이 결혼할 때 신부 측에 5천 달러 정도 지불하는 게 결혼풍습이야. 한국도 그래?"

"요새는 반반씩 부담하는 추세에요. 어려서 아직 잘 모르지만 혼수가 결혼할 때 민감한 사항인건 사실이에요. 그저께 우체국도 가보고 관공서도 몇 차례 들렸는데 의외로 여성들이 많이 있던데요? 레바논은 여성들이 일하기 좋은 곳이겠네요."

"아직 우리나라에 여성의 권익을 대변해 주는 단체는 없지만 여성이 사회진출에 제약받는 일은 없어. 경제부장관도 여성인데 국민들로부터 상당히 존경받는 인물이지. 비밀 하나 말해 줄까? 사우디아라비아처럼 강경한 무슬림 국가의 여성들은 그런 생활에 불만이 많아. 레바논으로 이주하는 사람도 더러 있지. 언제나 자유를 갈망해. 그리고 또 하나는 레바논의 주요 수입이 사우디의 남자들로부터 온다는 거야. 여긴 술과 여자가 자유로운 국가니깐."

할아버지의 이야기는 시간 가는 줄 모를 만큼 흥미로웠다. 시샤향 가득한 골방에서는 이미 몇몇 할아버지들이 자리를 함께 했고 차를 마시면서 할아버지는 마지막 이야기를 꺼내주셨다.

"레바논은 지금 최저임금이 300달러 밖에 안 될 정도로 열악해. 그런데도 사람들을 지탱하는 힘이 뭔지 알아? 하나는 가족애고 또 하나는 교육이야. 둘 다 의무나 다름없지. 지금 레바논 국민들의 부모님세대는 자식들의 교육에 엄청난 희생을 했어. 기름도 없고 기술도 없으니 교육만이 살길이라 믿었거든. 난 여섯 명의 자식들이 세계 각지에서 일하는데 매달 500달러씩이나 되는 돈을 보내 준다네. 그리고 난 선생님으로 일하는 걸 여전히 자랑스러워하지. 가족애와 교육은 레바논을 지탱하는 힘인 게야."

지구 반대편에 우리와 이토록 정서가 비슷한 나라가 존재했을 줄이야. 역사도 비슷했고 사람들의 의식도 비슷했다. 신기하고 또 놀라웠다. 지금으로부터 십년 뒤 레바논이 한국만큼의 경제성장을 이뤄낸다 해도 전혀 이상할 것이 없어 보였다.

트리폴리에서 만난 할아버지.
Lutfi Mawrouf

여행자의 기본적인 자세

도미토리를 쓰게 되면 살가운 사람들을 만나기 마련이다. 둘이 여행하는 사람들은 더블 룸을 잡을 테고 세 명이서 여행하는 사람들은 트리플 룸을 잡는다. 경제적으로도 이득이고 분실의 우려도 적다. 주위의 신경을 배제해도 되니 몹쓸 잠버릇을 노출시킬 이유도 없어진다. 결국 도미토리는 혼자 여행하는 이들이 모이는 경우가 많다. 혼자 여행하는 이들은 친구를 찾아야 되고 그러다보니 처음 보는 이들이라 해도 서로의 안부를 묻거나 소개를 하는 일은 전혀 이상한 일이 아닌 것이다.

그날은 오후 늦게 숙소로 돌아갔지만 미리 숙소에서 휴식을 취하던 한 남자가 아주 반갑게 맞아주었다.

"만나서 반가워요. 제 이름은 오즈본입니다. 이름이 뭐에요?"

"한국에서 온 제영이라고 합니다."

"오! 한국! 그곳을 두 번이나 방문한 적이 있죠! 제주도! 한라산은 비록 힘들었어도 그만한 값어치가 있는 곳이더군요. 잊을 수 없는 추억들 뿐이죠."

유난히 친근함이 많았던 그 남성은 나이가 꽤 많아 보였던 인도출신의 캐나다인이었다. 제주도의 아름다움이 대화의 촉매제가 되었는지 그날 저녁식사를 시작으로 그와의 동행이 이어졌다.

"트리폴리는 수크가 아주 매력적인 곳이지. 어제도 들렀지만 오늘 또 갈 생각이야. 어때?"

수크라는 곳은 중동여행에 있어서 최후의 보루로 인식되던 곳이다. 오만에서 정말 갈 곳이 없을 때 방문했던 수크를 또 가자니! 전적으로 그의 말만 믿고 수크로 향했다. 트리폴리 수크는 관광객을 호객하는 용도가 아닌 오직 현지인들을 위한 곳이었다. 사진작가인 오즈본은 사람들의 표정을 하나도 놓치지 않을 기세였다. 반면 그곳의 현지인들은 보기 드문 피부색의 나와 오즈본을 모두 주목하고 있었다. 방글라데시처럼 혹은 스리랑카처럼. 사람들은 '재키 찬'을 외치며 차를 대접했고 처음으로 아라비아어로 고맙다는 인사인 '슈크란'을 배웠다. 사람들이 활기가 넘치니 나 또한 활기가 넘쳤고, 내가 웃으면 사람들도 웃었다. 시장이라는 곳이 이토록 인정 넘치는 곳이었던

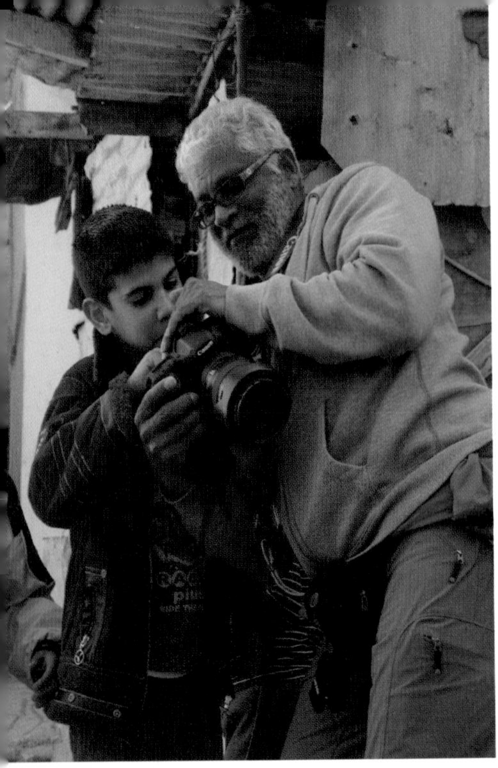

가. 그 작은 수크의 골목은 불과 100미터도 안 되었지만 처음부터 끝까지 가는데 거의 두 시간이 걸렸다. 인파에 섞여 잠시 오즈본을 잃었는데 그는 먼발치에 위치한 골목에서 아이에게 사진을 찍어주는 중이었다. 둥근 원형의 짧은 터널로 그를 따라가자 닭장처럼 조목조목 쌓아올린 집들이 눈에 띄었다. 관광객을 맞이할 여유가 없을 법도 한데 사람들은 저마다 미소로 두 남자를 응대했다. 아이들의 눈은 이 세상 누구보다 맑았고 히잡을 쓰지 않아 더욱 자유로워 보였다. 성인이 되면 엄마처럼 언젠가는 히잡을 써야 될 날이 오겠지만 레바논처럼 개방적인 국가에서 태어나 참으로 다행이었다.

중동을 꽤 장기간 여행 중이었던 오즈본이 말하길 이곳의 여성들은 이성적으로 이해가 가지 않을 정도로 엄격한 룰 속에서 살아간다고 했다. 레바논과 시리아, 요르단은 그나마 개방적인 곳이라 했지만 어디까지나 '그나마'란 범주에 속한다. 수크의 골목에는 으레 속옷가게가 많이 보였는데 그들이 판매하는 속옷은 성인잡지에나 등장할 법한 야한 디자인이었다. 부인이 한 명이 아닌 까닭에 남편에게 성적인 매력을 유감없이 보여야 하는 것이 이유라면 이유가 된다. 차별적인 처우는 이 뿐만이 아니다. 식사를 할 때도 겸상을 해야 하며 여자 혼자서 자동차 운전대를 잡는 것마저 금지된 불문율이다. 티 없이 맑았던 아이들. 그 아이들의 눈을 보면 경제적으로 어려운 이곳 레바논, 그중에서도 터널로 세상과 조금 격리 된 빈민촌에서 살아간다 해도 전혀 아픔이 없어보였다. 이 아이들이 세상의 속세를 모르고 영원히 그대로 성장하지 않길 바라는 건 지나친 욕심일까 혹은 종교관을 제대로 이해하지 못하는 주제넘은 욕심일까…….

그날 저녁 오즈본은 나와 함께 트레킹을 함께 할 것을 권했다. 네팔트레킹 이후 트레킹은 영원히 하지 않겠다던 나는 그의 꼬임에 너무나 쉽게 무너졌다. 나긋나긋 사람을 설득시키는 재주가 뛰어난 오즈본은 설득의 달인이었다. 그가 침이 마르도록 칭찬한 곳은 브사레다. 콰디샤 벨리라고도 불리는 그곳은 레바논의 숨은 명소이자 천혜의 자연경관을 가진 곳이라니 마다할 이유도 없었다. 큰 기대를 가지지 않고 찾아간 브사레는 가는 길부터가 장관이었다. 거대한 협곡 아래에 옹기종기 모여 있는 가옥들과 멀리 보이는 설산. 만년설이 아닐 테니 시기를 잘 탄 모양이다. 트레킹코스는 반나절 거리로 짧게 다녀올 수 있는 곳부터 수일 동안 할 수 있는 코스로 다양했는데 우린 '시다스'라는 지명의 반나절 코스를 택했다. 시다스가 무엇을 의미하는지 몰랐는데 알고 보니 삼나무를 뜻한단다. 레바논의 국기에 새겨진 삼나무는 결국 이곳의 상징이다. 수려한 절경은 사진을 직업으로 하는 오즈본에게 천국 같은 곳이었고 매연을 피해 맑은 공기가 절실했던 내게도 심신이 회복되는 곳이었다. 사람들이 추천하는 데는 다 이유가 있는 법이다. 마을이 시야에서 사라질 만큼 올라서면 세상은 온통 눈밭이었다. 크리스마스트리를 연상케 하는 삼나무는 하얀 눈으로 장식되어 있었고 몸을 녹일 수 있는 카페는 어렵지 않게 발견할 수 있었다. 오즈본과 차를 마시면서 대화를 나눴다.

"오즈본, 레바논 사람들은 하나같이 친절한 거 같아요. 이 사람들의 국민성이겠죠?"

"제영, 우린 비록 이틀 밖에 안 봤지만 난 당신이 친절하게 사람들을 대해줘서 그렇다고 생각해요. 항상 웃고 있잖아요. 만약 당신의 태도가 좋지 않았다면 현지인들도 똑같이 대했을 거라 믿어요. 나도 사람이라서 가끔은 기분이 안 좋을 때도 있어요. 그런데 굳이 멀리 여행을 와서 그럴 필요는 없지 않나요? 여행을 할 때 제가 생각하는 가장 중요한 요소는 겸손한 자세와 존중이라 생각해요. 본인이 어떤 표정을 짓느냐에 따라 대접이 달라지는 것은 전 세계 어디를 가도 마찬가지 아닐까요?"

아이들이 성장하지 않길 바라는 건 지나친 욕심일까…?

때론 진부한 이야기도 진심을 다해 이야기하는 사람을 통해 듣다보면 새로운 사실로 받아들이게 된다. 그때가 딱 그랬다. 여행을 시작할 때 태국에서 미구엘이 말했던 소중한 여행자의 자세가 잊혀 질만 했을 때 다시 듣게 된 것이다. 24년을 살아오면서 고착 된 정서는 여행을 하면서 때론 장애물이 되기 마련이었고 이를 극복하는 것이 매일의 숙제가 되었다. 그래서 여행은 행복의 연속임과 동시에 다른 한편으론 스스로에 대한 반성의 연속이 된다. 송구스럽게도 오즈본은 나의 태도를 칭찬했지만 나는 레바논 사람들이 친절하다고 믿고 싶었다. 그들을 떠올리면 언제나 미소 짓게 되는 건 그들의 친절이 그리워서 일수도 있고 우리와 너무 닮은 그들이 남 같지 않아서 일 것이다.

아름다운 동네. 레바논의 일상

MY TRAVEL'S STORY STARTS FROM NOW ON.

14 시리아

Syrian Arab Republic

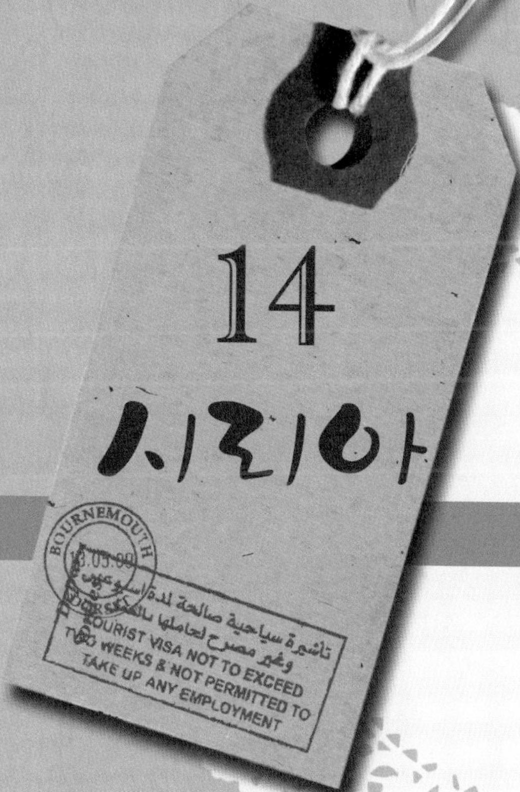

내가 시리아를 방문했던 시기는 2월이다.

입에서는 입김이 새어나왔고 겨울비가 내린 도시는 매서운 찬바람이 불었다.
그러나 시리아는 그 어느 때보다 뜨거운 기운이 피어오르는 봄이었다.

입에 착 감기는 다마스커스

그 평화롭던 트리폴리는 김정일을 뛰어넘는 불세출의 독재자로 이름이 더럽혀진 상태였다. 당시 중동혁명의 쟁점이었던 리비아의 수도 또한 트리폴리란 지명을 썼기 때문이다. 친구들에게 레바논의 트리폴리에 있다고 이야기하면 다들 '레바논'이란 글자는 쏙 빼놓고 걱정부터 하기 바빴다. 박 차장님의 말대로 독재는 언젠가 막을 내리기 마련인 것일까. 우연의 일치인지 레바논에서 국경을 넘어가 마주한 국가 또한 독재 정권 아래 몸부림치는 시리아였다.

국경의 비자창구는 수많은 여행자들로 붐볐다. 중동에서 그나마 물가가 가장 저렴하고 여행하기 좋은 인프라를 가진 덕에 배낭여행자들이 많이 몰리는 까닭에서다. 비자 값은 통일되어 있지 않은 채 국가별로 달리 받고 있었다. 북한과 몇 안 되는 친구인 시리아는 그들에게 비자 값을 물지 않았지만 남한에겐 33달러의 비자 값을 요구했다. 인생을 살면서 북한이 부럽기는 그때가 유일했다. 국경의 길이는 꽤 먼 거리여서 택시를 타고 이동해야 했다. 여느 독재국가가 그러하듯 관공서와 군사시설은 독재자의 사진으로 가득했다. 묻지도 않았는데도 기사아저씨는 사진을 가리키며 말했다.

"굿, 굿. 바샤르. 굿굿!"

시리아가 사회주의 국가라는 것도 몰랐던 터라 바샤르가 착한 놈인지 나쁜 놈인지 구분이 안 가던 때였다. 그냥 택시기사의 말처럼 바샤르는 착한 놈이라 믿었다.

시리아의 수도 다마스커스. 악센트를 적당히 섞어 말하면 입에 착 달라붙는 예쁜 수도 이름이다. 이름만 예쁜 것이 아니라 도시 또한 중동에서 가장 오래된 수도이니 그 역사가 모든 곳에 배어있다. 소음과 공해가 가득한 이곳은 특정인에 따라서 매력적인 곳이 못 되지만 도시를 좋아하는 내게 이런 분위기는 반가웠다. 정원이 예뻐서 여행자에게 인기가 있다는 숙소를 찾았다.

샤와르마를 사랑하게 된 결정적인 이유는 두 가지다.

첫째는 휴대성. 밥 먹는 시간을 아끼면서까지 봐도 중동은 볼거리가 너무나 무궁무진하기 때문에. 둘째는 배려. 혼자 식당에서 식사를 하면 뻘쭘할지도 모를 여행자를 위한 센스.

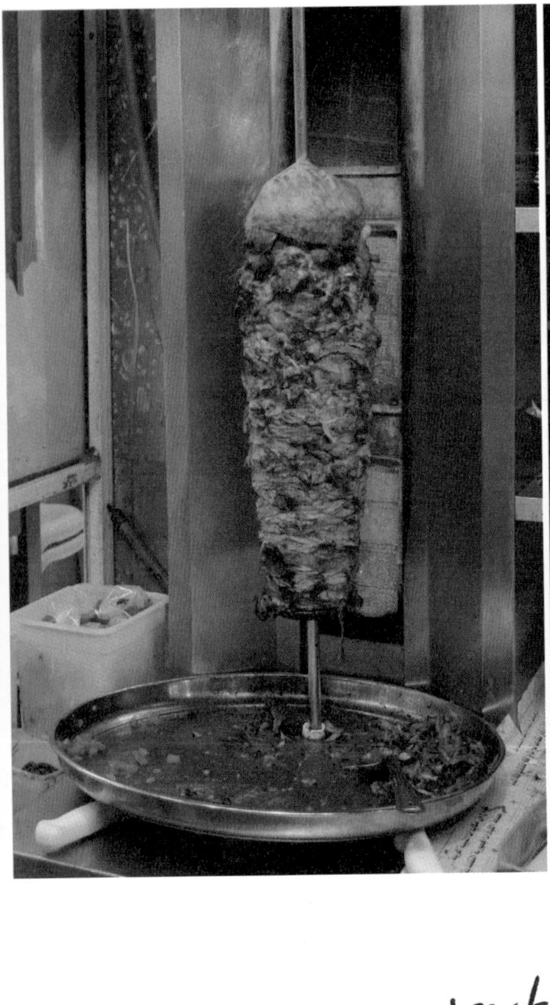

때마침 그곳에는 트리폴리에서 같은 방을 썼던 독일인 아저씨가 담배를 태우고 있었다. 다마스커스에 간다면 반드시 양의 뇌로 조리한 샐러드를 먹어보라는 말에 심리상태가 의심스러워 피해 다녔는데 이곳에서 만나게 된 것이다. 이미 양의 뇌 샐러드를 경험한 괴짜아저씨는 살인적인 맛이었다며 불평했고 적당한 변명거리를 둘러대고 자리를 빠져나가기엔 꽤나 긴 시간이 필요했다.

아침부터 분주하게 움직였던 나는 씹을 거리가 필요했다. 중동여행의 가장 큰 단점은 아무래도 한정된 먹을거리다. 게스트 하우스들이 밀집된 여행자거리라 해도 온통 샤와르마 케밥(케밥에는 여러 가지 종류가 있는데 얇은 빵에 돌돌말린 케밥은 샤와르마라 한다) 이 외엔 특별히 먹을 것이 없어 보였다. 이미 내 목구멍은 수십 개의 샤와르마가 넘어간 상태였으나 달리 방법은 없었다. 다행스러운 점은 국경을 넘어갈 때마다 샤와르마는 미묘하게 그 스타일이 바뀐다는 것이다. 시리아의 샤와르마는 그 어떤 국가보다 최고라 칭할 만했다. 중동에서는 1달러 전후로 먹을 수 있는 케밥인 샤와르마는 그 수요가 많지 않으면 비싼 값을 지불해야 한다(그래서 이태원에서 케밥을 먹을 일이 없다). 하루치를 판매해야 할 거대한 고기 덩어리는 스토브에 지글지글 익어가고 겉이 익으면 능숙한 칼질로 고깃덩이를 잘라내는 식이다. 한 가지 팁이라면 고기의 덩어리가 큰 집이 맛이 좋을 확률이 높다는 것이다. 하루 동안 그 고기를 다 팔아야 하니 고기의 규모가 클수록 장사도 잘되는 집이라 보면 된다. 결론적으로 샤와르마는 어메이징하다. 얇은 원형의 빵을 펼쳐놓고 그 위에 각종 채소를 토핑하면 마지막으로 익힌 고기가 들어간다(자칫 밋밋할 수 있는 간을 맞추기 위해 피클을 추가하는 것은 개인의 몫이다). 양고기 특유의 노린내가 심할 것이란 생각은 접어두어도 좋다. 이렇게 토핑이 끝난 뒤 각종 소스로 양념을 하고 돌돌 말아 주면 간단하면서도 5대 영양소가 포함된 알찬 음식이 완성되는 것이다. 이정도가 어디를 가더라도 흔히 볼 수 있는 샤와르마의 기본적인 조리법인데 시리아는 한발자국 더 앞서간다. 완성된 샤와르마를 통째로 기름에 다시 한 번 구워내고 마지막으로 마요네즈를 듬뿍 얹혀 준다. 5대 영양소를 가진 건강식품이 자칫 정크푸드로 돌변할 소지가 있지만 결국 그 맛은 입에 착 감기게 해 주니 칼로리를 떠나 입은 즐거워지기 마련인 게다.

물론 시리아표 샤와르마보다 더한 행복을 느낄 소지는 다마스커스에 얼마든지 널려 있다. 구 시가지는 아직 과거의 모습을 보존하며 사람들이 살아가고 있고 그 한가운데는 역사적으로도 가치가 있는 모스크가 존재한다. 여성들은 전통의상을 입어야 하는 규율이 있어도 이곳에선 하나의 체험이 되니 언짢아하는 이들이 없다. 그리고 가장 중요한 사실은 이곳 시리아도 한류열풍이 한번 쓸고 간 뒤라는 점이다. 매번 느끼지만 한국인들은 '한류'라는 단어에 깊은 감사를 표해야 한다고 생각한다. 일시적인 트렌드라 해도 한번 그 유행이 지나간 국가는 한인에 대한 대접이 다르다. 그렇게 수많은 관광객이 오가고 특히 시리아 같은 경우 일본관광객들의 신흥 관광지로 떠오르는 중이지만 현지인들은 용케 잘도 구분했다. 구시가지의 사람들이 핸드폰을 들고 와 사진을 요청하는 일은 흔한 일이었다. 만약 한류에 관심 있는 여자라도 만나면 아주 난리가 난다. 한번은 전공서적을 팔에 끼고 가던 한 묘령의 여인이 다가와 말을 건넸다.

"저, 저기……. 호, 혹시 한국인이세요? 저는 한국드라마를 굉장히 좋아해요. 그, 그래서 한국인을 정말 만나 뵙고 싶었는데 이렇게 만나게 돼서 너무 기뻐요."

입술을 파르르 떨면서 왜 그리 긴장했는지 모르겠지만 그녀는 그렇게 인사하고는 어디론가 도망가 버렸다. 히잡을 쓴 묘령의 여인과의 대화도 한류를 통해서라면 어렵지 않다.

다마스커스는 밤이 되면 휘황찬란해진다. 도시의 외곽에는 높은 언덕들이 시내를 내려다보고 있는데 그곳은 정상까지 빼곡한 가옥들로 토핑 되어 있었다. 밤이 되면 촛불 같은 불이 반짝였고 시내에서 언덕을 바라보는 것은 운치 있는 장관의 정점을 찍어주었다.

'그곳에 올라 다마스커스의 시내를 내려다보면 어떤 느낌일까?'

참을 수 없는 유혹은 나를 그리로 인도했고 맨 정신으로는 도저히 올라갈 수 없을 것 같아 작은 위스키를 구했다. 언덕은 말 그대로 빈민가다. 사람이 어떻게 생활할까 싶어도 그 경사진 곳들은 촘촘한 계단들이 실핏줄처럼 연결되어 있었다. 밤이 되면 물론 위험할 것이라 생각했지만 세상에 위험하다는 기준이 어디 있겠는가? 내가 다치면 그곳이 위험해 지는 것이고 내가 멀

쩡하면 그곳은 재건축이 되기 전까지 평화로운 곳이다. 창틀사이의 가정집을 몰래 훔쳐보기라도 할 땐 오만과는 대조적으로 사람들은 손을 흔들며 인사했다. 한없이 계단을 올라가다 보면 마을의 한 어귀에 작은 시장이 마련되어 있었고 또 그곳을 지나면 구멍가게와 이발소 심지어 인터넷카페도 존재했다. 이들이 밝힌 불이 다마스커스의 촛불이 된 것이리라. 이곳 역시 사람이 사는 곳이었다. 약 2시간 가까이 사력을 다해 산중턱에 올랐을 때 바라본 다마스커스는 영원히 잊을 수 없는 감동 그 자체였다. 도심 위를 메운 구름은 오히려 야경을 파스텔 톤으로 밝히게 했다. 그리고 그 파스텔 톤의 다마

스커스는 영롱한 보석처럼 반짝였다. 소년의 감성으로 야경을 바라보며 고생한 보람을 느꼈다.

그리고 불과 십 분도 채 안 돼서 내가 위치한 곳까지 승합택시가 아주 멀쩡하게 운행하는 것도 보고 말았다. 소년은 담배에 불을 붙였다. 그리고 생각했다. 여긴 진짜 사람이 사는 곳이구나!

그들을 지탱하는 힘의 원천

당시 시리아는 미묘한 조짐이 보이는 추세였다. 바샤르가 착한놈인줄 알았는데 그게 아닌 모양이다. 곳곳에 혁명의 조짐이 보였다는 것을 뉴스로 겨우 접하는 중이었다. 물론 여행자거리나 관광지를 중심으로 다닌 나는 그 사실을 단 한 번도 느낀 적 없었다. 생각해 보라. 우리나라 대학생이 반값등록금

촛불시위를 경복궁이나 남산타워에서 하는 일은 어딘가 이상하다. 그래서 조금은 무디게 조금은 세상 풍문과 거리를 둔 채 다마스커스에서 지낼 수 있었다. 그래도 뉴스는 뉴스고 사실은 사실이다. TV에서 멀쩡하게 폭동이 일어나는 곳을 굳이 가야 할 이유는 없었다. 유혈사태가 일어난다는 홈즈와 라타키아는 나의 지도에서 자연스럽게 X로 그어지고 말았다.

홈즈를 건너 뛰어 곧장 하마로 향할 생각이었다. 짐을 싸고 체크아웃을 하는데 익숙한 대머리 아저씨가 먼저 열쇠를 반납하고 있었다. 괴짜 독일아저씨다.

"어디로 가세요?"

어디로 튈지 모르는 아저씨라 걱정 반 호기심 반 이었다.

"하마로 갈 예정이야. 너는 어디로 가니?"

"저도 하마로 가요. 음……. 같이 갈래요?"

아저씨가 하마에서 양의 눈알로 만든 샐러드를 먹자고 해도 동행할 기세였다. 공포가 찾아오면 사람은 의지할 누군가를 찾기 마련인거다.

독일아저씨의 이름은 안트. 내 나이의 딱 두 배인 안트는 소위 말하는 '헤비 스모커' 즉, 골초다. 담배를 입에 물고 사는 아저씨랑 다니다 보니 나 또한 헤비 스모커로 변질되어 가는 듯했다. 그는 담배 한 갑에 1달러 밖에 하지 않는 시리아가 너무 좋다며 천진난만한 미소를 흘려보냈다. 술을 못 마시는 국가에선 담배라도 저렴한 것이 당연할 것인데 이를 중동여행의 또 다른 묘미라고 말하는 그는 진심으로 담배를 사랑하는 이 같았다. 문득 아저씨가 건강했으면 좋겠다는 생각이 들었다. 이곳 방문이 처음이 아니라는 그는 이곳이 나름대로 익숙해 보였다. 수차(水車)가 매력적이라는 하마. 어떤 이들은 수차 이외에는 특별한 매력이 없다고 했지만 아저씨는 다마스커스보다 훨씬 더 큰 감동을 줄 것이라 약속했다. 그리고 약속의 땅 하마는 주룩주룩 비가 쏟아지고 있었다.

이런 와중에 안트는 하마를 둘러 볼 것을 권했다. 그는 여행의 템포가 나보다 반 박자 빨랐기에 내가 조금 급해져야 했고 키도 190센티미터가 넘었으니 발걸음도 반걸음 빨랐다. 50세가 다 되어 가는 나이에 어떻게 혼자 여행을 감행했을까? 의외로 유럽인들은 그런 사람들이 많긴 한데 동행은 사실

흔치 않은 일이다. 하시는 일이 무엇인지 물었을 뿐인데도 기대했던 대답이 나왔다.

"아, 난 그냥 샐러리맨이야. 얼마 전에 잘렸지. 한동안 연금을 받고 생활했어. 연금만 모아도 여행을 할 수 있는 건 행운이지. 이번 여행을 마치면 돌아가서 일자리를 다시 찾을 계획이야. 일을 하고 여유가 생기면 다시 여행을 하는 거지. 난 중동여행을 예전부터 즐겼어. 집에 갈 땐 이곳의 향신료를 한가득 사가곤 하거든."

그는 하마의 시내가 모두 내려다보이는 언덕에서 마호메트와 관련 된 이야기, 무슬림의 편견을 깰 만한 코믹한 이야기를 해 주었다. 비가 그치자 하마 도시엔 거대한 무지개가 생겼고 이내 여기저기서 아잔의 소리가 들렸다. 아잔(Adhan)은 이슬람교에서 신도들에게 예배를 알리는 소리다. 모스크마다 일정한 시각에 울려 퍼지는데 자세히 귀를 기울이면 그 소리가 모두 틀림을 알 수 있다. 아잔은 녹음된 CD가 아닌 육성으로 직접 하는 것이란다. 그런 모스크가 언덕 위에서 바라 봤을 때 족히 스무 개는 넘었다. 스무 개가 넘는 모스크에서 일제히 울려 퍼지는 신비로운 이슬람교도의 목소리. 디스 이즈 아라비아다.

아잔은 그 소리에 취하면 몽롱해질 만큼 매력이 있는 소리다. 하지만 재수

가 없으면 아잔소리에 잠을 깨야 한다. 한낱 게스트 하우스가 모스크를 피해 세워지기란 어렵기 때문이다. 새벽부터 잠을 설친 뒤 안트를 예정시간보다 일찍 깨웠다. 그리고 그와 함께 중동에서 가장 크다는 성채인 크락 데 슈발리에로 향했다.

크락 데 슈발리에. 다마스커스보다 뭔가 더 입에 감기는 맛이 있다. 안트와 나는 숙소에서 대절한 택시로 당일치기 투어에 참여한 상황이었다. 비는 그칠 줄 몰랐고 가는 길이 그리 수월하진 않았다. 시리아의 산맥 정상에도 눈이 와서 중국산 택시는 꽤 고생해야 했다. 낑낑대며 언덕을 넘을 때마다 한 번씩 퍼졌고 지친 우리도 덩달아 퍼졌다. 메이드 인 차이나는 결코 쓰지 말라며 안트에게 진심어린 충고를 하던 도중 길 한편에 차를 세운 기사아저씨가 내리란다. 그곳은 중동최대의 규모의 성 크락 데 슈발리에가 한눈에 들어오는 곳이었다. 어둑어둑한 구름이 하나둘 비켜가자 햇살이 밝히는 부분마다 성은 하얀색으로 물들었다. 산맥으로 둘러싸인 곳에 웅장하게 세워진 고성은 영락없는 난공불락의 요새였다.

크락 데 슈발리에는 보존상태가 훌륭한 건축물이다. 과거 2,000명에 이르는 군사들이 이곳에서 숙식을 해야 했기에 과학적인 시설은 기술적으로도 완벽했다. 빗물을 이용해서 화장실을 청소하는 시설과 자연 채광을 이용하여 밝히는 복도는 굳이 전등을 켜지 않아도 문제가 없었다. 예전의 시설을 그대로 남겨 두었어도 현대문명의 손길이 필요하지 않은 곳이리 짐작했다. 성곽은 다 둘러보는 데는 꽤 오랜 시간이 걸렸다. 둘러보는 와중에 알 수 없는 깨달음이 스쳐갔다. 이만한 규모에 이토록 많은 군사들이 전투를 위해 생활을 한다는 게 말이나 되는 소리인가? 큰 성을 떠올리면 그 안에 시장이나 가정집도 있기 마련인데 이곳은 단순히 전투를 위해 설계된 곳이라니 기적에 가까운 일이다. 나는 이 사실에 존경을 표했다. 우리나라의 군대를 생각해 보자. 내가 군 생활을 했던 파주는 사실 군부대가 많은 탓에 유흥가로 유명한 지역이다. 비단 파주뿐만이 아니라 군대가 있는 곳은 어디든 그러하다. 외박을 나가서 선임 손을 붙잡고 유흥가 한번 안 가봤다는 남자는 다 거짓이라 믿는다. 그런데도 불구하고 남자 2,000명을 전투를 위해 한 곳에 가둬 놓았다고? 이들이 만약 다른 민족이었더라면 인간의 욕구를 해결하지 못해 유혈사태가 일어났거나 성곽이 모두 불탔을 것이리라. 그들을 잡아두는 데는 분명 큰 구심점이 있었을 것이다. 나는 그것이 코란이라 믿었다. 금욕된 생활과 절제를 강조하는 코란. 그들을 지탱해준 힘의 원천은 곧 이슬람이고 이렇게 강력한 종교적 바탕이 있었기에 난공불락의 요새의 마침표를 찍을 수 있었을 테다. 물론 주관적인 확대해석일 수도 있다는 사실을 잊지 말자.

동양여자를 향한 섬뜩한 대접

안트는 결국 못 말리는 구석이 있었다. 라타키아가 유혈사태로 폭동이 일어난다고 그렇게 강조를 했지만 그는 고집을 꺾지 않았다. 시리아 어딘가에서 다시 만날 것을 기약하며 그렇게 둘은 방향을 달리했다. 하마는 소박한 도시이긴 해도 근교로 나가면 꽤 갈만한 곳들이 많아서 생각보다 체류시간이 길었다. 숙소에는 장기투숙을 하던 여행자들이 꽤 많았는데 시리아 여행의 분기점 역할을 하는 곳 같았다. 안트가 떠나고 며칠 후 나는 시리아의 북쪽 도시 알레포로 향했다.

알레포로 향한 이유는 단순히 아쉬워서다. 지금 아니면 언제 또 가보겠냐는 몹쓸 심리는 항상 합리적인 여행의 발목을 잡는다. 계획에도 없던 알레포. 나를 처음 맞이한 이들은 일본인들이었다. 나름 저렴하다는 숙소의 소문을 따라 간 곳은 일본인 가이드북에 소개된 곳이었다. 세계 어디를 가더라도 일본 사람들은 하나같이 노란색 가이드북을 들고 다닌다. 우리나라에도 번역판이 있는 '세계를 간다' 가이드북. 그것 외에는 별다른 선택의 폭이 없는지 그곳에 소개된 곳은 숙소든 식당이든 항상 일본사람들이 가득했다. 어두운 역사적 배경을 제외하더라도 이웃나라 사람을 타지에서 보면 얼마나 반갑겠냐만 사실 그때 당시 일본인들의 분위기는 최악이었다. 현재까지 사망자 400명을 낸 유례없는 지진은 그들에게 심각한 걱정거리였을 테다. 때문에 로비에 마련된 TV는 연일 지진관련 뉴스가 흘러 나왔고 일본인들은 뉴스를 보며 안타까워했다. 피부색이 같아서인지 나 또한 어디를 가더라도 시리아사람들은 지진에 대해 같이 걱정하는 분위기였고 덕분에 비록 일본인은 아닐지라도 그들의 걱정을 나눠야 했다. 다행히도 우리 숙소에 모여 있는 네 명의 일본인들 가운데 피해자는 없어 보였다. 그들과 지진에 대한 고민을 함께 나누며 지내서일까 여행 중 처음으로 그들은 한국인인 내게 마음의 문을 열어주었다. 아직도 나는 일본인들을 잘 모르겠다. 개인주의적인 성향이 있는 것 같으면서도 에티켓은 극도로 잘 준수한다. 독고다이식의 개척정신이 있는 반면 또 타지에서는 무리지어 다니는 습성도 있다. 비행기로 한 시간 거리에 있는 나라치고는 달라도 너무 다른 것이다. 그래서인지 그들과 대화를 하면 어디서 어떻게 행동해야 할지 도통 감이 잡히질 않았다.

알레포는 중동 최대의 수크를 자랑한다. 그 규모는 어림잡아도 시청 앞 광장의 몇 배는 되어 보였다. 하루에 열두 번도 성격이 오락가락하는 일본인들이 그날은 기분이 좋았는지 수크를 같이 가자했다. 지도 없이는 도저히 돌아다니기가 불가능한 알레포 수크는 그 명성만큼 없는 게 없었다. 친절한 수크의 사람들은 물건을 구매하기 전부터 지진이야기를 하며 걱정했고 어떤 이들은 첫 인사가 괜찮냐는 말로 대신했다. 그런 걱정스러운 대접은 해석하기 나름이지만 열이 뻗친 한 녀석이 말을 꺼냈다.

"진짜 정말 고마운데, 이야기를 너무 많이 들으니깐 짜증나려 그래! 우리도 이런 와중에 여행하는 건 마음 편한 일이 아니라고!"

급기야 동요된 몇 명은 수크를 빠져 나갔다. 무리를 지어 다니더라도 독고다이 정신이 발휘되면 제각각 움직이는 것이 그들의 특성이다. 그들 중 오직

한 명만이 남아 수크를 더 돌아보겠단다. 나 또한 수크를 조금만 더 구경하고 모스크를 갈 계획이었는데 같이 수크를 동행했던 이는 여자였다. 쇼핑을 목적으로 여자와 함께 물건을 사러 다니는 것은 물리적으로도 굉장한 노동이다. 가족애가 넘치는 그녀는 그들을 위한 선물을 사야한다며 그칠 줄 모르는 구매 욕구를 자랑하고 있었다. 차마 먼저 인사를 건네며 찢어지지도 못해 볼품없는 기념품 따위를 만지작거리며 겨우 시간을 때우던 때였다.

"악!!!"

비명소리였다. 그리고 진원지는 같이 수크를 구경하던 일본여자 요코였다. 무슨 일인가 싶어서 뒤를 돌아봤지만 수많은 인파로 그녀의 작은 체구조차 희미하게 보이고 있었다.

"누가 내 엉덩이를 만지고 지나갔어!"

주위를 둘러보았다. 동서남북으로 수십, 수백 명의 사람들이 운집한 수크에서 범인을 식별하기란 불가능해 보였다. 괜찮냐는 말 이외엔 할 말이 없었다. 순식간에 봉변을 당한 그녀는 울분을 토했다. 갑작스런 일에 아무런 말도 못하고 당황했단다. 그때는 단순히 그녀가 재수가 없어서 지하철 1호선에서도 일어날 일을 이곳에서 당한 것이라 생각했다.

단 한 번의 사건으로 성급한 일반화의 오류를 범할 수도 있지만 어떤 여행자가 말하길 중동은 동양여자가 여행하기엔 조금 난이도가 있는 곳이라 했

다. 물론 중동은 치안이 안전한 곳으로 유명하다. 금욕된 생활은 여자와 술뿐만 아니라 재물에 대한 욕심도 버려야 하니 날치기가 없다. 그러나 서양인의 기준일 수도 있다. 동양여자는, 특히 일본인과 한국인은 이곳이 그리 안전한 곳만은 못 된단다. 중동은 성(性)에 대해서만큼은 지독하게 폐쇄적인 국가다. 무슬림의 전통복장이 여자의 온몸을 덮어버리니 남자들은 결혼 전에 여자의 속살을 볼 기회조차 부여받지 못한다. 그러나 인간은 누구나 똑같듯이 청소년 시기에 2차 성징을 하고 성에 대한 호기심을 갖기 마련이다. 그런 점에서 중동은 상당한 모순을 가지고 있다. 그렇다면 그들이 처음 접하는 여성의 진실을 파헤쳐 볼 필요가 있다. 일본에서 건너온 포르노다. 일본 포르노 동영상을 단 한번이라도 봤던 이들은 공감하듯이 말도 안 되는 스토리가 착각을 불러일으키기에 당연하다. 그리하여 이곳의 청소년들은 여행 온 동양여자에 대해서 너무 쉽게 생각해 버리는 경향이 있다고 한다. 엉덩이를 만져도 가슴을 만져도 그들은 죄의식을 느끼지 못 하는 경우가 많고 요코처럼 당황해서 말도 못하는 경우도 생긴다.

너는 거기에 꼭 가야만 해

지진의 아픔과 성추행을 아픔을 함께 나눈 요코와 나는 급격하게 친해졌다. 아니 친해져야 했다. 우리의 다음 목적지가 같았기 때문인데 그곳은 시리아 최대의 유적지 팔미라다. 트리폴리에서 만난 오즈본과 시리아에 대한 이야기를 나누던 중 그가 놀랄 만한 사진을 보여준 적이 있다. 시리아에는 사막 한가운데 믿지 못할 만큼 아름다운 유적지가 있다며 자랑하던 중이었다.

"팔미라? 들어 본 적이 있는 것 같아요. 시리아에 가면 한번 가 봐야겠군요."

"You must go there(너는 거기에 꼭 가야만 해)."

안타깝게도 오즈본이 사진작가라는 것을 간과하고 있었다. 무기 같이 생긴 카메라로 몇 번 손장난을 치면 믿기 어려운 사진이 나오는 건 일도 아닌 것이다. 막상 팔미라에 도착했을 때 멀리서 보이던 유적군은 특별한 재미가

없을 것 같아 보였다. 드넓은 사막 한가운데에 위치한 팔미라 유적군은 발로 차면 곧 쓰러질 형태였고 강한 모래바람에 몇 년을 더 버텨낼지 의문이 들 정도였다. 팔미라는 시리아와 이라크 사이에 위치한 곳이다. 지도상으로 언뜻 보아도 이곳이 번성했었다고 믿기 어려울 만큼 주위는 황량한 사막뿐이었다. 아라비아 반도에서 동서 교역의 요충지 역할을 했다는 사실은 정말 이 주위의 분위기를 보고선 쉽사리 짐작되지 않는 일이었다.

팔미라는 크게 신전과 왕들의 무덤, 아랍성으로 나눈다. 다마스커스에서 온 이들은 하루 만에 관람을 마칠 수도 있고 우리처럼 다소 멀리서 온 이들은 통상적으로 2~3일을 소비하는 경우가 많은 편이다. 그래서인지 팔미라의 입장료는 관람하는 기간과 상관없이 동일한 요금을 받았다. 500파운드(1만 원)를 받고 있었는데 국제학생증의 소지자는 50파운드란다(국제학생증은 시리아 전역에서 원래 가격의 10%만 받을 만큼 엄청난 할인율을 자랑하고 있었다). 사정이 이렇다보니 팔미라는 아쉬울 일이 없었다. 1천 원에 입장한 나는 실망을 할 자격조차 없어 보였다. 하지만 신전에 들어서면서 생각은 완전히 뒤바뀌고 말았다. 만약 500파운드를 지불했어도 전혀 아깝지 않았을 것이다. 원판불변의 법칙이라 했던가. 오즈본이 300만 원짜리 카메라로 제 아무리 이곳을 성형했다 하여도 그곳은 원래 아름답고 신성한 자연미인이었다. 그 절정은 아랍성에서 바라보는 일몰이다. 팔미라가 한눈에 들어오는 아랍성에서 바라보는 그윽한 일몰. 항상 해는 산 능선이나 바다에서 지는 것만 봐 왔던 내게 사막의 일몰은 또 다른 감동을 제시했다. 모래바람 소리와 더불어 온 세상이 황금빛으로 물든 팔미라는 내가 꼭 가야만 했던 곳이다. 그 감동은 결국 도를 넘어 걱정할 필요도 없을 걱정도 만들어 냈다.

'아……. 젊은 날에 이렇게 좋은 것들 다 봐버리면 나중에 늙어서 뭘 보고 살아야 하나……'

누가 중동을 깡패라 말하는가?

다마스커스로 돌아온 나는 직감적으로 그곳의 분위기가 심상치 않음을 느낄 수 있었다. 시위의 조짐을 보이던 금요일엔 근교의 소도시를 방문한답시

"난 이 결혼 반댈세."

고 잠시 다마스커스를 피해있기도 했다. 새로 신축한 군사박물관의 입구에는 북한과의 수교를 상징하는 국기가 걸려있었고 박물관의 내부에는 김일성의 사진이 걸려있을 정도이니 평화롭던 시리아가 달리 보이는 것은 당연한 일이다. 다마스커스에도 자국민이 죽어나간다는 소식을 접했을 땐 서둘러 짐을 싸야 했다. 위험한 것은 둘째 치고 여행의 의미가 모호해 지고 있었기 때문이다. 라타키아와 홈즈에서 한두 명의 사람들이 죽었을 땐 단순히 사고라 생각했지만 사망자 수는 시간이 지날수록 확대되고 있었다. 양심이 있는 여행자라면 이런 분위기에 여행을 핑계로 돌아다니는 자체가 용서받지 못한 일이라 생각했다. 그리고 요르단으로 넘어간 뒤 얼마 지나지 않아 시리아는 엄청난 유혈사태를 맞이했다. 확인할 길은 없어도 그때까지 다마스커스나 하마에 머물렀던 여행자들은 여행커뮤니티를 통해 이를 일제히 거짓된 보도라고 호소했다. CNN과 BBC에 흘러나오는 뉴스는 과거의 영상을 조합하여 진실을 왜곡한다며. 그리고 어떤 이들은 바람 잘 날 없는 중동에 대해서 천덕꾸러기 취급을 하며 현 상황을 바라보았다. 국제 사회에 비춰진 중동의 모습을 떠올리면 또 할 말이 없긴 하다.

그들은 진정 국제사회의 깡패인가? 흔히들 사람들은 중동을 '위험한' 국가의 범주에 묶어 버린다. 중동 내의 분쟁 국가들은 여전히 타협점을 찾지 못하고 있으며 민주화의 혁명 이전에도 각종 테러를 통한 진압이 해외토픽거리였다. 사실들만 열거해서 본다면 이들은 분명 무식한 행동을 서슴지 않았다. 그러나 중동을 바라보기 위해서는 단지 그들의 결과만을 놓고 이해하기엔 조금은 무리가 따르는 것 같다. 한 번 정도는 그들이 왜 그런 만행을 하는지 살펴볼 필요가 있지 않을까? 사실 아랍에미리트를 비롯한 몇 안 되는 국가를 제외하곤 세계의 패권을 장악하는 미국과 사이가 좋지 않다. 힘 있는 언론들이 중동을 왜곡하고 좀 더 폐쇄적으로 만드는 것은 치사해도 어쩔

수 없는 일이다. 인정하기 싫어도 미국이 그러라면 그래야 되는 현실인 것이다. 중동의 근대사는 서구 열강과의 투쟁에서 발전했다고 한다. 종교는 민족정신을 단합시키는 도구였고 투쟁의 목적은 결국 자신들의 권익을 찾기 위한 운동이었다. 당시의 배경을 배제한 채 그들을 바라본다면 밑도 끝도 없이 중동은 악만 남은 그들인데, 이를 폭력적인 이미지로 간주하는 것도 무리가 있는 논리일 수 있는 것이다. 일본의 침략에 맞서 항거한 우리민족을 폭력적인 이미지로 치부해 버리는 것과 매 한가지이니 말이다.

결국 나는 바샤르에 대해 나쁜놈이라 여기지 않은 채 시리아를 떠났다. 헤즈볼라를 좋아하는 레바논 사람들처럼 시리아의 사회주의 정부를 지지하는 이들도 있고 진보를 추구하는 이들도 있다. 자국민의 학살은 분명 용납되기 힘들지만 시리아 정부에 옳고 그름을 판단하는 것은 샤와르마에 피클을 추가할지 말지의 문제처럼 순전히 개인의 몫인 거다. 고립된 환경에서 꿋꿋이 살아가는 중동의 국가들. 어쩌면 미국의 그늘 아래 사는 우리가 새롭게 봐야 될 숙제라 믿는다.

MY TRAVEL'S STORY STARTS FROM NOW ON.

15 요르단

중동여행에 있어서 요르단이란 어떤 식으로든 지나가야만 하는 곳이다.

히치하이킹 is 마인

'수도치곤 너무 볼 게 없어요. 너무 큰 기대하지 마세요.'

요르단의 수도 암만에 대한 평가는 긍정보다 부정이 많았다. 부정적인 시각은 애써 떨쳐버리려 해도 현지인의 태도는 실망스러웠다. 지나가는 차량 안에서 원숭이 흉내를 내는 사람들 그리고 이유 없이 고함치는 사람들. 태어나 처음 받는 대접이여서 무섭기도 하고 불안했다. 새로 오픈한 호스텔 중에 서비스가 좋다는 곳의 소문을 듣고 찾아가긴 했지만 도착 전까지만 해도 암만의 삭막한 이미지는 떨쳐버리기 어려웠다. 그리고 찾아간 호스텔에는 마네킹처럼 예쁜 아가씨가 맞이하고 있었다.

"도미토리에 6디나르(9천 원)를 받고 있어요. 조식이 포함되어 있고요, 주방은 맘껏 이용할 수 있지요. 물론 와이파이는 공짜고요, 혹시 출력을 할 일이 있으시면 로비에 마련된 컴퓨터로 무료로 출력이 가능해요."

마네킹이 말도 하다니. 홀려버린 나는 대답의 타이밍을 반 박자 놓치고 방으로 안내받았다. 침대 위에는 가지런히 정돈된 수건 두 장. 물론 무료로 제공되는 것이다. 6디나르의 호스텔 치고는 모든 것이 완벽했다. 복도의 계단은 흡연이 가능한 장소였다. 담배 한 대를 태우러 가는데 아까 그 마네킹이 벌써 나와 담배를 태우고 있었다.

"호스텔이 너무 훌륭해요."

"저희 언니가 운영하는 곳이에요. 저희 언니는 여행을 정말 좋아하거든요. 당신처럼 유랑하기를 즐긴답니다. 최근에도 유럽을 몇 차례 다녀왔어요."

고기도 먹어 본 놈이 고기 맛을 안다고 했던가. 여행자의 심리를 누구보다 잘 아는 주인이 이곳을 오픈했으니 서비스 면에서 부족할 게 없었다. 특히 그 수건 두 장. 호스텔이나 게스트 하우스에서는 기대하기 힘든 서비스다. 당장 어디를 이동할 때 아침에 샤워를 하면 수건이 젖기 마련이라 항상 젖은 수건은 골칫덩이인데 주인은 이를 잘 아는 듯했다. 마네킹에게 암만의 정보

를 세세히 안내받은 나는 일단 시내로 나가 보았다. 사람들의 말처럼 암만은 특별한 것이 없었다. 유서 깊은 역사를 간직한 곳도 아니며 그렇다고 훌륭한 왕조가 번성하여 이룩한 건축물도 존재하지 않았다. 유적지에 관심이 있다면 1시간 정도 떨어진 근교도시 제라쉬를 방문해야 할 정도다. 이틀 뒤 다시 마네킹을 찾았다.

"암만이랑 제라쉬를 다 둘러 봤는데 좀 더 특별한 곳을 가고 싶어요. 추천할 만한 곳이 있으세요?"

"사해를 다녀오시는 건 어떠세요? 저희 호스텔에서 승합택시로 투어를 운영하거든요. 요금이 부담스러우면 혼자 찾아가시는 방법도 가르쳐 드릴게요."

혼자 가는 방법을 쉽게 말해주기란 어려웠을 텐데 그녀는 얼굴만큼이나 심성도 비단결 같았다. 이러니 호스텔이 잘 될 수밖에!

사해. 죽은 바다란 뜻이다. 해수면보다 낮은 탓에 염도가 높아졌고 그곳에는 생물이 살지 못한다. 염도가 높으니 부력은 일반적인 바다보다 더 높아 사람을 둥둥 뜨게 만든다. 성경책에서나 봐 왔던 사해가 요르단에 붙어 있는지도 몰랐던 무지한 여행자는 수영도 할 줄 모르면서 사해를 찾았다.

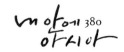

사해는 결국 국경이다. 날씨가 흐려도 바로 맞은편에 있는 이스라엘이 보일 만큼 가깝기 때문에 항상 군인들이 배치되어 있단다. 수영을 허락하는 포인트는 시설에 따라 가격을 달리 받고 있었다. 단지 백사장에만 들어왔을 뿐인데 짠내가 진동을 했다. 고여 있는 물이니 파도는 거의 치지 않았지만 해변은 소금이 하얗게 굳어서 돌처럼 딱딱했다. 발이 땅에 닫지 않으면 심각한 공포에 빠지는 나인데 정말 이곳에서 뜰 수 있을까? 막연한 불안감 때문에 입수를 하지 못하며 주위를 살폈다. 무슬림 여성들은 몸이 젖으면 안 되니 의자를 가져와 발만 담그고 있었다. 물에 뜰 수 있다는 것은 중동에서 결국 남자에게만 허락되는 것이리라. 결심이 선 나는 바다를 향해 들어갔고 몇 발자국 안가 겨우 누웠다. 근데 진짜로 떴다. 그것도 너무나 자연스럽게! 이곳에서 책을 읽고 신문을 읽는다는 것이 정말 사실인 것이다. 염도가 높은 바닷물이라 눈에 들어가면 치명적이란 이야기가 있었던 터라 양팔을 저으면서 조심스레 나가보았다. 투명한 바닷물은 구름을 거울처럼 비추고 있었고 반대편의 이스라엘은 평화로운 풍경이었다. 도대체 염도가 얼마나 높기에 사람들이 그러나 싶었다. 궁금한 사람은 바닷물을 한 방울만 찍어서 혀에 대보면 안다. 사해의 바닷물은 혀가 마비될 만큼 짜다 못해 쓰다. 물에 떠서 책

을 읽고 한가로이 떠 있는 것만큼이나 사해의 또 다른 묘미는 머드팩에 있다. 피부에 좋은 성분이 대량 함유되어 있어서 이 머드팩을 이용한 화장품이 요르단에선 인기란다. 사람들은 누구라도 할 것 없이 머드를 온몸에 바르고 있었다. 하지만 기호에 따라서 달리 행동해야 함을 주의하고 싶다. 고현정처럼 민감한 피부인 내게 염도가 높은 사해의 머드팩은 살결이 갈라질 만큼 고통스러웠다. 그리고 또 하나. 어떠한 가이드북에도 소개되지 않은 사해의 비밀이 있다면 지독하게 항문이 아프다는 것이다(아마 민망해서 안 쓰였나 보다). 솔직히 나만 그러한 줄 알았다. 그런데 다녀온 사람들 중 상당수가 항문의 아픔을 호소했다. 정말 그 고통이 어느 정도인지 말로 형언하기 힘들다. 사해의 해수욕장에는 샤워시설이 잘 구비되어 있지만 요르단 정부는 샤워시설뿐만 아니라 비데의 도입도 시급해 보였다. 닦을 수 없으니 씻기라도 해야 될 것 아닌가. 사해는 평화로움 뒤에 무시무시한 고통이 따르는 곳이었다.

사해와 더불어 그날 나는 천연 온천수가 끓는 마인을 갈 계획이었다. 사해에서 불과 4킬로미터 떨어져 있다는 정보에 혹해서 무작정 걸었다. 끝도 없이 광활한 산맥들은 언제 끝날지 몰랐고 급기야 잘 안하는 히치하이킹도 서슴지 않았다. 첫 타자는 군용차량이었다. 친절한 군인들은 나를 호송하여 마인으로 꺾어 들어가는 도로까지 데려다 주었다. 그들 말로는 10킬로미터는 더 가야 한단다. 세상 모든 군인은 단것을 좋아하리라 믿었던 나는 시리아에서 가져온 사탕 몇 개로 고마움을 대신했다. 그리고 또 걸었다. 절경을 이루던 산은 지겨울 만큼 많았고 지나가는 차량을 만나기도 쉽지 않았다. 호스텔에 괜히 투어프로그램이 있는 게 아닌 것 같았다. 두 번째 타자는 네덜란드 출신의 어느 60대 노부부다. 그들 또한 나를 흔쾌히 태워줬다.

"우리도 수십 년 전에는 젊은이처럼 배낭여행자였죠. 히치하이킹하면서 유럽을 여행 한 기억이 있어요. 마인으로 가는 표지판이 나오는 곳까지만 데려다 드릴게요."

그렇게 수차례 히치하이킹으로 마인에 도착했을 땐 이미 오후였다. 사해에서 10킬로미터 떨어져 있고 아니고는 중요하지 못했다. 온천에 몸을 담근 뒤 돌아가는 여정이 더 걱정되어서였다. 온천은 꽤나 비싼 값을 요구했다. 15디나르(약 2만 3천 원). 어떻게 찾아온 마인인데 돌아갈 수도 없는 노릇이었다. 나는 목욕이 절실했다. 이젠 어딜 돌아다니면 사람들이 국적을 물을 때 필리핀에서 왔냐 혹은 네팔에서 왔냐는 소리까지 들을 정도였으니. 고심 끝에 입장한 온천은 내 생에 최대의 온천이었다.

20미터는 되어 보이는 높은 언덕에서 내려오는 폭포 아래엔 사람들이 수영복만 입은 채 온천을 즐기고 있었다. 낙차 하는 물 자체가 온천수란다. 우리나라 대중목욕탕처럼 '몸을 씻고 탕에 들어가시오.'란 문구를 찾지 못해 곧장 폭포수로 향했다. 뜨거웠다. 그리고 너무나 행복했다. 꼬질꼬질하게 백일휴가를 나와 목욕탕에 갔을 때보다 더 큰 쾌락을 맛본 나는 얼마나 몸을 불렸는지 모른다. 게다가 폭포의 안쪽은 자연스럽게 수증기가 끓어오르는 천연사우나의 모습을 간직하고 있었다. 코를 찌르는 유황냄새는 이곳이 천연 온천수를 끓게 하는 증거가 되었기에 기분 나쁘지도 않았다. 그렇게 행복한 시간이 점점 지나자 피부는 본능적으로 가려워지고 있었다. 때를 벗겨야 했다. 5개월 묵은 때를! 하지만 이곳에서 초록색 이태리타월을 파는 이가 있을 리 없고 그것을 가지고 왔다 한들 사용할 기회조차 부여받지 못했을 테다. 손으로 팔만 짓눌러도 때가 나오는데 단지 폭포로만 씻어낸다는 것도 말이 안 되었다. 최후의 수단으로 나는 바위의 벽면에 등을 가져다 대고 있는 힘껏 벅벅 긁었다. 물론 눈치가 너무 보여 만족할 만한 성과는 얻지는 못했지만 이마저도 행복했다. 똥을 싸고 뒤처리를 안 한 느낌일지라도 똥을 빼낸 것이 어디랴!

온천에서 호강한 피부는 연신 탄성을 질러내는 것 같았다. 그리고 해가 뉘엿뉘엿 저물어 갈 때 보이는 폭포와 노을의 조화는 완벽한 궁합이었다. 그리고 나는 돌아갈 시간도 잊어 버렸다는 것을 그제야 깨닫게 되었다. 바보도 이런 바보가 없다. 한 가지 일에 만족하면 뒷감당은 아예 생각지도 못하는 바보다. 급한 마음에 온천을 빠져나왔을 땐 날이 급속도로 어두워지고 말았다. 온천에서 나가는 차량을 찾으려 했으나 숙박시설이 잘 되어 있는 그곳을 나가는 이는 없었다. 아무것도 보이지 않는 황량한 산맥. 이런 곳은 당연히 차량을 마주하기도 힘들다. 더군다나 산은 밤이 되면 알 수 없는 곳이다. 가이드북에 따르면 요르단의 야산에는 하이에나가 서식하고 있다고 하니 정신을 똑바로 차려야 했다. 온천에서 나오는 차량을 일제히 주시했지만 하나같이 나를 무시하고 지나쳤다. 깜깜한 야밤에 어디인지도 모를 곳에서 완전히 버려진 상태였다. 가로등 하나 없으니 지나가는 차량들도 내가 안보여 그러하리라 믿었다. 딱 세가치 남은 담배에 불을 붙였다. 그리고 쥐불놀이 하듯이 원을 그리며 지나가는 차량이 있으면 무작정 흔들어댔다. 어떤 이는 공포스러워 그냥 지나쳤으리라. 다행히 한 대의 승용차가 내 앞에 멈춰 섰다.

"어디로 가요? 우린 마다바로 가는데."

"거기 도시 맞죠? 암만에서 많이 떨어져 있나요?"

"그곳에서 한 시간 정도 더 가야 될걸요? 타려면 타요. 어쨌든 마다바까지만 갑니다."

일단 이럴 땐 올라타고 볼일이다. 구세주인 아저씨는 이곳에서 마다바까지도 한 시간 남짓 달려야 한다고 했다. 사탕도 없고 줄 것도 없으니 말동무라도 되어야 할 것 같았다.

"정말 곤란한 상황이었는데 도와주셔서 너무 감사해요."

"별 말씀을요. 그나저나 중동을 얼마나 여행하시는 분이세요?"

요르단에 대한 듬뿍 어린 애정만이 보답이라 생각한 나는 거짓된 말을 뱉어버렸다.

"전 요르단이 좋아서 요르단만 보름간 여행할 계획이죠. 다른 국가는 안중

에도 없답니다. 이곳 사람들 어찌나 친절한지 오늘 히치하이킹을 얼마나 했는지 몰라요."

"요르단만 여행하신다고요?"

"네, 그럼요!"

세상 모든 거짓말은 언제나 종말을 맞이한다.

"아, 저는 두바이 사람이에요. 업무차 요르단에 머물고 있죠."

"두바이?!(별생각이 다 들었다) 그곳을 경유해서 왔어요. 아마 다음 여정지는 두바이가 될 수 있겠네요! 하하하"

차라리 두바이를 여행했다는 이야기를 먼저 꺼냈더라면 한 시간 동안 멋진 두바이스토리를 이야기 할 수 있었을 텐데 거짓말은 모름지기 번복이 힘든 법이다. 결국 아저씨의 지루한 정치이야기를 들어야 했다.

"아저씨의 이야기는 진짜 재미있네요. 몰랐던 사실을 많이 알게 된 것 같아요. 저도 이곳에 대해서 조금씩 알아가고 있는데 중동국가가 서로 비슷한 것도 언젠가는 하나로 합쳐질 것을 염원하는 거라 들었어요. 그죠?"

"남한에서 오셨다고 그랬죠? 북한과 남한이 통일될 확률이 없듯이 이곳도 그럴 일은 없을 거예요. 이젠 서로가 달라도 너무 달라요. 제 모국인 아랍에미리트는 걸프만을 따라 위치한 6개의 국가들 중 하나지요. 그들은 연합해서 서로 위급 시엔 병력을 지원하기도 하고 경제적으로 우호적인 관계를 맺긴 하지만 알다시피 중동은 너무 커요. 이슬람교를 믿는 국가는 22개국이나 되죠. 아프리카의 모리셔스나 모로코 같은 나라까지요. 이젠 정치나 경제가 너무 상이해서 모든 국가들이 합쳐지길 원하지 않아요."

심기를 불편하게 했는지 아저씨는 그 문제에 대해서 마다바에 도착하기까지 내게 설명을 계속했다. 서로가 달라도 너무 다르다는 중동국가들. 샤와르마 케밥이 미묘한 차이가 있듯이 그들도 세월이 지나면서 달리 변하는 중이었다.

마다바에서 다시 암만으로는 교통편이 많아 의외로 수월했다. 밤 9시가 넘어서 막 호스텔에 도착했을 땐 주인아주머니께서 어서 빨리 파티에 참여하라며 재촉했다. 호스텔에서 무료로 요르단의 전통음식인 만사프와 각종 뷔페를 마련해 놓은 상태였다.

"이거 정말 먹어도 되나요?"

"저희 호스텔은 일주일에 한 번 혹은 두 번씩 손님들에게 조촐한 파티를 열고 있어요. 마음껏 들어요."

썩 좋지 않은 기분으로 입국한 요르단일지라도 그날 하루 감사하다는 말을 몇 번이나 뱉었는지 모른다.

나를 감춘 채 너를 맞으리

그놈의 세계 7대 불가사의. 세어 보면 도대체 몇 개나 존재하는지 모르겠다. 그런데 요르단에 진짜 불가사의가 있단다. 페트라. 나바테아인들이 만든 고대 도시 페트라의 존재는 사람들이 요르단을 찾은 이유가 되기도 한다. 암만에서의 무리한 여정으로 몸살기운이 심했지만 페트라를 보기 위한 신념은 흔들리지 않았다. 그리고 도착한 페트라는 사방이 온통 붉은 빛이 감돌고 있었다.

도미토리에 도착한 뒤 사람들에게 정보를 구해보았다. 일본인들은 하루면 충분하다 그러고 또 어떤 이들은 3일을 투자해도 아깝지 않단다. 절충안인 이틀을 보기로 마음먹고 페트라가 보이는 곳으로 걸어갔다. 그리고 매표소에 제시된 입장료는 살면서 봐 온 입장료 중에 가장 비싼 금액을 제시하고 있었다. 이틀 권에 55디나르(약 9만 원). 당일치기로 본다 해도 약 8만 원을 지불해야 되는 상태였다. 현지인은 1디나르에 관람이 가능했다. 페트라를 보기 위해 3일치 티켓을 산 뒤 서로 돌려가며 구경한다는 소문마저 자연스레 수긍이 갔다. 가격이 이러니 그러지 않을 수 있겠는가? 게다가 가이드북이 제시한 금액보다 훨씬 더 많이 올라버린 가격(페트라의 가격은 가이드북마다 다 다르다. 거의 분기별로 가격을 올려버리니 최대 30디나르까지 차이가 났었다). 그렇다고 이곳에 와서 페트라를 안 볼 수도 없는 일이었다. 세계 7대 불가사의를 보기 위한 사전 준비는 혹독하기 그지없었다.

페트라는 나바테아인들이 산맥 깊숙이 산을 깎아 그곳에 도시를 세운 곳이다. 요새의 형태를 띠다보니 들어가는 입구는 '시크'라 불리는 좁은 협곡을 2킬로미터 남짓 걸어야 한다. 시크는 그 빛깔만으로도 충분히 아름답고 또 협곡의 길이가 높아 그 자체가 장관이다. 주황색 잉크를 물에 탔을 때 나타날 법한 기이한 문양은 바위의 전면을 장식했다. 그리고 양 옆의 시크는 오가는 낙타와 마차의 말발굽 소리를 서로 밀쳐내며 울려 퍼졌다. 그 소리는 이곳의 역사만큼이나 깊이가 있는 소리였다. 끝이 보일 것 같지 않던 시크를 계속해서 따라갔다. 그리고 서서히 모습을 드러내는 알 카즈네. 페트라를 상징하는 곳이다. 한 걸음 한 걸음을 다가갈 때 마다 알 카즈네는 그 규모를 가늠할 수 없을 만큼 계속해서 모습을 드러냈다. 그리고 시크를 벗어나자 높이 40미터가 넘는 웅장한 요르단의 보물이 내 눈앞에 있었다. 알 카즈네는 스스로를 완벽하게 감춘 채 나를 맞이하고 있었던 것이다.

알 카즈네는 실제로 그 용도가 보물창고로 추정된다. 이제는 페트라 자체가 보물이 되어 버렸기에 알 카즈네의 입구에는 군인들이 삼엄한 경비를 하고 있었다. 알 카즈네는 태양이 비추는 시각에 따라 그 색채를 달리한다. 해가 중천에 떴을 때 가장 붉은 빛을 화려하게 낸다했지만 사실 어떤 시각에 그곳을 바라봐도 매력적이긴 마찬가지다. 그 높은 곳에서 어떻게 사람의 힘으로 조각을 했을지 상상이 가질 않았다. 페트라는 진정 세계 7대 불가사의가 확실했다.

페트라에 단점이 있다면 기승전결의 양식이 조금 뒤바뀐 느낌이라는 것이다. 시크는 그 긴장감을 최고조로 올릴 만큼 완벽한 전개장치 역할을 한다. 때문에 알 카즈네를 봐 버린 이들의 심리는 더 큰 기대로 채워지기 마련이다. 그런데 페트라는 사실 알 카즈네가 가장 화려한 건축물이라는 데는 이견이 없다. 알 카즈네를 뒤로 하고 좀 더 따라가다 보면 왕들의 무덤과 원형극장 등이 나오지만 부실한 보존 상태와 더불어 관광지의 이면을 맞이하게 된다. 흔히 이곳 사람들을 가리켜 전통유목민인 '베두인족'이라 한다. 사막을 유랑하며 전통생활을 고수하던 이들도 관광지라는 퇴색적인 단어에 본연의 모습을 감춘 채 관광객을 맞이하고 있었다. 문화유산관련 교양수업에 교수님께서 말씀하셨던 것이 기억났다.

"요르단이나 시리아 근방에는 베두인족이라는 사람들이 살아요. 그들은 유랑 민족인데 과거엔 사막과 함께 살아가곤 했답니다. 아쉽게도 현재는 거의 관광객을 위한 도구로 전락해 버렸어요. 전통생활을 고수하는 이들을 찾기란 거의 불가능에 가깝죠."

교수님의 말씀처럼 베두인족들은 제각기 낙타와 당나귀를 몰면서 관광객

들을 호객하고 있었고 그들의 후예들은 조약한 기념품을 가지고 1달러를 외치고 있었다. 크메르인의 후예인 캄보디아의 아이들처럼 말이다. 영화 '인디아나 존스'의 배경이 된 페트라는 이제 현대판 베두인족들의 배경이 되었고 앙코르와트에서 느꼈던 측은함과 아쉬움을 동시에 느끼는 곳이 되어 버리고 있었다.

밤새 비가 조심스럽게 오더니 다음날 페트라는 어제보다 좀 더 탁한 빛을 띠고 있었다. 아직 페트라를 다 돌아보지 못한 나는 발걸음을 재촉했다. 탁한 페트라는 또 다른 감동을 선사했다. 그 오랜 시간 전에 이런 곳을 만들었다는 것도 신기할뿐더러 수백 년간 세상의 빛을 못 본 채 전설로 남아있었다는 사실도 이곳의 가치를 더했다. 페트라의 시작이 알 카즈네라 한다면 그 끝은 알 데이라다. 내부 벽면의 십자가가 새겨져 있어 수도원으로 추정되는 알 데이라는 알 카즈네보다 좀 더 투박한 외모를 자랑한다. 그리고 거의 산 정상에 위치하기 때문에 탁 트인 페트라의 배경이 한 눈에 들어오는 곳이다. 페트라는 분명 웅장한 곳이고 이곳에서만 볼 수 있는 풍경이기에 그 이야기를 아무리 간접적인 방법으로 설명한다 해도 부족하다. 그러나 페트라의 끝을 다 봐 버리고 나면 사람은 간사해 지기 마련이다. 진정 80달러나 하는 그 가치에 의심을 둘 수밖에 없어진다. 사실 페트라는 가격이 200달러 이상 가격이 튀어도 사람들은 결국 볼 수밖에 없는 이유를 가지고 있다. 이스라엘과 사우디아라비아가 그 해답이라 할 수 있겠다. 시리아에서 아래로 내려오는 이들이 이집트로 넘어가기 위해서는 육로로 이동해야 한다. 물론 항공으로 갈 수 있어도 이집트의 경우 몇몇 항공사의 독점으로 배낭여행자에게 부담스런 가격을 제시한다. 게다가 이스라엘의 경우 요르단에서 육로로 다녀온다면 별지에 스탬프를 찍어주니 사람들은 요르단을 거쳐 갈 수밖에 없는 것이다(이스라엘의 입국스탬프가 여권에 남게 되면 거의 대부분의 중동국가들을 방문할 수 없게 된다. 또한 사우디아라비아는 단순히 관광만을 목적으로 입국이 불가능하다). 차라리 벼룩의 간을 빼먹으면 좋을 것을, 요르단 정부는 이 사실을 알면서도 그러는지 매해 가격을 무분별하게 올려버리니 좋게 바라 볼 수 없는 노릇이다. 결국 숙소에서 사람들이 3일짜리 티켓을 사서 은밀한 거래를 하는 것은 이해할 수 있는 일이었다. 그런데 요르단 국민들이 그 상황을 그냥 지켜만 보겠는가? 숙소의 직원들은 자신의 찬란한 문화유산을 제값에 보지 않는 그들을 가차 없이 고발해

버리는 일이 비일비재하단다. 그러나 세상 어떤 유적지도 80달러나 주고 봐야 한다면 아쉬워지기 쉽다. 요르단의 국왕 압둘라 아저씨는 이 상황을 부디 한 번만이라도 헤아려줬으면 한다.

바다 이야기

페트라와 같은 대형 관광지가 있는 곳이라면 한국 사람은 반드시 있다. 숙소에서 우연히 만난 한국인 몇 명과 인사를 나누며 식사를 하던 도중에 짧은 대화가 오갔다.

"어디서 오시는 길이에요?"

"저흰 이집트에만 두 달 있다 오는 길이에요. 거기서 다이빙하느라고……."

"그럼 지금 요르단으로 막 오신 거네요. 암만으로 가시나 봐요?"

"아니요. 저흰 페트라를 오늘까지 구경하고 내일 다나국립공원으로 가게요. 마침 저희가 세 명이라 그런데 같이 택시 대절해서 가실래요? 이 지역에서는 보기 드문 곳이라던데."

뭔가 2% 아쉬운 요르단을 채워줄 수 있을까란 기대감에 나는 흔쾌히 동

The journey is the reward.
-Steve Jobs-

의해 버렸다. 사실 이렇게 다녀오지 않는다면 스스로 가기엔 너무나 부담이 될 것이라 생각해서다.

다나국립공원은 페트라에서 약 1시간 남짓 떨어진 곳에 위치한 트레킹코스다. 온통 사막인 요르단에 숲이 존재한다는 것이 오히려 특별함을 띠는 곳이라 현지인들 사이에서도 인기가 있었다. 국립공원인 탓에 입장료를 받긴 하지만 페트라처럼 비인간적인 가격도 아니어서 색다른 경험을 원한다면 충분히 가 볼 만한 가치가 있는 곳이다. 숲과 바위가 적절하게 섞인 다나공원은 트레킹을 하기에도 난이도가 높지 않아 훌륭한 곳이었고 우리는 그곳에서 만나기 어렵다던 진짜 베두인족을 볼 수 있었다. 가축을 몰고 다니면서 그곳에서 살아가는 베두인족은 페트라의 그들처럼 퇴색하지 않은 것 같았다. 전통방식을 고수하며 차를 대접하는 그들은 순박한 미소로 우리를 환영했고 트레킹에 지친 우리는 자연스레 여행에 관련된 이야기로 오갔다.

"전 이스라엘로 갈 것 같아요. 아무래도 요르단에서만 통과할 수 있다 보니……."

"저희도 이제 이스라엘로 넘어갈 건데! 그나저나 이집트는 언제가세요? 거긴 놓치면 후회할 텐데요."

"글쎄요. 홍해가 예쁘다는 말은 들었는데 시간도 부족해서 이스라엘만 생각하고 있거든요."

갑자기 자세를 달리한 그가 줄기차게 이집트 예찬론을 펼쳤다.

"이봐요. 제영 씨. 이집트는 피라미드만 유명한 게 아니라 홍해가 더 작살나요. 거기 시야가 얼마나 좋으냐면 30미터 앞까지 그냥 다 보이거든요. 저흰 다이빙마스터 자격증 딴다고 두 달동안 거기 있었어요. 세계 최고의 다이빙 포인트만 수두룩해요. 왜 유명한지 알아요? 수심이 해변에서부터 갑자기 깊어지니깐 심해에 사는 물고기가 다 올라오거든요. 스노클만 착용하고 봐도 별천지에요 별천지."

"거기 지명이 뭐예요?"

"다합이요, 다합. 들어본 적 있죠? 알만도 한데……."

그의 말대로 다합이라는 지명은 낯설지 않았다. 여행자 커뮤니티에서 아마 정보를 구하다 보았을 것이다. 여행자에게 오히려 주의를 요망하는 블랙홀

중의 블랙홀. 물가가 동남아만큼 저렴하고 완벽한 인프라가 존재하는 까닭에 그곳에 한번 발을 잘못 디디면 한두 달은 금세 날려버린단다. 심지어 그곳에 일하는 다이빙강사들도 이렇게 발 한번 잘못 들였다가 그 매력에 복종되어 눌러 붙어 있는 경우가 많다고 하니……. 연중 비가 오는 날도 일 년에 한두 번 뿐이고 5분만 걸어도 해변이 보이는 그곳은 천국과 같다고 했다. 그는 다이빙을 꼭 할 것을 계속해서 권유하고 있었다.

"다이빙 웬만하면 꼭 한번 해 봐요. 잊지 못할 경험이 될 거에요. 제가 보증할게요. 제영 씨, 상식적으로 생각해 봐요. 여기 요르단 사막이나 다나공원 이런 거 보면 진짜 신기하죠? 지구상에 이런 곳도 다 있는가 싶잖아요? 근데 우리가 보는 지구는 30%밖에 안 되는 거 알죠? 바다가 70%인데……. 정말로 바다 밑을 봐야 돼요. 동남아 바다랑은 비교가 안 돼요. 거긴 물고기 생포한다고 청산가리를 하도 뿌려 대서 산호가 다 바닥났어요. 근데 홍해 앞바다는 포획도 금지되어 있고 오염되지도 않아서 진짜 생전 처음 보는 산호랑 물고기가 지천에 깔려 있거든요. 아, 이 좋은 걸 어떻게 설명할 방법이 없네."

암만에서 이스탄불로 가는 비행기를 끊어 놓은 탓에 시간은 보름밖에 없었다. 이스라엘을 다녀오면 아름다운 마무리가 될 것이라 생각했는데 그 기간을 이용해서 다합을 가야겠다는 알 수 없는 끌림이 요동쳤다. 물론 블랙홀로 빠져들기엔 시간이 부족했다. 듣자하니 다합에 가는 이들은 한 번 정도는 비행기티켓을 취소하는 곳이란다. 이스라엘과 다합. 어디를 향해야 할지 고민이었다. 그만큼 그가 말한 바다 이야기는 내게 완벽한 도박이었다. 인간이 볼 수 있는 나머지 70%의 세계. 우리가 사는 지표면 아래의 그곳이 너무나 궁금해 못 견딜 지경이었다.

The Hashemite
Kingdom of
Jordan,
jerash

MY TRAVEL'S STORY STARTS FROM NOW ON.

16 이집트

BOURNEMOUTH
13.05.09
TOURIST VISA NOT TO EXCEED
TWO WEEKS & NOT PERMITTED TO
TAKE UP ANY EMPLOYMENT

외교통상부의 문자메시지는 이집트를 가급적이면 가지 말라고 했다.
나는 무모한 도전을 한 것일까? 아니면 현명한 선택을 한 것일까?

이집트를 어떻게 가야 하나요?

저렴한 금액으로 이집트를 가는 방법은 적어도 요르단에선 찾기 힘들었다. 그나마 야간에 이동하는 기약 없는 페리를 이용하는 것이 가장 저렴하단다. 그마저도 60달러. 동남아에서는 웬만한 저가항공에 해당하는 금액이다. 가이드북의 정보는 항상 반신반의했기에 실제로 표를 구하기 전까지 나는 그 금액을 100% 신뢰하지 않았다. 숨만 쉬어도 돈이 줄줄 새어 나가는 요르단이 제시한 형편없는 가격이라 여겼을 뿐이다.

아카바. 요르단의 가장 남부에 위치한 도시이자 유일한 항구도시다. 원래는 이곳 또한 요르단의 땅이 아니었단다. 해상 무역로가 필요했던 요르단 정부가 북부의 거대한 육지를 사우디아라비아와 맞바꾼 결과물이다. 고작 수십 킬로미터에 불과해서 좌우로 이스라엘과 사우디아라비아가 마주하는 그 조그만 해안이 뭐 그리 대수라 여기겠지만 이곳에선 상황이 달랐다. 이집트에서 요르단드림을 꿈꾸며 넘어오는 수많은 이주민들, 무역항을 상징하는 수백 개의 컨테이너박스와 선박들은 변해가는 요르단을 상징했다. 게다가 바다는 한적했고 해변에는 야자수 대신 대추야자나무로 가득 채워져 있으니 아카바가 단순히 이집트로 떠나는 경유지 역할만 하기엔 아까운 동네처럼 보였다.

아카바에 숙소를 잡자마자 주인아저씨가 말을 건넸다.

"이집트로 가시는 길인가요? 저도 이집트 사람입니다."

"페리를 알아보려고 하는데요. 다른 건 모르겠는데 가격이 너무 궁금해요. 진짜 60달러나 줘야 되나요?"

"두 가지 종류가 있어요. 하나는 스피드 페리, 또 하나는 슬로우 페리에요. 가격은 20달러 정도 차이가 나는데 스피드 페리는 언제 출발하는지 저도 잘 몰라요. 요새는 바다의 파도가 세서 그런지 운항을 안 하고 있어요. 슬로우 페리는 보통 밤 12시에 출발하는데 언제 출발하는지는 몰라요. 사람이 다

차면 출발한다고 보시면 되니까요. 이집트에 언제 도착할지도 잘 몰라요."

몰라요. 몰라요. 몰라요. 도대체 뭐가 그리 모른다는 건지 이십트 사람인 주인아저씨도 페리에 관해서 만큼은 말을 아꼈다. 아저씨뿐만이 아니라 아카바를 오가는 여행자들도 혹은 티켓을 판매하는 직원들마저도 페리의 출발시간은 모른다고 대답했다. 나조차도 무엇에 홀려 이곳에 있는지도 몰랐고 무엇 때문에 그렇게 이집트로 가고자 하는지 몰랐다. 이스라엘을 포기한 것이 바람직한 것인지 페리가 도착하는 새벽 4시까지 물음표가 따라다녔다.

오직 히치하이킹으로만 여행하기

정신없이 페리에 탑승한 뒤 거의 기절하다시피 했다. 아침이 밝아오자 에너지가 넘치는 이집트 사람들은 저마다 내게 말을 걸었다. 아마도 고향땅이 다가오자 알 수 없는 기운이 솟아나서 그러하리라. 피곤한 기색을 감추며 대화를 받아치던 중 한 여행자 부부가 다가왔다.

"저기 혹시 도착비자를 어떻게 받아야 하나요?"

아무것도 모르는 나는 오히려 그들을 따랐다. 헝클어진 머리와 누런 치아 그리고 덮개마저 없는 얼룩진 배낭은 내공이 가득해 보였다. 비자를 받고 항구로 나오자 때마침 다합으로 가는 버스가 대기 중이었고 무언가라도 도움이 되고 싶었던 나는 그들에게 외쳤다.

"저기 저 버스가 다합으로 가는 버스 같아요! 지금 가서 타면 탈 수 있을 것 같은데요?"

두 부부는 서로 눈치를 보더니 이윽고 말을 꺼냈다.

"죄송해요. 저흰 버스를 이용하지 않아요. 저흰 터키사람이에요. 이스탄불이 고향이죠. 이스탄불에서 다합까지 페리를 제외한 모든 교통수단은 히치하이킹으로만 다녔어요. 버스 타시려면 타세요. 저흰 히치하이킹을 할 테니."

멋모를 자존심과 들끓는 오기. 그리고 이 특이한 여행자에서 느껴지는 호기심은 충분히 자극적이었다.

"저도 물론 히치하이킹 좋아해요. 그럼 뭐 같이 이동하죠!"

여행 중 황량하다는 곳들은 수도 없이 봐 왔지만 이곳처럼 황량한 곳은

드물었다. 수입품을 가득 실은 큰 트럭만이 간혹 가다 이동했고 덩치 큰 발통에서 뿜어져 나오는 모래먼지는 시야를 방해했다. 히치하이킹의 고수들은 이에 아랑곳 하지 않고 사방을 살폈다.

"이봐, 저기 저 톨게이트 보이지. 저기로 빠져나가면 다합으로 가는 길일 거야. 그러니 우측으로 이동해서 차량을 잡아보자. 어차피 여기서는 잡기 힘들 것 같아."

이때만 해도 진지한 그들이 진짜 멋있어 보였다. 게다가 준비해 둔 매직과 종이를 꺼내들어 무언가를 크게 적었다.

'다합까지만 태워주세요. 달콤한 피스타치오를 드려요.'

히치하이킹에도 도덕성은 존재한다고 천명하는 그들. 비록 차는 1시간이 지나도 오질 않았지만 그래도 그들이 멋있었다. 그러나 2시간이 접어들자 슬슬 짜증이 났다. 매시간 다합으로 출발하는 버스 두 대가 홀연히 지나쳤으니 그럴 만도 했다.

"제영, 너무 신경 쓰지 마. 오늘따라 진짜 안 잡히는 것뿐이라고. 인생은 언제나 알 수 없지. 망할 이집트 사람들이 내 피스타치오가 얼마나 달콤한지 모르는군!"

사실 세 명 다 지칠 만큼 지쳤고 급기야 그의 아내는 배고픔을 호소했다.

"여보, 나 너무 배가 고파."

"그렇다면 가방에서 배추를 꺼내 먹어. 수분이 가득한 채소는 배도 채우고 갈증도 해소할 수 있으니깐!"

이러한 대답에 익숙해져 있는 아내는 아무런 대꾸 없이 배추 잎사귀를 꺼내 우걱우걱 씹어댔다. 정말 자린고비도 울고 갈 판이다.

"히치하이킹으로 교통비를 줄이면 도대체 어디서 쓰는 거야?"

"미안하지만 우린 거의 지출이 없어. 여행한 지 두 달 정도 되었는데 단 한 번도 숙소에서 잔 적이 없거든. 항상 텐트에서 자. 요르단은 잘 곳이 많아서 좋았어. 페트라도 나쁘진 않았지."

"페트라?! 거기 너무 비싸지 않아?"

"물론 우린 들어가지 않았어. 내말은 근처의 풍경이 좋아서 텐트를 치기 좋았다고……."

아무래도 잘못 따라온 것 같았다. 다시 항구로 가서 해가 지기 전에 다합행 버스를 타는 것이 바람직해 보였다. 선택과 집중을 통해 고민을 하던 찰나에 트럭 한 대가 우리 앞에 멈췄다. 마침 다합으로 간단다.

"봐봐. 언젠가는 온다니깐!"

정말이지 알 수가 없는 그들의 여행테마는 끝까지 미스터리였다. 아내는 사실 배가 고픈 것이 아니라 아픈 것이었고 다합에 내리자마자 나는 복통약을 꺼내 그녀에게 건네주었다. 그리고 부부는 홀연히 사라졌다. 하룻밤에 4천 원이나 내고 잘 수 없다며 다합 어딘가에서 텐트를 친다는 말과 함께. 정처 없는 유랑자인 그들이 이스탄불로 언제 돌아갈 수 있을지는 아무도 모를 것 같았다.

이들과 같이 여행자들에게 여행의 테마는 각각 존재한다. 처음에는 배낭여행을 하는 것 자체가 여행의 테마일 것이라 믿었는데 세상에는 특이한 여행자가 너무나 많았다. 어떤 여행자는 각 나라에서 현지인들의 집을 다섯 군데 이상 초대받는 것이 테마라 했었고 또 어떤 여행자는 대중 교통비를 최소화하고 그 돈으로 최고급식당에서만 식사를 했었다. 다합까지 오는 길이 이토록 고생스럽다면 그곳에 모이는 이들은 굳이 설명을 안 해도 알 만할 것이다. 소중한 여행기간에서 다이빙에 투자할 시간적 여유가 있는 이들은 기본적으로 장기여행자들이다. 그들은 제각기 그들만의 스토리와 테마가 가득했다. 다이빙센터는 근처도 가지 않았건만 다합으로부터 마주한 첫 번째 매력은 이곳에서 만나는 다양한 장르의 여행자들이었다.

니모는 보는 것이 아니라 찾는 것이다

'다이빙, 숙제, 피로, 맥주와 함께 여행이야기, 또다시 다이빙.'

다합에서 머무르는 동안 나를 지탱한 키워드들이다. 다양한 여행자들이 많은 만큼 같이 어드밴스드 코스를 수강한 이들은 하나같이 마음에 들었는데 막상 다이빙을 할 때는 혹독한 시련이 따랐다. 한국인 강사가 있어서 유명해진 다이빙센터는 때마침 강사의 휴가로 인해 일본인 강사만이 남아있었다. 시련은 근원은 사실 거기서부터 출발했다 해도 과언이 아니다.

꼼꼼함이 국민성이라면 국민성인 일본인. 대충해도 될 법한 일들도 그냥 지나치는 법이 없으니 무조건 될 때까지 해야 했다. 산소탱크를 둘러메고 하

루에 두세 번씩 입수를 해야 하는 일은 육체적으로 힘이 들었고 밤마다 제출하는 숙제는 정신적으로도 지치게 했다. 오직 캔 맥주에 의지한 채 여행자들과 오가는 대화가 유일한 탈출구였던 것이다. 그중 같이 다이빙코스를 수강했던 동민 형님. 그 또한 나와 처지가 비슷했다.

"나도 너처럼 다른 여행자의 말에 홀려서 예기치 못한 채 온 거야."

금세라도 한탄이 쏟아질 듯했다. 예기치 못한 피로감은 다합의 매력을 날마다 반감시켰기에 서로의 불평을 경청하는 것은 어느 정도 익숙해져 있던 터다. 불평을 늘어놓기엔 술이 부족했고 인근의 마트로 맥주로 사러가야 했다. 밤바다의 해안가는 잔잔하면서도 깊은 파도소리를 품고 있었다. 부산 앞바다의 잔잔한 해안가는 으레 모텔의 화려한 네온사인으로 비춰지곤 했지만 이곳 다합은 높지 않은 영롱한 조명들이 보석처럼 수놓고 있었다. 시간이 너무 늦은 탓일까 유일하게 맥주를 판매하는 가게가 문이 닫혀있었다. 두 남자는 파도소리를 좀 더 가까이서 찾아보고자 해안가의 길다란 벤치에 드러눕고 말았다. 파도소리 이외에는 아무것도 들리지 않는 다합의 하늘. 별이 쏟아질 듯 많았고 아라비아 특유의 향기가 감성을 자극했다. 동민 형님이 분위기를 해치지 않을 정도의 조심스런 톤으로 말을 건넸다.

"별을 이렇게 보는 거 진짜 오랜만이다. 그치? 여행의 매력이 이런 게 아닌가 싶다. 나도 모르는 잠재된 순수한 본성을 찾을 수 있으니깐. 생각해보니 여행자가 어디로 향하는가는 중요하지 않은 것 같더라. 결국 어디를 가더라도 그때그때 느껴질 감정은 나도 알지 못하니 더 설레기 마련이지. 방금 전만 해도 여기 소개시켜준 사람을 죽일 듯 원망했는데 한편으론 오히려 고맙네, 고마워."

동민 형님의 말처럼 다이빙코스를 수강한 것이 과연 잘한 선택이었을까? 수없이 고민해 보고 그런 걱정을 나눠줄 친구를 찾다보니 한국으로 전화도 많이 하곤 했다(다합은 이상하리만큼 와이파이가 강하게 잡힌다). 친구들은 내 사소한 고민을 듣다가 오히려 깊은 한숨을 쉬며 꾸짖곤 했다. 학기 초라 정신없이 과제가 쏟아지는 와중에 염장 지르는 소리 하지 말라며. 그러면서 그들은 마치 짜놓기라도 한 듯 비슷한 질문을 내게 하곤 했다.

'니모를 본적 있어?'

어쩌면 영화 '니모를 찾아서'의 주인공인 크라운피시가 바다 밑을 상징하는 이미지가 되어 버렸나 보다. 그런데 다이빙을 하고 있노라면 니모는 단순히 보는 것이 아니라 찾는 것이란 걸 깨닫게 된다. 비단 다이빙뿐만 아니라 세상 모든 일이 그러하리라. 잘 차려진 밥상을 맞이하기란 억세게 운이 좋지 않은 이상 드물다. 무언가를 찾기 위해서는 그에 상응하는 합당한 대가가 항상 요구된다. 다시 말해 다이빙 자격증은 사람들이 생각하는 것보다 힘들다. 더군다나 나처럼 물과 친하지 않은 사람이 도전하려면 감수해야 할 조건이 많다. 그래도 어찌하랴. 라이트형제가 하늘을 날기 위해 도전했던 시련을 예로 들면 설명하기 쉬울 것 같다. 대자연의 위대한 법칙을 거스르는 법. 새는 하늘을 날기 위해 존재하고 물고기는 헤엄치기 위해 존재한다. 태초부터 직립보행을 고집했던 나약한 인간이 자연의 섭리를 거스르고 물고기가 되겠다는데 그 시련은 어쩌면 당연하리라. 단순히 니모를 보고만 싶다면 수족관으로 가야한다. 그렇지만 니모를 찾고 싶다면 어느 정도 각오를 가지자. 니모를 찾기 위해 지금도 자연에 도전하는 수많은 다이버들은 그 대가를 받고 있음이 당연한 것일 테다.

붕괴된 멘탈이 다시 정립이 되자 그나마 훈련이 수월했다. 다이버 자격증의 코스는 오픈워터, 어드밴스드, 레스큐, 마스터 등의 등급으로 이루어지는데 대부분 어드밴스드 코스를 선호한다. 5일 정도를 투자한 뒤 어드밴스드 자격증을 딸 경우 전 세계 대부분의 다이빙 포인트에서 다이빙이 가능한 이유에서다. 수중에서 수경을 벗는 기초적인 훈련부터 산소가 떨어졌을 때 대처하는 방법까지 적어도 물속에서 죽지 않게 만들어 주는 코스이기에 100% 이해가 되지 않으면 안 되었다. 5일 동안의 연습을 거치면서 짜증은 수백 번도 더 나지만 그래도 사람들이 참고 하는 데는 딱 한 가지 이유가 존재했다. 그 이름도 유명한 캐년과 블루홀 때문이다. 세계 최고의 다이빙 포인트가 눈앞에 있으니 사람들이 포기할 수 없는 것이다. 실제로 앞서 다녀온 사람들의 찬사는 놀라웠다. 어떠한 말로도 표현할 수 없으니 일단 다녀와 보라는 대답이 대부분일 만큼 감탄이 솔직했다. 그리고 실제로 그러했다.

캐년과 블루홀. 수많은 산호초와 깎아질듯 한 절벽. 캐년이 형형색색의 산호초로 장식된 바다의 정원을 나비처럼 날아다니는 곳이라면 블루홀은 산소가 허락하는 한 스스로 물고기가 될 수 있는 곳이라 할 수 있겠다. 비교적 여행의 매력이란 나도 모르는 잠재된 나를 찾는 과정이다.
여행자가 어디로 향하는 것 보다 중요한 것은 어딜 가든
발견할 수 있는 나 자신이다.

-김동민-

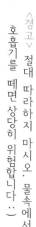

<경고> 절대 따라하지 마시오. 물속에서 호흡기를 떼면 상당히 위험합니다 :)

수심이 깊지 않은 캐년에서 느낄 수 없는 공포가 블루홀에는 존재했다. 블루홀이라는 어원에서도 대충 짐작했을 텐데 그곳은 바닥이 보이지 않은 시퍼런 구멍 아래로 하염없이 하강해야 하는 곳이다. 그러면 오른편에 가파른 절벽이 존재하고 나머지 삼면은 깊은 바닷물로만 채워져 있다. 바닥을 가늠할 수 없으니 흡사 물속에서 패러글라이딩을 하는 느낌이다. 산호초에는 수십 마리의 물고기가 떼 지어 다니고 그곳에 손만 뻗어도 그들은 모두 먼지처럼 사라졌다. 그리고 이내 다시 눈앞에는 수십 마리의 물고기가 다시 모였다. 간혹 내 덩치만한 물고기가 서성거리면 그와 함께 눈을 마주치려 노력했다. 나를 물고기로 착각한 물고기는 나와의 눈싸움엔 별 흥미가 없는지 유유히 옆을 지나치곤 했다.

이렇듯 다이빙의 진정한 매력은 눈앞에 보이는 모든 것들을 대상으로 집중할 수밖에 없다는 데 있다. 우리가 세상을 살면서 오감 중 단 하나의 감각만을 절대적으로 의지한 채 할 수 있는 일들이 과연 몇 가지나 될까? 입으로 들어가는 음식도 미각만큼이나 후각과 시각이 중요한데 말이다. 그런 점에서 후각, 청각, 미각, 촉각(다이빙 교육에서 가장 강조되는 것은 바다 속의 생명체를 절대로 건드리지 말라는 것이다. 위험할 수도 있지만 무엇보다 한번 부서진 산호가 다시 그 모습을 원상태로 복구되는 데는 적게는 수십 년에서 많게는 수백 년이 소요된다)을 무시한 채 오로지 시각에 의존하여 느껴야 하니 그 감동은 오랜 기간 지속될 수밖에 없는 것이다. 내 평생 단 한 번도 본 적 없었던 70%의 세계로 향한 첫 관문인 블루홀은 모든 것이 환상처럼 펼쳐지는 곳이었다.

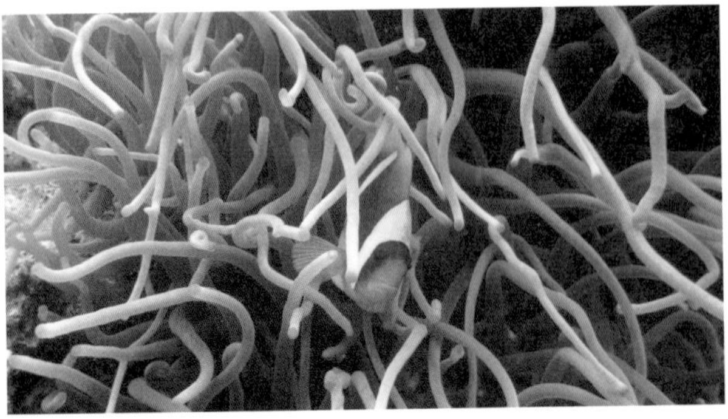
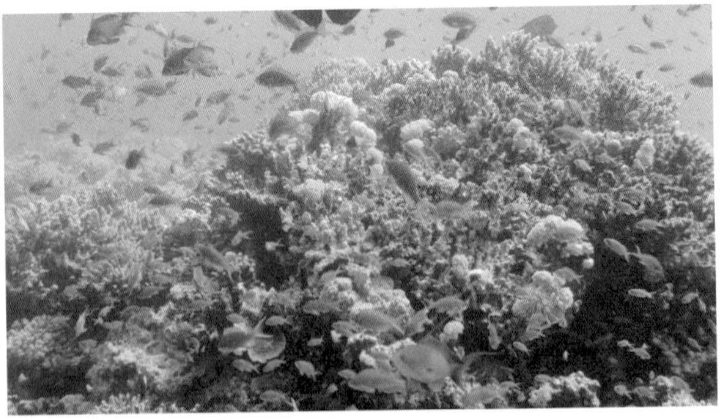

다합의 전설

다이빙의 일정을 마친 후 마스터과정을 수료한 이로부터 전설적인 이야기를 들을 수 있었다. 그는 흥분에 겨워 말을 꺼냈다.

"저요, 아까 다이빙하고 왔는데 수심 30미터 아래서 이상한 걸 보고 말았어요. 처음엔 해삼으로 의심했죠. 그런데 그게 똥이었어요, 똥! 분명 사람의 똥이었다니까요!"

"그런데 그게 뭐가 그렇게 놀랄 일이죠?"

그 사람이 뭐가 그리 흥분된 채로 말을 이어나가는지 나는 도무지 이해할 수 없었다. 게다가 식전부터 똥 이야기는 어디서든 환영받지 못한다.

"아, 미치겠네. 제영 씨, 어드밴스드 코스 밟으면서 배운 게 어떤 거예요? 물속에서 BCD(산소탱크가 달린 조끼) 풀어헤치고 다시 장착하는 법, 웨이트 벨트(부력을 줄이기 위해 만들어진 납덩어리) 푸는 법 같은걸 배웠잖아요. 물속에서 똥 싸려면 어떻게 해야겠어요? 호흡기를 입에 문 채 BCD와 웨이트 벨트를 안전하게 풀어헤치고 그 빳빳한 다이브 슈트를 벗어야 해요. 그리고 똥을 쌌겠죠. 근데 제영 씨도 알다시피 다이빙할 때 제일 중요한 게 뭔지 알죠? 숨을 참으면 안 된다는 거!(깊은 수심 아래서 숨을 참으면 폐에 문제가 생길 수 있다) 사람이 모름지기 똥을 싸면서 힘이 들어갈 때 호흡이 멈추기 마련인데 그 사람은 이 모든 상황을 잘 해결하고 숨도 지속적으로 쉬면서 쌌을 거라고요. 그게 진짜였다면 정말 대단한 사람이 아닐까요? 진정한 다이빙 마스터일지도…….”

이럴 수가. 듣고 보니 그랬다. 다합의 앞바다에는 사람의 똥을 능가할 만큼 쌀 수 있는 생명체가 존재하질 않는다. 그 사람이 보았던 것이 진정 사람 똥이었다면 그 똥의 주인은 분명 다이빙 마스터일 테다. 웃겨야 정상인데 다이빙 코스를 어렵사리 끝낸 나는 오히려 숙연해지는 기분이었다.

역사적 가치의 마지막 조건

동민 형님과 다이빙코스를 끝낸 뒤 며칠 동안의 휴식을 가졌다. 블루홀을 본 우리는 그동안의 고생에 대한 보답을 모두 받은 것이라 여겼다. 아직 이집트의 진짜 모습이 남아 있었기에 에너지도 넘쳐났다. 그리고 이집트의 수도 카이로로 향했다.

실제로 이집트를 대표하는 것들은 다합에서 찾을 수 없다. 불가사의한 피라미드와 아름다운 이집트 미술품. 모든 것은 이집트의 수도 카이로에서 볼 수 있는 것들이다. 하지만 다합에서 카이로로 넘어가기란 쉽지 않은 일이다. 직행버스가 존재해도 쉴 새 없이 차에서 내려 검문을 받아야 했다. 이 때문에 잠을 설치기 일쑤인데 이러한 상황마저 정치적으로 불안한 이집트를 대변하는 것 같았다. 즉, 국경을 넘는 것만큼이나 고생스런 작업을 해야 하니 카이로는 다합과는 완전히 다른 곳이라 해도 무방한 것이다.

아침에 도착한 카이로는 시끌시끌했다. 뿌연 먼지는 대낮부터 상공을 가득 메웠고 도시의 분위기는 정신없었다. 그때가 무바라크 대통령이 장기집권을 마치고 공식적으로 해임한 지 3주가 흐른 뒤여서 더 그랬다. 어쩌면 민주주의를 갈망하는 이집트인들의 축제분위기를 나타낼 수도 있지만 여전히 안전한 곳은 못 되는 것 같았다. 국가의 정세가 이렇다보니 이곳에 모이는 여

낙타는 왜 사막이 아닌 바다로 갔을까.

행자들은 하나같이 위험을 무릅쓴 도전적인 여행자 혹은 머리가 좋은 여행자들로 분류되었다. 사실 무바라크에 대한 폭동으로 인해 당시의 이집트는 관광객의 발길이 뚝 끊긴 상황이었다. 관광대국인 이집트에 관광객이 없다면 이해하기 힘들 것이다. 하지만 이것을 기회삼아 찾아오는 이들은 분명 바람직했다. 숙소는 다시 관광객을 유치하기 위해 가격을 다운시켰고 격한 친절함은 서비스로 제공했다. 박물관은 항상 사람들로 붐벼서 발 디딜 틈이 없다지만 내가 갔을 땐 오히려 휑했으니 재수가 좋았다고 표현해야겠다.

관광객이 부족한 카이로는 현지인들이 장악했다. 요르단에서 만난 한국인들이 그렇게 이집트를 추천한 이유도 아마 여기에 있을 것이리라 생각했다. 카이로는 수도치곤 특이한 곳이다. 수도가 가장 저렴한 동네인 이곳은 돈이 나가는 일이 거의 없었다. 레바논의 해변에서 10달러를 주고 태웠던 물담배도 카이로에선 단돈 200원이면 충분했다. 그러나 저렴한 물가와 맛있는 음식 등 제아무리 카이로를 포장하려 해도 결국 카이로의 진정한 매력은 피라미드에 있었다.

세계 7대 불가사의 중 하나인 페트라를 본 나는 스스로 불가사의의 기준을 알 것 같았다. 페트라만큼의 감동. 그 정도의 감동이 있지 않다면 제아무리 피라미드라 할지라도 세상에 무수히 떠다니는 불가사의들 중 하나로 치부하려 했다. 내가 그러한 생각을 가진 것은 단지 피라미드로 향하는 버스에서의 30분이 전부였음을 미리 말해둔다.

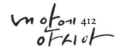

시작부터 웅장한 피라미드. 거대한 삼각형의 피라미드는 멀리서도 확연히 눈에 들어왔다. 그리고 우리는 이곳이 관광객의 무덤이라는 것도 익히 들었었다. 사기가 만연한다던 피라미드는 입소문에 의하면 전쟁터만큼이나 살벌한 곳이란다. 가짜 안내원이 티켓을 걷고 물건을 살 때까지 돌려주지 않는다는 소문과 영원히 따라온다는 낙타몰이꾼을 염두에 두었기에 입구부터 아예 귀를 닫아버렸다. 관광객이 많이 없다보니 공급과잉현상을 보인 낙타몰이꾼들은 서로 경쟁이라도 하듯 우리에게 달려들었다. 사진을 찍어주겠다는 호의와 물을 건네는 호의도 모두 무시한 채 앞만 보고 향해 나갔다. 모든 적들을 물리친 뒤 승전보를 알리기 위해 지대가 높은 곳으로 올랐다. 그리고 언덕의 정상에서 사방을 바라보았다. 커다란 세 개의 피라미드는 무겁게 자리 잡고 있었다. 웅장한 피라미드는 그 규모만이 감동이 아니었다. 사방은 피

라미드뿐만이 아니라 카이로 도시의 전체가 한눈에 들어왔다. 피라미드가 왜 수수께끼로 남아있는지는 여기에 있는 것이다. 먼저 주위의 지대보다 높은 곳에 위치했다는 점. 그리고 일교차에 버티기 위해 단단한 돌을 깎아 언덕 위로 운반해야 했다는 점. 마지막으로 운반한 돌을 수십 미터에 걸쳐 하나의 오차도 없이 쌓아 올렸다는 점이다. 실제로 피라미드는 과학적으로 분석해도 인간의 힘으로 건설하기 힘들었다는 의견이 있다. 외계인이 만들었다는 설도 여전히 설득력이 존재하며 상상속의 도시 아틀란티스가 멸망하며 파견된 두 신이 멕시코와 이집트로 향해 비슷한 형태의 피라미드를 건설했다는 설화도 있다. 직접 피라미드를 보면 설화에 더 설득력을 얻게 된다. 도저히 인간의 힘으로는 건설했다고 믿기 어려운 광경이다. 추측을 아무리 해본들 결국 역사는 역사만이 그 진실을 알 것이다.

불과 몇 달 전만 해도 아랍에미리트의 그랜드 모스크를 보며 그것이 세월이 흐른 뒤 앙코르와트처럼 가치 있는 유물이 되리라 믿었다. 그렇지만 나는 중요한 하나를 망각했었다. 불가사의로 표현될 만큼 고생해야 했던 인간의 노동. 그것이 없다면 그 유적지의 가치는 힘을 잃어버린다. 육중한 기중기와 최신설비를 갖춘 기계들이 후딱 해치워 버리는 현대식 건축물은 그저 돈과 명성만이 남을 뿐이다. 왕권의 힘이든 종교의 힘이든 그것을 위해 고통 받았던 고대인들의 피와 땀을 찾을 수 없다면 역사적인 가치도 설득력을 잃을 수 밖에 없다는 걸 깨닫는 중이었다.

허물 벗는 카이로

피라미드의 감동은 꽤 오래갔다. 그리고 여느 여행자들처럼 그 감동의 연속성을 유지하고자 남부도시인 룩소르와 아스완으로 향하려 했다. 텅 빈 게스트 하우스에는 또 다른 일본인이 한 명 더 추가되어 동행을 결심했고 티켓을 예약만 하면 되는 상황이었다. 신비로운 이집트의 회화가 가득하다는 룩소르를 꿈꾸며 잠을 청했다. 오랜만에 느끼는 설렘은 당연히 잠을 방해할 만큼 마력이 있었다. 결국 잠을 설친 나는 숙소에서 1분 거리에 위치한 타흐릴 광장으로 향했다. 시청 앞 광장보다 규모가 큰 타흐릴 광장은 주말이라

그런지 사람들이 넘쳐났다. 그리고 그곳은 이집트의 국기를 판매하는 이들이 장사진을 이루었다. 축제가 있는 모양이라 생각했다. 플래시를 터뜨려 사진을 찍으면 먼지 때문에 사진 속은 뿌연 반점들로 가득 찼으니 얼마나 많은 사람들이 집결했는지 짐작할 수 있을 것이다. 숙소에 돌아오자 뒤척이다 잠에서 깬 동민 형님이 물을 찾았다. 나는 밖의 상황을 사진을 통해 보여드렸다.

"야, 뭐야. 밖에 눈 오냐?"

사람들이 집결한 광장은 먼지가 눈처럼 흩날릴 만큼 점점 분주해지는 중이었다.

"따다다다당! 땅! 땅!"

새벽임에도 축제는 도를 넘어 시끄러웠다. 광장 앞에 위치한 숙소인 터라 그 소음은 고막까지 아프게 했다. 불꽃놀이를 광장에서 하는 모양인지 도저히 잠을 자기 힘들었다. 동민 형님은 귀를 막으며 잠을 청했고 나 또한 눈치를 보다 다시 베개로 귀를 막았다.

"땅! 땅! 땅!"

익히 들어본 소리가 조금은 의심스러웠다. 그리고 우리의 방문을 누군가가 세차게 두드렸다. 타흐릴 광장이 바로 보이는 창문이 있는 우리 방 앞에서 몇몇 현지인들이 밖을 보겠단다. 매너가 없는 그들이라 생각했지만 그들의 시선은 축제를 바라보는 표정이 아니었다. 나또한 그들을 따라 창밖을 보았다. 새벽임에도 광장을 가득 메운 시민들. 그리고 무장한 군인들. 귀를 따갑게 한 소리는 폭죽이 아닌 총성소리였다. 시민들의 거센 항쟁은 한 시간 동안 계속되었고 시간이 흐를수록 총성소리는 더 빈번하게 울렸다. 얼마나 많은 총을 쏘아댔는지 탄피가 땅에 떨어지는 소리가 들릴 만큼 정신없이 총을 쏘아 댔다. 새벽 4시까지 시끄러웠던 시민들의 항쟁은 탱크의 출현으로 겨우 진압되었으나 그 공포는 모든 투숙객을 밤새 얼어 붙게 만들었다. 나는 다음날 아침, 간밤에 무서운 악몽을 꾼 것이리라 생각했다.

"도대체 어제 무슨 일이 있었던 건가요?"

숙소직원은 어눌한 영어로 당시의 상황을 부지런히 설명했다.

"무바라크 때문에 그래요. 그가 아직 병이 있다는 핑계로 이집트 밖으로 나가질 않았거든요. 이것 때문에 어제 사람들이 광장에서 집결한 거예요. 시민들은 무바라크가 이집트에서 영원히 추방되길 희망하고 있어요. 어제처럼 시끄러운 일도 사실은 드물어요."

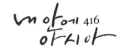

이러한 상황에 과연 이집트를 여행할 수 있을까? 게스트 하우스의 세 남자는 고민 끝에 서로의 방향을 달리했다. 먼저 동민 형님은 도저히 이곳을 여행할 수 없다며 룩소르행을 포기하고 곧장 네팔로 날아가는 비행기를 예약하겠다고 했다. 부양하는 가족이 있다면 이러한 상황에서 가장 최선의 방법이다. 다른 일본 남자는 그래도 룩소르를 가겠다고 했고 나는 안정을 찾을 때까지 일단 다합으로 피신하겠다고 했다. 계획이 확정된 뒤 나는 동민 형님을 따라 나섰다. 형님이 비행기티켓을 구해야 해야 했기에 어떻게든 밖을 나가야 했다. 그리고 밖은 간밤의 사건이 꿈이 아니었음을 생생하게 말해주고 있었다. 폐허가 되어 버린 광장엔 먼지만이 날리고 있었고 주위의 페스트 푸드 식당은 모두 부서져 버린 상태였다. 시위를 하던 이들이 먹을 것을 찾기

위해 합심하여 입구를 부셔버렸기 때문이다. 광장의 주변에는 시민들을 진압했던 날카로운 철조망이 늘어져 있었고 무바라크를 상징하는 포스터가 도시의 벽면마다 도배되어 있었다. 이것이 과연 순수하게 민주주의를 갈망하는 이들의 행동인가? 분명 두바이에서 박 차장님의 말씀을 들었을 때 중동의 새 물결은 순수한 정신의 승리이리라 여겼는데 이들을 보면 오히려 노파심이 들었다. 한번 폭동의 맛을 알아버린 이들이 별일 아닌 일에도 이토록 치열하게 항의하는 것 같아 걱정스러웠다. 이제는 어떠한 일이 생겨도 이런 식으로 모든 일을 처리하려 들것 같았다. 실제로 아르헨티나의 경우 폭동의 문화가 시민들에게 정착되어 사소한 불만이 생겨도 대로를 막아버리고 시위

를 일삼는다고 TV에서 본 기억이 있다. 그들에게 진정으로 필요한 것은 숭고한 민주주의 정신에 앞서 진실로 국가와 국민을 사랑하는 정신이라 여겼다. 폐허가 되어 버린 카이로는 비단 도시뿐만이 아닌 것이다.

도망치듯 빠져나온 카이로에서 다시 마주한 다합은 여전히 평화로웠다. 항상 맑은 날씨를 자랑하는 다합은 천지지변이 일어나지 않는 한 그 모습을 그대로 유지하는 것 같았다. 게스트 하우스의 주인에게 상황을 열심히 설명했고 지금 카이로로 가려는 한국인을 만나면 열을 올려 당시의 상황을 설명하곤 했다. 아쉽게도 그들은 내 말을 반대로 이해했다. 특이한 여행자들이 모이는 다합 사람들에겐 오히려 부작용을 낳았다.

"이런! 지금 당장 카이로로 향해야겠군요. 그런 경험을 혼자 하시다니 오히려 부러울 따름입니다. 정말 보기 힘든 걸 보셨네요! 너무 부러워요!"

실제로 맞이하면 그렇지 않을 것이라며 설득을 거듭하는 중이었다. 그때였다. 익숙한 남자가 배낭을 짊어진 채 게스트 하우스의 입구로 들어왔다. 카이로에서 같은 도미토리를 썼던 일본인이었다.

"어떻게 여기로 오셨어요? 룩소르로 가기로 했잖아요?"

"통제가 심해서 길이 이미 막혀버렸어요. 티켓도 환불받지 못한 채 고심하

다가 이리로 향했죠. 도시의 분위기는 전보다 더 안 좋아졌어요."

다합의 평화로운 해변을 바라보면 같은 나라에서 지금 일어나는 상황이 믿겨지질 않았지만 실제로 유혈사태가 일어났던 한 달 전에도 다합만큼은 안전했다고 사람들은 말했다. 다음 여정지인 터키로 향하기 위해서는 요르단의 수도 암만으로 향해야 했는데도 크게 문제 될 게 없었다. 제 아무리 끔찍한 시설을 자랑하는 페리와 동양인을 보면 욕을 하는 격한 요르단 사람들을 다시 마주한들 카이로보단 안전해 보였다.

시간이 지나면서 오히려 다합의 한국인들을 이해할 수 있을 것 같았다. 진짜 이집트의 모습은 피라미드가 아닐 수 있다는 것이다. 민주주의를 쟁취하고자 하는 그들을 직접 바라본다는 것은 어쩌면 평생에 걸쳐 보기 힘든 광경이었다. 당시엔 그래도 그들의 방향을 조금 의심했지만 한 나라의 체제가 바뀌는데 문제없이 굴러가는 곳이 어디 있겠는가? 격동의 이집트는 그 모양을 탈바꿈하기 위해 허물을 벗어가는 중이었다. 그리고 볼품없는 허물은 단지 나의 눈에 비춰진 안타까운 현실로 기억하기로 마음먹었다. 그 허물 속에는 그들이 진실로 갈망했던 그들의 본모습이 세상 밖으로 나오기 위해 몸부림치는 중일 테니 말이다.

중동의 봄은 언제쯤 찾아올까?

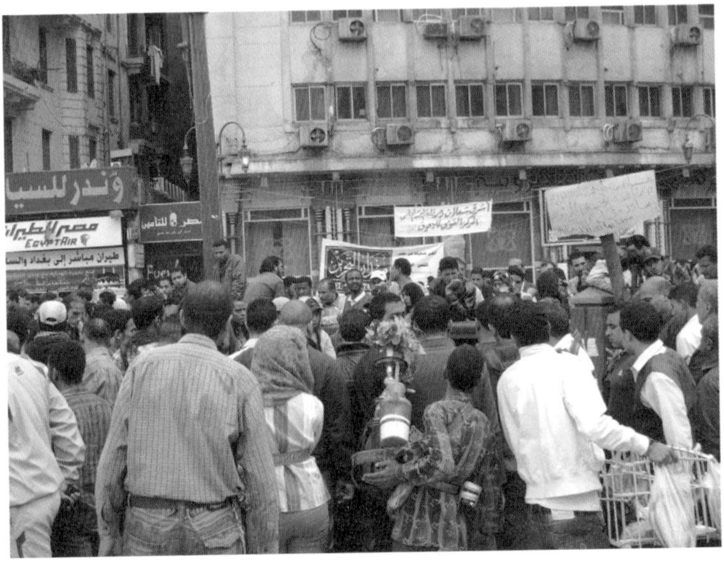

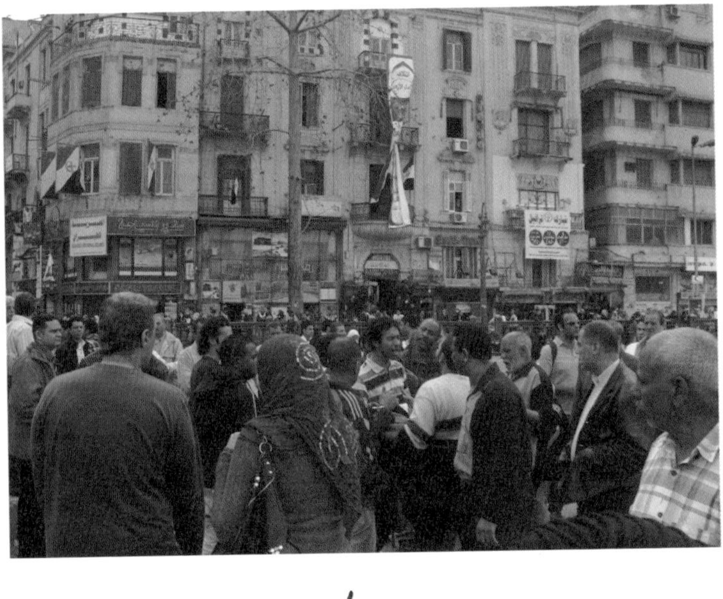

ONLINE.TV
تردد ١٠٩١١

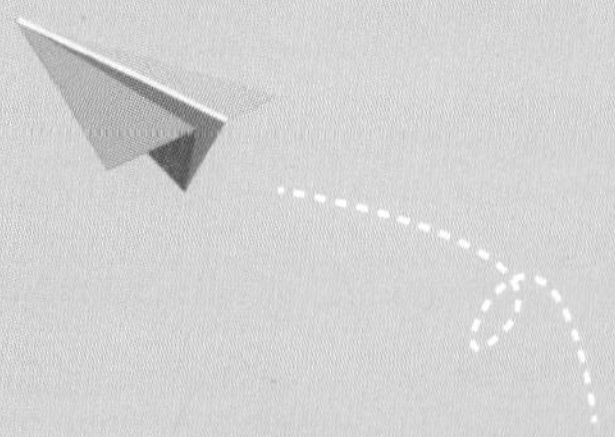

MY TRAVEL'S STORY STARTS FROM NOW ON.

17 터키

*교집합 [交集合, intersection]
A=유럽, B=아시아 일 때, A∩B={ 터키 }이다.

여행의 조건

예정에 없던 일정들이 늘어나면서 종전에 계획했던 터키 여행기간도 반 토막이 나버렸다. 게다가 당시의 터키의 동부지역은 유혈사태가 일어날 만큼 분위기도 좋지 않았으니 보름 동안 서부를 여행하라는 신의 계시이리라 생각했다.

터키를 어떻게 설명을 하면서 들어가야 할까? 동서양 문화의 교차로, 세계 3대 음식으로 꼽히는 다양한 음식문화 등은 조금 진부해 보인다. 지금의 터키는 동양인에게 가장 핫한 관광지로 부상 중이라는 표현이 딱 들어맞을 것 같다. 이유인즉 이스탄불의 공항어귀 어디서나 한국인과 일본인들이 가득했으며 카파도키아로 향하는 버스터미널에서도 동양인을 보기란 다합에서 니모를 마주하는 것만큼이나 쉬웠다.

카파도키아. 한 번 정도는 들어 본 적이 있는 지명이었다. 터키에서의 여행을 이곳에서 시작한 이유는 후에 이스탄불에서 여유 있는 시간을 가지기 위해서다. 4월임에도 불구하고 카파도키아의 날씨는 그리 좋지 못했다. 을씨년스럽다는 표현이 적당하겠다. 나중에 알게 되었는데 카파도키아 특유의 으스스한 분위기는 연중 계속된단다. 이스탄불만큼이나 터키를 대표하는 관광지다 보니 지천에는 게스트 하우스가 즐비하였고 여행사는 두 집 건너 하나씩 자리를 잡고 있었다. 카파도키아의 웬만한 게스트 하우스는 동굴을 개조해 만든 식이며 비싼 물가를 대변하듯 도미토리가 잘 정비된 곳이었다. 그곳에서 나는 이집트로 향하는 길에 만난 터키부부 만큼이나 독특한 여행자를 마주할 수 있었다. 그분은 한국인이었다.

정확히 연세를 가늠할 수 없었지만 어머니와 비슷한 연배의 전종순 선생님. 청각장애학교의 아이들을 가르쳤던 선생님이셨는데 지금은 은퇴하시고 이곳 터키로 한 달간 여행 오셨단다.

나의 여행선생님, 전종순 선생님.

"선생님, 진짜 어떻게 여행을 하셨는지 궁금해요."

"나 사실 영어를 한마디도 못 해. 그래도 여행하는 데 아무런 문제없더라. 내 나이 때 사람들은 겁이 앞서서 여행오길 망설이는 거지 막상 나와 보면 이게 얼마나 좋은지 몰라. 영어를 못하면 길을 찾거나 버스를 탈 때만 조금 어려울 뿐이야. 외국인들이랑 어떻게 친해지냐고? 그래서 난 일부러 도미토리를 돌아다녀. 그런 곳에 가면 정보가 가득하고 마음이 열려있는 사람들이 많지. 단순히 정보를 얻기 보다는 그런 사람들이 모여 있는 자체가 좋은 거야. 한번은 방콕의 도미토리에서 스무 명이 족히 넘는 사람들이 내 생일을 축하해준다고 각자의 언어로 생일축하 노래를 불러주는데 어찌나 감동스럽던지……."

"그래도 도미토리나 저가항공이 불편하지는 않으셨어요? 저도 고생스러울 때가 많거든요."

"아유, 말도 마. 나도 예전에는 패키지여행이 여행의 전부인줄 알고 가이드만 졸졸 따라다녔던 적이 있었지. 사실 그게 더 고생스럽더라. 나중에 동남아로 한 번 자유여행을 해 봤는데 완전 차원이 다르더라니까? 진짜 여행한다는 기분을 오십이 넘어서야 이해할 수 있었지. 처음이 두려워서 사람들이 용기를 못 내는 거야."

용기만 있다면 여행에 있어서 어떠한 장벽도 없다던 선생님의 말씀은 진정 감동으로 다가왔다. 어느 곳은 영어통용도가 떨어져서 짜증이 나고 또 어떤 곳은 음식이 입에 맞지 않아 불평이 가득했던 내게 큰 채찍질이나 다름없었다. 순간 선생님께서 도대체 어떠한 이유로 여행을 감행하셨는지가 궁금했다. 선생님께서는 지극히 당연하면서도 어려운 이야기를 꺼내셨다.

"내 평생토록 가족에게만 한없이 헌신했어. 좋은 아내, 좋은 엄마가 되기 위해서 얼마나 열심히 살았는지 몰라. 아니 대한민국 땅의 대부분의 아줌마가 다 그럴 거야. 요새 젊은이들이야 자기 꿈을 맘껏 펼칠 수 있을지 몰라도 내 나이 때의 사람들은 가족을 위해 희생해야 될 일들이 너무 많았지. 수십 년간 아이들을 가르치는 교사로 일하면서 가정을 지키려고 살아왔지만 정작 내 자신에 대해서는 너무 무관심했던 것 같더라고. 그래서 은퇴 후에는 나 스스로에게 투자하리라 마음먹었어. 더 늦기 전에 내 삶을 찾고 싶어서 그래."

선생님의 말씀 한마디 한마디는 대한민국에 살고 있는 모든 어머니들에 대한 이야기뿐만 아니라 젊은 사람들에게도 하고자 하는 말 같았다. 포기해야 할 것들이 너무나 많은 대한민국. 빡빡한 그 곳에서 스스로에게 가치 있기란 얼마나 어려울까?

보이는 것이 전부가 아니다

카파도키아를 둘러보는 방법은 여러 가지 방법이 있다. 스쿠터를 대여해서 돌아다닐 수도 있고 걷기를 좋아하는 사람은 트레킹삼아 걸어 다닐 수도 있다. 그러나 이곳 카파도키아에서 여행자들이 가장 선호하는 방법은 여행사별로 마련된 투어프로그램을 이용하는 방법이다. 둘러보는 코스에 따라 서로 다른 이름이 붙여지는데 그중에서도 가장 인기 있는 프로그램은 '그린투어'다. 약 50리라(4만 원). 언뜻 비싸보여도 어쩌면 가장 저렴한 방법인 이유는 개별로 돌아다닌다면 지불해야 할 입장료가 상당하기 때문이다.

카파도키아는 지역에 따라 보이는 풍경이 모두 다르다. 화산활동과 융기로 인해 버섯 같은 모양의 바위들이 장식을 하고 있는가하면 또 어떤 곳은 크랙을 형성하여 기암괴석이 산 전체를 뒤덮는 곳이다. 물론 여행사별로 방문하는 관광 포인트가 다르긴 하지만 거의 비슷한 코스로 움직인다. 우리의 첫 번째 방문지는 터키 최대의 지하도시를 자랑하는 데린쿠유였다. 사람들이 지하도시를 만들어 낸 이유는 무엇 때문일까? 앞서 베트남에서 보았던 지하도시는 완벽하게 전쟁을 위한 피난처 혹은 요새의 개념이었다. 하지만 분명 데린쿠유는 그러한 목적이 아니었다. 그럼에도 불구하고 지하 80미터에 달하는 도시를 건설했던 힘의 원천은 종교에 있었다.

데린쿠유의 역사는 참으로 오래되었다. 기원전 8~7세기 경 로마세국으로부터 박해를 받은 크리스천들이 숨어 지낸 은신처 역할을 하였고 이후 7세기부터는 이슬람교로부터 탄압을 피하기 위한 곳이었단다. 그래서 지하도시는 어디를 가든 종교적인 흔적이 강하게 배어 있었다. 이런 거대한 규모의 종교적 유물을 보고 있노라면 으레 기독교의 숭고한 정신에 고개 숙여지기 마련이라도 사실 그때 당시엔 그들이 이토록 끈질긴 이유가 있나 궁금하기도 했었다. 어차피 기독교나 이슬람교나 같은 유일신을 섬기며 이슬람교는 기독교에서 파생된 종교라고 알고 있었는데 왜 서로를 배척해야 했을까? 단순히 이슬람교를 옹호하려는 것은 아니지만 타종교의 포용력이 강한 이슬람교가 과거에 왜 이리 지독하게 박해를 해야 했을까? 종교의 자유를 외치기 어려웠던 과거에는 아마 두 종교는 분명 공존하기 어려웠을 테다. 지금의 레바논처럼 크리스천과 무슬림이 함께 공존하는 장면은 그때 당시 해결하기 어려운 과제였을 것이다.

박해의 흔적은 지하도시를 본 뒤 이동한 으흘랄라 계곡에서도 쉽게 볼 수 있었다. 깎아지른 듯한 절벽 아래로 흐르는 하늘색 개울과 더불어 봄을 알리는 푸른 나무들. 모든 것이 그린투어라는 이미지를 연상하기에 충분했다. 그러나 이곳 또한 역시 종교와 밀접한 관련이 있었다. 으흘랄라 계곡은 영화 '스타워즈'의 배경이 된 곳으로 유명한데 과거에는 종교전쟁의 배경이었던 유서 깊은 곳이다. 계곡 구석구석에는 수도원이 자리 잡고 있었으며 벽면에는 기독교를 상징하는 벽화들이 수놓고 있었다. 다만 신기한 점이 있다면 모든 그림의 인물화엔 눈이 없다는 점이다. 박해를 받던 당시 이슬람교도들은 눈을 뽑으면 그 그림의 영혼마저도 빼앗을 수 있다는 생각에 눈을 부식시켰단다. 그렇게 심한 박해 속에서도 크리스천들은 바위 곳곳에 굴을 뚫은 뒤 숨어서 생활했다 하니 어찌 놀라지 않겠는가? 처음엔 버섯 바위에 동굴을 파서 생활하던 옛사람들을 생각하면 스머프처럼 아기자기한 생활을 고수했으리라 생각했다(실제로 스머프를 그린 작가는 이곳에서 영감을 얻었다). 하지만 카파도키아는 보이는 것이 전부가 아니었고 알면 알수록 아픔이 묻어나는 곳이었다.

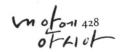

터키음식 이야기

세계 3대 음식이라 하면 대표되는 국가가 중국, 프랑스 그리고 터키다. 중국음식은 다양한 식재료와 더불어 화려한 색감을 자랑한다. 혹자들은 중국의 음식이 음양오행을 바탕으로 한 철학적 음식이라고 표현하기도 하니 그 역사만큼이나 깊이 있는 음식이다. 또한 프랑스음식은 서양의 문화를 대표하는 음식문화라 할 수 있겠다. 음식은 곧 문화며 문화는 곧 음식이다. 꼼꼼하고 철두철미한 유럽인들의 행동양식은 음식에도 그대로 흡수되어 프랑스음식은 그 조리법이 까다롭기로 유명하다. 조리법에 있어서 조금 과격한 중국음식과는 확연히 다른 모양새를 지니는 것이다. 그렇다면 동양을 대표하는 중국음식도 아닌, 서양을 대표하는 프랑스음식도 아닌 터키음식은 어떻게 설명할 수 있을까? 결국 터키는 동서양의 교차로 역할을 하는 교집합이다. 일례로 한류와 난류의 교차지점인 조경수역에서 다른 곳보다 더 풍부한 어종이 잡히듯이 터키 또한 완전히 다른 두 음식문화의 교차점 역할을 하여 그 음식이 다양하기 그지없다. 이래서 사람들은 터키음식을 두고 '혼합의 미학'이라 일컫는 것 같다.

혼합의 미학. 정말이지 터키에서 신경 쓰는 가장 큰 고민은 높은 물가가 아닌 식당에서의 메뉴판을 봐야 할 10분이다. 사진으로만 봐도 정신없을 만큼 다양한 음식은 입맛이 토속적인 어르신들이 봐도 군침을 흘릴 정도다. 사진을 통해 케밥을 먹을지 피데(터키식 피자)를 먹을지를 결정하면 그때부터 또 고민의 연속이 된다. 케밥의 종류만 수십 가지, 피데의 종류만 해도 수십 가지다. 그리고 그 조리 방법에 따라 완벽하게 다른 모양새를 갖춘 음식이 제공되니 정말이지 무엇부터 먹어야 할지는 매 순간의 고민이 되는 셈이다. 이러니 어찌 터키를 사랑하지 않을 수 있겠는가? 먹는 것으로도 충분히 만족할 만한 터키는 그야말로 대륙전체가 진수성찬이라 해도 과언이 아니었다.

물론 지역별로 독특한 음식문화는 잘 발달되어 있다. 해안가를 비롯한 이스탄불에는 유명한 고등어 케밥이 항상 사람들을 불러 모으고 남부해안에는 초밥과 모양이 비슷한 홍합밥이 대중적인 음식으로 꼽힌다. 터키의 내륙지방인 카파도키아는 그렇다면 어떤 특별한 음식이 발달했을까? 그것은 카파도키아에서만 먹을 수 있다는 항아리 케밥이다. 모름지기 케밥이라 하면

I was very excited to see many foods that were laid out on the table.

터키의 음식들이 나의 코와 눈, 그리고 입까지 흥분시켰다.

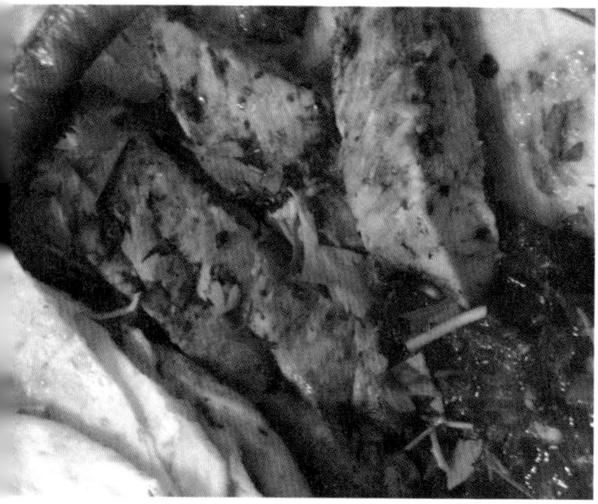

일반적으로 샤와르마 케밥(터키에서는 되네르 케밥이라 한다)과 같이 큰 고깃덩이를 썰어내는 케밥을 연상하기 쉽다. 항아리 케밥은 이러한 케밥의 정석을 보기 좋게 빗나간다. 돼지저금통만한 항아리 토기가 나오면 도대체 어디부터 손을 대야할지 모를 정도다. 손님에게 대접된 항아리를 향해 주인아저씨는 작은 망치로 능숙하게 항아리의 옆을 두드리고 그제야 국물이 밴 빨간 케밥이 모습을 드러내는 것이다. 그 맛은 한식이라 해도 믿을 만큼 된장찌개 혹은 순두부찌개의 얼큰함과 짭짜름한 맛을 동시에 지니고 있었다. 어떻게 이런 모양의 케밥이 카파도키아에서 발달할 수 있었을까? 그 역사는 들어본 적도 없지만 추측하기 나름이겠다. 아마도 바위산에 굴을 파서 은신하던 기독교인들처럼 항아리 케밥은 되네르 케밥의 박해를 피해 항아리 속에 꼭꼭 숨어야 했던 것일 수도 있겠다.

앞서 언급하였듯이 아무리 터키에 오래 머문다고 한들 터키음식을 정복하기란 힘이 든다. 식당에서 메뉴판을 보는 것도 스트레스며 만만치 않은 가격 또한 부담이 되기 마련이다. 그린투어를 통해 같이 친해졌던 두 명의 스페인 출신의 친구들이 있었는데 그들 또한 같은 목소리를 내는 것 같았다. 게다가 요 며칠 같은 게스트 하우스에서 지내고 있었으니 꽤나 친해질 법도 했다. 선생님은 그들에게 특별한 대접을 하고 싶다며 나와 함께 인근의 마을인 우르굽으로 향해 시장에 들릴 것을 제안했다.

"들어보니깐 여기 카파도키아의 마을마다 요일별로 장이 들어선대. 내일은 우르굽에 장이 열린다니깐 그리로 가자. 너야 말이 통하니깐 사람들이랑 친해지기 쉽겠지만 나 같은 경우는 영어가 짧아서 그런지 음식밖에 할 줄 아는 게 없어. 항상 여행 중에는 작은 식기구를 들고 다니면서 친해진 친구들에게 한국음식을 대접해 주곤 했는데 내일 장보러 가서 물건 사는 것 좀 도와줄래?"

선생님의 제안은 물론 나에게도 고마웠지만 솔직히 지구반대편인 터키에서 어떻게 한식을 만들 수 있을지 걱정도 되었다. 그러나 이곳은 없는 식재료가 없는 터키임을 나는 그때 당시 미처 몰랐었다.

우르굽은 내가 머물던 괴뢰메에서 약 1시간 거리에 위치한 작은 소도시다. 돌무쉬(근거리를 이동하는 미니버스)를 이용해도 되고 거리가 가까워 히치하이킹

항아리케밥 Testi Kebab

도 시도해 볼 만한 거리다. 재래시장은 역시 재래시장이었다. 사람냄새와 더불어 격한 인심까지 저렴한 가격에 더할 나위 없는 기쁨을 누린 뒤 괴뢰메로 도착할 땐 어느덧 저녁이 되어 있었다. 깜짝 파티인 마냥 우린 주방을 빌려 닭고기를 분주하게 준비했다. 뒤늦게 들어온 스페인 친구들을 불러 모아 터키의 로컬맥주인 에페스와 더불어 조촐한 파티를 열었다. 세계 3대 음식에 익숙한 그들이 과연 한식에 어떤 반응을 보일까 굉장히 흥미로운 순간이었는데, 그들은 정말 국물하나 남기지 않고 모두 비워버렸다. 한국음식의 가장 큰 재료는 정성이리라. 음식 하나하나가 손이 많이 가서 대중화가 어려운 한식일지라도 막상 그 음식을 누군가에게 대접하면 그들은 약속한 듯 접시를 열심히 비워댔다. 같이 숟가락을 들던 게스트 하우스의 주인아저씨 또한 감동하는 눈치였고 보답으로 전통악기를 들고 나왔다. 해가 지고 난 뒤의 파란 하늘과 더불어 은은하게 쏘아 올리는 주황색 불빛은 카파도키아의 전역에 울긋불긋 물들었다. 그리고 전통악기인 사즈에서 울려 퍼진 애절한 곡조는 누구든지 분위기에 취할 정도로 맑고 청명했다. 그날만큼은 한국과 터키의 궁합이 꽤 괜찮은 밤이었다. 형제의 나라 터키는 이미 오래전부터 정서적으로 알 수 없는 교감이 있었을 것임이 분명해 보였다.

이타다키마스 닭볶음탕!

카파도키아의 인상이 너무나 강렬했던 탓일까? 이후에 여행했던 안탈랴와 페티예 그리고 파묵칼레는 솔직히 큰 감흥이 없었다. 어쩌면 모든 여행자들이 한 번씩은 겪는다는 슬럼프일수도 있다고 생각했다. 너무 좋은 것들을 많이 봐서인지 웬만한 광경에는 눈썹하나 까딱하지 않았으며 아름답다고 소문난 지중해의 푸른 바다도 그저 탁해보였다. 게다가 터키를 오면 꼭 해본다던 페티예의 패러글라이딩마저 시시했으니 확실히 슬럼프가 찾아온 모양이었다. 패러글라이딩을 할 당시에는 오히려 놀라는 척이라도 하려고 파일럿의 눈치를 봐야 할 정도였으니 말이다. 그런 내게 새롭게 다가온 곳이 다행히 아시아의 마지막 목적지 이스탄불이었다.

이스탄불. 워낙 유명한 곳이다 보니 대부분 이곳이 터키의 수도로 착각하고 있는 사람들이 많다. 물론 터키의 경제, 문화의 중심지 역할을 하는 곳은 이스탄불이며 가장 물가가 비싼 동네이기도 하다. 나는 이스탄불에서 정확히 일주일을 머물 계획이었다. 결론부터 말하자면 이스탄불은 일주일로 부족할 만큼 다양하고 진귀한 동네다.

파묵칼레에서 이스탄불로 향할 때는 버스를 이용했다. 터키의 버스 자랑 또한 빼놓을 수가 없는데 정말 비싼 가격만큼이나 값어치를 한다. 버스회사에 따라서 무료 와이파이를 제공하기도 하며 좌석마다 콘센트는 기본으로 갖추어져 있었다. 게다가 아침에는 간단한 조식까지 제공하니 기내식으로 표현해도 될 정도다. 덕분에 버스로 이동하는 길은 항상 쾌적했다. 아침에 도착한 이스탄불은 피곤함이 없어져서 그런지 청명하게 다가왔고 실제로 열흘 전 보다 날씨가 좋았다. 4월 말의 이스탄불은 완연한 봄날이었다.

이스탄불에서 처음으로 내가 찾은 숙소는 일본인이 운영하는 일본인 전용 게스트 하우스였다. 워낙 구석에 위치해 찾기도 쉽지 않았는데 단순히 싸다

는 소문만을 듣고 간 곳이다. 주인아저씨는 원래 정처 없이 세상을 유랑하던 여행자였단다. 그는 이스탄불에서 게스트 하우스를 영업하며 정착했고 주인아저씨의 영향 때문인지 이곳을 찾는 사람들 대부분이 일본인이었다. 시리아에서 일본인들이 많이 찾는 게스트 하우스는 들린 적이 있었지만 이렇게 일본 냄새가 진하게 감도는 숙소는 난생처음이었다. 사방의 벽면에는 아기자기한 일본 애니메이션의 피규어가 장식되어 있었고 책장에는 만화책이 가득했다. 정갈한 숙소 안의 사람들은 쥐죽은 듯 조용했다. 단순히 간판을 보고 찾아온 서양인들은 정서적 불안을 호소하며 곧바로 나가기도 했으니 그 분위기가 얼마나 특이했는지 모른다. 사람들은 오전부터 밖을 나가지 않은 채 다소곳하게 앉아 만화책만을 뚫어져라 보고 있었고 어떤 이들은 하루 종일 한마디의 말도 하지 않는 것 같았다. 내가 한국인이라 오히려 꺼려하는 것이리라 생각했는데 그것도 아닌 것 같았다. 만화책에 열중하던 한 청년에게 억지스러운 말을 건네 보았다.

"이스탄불에 오신지 얼마나 됐어요?"

"글쎄? 한 2주 전부터?"

"이스탄불이 그만큼 매력적이란 말인가요?"

"아뇨. 전 아랍어를 공부하는 대학생이에요. 시리아에서 연수중이었죠. 근데 폭동이 일어나고 분위기가 좋지 않아서 당분간 이스탄불로 여행 왔어요."

말꼬리가 트이자 여기저기서 한마디씩 내게 질문이 쏟아졌다.

"한국인이죠? 여길 어떻게 찾아오셨나요?"

"한국?! 전 서울을 세 번이나 방문한 적이 있어요!"

확실히 나를 싫어하는 눈치는 아닌 것이었다. 그중 영어가 제일 유창한 한 청년이 공손하게 내게 다가와 인사를 건넸다.

"안녕하세요. 히로유키라고 합니다. 저는 한국의 매운 음식을 정말 좋아하는 마니아에요. 저희 게스트 하우스에서는 매일 밤 숙소에 머무는 사람들이 돈을 조금씩 거둬서 같이 요리를 준비하곤 해요. 언제 한번 한국음식을 먹어볼 수 없을까요?"

"물론이죠. 언제든지요."

당연하게 대답해야 했지만 사실 일본인들에게 직설적으로 무언가를 말한다는 것은 약속이나 다름없다는걸 그땐 미처 몰랐다. 그들은 내가 한국요리를

「 delicious 맛있다 おいしい 」

하겠다는 진심 없는 대답에도 감탄을 연발하며 박수를 치는 기이한 행동을 보였다. 실마리는 히로유키의 말대로 그날 저녁 식사에서 드러났다. 정확히 저녁 7시. 갑자기 게스트 하우스의 주인아저씨가 모여 있는 사람들에게 그룹을 지어주면서 재료를 건넸다. 어떤 이들은 고등어를 빵가루에 묻혀 튀김옷을 입혔고 어떤 이들은 채소와 과일을 손질했다. 숙련공인 그들은 모두가 분주했고 생산라인의 정확성과 효율성은 도요타회사의 제조공정만큼이나 완벽했다. 그리고 다 같이 준비한 맛있는 요리가 나오자 그들은 일제히 괴상한 감탄사를 연발하며 조용히 식사를 했다. 식사를 하면서 우리처럼 왁자지껄 떠들며 근황토크를 하는 장면은 찾아볼 수 없어서 때론 난감했지만 그것이 일본의 문화인 것을 어떡하랴. 식사가 끝나면 가위바위보를 통해 설거지 할 사람을 선발하고 각자 2리라(1,500원)를 꺼내 게스트 하우스의 주인에게 건네주었다. 그리고 그들은 다시 만화책을 손에 쥔 채 본래의 역할로 돌아가곤 했다. 아기자기한 일본인들은 그들의 생활마저도 아기자기했다.

이튿날 날이 밝자 나는 어제의 약속을 지키기 위해 인근의 마트로 향했다. 단 한 번도 외국인을 위해 해 본 적이 없었던 한국음식. 망하면 제대로 망할 것임이 틀림없었다. 게다가 지구상에서 가장 이성적이고 정확한 민족인 일본 사람들을 대상으로 요리를 한다는 것 자체가 큰 부담이었다. 맛있는 음식은 곧 신선한 재료에서 비롯된다는 정석에 따라 나는 최고급 식재료를 구매했다. 물론 한국의 맛을 최대한 살리기 위해 마늘과 고춧가루를 듬뿍 사야했다. 이스탄불에는 볼 유적지가 그렇게 많다는데 나의 첫 미션은 그들의 입을 즐겁게 해 주는 일이어서 당시엔 한국음식 이외에는 어떠한 생각도 나지 않았던 것 같다. 메뉴는 닭볶음탕. 전종순 선생님께서 스페인친구들에게 대접했던 레시피를 떠올리며 조리를 해 나갔다. 펄펄 끓는 물에 조각낸 닭을 넣고 간장과 고춧가루로 간을 맞췄다. 전날 밤 인터넷 블로그를 통해 얻은 정보대로 콜라를 이용해 단맛을 높였다. 마늘과 양파 등의 채소는 국물의 깊은 맛을 내 주었고 소주나 청주가 없다 보니 월계수 잎으로 잡내를 없앨 수 있었다. 긴장이 가득한 오른손으로 간을 봤다. 완벽했다. 디스 이즈 코리아. 어디 내다 팔아도 될 정도의 완벽한 음식이 완성되었고 맛있다는 말 한마디에 일본인 친구들은 환호했다. 그리고 그들은 내 음식을 양파하나 남기지 않

고 모두 비웠다. 나중에는 국물도 부족해 밥을 비벼먹을 정도였으니 거짓된 리액션은 아니었을 테다.

"완벽해요. 완벽해. 내가 동대문에서 먹었던 맛이랑 똑같아요. 역시 한국음식은 맛있어요. 내일 또 해 줄 수 있나요? 이스탄불에서 한국음식을 맛 볼 수 있다니!"

그들은 일제히 소곤거리더니 고생한 내게 답례로 5리라(4천 원)를 각각 건네주었다. 한사코 받지 않으려 했는데도 마음의 부담을 극도로 꺼리는 그들의 성의를 무시하긴 어려웠다. 나는 다음날도 그리고 그 다음날도 닭볶음탕을 선사해야 했다. 적은 돈이지만 여행 중에 밥 한 끼는 공짜로 사 먹을 수입이 생기는 일도 좋았고 한국음식을 이렇게 좋아하는 이들이 많다는 사실도 좋았다. 당혹스러웠던 일본인 게스트 하우스에선 어느덧 내가 스타가 되어 있었다. 선생님을 통해 배웠던 여행의 기술 중 한 가지인 정성스런 음식. 영어가 잘 통하지 않는 일본인들도 한 그릇의 닭볶음탕으로 쉽게 친구가 될 수 있는 순간이었다.

매력덩어리 이스탄불

IC
XC

“이스탄불은 내가 제일 좋아하는 도시지. 골목 구석구석이 매력적인 동네야.”

이스탄불을 정열적으로 사랑하는 내 대학동기가 해 준 이야기다. 그의 말대로 이스탄불은 골목마다 매력이 넘치는 곳이다. 이스탄불은 그 자체만으로 의미가 깊다. 오래 전부터 동로마의 수도 역할을 했던 이스탄불은 동서양을 잇는 터키에서도 정확하게 나눠지는 도시다. 실제로 이스탄불을 가로지르는 보스포루스 해협을 기준으로 동쪽으로는 아시아지구, 서쪽으로는 유럽지구로 일컬어지기 때문이다. 물론 이곳 이스탄불을 대표하는 것은 비단 지정학적인 독특함뿐만이 아니다. 콘스탄티노플로 칭했던 당시의 유적지는 어디서도 볼 수 없는 독특한 양식을 자랑했다. 소위 말하는 비잔틴 건축의 대표적인 걸작 아야 소피아성당이 그 주인공이다. 이스탄불 관광의 거점역할을 하는 술탄 아흐멧에서 도보로 약 5분 거리에 있는 아야 소피아성당은 사진이나 영상에서 익히 봐 왔던 이스탄불의 상징이나 다름없는 곳이었다. 오전부터 붐비는 사람들의 틈에 끼여 겨우 입장할 수 있었던 아야 소피아는 그 규모에 놀라고 내부 건축물의 섬세함에 또 한 번 놀라게 된다. 화려한 문양의 벽화는 천장에 떠 있는 원형의 조명들로 더욱 빛을 발했으며 완벽한 설계는 말을 잃게 만들었다. 게다가 통치시기에 따라 한때는 이슬람 모스크로써의 역할도 했다 하니 한 곳에서 두 가지 종교의 흔적을 볼 수 있는 몇 안 되는 곳인 것도 그 특징이다. 아름다운 아야 소피아의 맞은편에는 규모면으로 더욱 웅장한 블루모스크가 자리 잡고 있는데 사실 무엇이 더 뛰어난 건축물이라 판단하기는 힘이 든다. 엄밀히 말하자면 이스탄불을 구석구석 돌아

Merhaba [메르하바]

안녕하세요. 잘지내시나요?

다니면 이러한 건축물을 몇 개라도 더 찾을 수 있다. 단지 그 역사과 규모의 차이로 유명하지 않은 것뿐이지 이토록 화려한 유적들이 도시 전체를 수놓고 있다면 도시 자체가 유물이라 해도 과장이 아닐 테다.

이스탄불 자랑을 조금만 더 하고 싶은데 도심을 조금 벗어나도 그 분위기를 달리 할 수 있다는 것이다. 만화영화에서 금방 튀어 나온 듯한 트램은 도심의 중앙을 가로지르고 있으며 바다로 나아가면 그 분위기가 절정에 다다른다. 선박을 개조하여 고등어 케밥을 판매하는 상점과 바다를 이어주는 갈라타 다리는 이스탄불의 절경이라 할 수 있겠다. 사람들은 평일임에도 불구하고 다리 위에 줄지어 낚싯대를 바라보며 세월을 낚고 그 낚싯줄은 한번 정도는 서로 엉킬 법도 한데 자연스레 정렬이 되어있었다. 그저 평화로웠다. 젊은 사람들이 평일 대낮부터 낚시질을 하는 것을 보며 실업률을 걱정하는 비판적인 사고는 확실히 아름다운 이스탄불의 배경과 어울리지 않았다. 이들의 낚시는 해질녘까지 계속되었고 노을 질 때 갈라타 다리를 바라보는 이스탄불은 멀쩡한 사람도 눈물을 흘리게 만들 만큼 영혼을 울리기에 충분했다. 사방을 지키고 있는 웅장한 모스크, 활기 넘치는 시장, 찐한 뱃고동소리, 은은히 퍼지는 바다냄새 등 모든 것이 설명으로 한계가 있는 이스탄불. 그러나 이스탄불을 단지 평화롭게만 묘사할 수는 없을 것 같다. 골목 구석구석마다 다른 매력이 존재하는 이스탄불은 평화로운 분위기와는 완전히 다른 매력이 공존하고 있었다.

평화로운 이스탄불의 4월 30일. 오전부터 도시는 부산했다. 관광객을 제외한 현지인들은 오로지 두 가지 색상의 옷을 입고 있었다. 하나는 빨간색 또 하나는 흑백무늬의 셔츠. 각 색상은 이스탄불을 대표하는 축구팀의 상징이다. 그날은 이스탄불의 더비매치(같은 도시를 연고로 하는 두 클럽간의 대결)가 열리는 날이었다. 더비매치라 하면 사람들은 스페인이나 잉글랜드의 유명클럽간의 매치를 생각하기 쉽다. 하지만 열정적인 더비매치를 꼽을 때 빠지지 않고 등장하는 곳이 있으니 그곳이 바로 이스탄불이다. 흔히 더비매치는 열정적인 응원문화로 대표되는 경우가 많다. 때문에 경기장에는 항상 안전을 통제하려는 경찰병력이 가득한데, 물론 그날도 예외는 아닌 듯했다. 오후 8시에 열리는 경기를 보기 위해서 3시부터 티켓을 구매하려고 경기장을 찾았음에

베식타스 JK VS 갈라타사라이

도 주위는 서포터즈 만큼이나 경찰들이 진을 치고 있었다. 베식타스 클럽의 홈경기장임에도 불구하고 상대팀 갈라타사라이 클럽의 서포터즈는 주위에 가득했고 서로의 깃발을 나부끼며 응원가로 흥을 올리고 있었다. 곧이어 경기장이 개방되자마자 그 많은 사람들이 줄지어 들어갔다. 3만 석 규모의 아담한 경기장은 응원을 하기에 더할 나위 없을 좋은 장소이지만 그 3만 명이 60리라(4만 5천 원)를 내면서 입장하기란 쉬운 일이 아닐 테다. 그리고 경기 시작 30분 전부터 그 열기는 이미 과열된 상태였다. 한쪽에는 원정팀의 서포터즈가 응원을 하고 있었고 양쪽으로 경찰병력이 사고를 대비하여 거리를 둔 채 경계를 하고 있었다. 심지어 경기장 밖에도 경찰들이 가득했다. 3만 석 규모의 경기장의 10%는 경찰이라 해도 과언이 아니었다. 단순히 '만일'의 사태를 대비해서가 아니다. 이야기를 들어보니 이스탄불매치는 매 경기 사고가 난무한단다. 그 많은 경찰이 떡하니 자리를 잡고 있었음에도 격한 응원은 누가 뭐라도 할 것 없이 일제히 시작되었다. 거대한 매스게임을 보는 듯한 그들의 독특한 응원은 상대팀의 기를 죽이기 위해 안간힘을 쓰는 것 같았다. 아담한 경기장은 함성소리 이외에는 어떠한 소리도 들리지 않았다. 선수단이 몸을 풀기 위해 입장을 하자 그중 스타플레이어 격인 구티가 관중들에게 팬서비스를 제공했다. 히딩크를 연상케 하는 어퍼컷 세레모니. 3만 명의 관중들은 그 어퍼컷에 보답이라도 하듯 일제히 자리를 박차고 일어나 환호했다. 마에스트로 구티의 손동작 하나에 일제히 움직이는 3만 명의 관중들! 경이로운 충격이었다. 흥이 오를 때까지 오른 서포터즈는 약속이라도 한 듯 그들의 응원 세레모니를 펼쳤고 그 절정은 홈팀 베식타스가 선취골을 넣으면서 정점으로 치달았다. 안전을 유념해서 설치된 철조망마저 응원도구로 전락해 버린 채 사람들은 미쳐갔다. 미쳤다는 표현의 정의를 새삼 실감한 순간이었다. 경기는 홈팀의 승리로 막을 내렸다. 차라리 홈팀이 이긴 것이 다행이라 생각했다. 경기에서 졌더라면 영상에서 익히 봐 왔듯이 경기장은 아수라장이 되었을 테니 말이다. 열광적인 분위기에 압도당해 선수단을 만나볼 수는 없었지만 그 감흥은 오랫동안 계속되었다. 그 작은 스타디움의 에너지는 경기가 끝나도 꺼질 줄 모르는 듯했다.

그들은 언제나 손을 내밀고 있다

경기장에서 만큼은 누구보다 전투적이고 열정적인 터키인이라 할지라도 그것은 어디까지나 축구경기에 국한된다. 터키를 다녀온 사람은 누구라도 공감하듯이 그들의 천성은 온화하기 그지없다. 격하게 친절하며 때론 그것이 오지랖으로 표현되기도 한다. 하지만 진심이 묻어나는 그들의 천성을 오지랖이라고 치부하기엔 조금 격이 떨어져 보인다. 형제의 나라 터키는 확실히 국민성마저도 형제라 하기에 부족함이 없었다. 우리에게 '정'이 있다면 그들에겐 '진심'이 매순간 묻어나기 때문이다. 배낭을 둘러메고 처음 지하철을 타기 위해 줄을 섰을 때도 한 젊은 청년이 다가와 사용법을 안내해주며 서로가 기분 좋게 아침인사를 건네기도 했었다. 누가 뭐라도 할 것 없이 외부인을 도와주기 위해 노력하는 모습은 방글라데시의 사람들만큼이나 감동적이었으니 말이다. 유명 관광지에서 쉽게 느끼는 친절의 가면과는 거리가 멀었다. 진심어린 그들은 외부인을 대하는 태도에 있어서도 전혀 거리낌이 없었고 그런 그들의 국민성을 자부심으로 여길 정도였으니 어딜 가나 터키인을 만나면 복이 따르는 것 같았다.

터키가 아시아인지 유럽인지 구분 짓는 것도 사실은 무의미해 보인다. 그들이 같은 아시아인이 아니라 할지라도 그들은 언제까지나 우리에겐 형제의 나라일 테다. 사람들의 인식 중 하나는 터키가 항상 유럽연합의 가입을 꿈꾸며 유럽을 향해 맞춰간다는 것이다. 그들의 지도를 자세히 들여다보고 있노라면 터키의 지도는 마치 손바닥모양으로 비춰진다. 실제로 여행자들끼리도 터키의 지방을 설명할 때 손바닥을 지도삼아 이야기할 때가 많았다. 아무튼 지도를 유심히 바라보면 손바닥 모양의 지도는 유럽을 향해 손을 뻗는 모습으로 착각하기 쉽다. 그런데 조금만 다르게 해석해 보자. 그들은 세상 누구를 만나더라도 먼저 손을 건네주는 이들이다.

제2막을 위한 준비

6개월 동안의 아시아여행을 마치면서 마지막 준비를 했다. 나의 여행은 진행형이었고 제2막을 위해 몸과 마음을 재정비해야 했다. 미용실을 찾아 어깨까지 내린 머리도 초심으로 돌아가고자 싹둑 잘라버린 뒤 터키식 공중목욕탕에서 묵은 때도 벗겨냈다. 배낭을 가볍게 하기 위해서 나보다 더 길게 여행을 하는 사람들에게 안 쓰던 물건도 나눠주며 무게를 줄여나갔다. 그리고 스스로에게 물었다. 진정 아시아를 여행하면서 내가 처음에 했던 결심이 그대로 지켜졌는가? 다시 말해 세상을 편견 없이 똑같이 바라보는 두 눈을 가지고 있는가? 때론 부당한 대우를 받으면 입버릇처럼 말하는 국민성을 의심했고 또 그 국가를 증오하기도 했다. 시간이 약이라고 했던가. 베트남에서 당한 사기, 인도에서의 실수, 오만에서의 성추행, 두바이에서의 취조 등 모든 것이 웃고 넘어갈 에피소드로 남게 되었다.

이제는 남미다. 게스트 하우스에는 남미를 거쳐 온 여행자가 꽤나 있었는데 하나같이 치안에 대한 걱정만 늘어놓았다. 하지만 무엇이 두렵겠는가? 이제 스물다섯이고 나의 이십대에 한두 번의 죽을 뻔한 경험도 지나고 나면 웃고 넘어갈 에피소드가 되리라.

정든 일본인 친구들과 작별을 고한 뒤 길을 나섰다. 물건을 많이 나눠주다 보니 배낭은 한없이 가벼웠다. 4층의 게스트 하우스 창문에서 닭볶음탕을 유난히 좋아하던 히로유키가 손을 흔들며 소리쳤다.

"손! 만나서 반가웠어! 그리고 난 네가 엄청 부러워!"

히로유키는 스물다섯에 여행 중이던 나를 향해 부럽다고 했다. 스물여섯의 지금, 나는 스물다섯의 내가 아직도 미친 듯이 부러워진다.

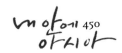

지금 눈앞의 길은 작고 구불구불한 골목길이지만,
앞으로 우리가 걸어나갈 길은 이처럼 큰 도로길이라고

난, 의심치 않는다.

결국 여행 후 남는 것은 사람이더라.

그들은 지금 어떻게 지내고 있을까?

Special thanks to people who I met on the road.

Yoko .백정환 .Tszchun .이우창. Judit

Fatih. Linda. Miguel. 한광진. Dennis. Lotte

Kouhei. Tanmay. 박방주

Hisashi. Tetsuo. Meer. 장진숙

Arnas. Georgina. Anna. 김동민. Michaela. 곽은미

Cannavaro. 이상현. Hiroyuki. Madoka. Asif. 한규범

Kenta. Parvej. Rishad. Eday. Akitaka

전종순. Subarna

Mr.Thai. 김민영. Mathias. 윤상은

Ivan. Amir. Carr. 손준익

Tania. Rasmus. Osborne

심종석. Deepak. Makoto. 신경원. Jason. 진미연. Alex

정연희. Yuri. 손철순. El. 이승엽. Mymuna

선지윤. Sam. Tony. Matt. 노우석. Lisa. Morium

차성원. Jiji. Mesut. Arnd. Dhali. 박동협

ALWAYS THANK YOU.

JEYOUNG SON 20120730

근황토크

방콕에 무슨 일이 있었나?

여행을 시작했던 2010년 11월은 항상 맑은 날씨를 유지한 방콕이었다. 불행히도 불과 몇 개월 후 방콕은 유례없는 홍수로 많은 사상자와 피해자가 속출했다. 뉴스로만 봐 왔던 방콕은 아수라장이나 다름없었다. 2012년 겨울 나는 다시 방콕을 찾았다. 전염병 혹은 피해복구현장 등은 볼 수 없을 만큼 모든 것이 무사해서 다행이었다. 그리고 나는 복잡한 카오산 로드를 피해 한 달간 방콕의 외곽에 방을 구했다. 그 골방에서 지금의 책이 시작했다.

그렇다면 미스터 타이는?

방콕이 물난리가 났는데 우리의 친구 미스터 타이는 어떻게 되었을까? 사실 물난리가 난 곳은 방콕을 가로지는 짜오프라야 강을 중심으로 왼쪽이지 오른쪽이 아니었다(카오산이나 대부분의 관광지는 오른쪽에 위치해 있다. 왼쪽구역이 지대가 낮아 그곳이 피해가 심했다고 한다). 카오산 로드는 홍수가 나던 와중에도 아무런 이상이 없어서 그런지 모든 것이 그대로였다. 심지어 여행 첫날 팟타이를 먹는 내게 의자를 건네 준 아주머니까지 그 자리에 그대로 있었다. 모든 것이 그대로인 카오산에서 미스터 타이는 확실히 다른 인생을 살고 있었다. 그는 얼마 전 인생에서 큰 결심을 내리고 미얀마로 여행을 6일간 다녀왔단다. 휴일 없이 일에만 중독되었던 그가 미얀마로 향하는 발걸음을 얼마나 의미심장하였을까? 여행을 하면 안 될 줄 알았는데 막상 여행을 하고 나니 그 즐거움을 아직도 잊을 수가 없단다. 그도 여행을 하면 되는 사람이었다. 내가 방콕에 체류하는 동안 미스터 타이는 여행사를 문 닫았다. 홍수로 인해 관광객이 줄면서 본인도 여행사의 규모를 축소해 나가는 중이라 했다. 그런데 그는 한없이 밝았다. 인생의 즐거움을 찾겠다는데 여행사 규모 따위가 뭐가 그리 중요하겠는가?

약속을 못 지켜서 미안해 마이문나

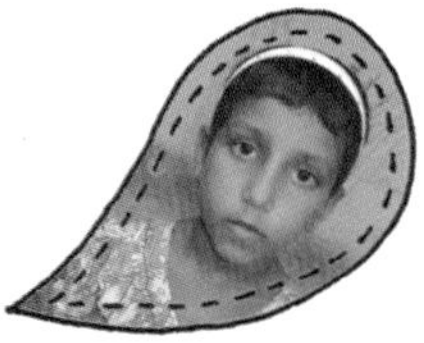

마이문나는 이제 이목구비가 더 또렷해져 간다. 홈페이지를 통해 최근 사진을 접할 수 있었는데 불행인지 다행인지 코가 점점 높아지고 있다. 얼핏 보면 영화 '슬럼독 밀리어네어'의 남자 주인공 데브 파텔을 닮아가는 듯하다. 보이시한 매력으로 친구들에게 꽤나 인기가 많아질 것 같다. 2012년 겨울에 마이문나와 약속한 대로 방글라데시를 방문할 생각이었는데 에어아시아가 취항을 올해부터 하지 않는단다. 언제 다시 방글라데시를 가야할 지가 인생의 고민으로 다가오고 있다.

꿈꾸는 디팍

2011년 7월. 국제전화 한 통이 걸려왔다. 사실 엄청난 전화비용을 감당해야 하기에 잘 받지 않는 편인데 그날은 이상하게 받고 말았다. 디팍이었다. 그가 인천에 짐을 풀었다고 연락이 왔다. 비닐봉지를 생산하는 공장에 취직을 했단다. 어서 빨리 만날 날을 손꼽아 기다린다는 그의 말에는 행복이 넘쳤다. 공장에서 일을 하면서 가벼운 사고도 많이 당하고 힘든 일도 많았지만 그는 여전히 불만이 없어 보인다. 우리 또래의 젊은이들 중 그와 같이 뚜렷한 목표를 가지고 살아가는 이들이 얼마나 될까 싶다. 그의 꿈은 여전히 진행형이다.

인생의 2막을 준비 중인 박방주 차장님

두바이 생활을 청산하고 다시 광주로 오셨다. 구체적으로 무엇을 하시는지 알아볼 길이 없었는데 한 통의 이메일이 모든 것을 말해주었다. 두바이에 있을 때 나의 모습은 한낱 거지에 불과했지만 차장님은 나를 보며 인생을 다시 준비할 힘을 얻으셨단다. 아직 세상엔 도전할 일이 많다는 걸 느꼈다는 차장님, 파이팅!!!

인도로 간 파비오 칸나바로

두바이의 축구영웅 칸나바로가 경기력저하로 방출당했단다. 완벽한 반전이다. 마흔이 다 되어가는 나이에도 새로운 도전을 꿈꿨는지 그는 축구의 변방국 인도리그로 팀을 옮겼다. 나는 그가 고민이 많을 시기라고 생각한다. 그 상처를 치유하기 하기위해 인도로 갔을 것이다. 바라나시에서 소로 다시 태어날 때 칸나바로랑 다시 만나 볼 기회가 왔으면 좋겠다.

중동의 봄은 어디로 향하는가?

여행 내내 시리아의 유혈사태는 계속해서 화제가 되었다. 그리고 지금도 엄청난 희생이 따르고 있단다(2012년 여름까지 약 1만 8천 명의 시민들이 사망했다). 이집트는 여전히 타흐릴 광장에서 주말마다 대규모 시위가 진행되고 있으며 인접국가들은 불안해하고 있다. 그들의 봄이 유난히 길어보인다.

이제는 생각보다 측은하지 않던

방콕에 간 김에 잠깐 바람이나 쐬고 오자는 심보로 캄보디아 국경을 넘었다. 그 국경이 그때 당시는 아무렇지도 않았는데 처절함이 결여된 채 여행해서 그런지 힘들게만 느껴졌다. 일 년 만에 캄보디아는 많이 변해있었다. 바뀌지 않았던 것은 앙코르와트 뿐. 점점 서구화의 물결이 익숙해진 캄보디아는 불과 그 사이에 더 정비가 되어있었다. 똔레삽 호수를 가던 길에 안내를 해 줬던 고등학생들은 대학에 들어갔을까? 궁금했다.

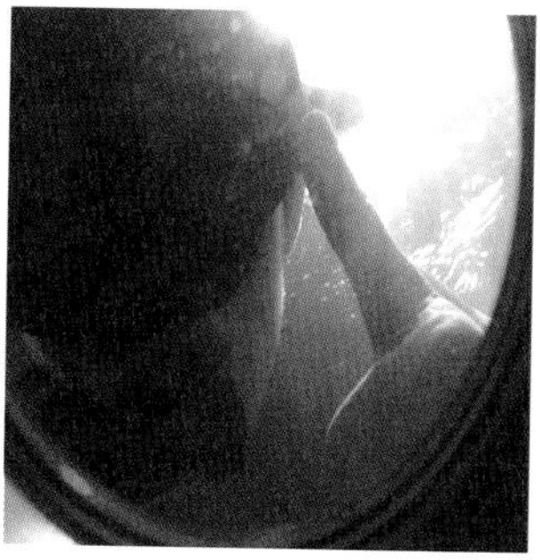

라스무스

아직도 그는 내게 수시로 안부를 묻는다. 그러던 와중 충격적인 대답을 얼마 전에 들었다. 그가 꼬사멧 섬을 다시 한 번 가고 싶단다. 다시 동남아를 가게 된다면 그곳을 가장 먼저 들릴 확률이 높다고 했다. 사람 일 참 모르는 일이다. 유럽인이라고 하면 틈만 나면 여행을 갈 것 같지만 자세히 그들의 삶을 보면 꼭 그렇지만도 않더라. 우리처럼 바쁘게 하루를 살고 또 바쁘게 일 년을 정리하는 그들이다. 세상 사람 사는 게 다 비슷한 것 같다.

epilogue

역마살 바이러스

무전으로 여행을 간 것도 아니고 그렇다고 엄청나게 자극적인 여행을 한 것도 아니다. 일반적인 젊은이들이 꿈꿀 수 있는 범위 내에서 적당한 금액으로 현실적인 여행을 다녀왔다. 원래 어학연수를 가려했던 2천만 원을 여행에 투자했고 여행 중에 수입이나 특정단체의 후원은 없었다.

책을 쓴 근본적인 목적을 사람들이 자주 묻는다. 내게는 어떤 시기보다 화려했던 10개월이기에 그 기록을 간직하고 싶어서 혹은 책을 통해 여행을 준비하는 누군가에게 하고 싶은 이야기가 많아서였다. 진짜 듣고 싶은 말 중 하나는 내 책을 쭉 읽고 난 뒤 "아, 나도 여행가고 싶다." 이 한마디다. 그 바람은 생각보다 일찍 찾아왔다. 친한 대학동기 한 명은 과감히 휴학하고 나를 뒤따라 세계 일주를 시작했다. 그리고 번듯한 직장생활을 하던 친구마저도 이제 곧 그만두고 여행을 준비 중이란다. 진짜 하고 싶은 일을 더 이상 미룰 수 없다며. 학교의 후배들은 하나둘 방학을 이용해 배낭여행을 가는 이들이 생겨났고 여행에 관해 수시로 물어보는 그들을 보고 있노라면 희열을 느낀다. 머지않아 우리나라 20대들도 유럽인들처럼 배낭여행을 보편적으로 할 날이 오리라 믿는다.

여행이란 것이 특별한 사람이 하는 특별한 행위가 아니란 걸 알아주었으면 좋겠다.

삶이란 결국 한 권의 책과 같은 스토리텔링이다.
누군가에게 들려줄 재미있는 나의 이야기가 가득하다면
나의 삶도 곧 재미있는 인생이 아닐까?

to be continued . . .